insel taschenbuch 3401

Elsemarie Maletzke

Das Leben der Brontës

W0304057

Elsemarie Maletzke
Das Leben der Brontës

Eine Biographie
Mit zahlreichen Abbildungen

Insel Verlag

insel taschenbuch 3401
Erste Auflage 2008
Insel Verlag Frankfurt am Main und Leipzig
© Schöffling & Co. Verlagsbuchhandlung GmbH,
Frankfurt am Main 1998
Lizenzausgabe mit freundlicher Genehmigung
Alle Rechte vorbehalten, insbesondere das der Übersetzung,
des öffentlichen Vortrags sowie der Übertragung
durch Rundfunk und Fernsehen, auch einzelner Teile.
Kein Teil des Werkes darf in irgendeiner Form
(durch Fotografie, Mikrofilm oder andere Verfahren)
ohne schriftliche Genehmigung des Verlages
reproduziert oder unter Verwendung elektronischer Systeme
verarbeitet, vervielfältigt oder verbreitet werden.
Hinweise zu dieser Ausgabe am Schluß des Bandes
Vertrieb durch den Suhrkamp Taschenbuch Verlag
Umschlag nach Entwürfen von Willy Fleckhaus
Satz: Hümmer GmbH, Waldbüttelbrunn
Druck: CPI – Ebner & Spiegel, Ulm
Printed in Germany
ISBN 978-3-458-35101-6

1 2 3 4 5 6 – 13 12 11 10 09 08

Inhalt

VORBEMERKUNG

When I read the book, the biography famous,
And is this then (said I) what the author calls a man's life?
And so will some one when I am dead and
gone write my life?
(As if any man really knew aught of my life,
Why even I myself I often think know little or
nothing of my real life;
Only a few hints, a few diffused faint clews and
indirections
I seek for my own use to trace out here.)

Walt Whitman

Das 19. Jahrhundert war reich an literarischen Früchten: *The Cambridge Bibliography of English Literature* nennt rund vierzig Autorinnen, die allein in den dreißiger und vierziger Jahren an die 300 Romane in England publizierten. Wenig ist von diesen Aktivitäten auf die Nachwelt gekommen. Die Werke der Schwestern Brontë aber – Charlottes *Jane Eyre*, Emilys *Sturmhöhe* und Annes *Agnes Grey* –, um nur die ersten zu nennen – gehören heute zur Standardlektüre, die jedes englische Schulkind gelesen hat.

Ihren dauernden Ruhm begründen jedoch nicht nur ihre Bücher. Das Leben der Brontës selbst, so sonderbar und so schmerzlich, erscheint wie ein Stück Dichtung. Auf engstem Raum – im Familienzirkel und in sozialer Isolation, in einem Pfarrhaus im hintersten Yorkshire – wachsen vier verwandte, in ihren Ausformungen jedoch ganz unterschiedliche Talente heran. Selbst der Vater ist ein frustrierter Poet. Es sind vier Geschwister, die, obwohl eingebunden in die viktorianischen Konventionen, aus ihrer Zeit herausragen und den Leser bis auf den heutigen Tag zum Identifizieren mit der einen oder dem anderen einladen. Da ist Anne, sanft und unerschrocken, Emily, das Naturkind, empfindsam und erbarmungslos, ihr Bruder Branwell, der gefallene Star, der die Last der Erwartungen nicht tragen kann, und Charlotte, die unter ihrer grauseidenen Schicklichkeit ein stürmisches Herz verbirgt.

»Wenn die Männer uns so sähen, wie wir wirklich sind, wären sie wohl ziemlich erstaunt«, schreibt Charlotte in ihrem Roman *Shirley*. Die Rede ist von der Natur der Frauen, ihrer Leidenschaft und Ungeduld, die nicht in die Konventionen des 19. Jahrhunderts passen. Das von Männern bestimmte viktorianische Frauenbild kannte nur den Engel oder den Satansbraten. Die Schwestern Brontë aber machten ihre Leser mit Heldinnen bekannt, die diese

1. Gruppe mit Gewehr, Zeichnung eines unbekannten Künstlers nach einem Ölbild von Branwell. Von links: Anne, Charlotte, Branwell und Emily Brontë

in ihrer Differenziertheit in Erstaunen setzten. Ihre Werke waren Skandalerfolge. Das gemeinsame Pseudonym der Autorinnen – man hielt sie für drei Brüder – führte zu wilden Spekulationen. Doch wer und »wie wir wirklich sind«, blieb lange eines der bestgehüteten Geheimnisse der englischen Literaturgeschichte. Charlotte, Emily und Anne Brontë wollten als Literaturschaffende und nicht als schreibende Damen anerkannt werden. Darüber hinaus waren sie ungewöhnlich spröde und heimliche Geschöpfe. Es stellt einen Teil der Brontë'schen Faszination dar, daß diese drei Jungfrauen, die mit der übrigen Welt den sparsamsten Kontakt pflegten, über sexuelles Begehren, Sadismus, Wahnsinn, Ehebruch, Inzest und Alkoholismus schrieben. Sie taten es einesteils im Überborden einer Phantasie, die sie als Kinder völlig unbeschämt hatten ausleben können, andererseits aus dem tiefen Verständnis der menschlichen Natur. Auch Branwell gab Einblick in die Verwüstungen, die der Zusammenprall von Traum und Realität nach sich ziehen kann.

Keine von ihnen wollte bewußt das Publikum schockieren. In naiver Kühnheit schuf Charlotte Frauenfiguren, die laut ihr Recht auf ein selbstbestimmtes Leben einklagten. Emily folgte ihrem eigenen Gesetz, ihrem »Gott der Gesichte«, und legte ohnehin wenig Wert auf die Zustimmung der Welt. »Die Wahrheit« wollte Anne schreiben, gegen Dummheit und Brutalität. In einer Zeit, in der Ehefrauen das uneingeschränkte Eigentum ihrer Männer darstellten, wagt ihre Heldin Helen, *Die Herrin von Wildfell Hall*, dem Gatten die Schlafzimmertür vor der Nase zuzuschlagen, ein Knall, der durch das ganze viktorianische England hallte, wie Mae Sinclair später schrieb. Annes Zeitgenosse, der Kinderbuchautor Charles Kingsley, fand das Buch denn auch »entschieden ungeeignet als Lektüre für junge Mädchen«.

Heute scheinen wir die Brontës besser verstehen zu können, als es ihre Leser vor fast 150 Jahren taten. Charlottes Briefe an den geliebten »maître« in Brüssel, die den ganzen Jammer eines gebrochenen Herzens enthüllen, wurden erst 1913 in der *Times* publiziert. Die Bedeutung der Jugendschriften, diese schier unübersichtliche Tagtraumwerkstatt der vier Geschwister, in der zwei Großreiche der Phantasie – *Angria & Gondal* – entstanden, erreichte das öffentliche Bewußtsein erst in den zwanziger Jahren dieses Jahrhunderts. Und der Recherchen und Neuentdeckungen ist kein Ende. Noch in den 80er Jahren fand die Brontë-Forscherin Christine Alexander in den Universitätsbibliotheken von Harvard und Princeton und in der British Library unbekannte Prosa- und Gedicht-Manuskripte von Charlotte, die bei Versteigerungen des Nachlasses siebzig Jahre zuvor in alle Winde gewirbelt worden waren. Das Jugendwerk Branwells, der in seiner »Scribblemania« Tausende von Manuskriptseiten bedeckte, ist noch nicht einmal vollständig entziffert, geschweige denn ediert. Juliet Barker, langjährige Bibliothekarin der Brontë Society, die in ihrer 1994 erschienenen tausendseitigen Biographie keinen Nachlaß-Krümel ungeprüft durchgehen läßt, hat wohl nicht als letzte in der Brontë-Folklore aufgeräumt . . . Das Kapitel »wie wir wirklich sind« wird auch noch kommende Generationen von Brontë-Lesern beschäftigen.

I

Der Reverend Brontë • Haworth • Die Methodisten • Die industrielle Revolution und die Weber • Woodhouse Grove • Maria Branwell • Das Pfarrhaus auf dem Friedhof • Wasser und Abwasser

Man for the field and woman for the hearth
Man for the sword and for the needle she
Man with the head and woman with the heart
Man to command and woman to obey
All else confusion

Alfred Lord Tennyson
The Princess

An einem Apriltag des Jahres 1820 zieht der neue Pfarrer in Haworth ein. Sieben Karren mit seiner Habe und seiner Familie schwanken die Hauptstraße hinauf, die so steil ist, daß die Zugpferde Mühe haben, auf dem buckeligen Pflaster Tritt zu fassen. Graue, einstöckige Weberhäuschen säumen nahtlos die steinerne Gasse, deren Bürgersteig in langen Treppenstufen hügelan klettert. Links liegt das Black Bull Hotel, die Post, dann gabelt sich der Weg. Church Lane führt weiter hinauf an der Kirche vorbei und am Friedhof entlang. Dort, an seinem oberen Rand, auf der Grenze zwischen bewohnter und unbewohnter Welt, »rauchgeschwärzten Häusern, die sich um ihre rußspuckenden Fabriken drängen ... und dem stillen, düsteren, doch so geliebten Moor« (Charlotte), steht das Pfarrhaus, 1778 erbaut, also schlicht »georgian«, einstöckig mit großen Fenstern und einem Schornstein an jeder Giebelwand. Das Dach ist mit schweren Steinplatten gegen den Sturm gedeckt, der nach einem langen Anlauf über die Hügel hier am höchst gelegenen Punkt des Dorfes auf sein erstes Hindernis trifft. Die Heide – im Spätsommer während der kurzen Blüte ein rollendes Meer violetter Wellen – ist im April nicht mehr als das Versprechen überwältigenden Trübsinns; endlose kahle Kuppen, über die die Bärte der Regenwolken streifen, fahles Kraut und Schafe in nasser Wolle.

Die Bewohner der West-Ridings, dieser gemütlichen Ecke von Yorkshire, sind für ihre leidenschaftlichen Gemüter und ihre finsteren Manieren bekannt, aber mit dem neuen Reverend haben sie einen gefunden, der es mit ihnen an Feuer und Sturheit durchaus aufnehmen kann. Patrick Brontë, zur Zeit seines Einzugs dreiundvierzig Jahre alt, hoch gewachsen mit rötlichem Haar, einer scharfen Nase und einem sinnlichen Mund, hätte, wenn er nicht Pfarrer geworden wäre, auch einen guten Soldaten abgegeben. Ein großer Patriot und wilder Tory war er ohnehin. Als Student in Cam-

2. Der Reverend Patrick Brontë, 1809

3. Maria Branwell

bridge hatte er mit einer Bürgerwehr exerziert, die sich im Invasions-Falle napoleonischen Truppen entgegenwerfen wollte – übrigens Seite an Seite mit dem späteren Premierminister Lord Palmerston, was er, ein großer Freund von Anekdoten, nie zu erwähnen versäumte. Er liebte Feuerwaffen und erfand noch als älterer Herr neuartige Geschosse, deren Verwendung er dem Herzog von Wellington anbot. Seine Gnaden ließen ihn jedoch ohne Antwort.

Patrick war das Muster eines Autodidakten und Aufsteigers und dazu eine zwiespältige Natur. »Ich bin ein Freund des freien Gewissens und politischer Liberalität«, versicherte er, »aber ich bin ein erklärter Feind von Heuchelei, falschem Eifer, revolutionären Prinzipien und all diesen Trieben und Bewegungen, die am Ende nur zu Ergebnissen führen, die zweifelhaft und überaus tadelnswert sind.« So kämpfte er wohl mit Gottes Wort an der Seite von Chartisten – Revolutionären! – gegen die Verschärfung des Armengesetzes, das die Kasernierung derer erzwang, die man heute sozial Schwache nennen würde. Er stand aber auch nicht zurück, sich vehement gegen das Wahlrecht für irische Katholiken auszusprechen, da diese »heimtückischen Feinde« den Staat und die Staatskirche aus den Angeln zu heben drohten.

Der Reverend war ein liebender Gatte – der seiner Frau in acht Jahren sechs Schwangerschaften bescherte; ein verständiger Vater – dessen zwei älteste Kinder sterbend aus dem Internat heimgeschickt wurden; ein großzügiger Seelsorger – der den Bewerber um seine sechsunddreißigjährige Tochter mit unchristlicher Häme aus dem Dorf graulte. In Kummer und Krankheit wurde aus dem leichtherzigen Pfarrer ein Eremit im eigenen Haus, ein sich aufrechthaltender Greis mit weißem Stoppelhaar und einer gewickelten Seidenkrawatte, die immer umfangreicher, selten aber gewechselt wurde, und die ihn, fast bis zur Nasenspitze reichend, vor allerhand Übeln schützte. Denn der Reverend Brontë – ewig kränkelnd und unzerstörbar – überlebte seine gesamte Familie.

Geboren wurde er am St.-Patricks-Tag, dem 17. März 1777 in Emdale im Kirchspiel Drumballyrooney der Grafschaft Down im Norden Irlands als ältestes von zehn Kindern des protestantischen Bauern Hugh Brunty und seiner Frau Eleonor. Vom Vater heißt es, daß er ein großer Geschichtenerzähler gewesen sein soll – was die meisten Iren von sich glauben –, aber Patrick wird möglicherweise der erste in der Familie gewesen sein, der seinen Namen schreiben lernte. Trotz »schmaler Mittel« wurden alle Geschwister »achtbare Menschen« , ließ er Elizabeth Gaskell, die Biographin seiner Tochter Charlotte, wissen. Er selbst habe eine frühe Vorliebe für Bücher gezeigt und mehrere Jahre lang die Schule besucht. Ehrgeiz und Fleiß brachten ihn als Sechzehnjährigen auf den Posten eines Dorfschullehrers. Dort fiel er dem Methodisten-Pfarrer Thomas Tighe auf, der ihn zum Hauslehrer seiner Kinder machte und den armen Bauernsohn mit fünfundzwanzig Jahren auf das St. John's College in Cambridge schickte. Die kleine irische Methodisten-Gemeinde, der Tighe vorstand, muß in dem ebenso feurigen wie fleißigen jungen Mann einen fähigen Rekruten Gottes gesehen haben, der die Botschaft ihres Anführers John Wesley durch die Institutionen der englischen Hochkirche tragen würde: Nicht nur wenige sind auserwählt, sondern alle Menschen können errettet werden. »Ich habe große Hochachtung vor den Wesleyanern«, versicherte noch der einundachtzigjährige Patrick einem jungen Methodisten-Prediger, als er sich längst für die Hochkirche entschieden hatte. Als Kind hatte er Wesley predigen hören, der regelmäßig durch Irland zog. Die Methodisten hatten seine Jugend geprägt; Zeit seines Lebens bediente er sich ihrer pompösen Höflichkeitsfloskeln, und um Gottes Rat war er in keinem Gespräch verlegen.

Auf einer Methodisten-Akademie hatte er seine Frau kennengelernt. Höhepunkt seiner Karriere war der Einzug in eine Pfarre, die achtzig Jahre zuvor von einem Freund und Gefolgsmann Wesleys beherrscht worden war, dem ebenso heiligen wie fürchterlichen Pastor William Grimshaw, dessen Wirken den Leuten von Haworth noch in bester Erinnerung war: Zu offenbar waren die Wunder, die seine Gebete bewirkt hatten, und zu eigenwillig die Wege, mit denen er seine Herde zum Gottesdienst versammelt hatte. Der Menschenschlag, mit dem Grimshaw es in den West-Ridings zu tun hatte, lebte dort seit Generationen nach seinem eigenen Kodex, der weder mit der Bibel noch mit dem bürgerlichen Gesetzbuch in Einklang stand. Streit und Rache zwischen den Familien auf den abgelegenen Heidehöfen wurden vom Vater auf den Sohn vererbt. Sollte Emily Brontë je nach einem Vorbild für eine so bedenkenlose Figur wie Heathcliff in der *Sturmhöhe* gesucht haben – die Umgebung von Haworth war reich an Inspiration.

Das sonntägliche Vergnügen dieser Gesellschaft, mit Steinen Fußball zu spielen, gehörte noch zu der sportlicheren Art von Sünden. Es gab auch Hahnenkämpfe, Hundehatz auf Bullen und Pferderennen, die regelmäßig von Rauf- und Trunkenbolden frequentiert wurden und Anlaß für Händel und Ausschweifungen boten. Elizabeth Gaskell, die Frau eines Kirchenmannes, beschrieb indigniert das Genre zu Grimshaws Zeiten: »Kaum eine Hochzeit wurde ohne das grobe Amüsement von Wettläufen gefeiert, bei denen die halbnackten Läufer einen Skandal für anständige Besucher von außerhalb darstellten.« Der Pastor, von einem reineren Geist erfüllt als seine Schafe, in Sprache und Gebaren aber ebenso unflätig wie sie, betete so heiß gegen die unchristlichen Spiele an, daß die Pferderennen eines Tages von einer wahren Sintflut hinweggeschwemmt wurden und nie mehr stattfanden. An Sonntagen ließ er seinen Chor den 119. Psalm anstimmen (»Wohl denen, deren Weg ohne Tadel ist, die leben nach der Weisung des Herrn. Wohl denen, die seine Vorschriften befolgen und ihn suchen von ganzem Herzen . . .«), stieg von der Kanzel, eilte in den benachbarten Black Bull und trieb die beim Frühschoppen Versammelten mit der Reitpeitsche in die Kirche. Wohl denen, die ein Sprung aus der Hintertür seinem Einfluß entzog.

Grimshaw starb 1763 an der Pest, weil er seine Gemeinde und die Waisenkinder, die er in seinem Pfarrhaus in Sowden, unweit von Haworth, beheimatete, nicht verlassen wollte. Sein Sarg trug das Pauluswort, das den Brontë-Kindern auch später von der Teekanne ihrer Tante Branwell entgegenlachte: »Denn für mich ist Christus das Leben und Sterben Gewinn.«

Diesem furchtlosen Mann war es gelungen, in Yorkshire den Boden für eine Erweckungsbewegung zu bereiten, die sich bis zum Ende des 18. Jahrhunderts über ganz England ausbreiten sollte. Der Methodismus, der als Erneuerungsbewegung innerhalb der Hochkirche begonnen hatte – und mit ihm zahllose andere Sekten –, wandelte in weniger als fünfzig Jahren den Geist einer Nation. Regency-England ließ ab von seinem vulgären, sinnesfrohen Treiben und unterwarf sich einem protestantischen Gott, dem es kaum recht zu machen war und der die unteren Klassen durch die Verkünder seiner Lehre noch härter bedrückte, als dies ihre weltlichen Herren bereits taten.

Aber auch die oberen Schichten konnten sich der gesellschaftlichen Macht der Kirche nicht entziehen. Freidenker bewegten sich hart an der Grenze zur Skandalfigur und hatten sich, ganz gleich, was sie zu Hause an ihrem Teetisch verbreiteten, den Konventionen zu beugen. Als Charlotte Brontë 1851 zum erstenmal mit den atheistischen Ansichten ihrer Freundin Harriet Martineau, einer Sozialreformerin, zusammenprallte, mußte sie ihre ganze Toleranz aufbieten, um ihr »instinktives Grauen« niederzukämpfen und diese »Sünde« unabhängig von der Sünderin zu begutachten. In Haworth brach eine Massenhysterie aus, als Wesley in Grimshaws Kirche predigte. St. Michael's and all Angels konnte nicht einmal die Kommunikanten fassen, geschweige denn die Menge der Zuhörer. Von seinen flammenden Worten getroffen, sollen einige tot zu Boden gegangen sein, was keine größeren Störungen verursachte, denn es war wiederum Grimshaw, der dem Prediger zurief, er möge sich nicht aufhalten lassen, die Betroffenen führen sowieso geradewegs zur Hölle.

Wesley war ein Seelenverzücker, ein Guru des 18. Jahrhunderts. Er predigte ein Evangelium der Hoffnung, aber die Errettung des Sünders setzte eine demonstrative Bekehrung und ein Leben voll guter Taten voraus. Wie dies einzurichten sei, das konnte nur ein wohlmeinender Teufel in Menschengestalt ersinnen. Der Reverend Brontë wollte bei allem Respekt vor Wesley aber zum Heile seiner Kinder die reine Lehre nicht befolgen. »Brich den Willen des Kindes, wenn du es nicht der Verdammnis preisgeben willst«, hatte der heilige Mann gefordert. »Wenn ein Kind ein Jahr alt ist, lehre es, die Rute zu fürchten und leise zu weinen.« In einem trotzigen Kindergesicht blicke Satan selbst aus den Augen. Schläge, die die rechte Demut lehrten, Hungerstrafen, das Abtöten der »Augenlust« an bunten Knöpfen, roten Schuhen, Halskrausen und eitlem Spielzeug, die Vernichtung von Eigensinn und Stolz und das Niederringen eines sündigen Appetits auf Kuchen und Rosinen dienten also nur dem Heil der jungen Seelen. Selbstverständlich bereiteten diese »Korrekturen« den Erziehern mehr Pein als den Erzogenen, deshalb waren diese auch angehalten, sich der Rute niemals zu widersetzen und Geduld und Dankbarkeit zu zeigen. Mary Fletcher, eine Jüngerin Wesleys und besonders begnadete Pädagogin, schrieb dazu: »Ich erinnere mich an kein einziges Kind, das, wenn wir eine Korrektur durch die Rute angeordnet hatten ... sich nicht schweigend wie ein Lamm niederlegte und danach zu uns kam und uns küßte.«

Solchermaßen war das pädagogische Klima zu der Zeit, als die kleinen Brontës zur Schule geschickt wurden. Ihr Vater war dagegen, bei aller patriarchalischen Würde, ein verständnisvoller, nicht selten pfiffiger Erzieher. Die Aneignung von Wissen geschah bei ihm auf dem »erquicklichen Pfad«. Patrick förderte ihre Neugier und gab ihnen zu lesen, was sie wünschten. In seiner Studierstube standen neben den Predigten Wesleys die Werke solch skandalöser Autoren wie Byron, Shakespeare und Swift. Weder wird er die bunten Hausschuhe seiner Kinder verbrannt noch das Seidenkleid seiner Frau in heiliger Wut zerschnipselt haben, wie die hartnäckige Legende behauptet. Von Elizabeth Gaskell, die diese Marotten unrecherchiert der Nachwelt überlieferte, sagte der alte Herr: »Sie ist Romanschriftstellerin, wir wollen ihr ein wenig Ausschmückung zugestehen.« Seiner jüngsten Tochter schenkte er eine Puppe im Tanzkostüm, sein siebenjähriger Sohn besaß ein ganzes Figurenorchester türkischer Musiker. Patricks Hang zu spartanischer Ausstattung und sein Verbot an die Töchter, gebauschte Röcke zu tragen, entsprang der durchaus berechtigten Furcht vor ihrer Kurzsichtigkeit und den offenen Kaminfeuern im Haus.

In seiner Studienzeit in Cambridge hatte Patrick den verehrungswürdigen Henry Martyn kennengelernt, der Heimat und Liebste verließ, um in Indien als Missionar zu wirken. Wie St. John Rivers in Charlottes Roman *Jane Eyre* stellte er Berufung und Pflicht über besseres Wissen und starb in dem unzuträglichen Klima. Patrick bewunderte diesen eisernen Mann, seine Ambitionen aber beschränkten sich auf England.

Auf der Universität wurde aus dem mit hartem, nordirischem Akzent sprechenden Brunty ein Brontë, zunächst noch mit einem Accent aigu, später, als er begann Bücher zu veröffentlichen, mit dem auffälligen Trema. Mit diesem Namenswechsel schloß sich der junge Mann aus Zufall oder Neigung dem englischen Seehelden Horatio Nelson an, der 1799 nach der Schlacht von Abukir zum Herzog von Bronte erhoben worden war. Ob es sich um einen Hörfehler des eintragenden Verwaltungsbeamten handelte oder um eine inszenierte kleine Wendung zum Höheren – es war eine Korrektur, die den Bauernsohn aus dem wenig reputierlichen Land der Kartoffelesser, der sich ohne systematische Vorbildung und ohne vorzeigbare Herkunft zu sehr viel jüngeren Lordssöhnen auf die Hörsaalbank setzen mußte, den Klassenunterschied weniger herb fühlen ließ.

Patrick arbeitete hart und lebte genügsam. Erhalten von Stipendien und den Zuwendungen evangelikaler Freunde – darunter Henry Martyn und William Wilberforce, der Kämpfer gegen die Sklaverei – verdiente er ein paar Pfund als Repetitor hinzu.

Nach vier Jahren war es ausgestanden, und Patrick trat im Oktober 1806, versehen mit dem Grad des Bachelor of Arts und den Weihen der anglikanischen Kirche seine erste, mit 60 Pfund Jahresgehalt dotierte Stelle als Hilfspfarrer in Wethersfield in Essex an. Dort kam er bald einer jungen Dame namens Mary Burder näher. Sie war erfreulicherweise vermögend, gehörte allerdings als Nonkonfirmistin einer Gemeinschaft an, die – anders als die Methodisten, die bis 1812 Teil der Hochkirche waren – mit den Anglikanern überkreuz lag. Wenig ist zu dieser Beziehung überliefert, außer daß man sich gründlich mißverstand. Möglicherweise betrachtete Marys Vormund den gutaussehenden, eloquenten und sicher ganz reizenden Iren, der sich gleichwohl über seine Familie in Schweigen hüllte, als einen zu windigen Heiratskandidaten; möglicherweise nahm Patrick nach der ersten kopflosen Verliebtheit Abstand von einer Verbindung, die ihn höchstwahrscheinlich die Gunst seiner »großartigen, reichen Freunde« und die Karriere gekostet hätte, wie Mary annehmen mußte. Nach einem mehrwöchigen Aufenthalt im Hause ihres Onkels nach Wethersfield zurückgekehrt, fand sie den jungen Kuraten nicht mehr vor. Er hatte einen neuen Posten in Wellington in Shropshire angenommen.

Es ist ein müßiges Gedankenspiel, welche Art von kleinen Brontës dieser Verbindung entsprungen wären, oder wie sie unter der Obhut einer offenbar robusteren Dame, als es ihre Mutter war, gefahren wären. Fünfzehn Jahre nach ihrer Trennung suchte Patrick die alten Fäden wieder anzuknüpfen und machte Mary, ohne sie wiedergesehen zu haben, einen brieflichen Heiratsantrag. Das Geschoß, das Miss Burder zurückschickte, legt nahe, daß die Kränkung, die Patrick der Achtzehnjährigen zugefügt hatte, nicht verheilt war, und läßt uns ahnen, daß die Kinder mit Tante Branwell im Haus als Erziehungsberechtigte das bessere Los gezogen hatten.

1809 zog Patrick weiter nach Norden, nach Dewsbury in Yorkshire. Es waren unruhige Zeiten. Die industrielle Revolution, gegen Ende des 18. Jahrhunderts noch als das goldene Zeitalter des unaufhaltsamen Fortschritts begrüßt, das Arbeit für alle und Wohlstand für viele versprach, begann ihre Krallen zu zeigen. Yorkshire und das benachbarte Lancashire waren traditionelle Gegenden der wollverarbeitenden Heimindustrie. In der zweiten Hälfte des 18. Jahrhunderts nahm diese Industrie durch die Erfindung mechanischer Spinnmaschinen und Webstühle einen unerhörten Aufschwung. In den Flußtälern entstanden Fabriken, in denen Maschinen durch Wasserkraft schneller und von weniger Händen als zuvor bewegt wurden. Zugleich wurde Baumwolle in gigantischen Steigerungsraten aus den englischen Kolonien importiert. 1760 waren es 2,4 Millionen Pfund, dreißig Jahre später das Zehnfache und 1837 rund 366 Millionen Pfund. Heimarbeiter zogen aus den ländlichen Gebieten in die aufstrebenden Städte. In Birmingham, Liverpool, Manchester, Bradford und Leeds wuchsen Siedlungen wie Pilze aus dem Boden, die in den dreißiger und vierziger Jahren des 19. Jahrhunderts zu Brutstätten des Elends werden sollten. Der deutsche Schriftsteller Georg Weerth schrieb 1846 über seine Ankunft in Bradford: »Je weiter wir kommen, desto dichter scharen sich die Häuser an den Seiten der Straßen, desto schwärzer und unheimlicher dringt uns der Dampf der Kamine entgegen ... Bisweilen unterscheiden wir schon größere Häusermassen von den zersplitterten und versengten Tannenwipfeln, welche am Horizont wehen ... Ringsum scheinen alle Täler und Schluchten in vollen Flammen zu stehen; wir hören es zischen und kochen und rasseln, wenn wir an den Fenstern der Fabriken vorüberrauschen; die Sonne verfinstert sich wie beim Hereinbrechen eines dichten Höhenrauchs; es wird plötzlich Abend am hellen Tage.«

In den Slums drängten sich Arbeiter aus allen Ecken Englands zusammen, die keine Tradition und keine soziale Kontrolle mehr zu Nachbarn machte. Man lebte wüst nebeneinander her zwischen Raub und Totschlag, Suff und Prostitution. Der Arbeitstag der ländlichen Heimweber mit Pausen und Schwätzchen wurde rigoros in ein 16-Stunden-Muster gepreßt. Unterwerfung und Disziplin hießen die neuen Tugenden. Fabrikanten herrschten wie Gottvater persönlich. Der Industrielle Titus Salt aus Bradford ließ für seine Leute eine ganze Musterstadt bauen mit Grundschule und Kapelle, Konzertsaal und Kantine – ohne Kneipe und ohne Pfandleihe. Er wünschte glückliche und zufriedene Arbeiter; er wünschte sie fleißig und nüchtern. Aber nicht nur das Gesicht der Städte wandelte sich. Auf dem Land wurde die Arbeit für die Handweber knapp. 1811 begannen sie in Yorkshire zu rebellieren und die Maschinen zu stürmen, die sie um ihren Verdienst gebracht hatten. Die Ludditer überfielen Transporte mit den neuen Webstühlen, zerschlugen das Gerät und zündeten Fabriken an. 1812 wurde der Besitzer einer Fabrik in Huddersfield auf dem Heimweg vom Markt von vier Männern ermordet. Einer der Täter gestand, um seinen Hals zu retten, die drei anderen wurden gehängt. Soldaten schlugen die Aufstände blutig nieder. Nach Dewsbury wurde eine Abteilung Kavallerie verlegt.

Patrick Brontë, zu dieser Zeit Vikar in Hartshead cum Clifton in der Nähe von Dewsbury, fand sich inmitten des Tumults – auf seiten der Ordnung, versteht sich –, und er muß es genossen haben. Hier war nun wieder Gelegenheit, mit Feuerwaffen zu hantieren und gegen aufrührerische Elemente zu marschieren. Die Kirche bezog offen Position gegen die Weber, und Patrick fand es nur vernünftig, nachdem 150 Ludditer zur Demolierung von Rawfolds Mill an seinem Fenster vorbeigezogen waren, sich zu rüsten. Er kaufte zwei Feuersteinschloß-Pistolen. Elizabeth Gaskell, die 1853 das Pfarrhaus in Haworth besuchte, äußerte sich besorgt über die Gepflogenheiten des Reverend, die er seit Ludditer-

Zeiten nicht mehr abgelegt hatte. »Miss Brontë kann sich nicht erinnern, daß ihr Vater sich morgens ankleidete, ohne eine geladene Pistole in seine Tasche zu stecken, genauso selbstverständlich wie er seine Taschenuhr anlegte. Da saß also diese kleine tödliche Waffe mit uns am Frühstückstisch und kniete mit uns zum Abendgebet nieder – nicht zu reden von dem geladenen Gewehr, das über unseren Köpfen hing, bereit, schon bei Andeutung einer Gefahr loszuknallen.«

Drei weitere wichtige Ereignisse fielen in die Zeit, als Patrick Vikar in Hartshead war: Er wurde voll bestallter Pfarrer, er veröffentlichte sein erstes Buch, und er lernte seine Frau Maria Branwell kennen.

Zunächst zu seinen literarischen Ambitionen. Seit seiner Knabenzeit, und seit er mit sechzehn Jahren sein erstes Schulamt bekleidet hatte, erfüllten ihn ein Streben nach Bildung und der Wunsch, auch andere von den Früchten seines Lernens profitieren zu lassen. Der Weg zum Wissen solle mit Munterkeit verfolgt werden, schrieb er später, eine Gangart, die den meisten viktorianischen Pädagogen fremd war. Die Freude an der Aneignung neuer Kenntnisse war ein wichtiges Erbe, das Patrick seinen Kindern mitgab. Charlotte konnte Ignoranz und Faulheit ihr Leben lang nicht verstehen. Branwell liebte es als Knabe, in Latein und Griechisch zu glänzen. Der in die Kunst des Lesens eingeführte Hareton fordert in der *Sturmhöhe* von Cathy: »Nun küß mich, weil ich es mir so gut gemerkt habe.«

Als Pfarrer richtete Patrick drei Sonntagsschulen ein, in denen Kinder für zwei Pence die Woche Lesen, Schreiben und Rechnen lernten. Auch darin handelte er ganz im Geist der Methodisten, die mächtig am sozialen Gewissen der Nation rüttelten. Und er kümmerte sich als Dichter und Didakt um die Erwachsenenbildung. Seine Absichten waren die besten, seine Lehrmittel selbstgereimte Traktate, die unter schwerem Versgeklapper die Botschaft vom schafsmäßigen Sichfügen in den Lauf der Welt predigten, den Gottes Wille nun einmal zum Nachteil der niederen Stände gefügt hatte. Sie gänzlich zu verhöhnen hieße jedoch, ihren Zweck zu verkennen. Patricks erstes, 1811 veröffentlichtes Buch trug den Titel *Cottage Poems*, und für die Häusler, die ärmsten und ungebildetsten unter den Arbeitern, waren diese Gedichte geschrieben und übersichtlich gedruckt. Die Zueignung des Autors ging an: »Ihr alle, die ihr hart die Erde pflügt/oder täglich und fleißig am Webstuhl euch regt/und demütig durch die Stürme des Lebens geht/für kargen Lohn/merkt auf und sammelt reich' Gewinn/zu trösten eure Sorgen.« 1813 folgte *The Rural Minstrel (Der ländliche Spielmann)*, 1815 *The Cottage in the Wood or The Art of Becoming Rich and Happy (Das Häuslein im Walde oder Die Kunst reich und glücklich zu werden)*, und 1818 *The Maid of Killarney or Albion and Flora: A Modern Tale (Die Maid von Killarney oder Albion und Flora: Ein modernes Märchen)*. Dies alles ist heute nicht mehr genießbar, aber selbst als Poet war Patrick für Überraschungen gut. An eine abwesende Hausherrin richtete der Vikar den Appell ihres »braven, treuen und ergebenen Hundes, Robin Tweed, aus meiner Hütte beim Pfarrhaus in Dewsbury am 11. Juni 1811«. Dieses kleine Kabinettstückchen erklärt vielleicht, warum Patrick ein beliebter Lehrer war und warum das Pfarrhaus in Haworth später so vielerlei Tiere beherbergte: Katzen und Hunde von sehr unterschiedlichem Temperament, mit denen seine Kinder ihr Frühstück teilen durften, Kanarienvögel, ein zahmer Falke, Gänse, Tauben und Jasper, den Fasan.

O Herrin lieb',
Lies, was Dir schrieb
Dein braver Robin Tweed.
Stets treu und gut,
Voll Schneid und Mut
Er seinen Dienst versieht.

Zwar ohne Rasse
In meiner Klasse
Bin ein Prolet ich nur –
Kein Spaniel drollig,
Kein Pudel wollig,
Zu zieren Hof und Tor.

Jedoch Du kennst mich,
Hab ich nicht endlich
Ein hübsch geflecktes Fell?
Bewach' das Haus,
Würg' Ratt und Maus,
Begrüß' Dich mit Gebell?
Wie oft ich sitz'
Die Ohren spitz
Und Wedelschwanz zur Stelle,
Und rufe: Wau,
Lieb' Herrin, schau,
Willkommen ich Dir belle!
– Rums an der Tür!
Ich fahr herfür
Mit Sprüngen voller Freude,
Doch mit Entzücken
Auf meinem Rücken
Klein-Esther mich verbläute.
Mein treues Herz
Verwand den Schmerz
Und mildert das Desaster.
Du sagst nur: Tweed!
Und kraulst mich lieb
– Die Wunde hat ein Pflaster.
Ach, in der Nacht
Hier schlaflos wacht
Das Herz voll Sehnsuchtstoben
Und schnieft und schnaubt,
Bis daß es graut
Dein Hund in Deinen Roben.
Des Abends spät
Ganz nah am Herd
Sah ich die Kleider trocknen.
Dort legt' ich mich
Und seufzt' für Dich
Die Nase in den Socken.
Jedoch umsunst,
Denn Deine Gunst
Nahm ein betrüblich Wenden:
Du hast vergessen
Mit meinem Fressen
Klein-Esther herzusenden.
Schwer ist mein Los,
Unheilbar groß
Indessen meine Liebe –
Nur Menschen wanken,
Hunde verdanken
Die Treue edlem Triebe.
Herrin, leb wohl,
Die Glocke hohl
Wird bald Dich informieren:
Der Tweed ist tot
Und seine Not
Kann nie mehr ihn genieren.

1812 trat Patrick eine Stelle an, die seinem Leben eine entscheidende Wende geben sollte. Sein Freund und Kollege aus Wellington, der Reverend William Morgan, ein stämmiger, freundlicher Waliser, vermittelte ihn als Prüfer in Latein und Bibelkunde an die neu gegründete Akademie Woodhouse Grove, vier Meilen von

Bradford entfernt. Es war eine Schule für die Söhne von Methodisten-Pfarrern, und als solche muß in dem ehemaligen Herrenhaus eine Atmosphäre geherrscht haben, die irgendwo zwischen Ashram und Zuchthaus angesiedelt war. Die Methodisten hatten zu dieser Zeit bereits den Bruch mit der Amtskirche vollzogen. Ihr heiligstes Bestreben war nun, Prediger-Nachwuchs aus den eigenen Reihen heranzuziehen, und Woodhouse Grove war der Nährboden, auf dem er reifen sollte. Die Knaben traten mit acht Jahren in die Schule ein, und ihr Tag des Herrn sah folgendermaßen aus: »Wir stehen morgens zwischen sechs und halb sieben Uhr auf, mit Waschen etc.; um sieben Uhr ist allgemeines Gebet, dann private Gebete und Lesung bis acht; von acht bis neun Schulgebet und Frühstück; von neun bis halb elf Lesung, von halb elf bis zwölf Predigt; von zwölf bis halb zwei Freizeit und Mittagessen. Von halb zwei bis zwei wird das Kapitel gelesen, aus dem der Tagesspruch stammt, und jeder Junge muß einen Vers auswendig lernen. Von zwei bis halb fünf Predigt und Lesung; von halb fünf bis sechs allgemeines Gebet; von sechs bis acht Abendessen, Schulgebet und Bettzeit.«

Das Schuljahr war elf Monate lang, Sport und Spiel gab es nicht, denn nach Wesleyanischer Doktrin galt: Ein Junge, der als Junge spielt, spielt auch als Mann. Und die Jungs von Woodhouse Grove waren zu Höherem ausersehen. Der Höllenschlund stand selbst für kleine Vergehen offen. Zwei ihrer drei Mahlzeiten bestanden aus Milch und Brot. (Einmal soll es einen dreitägigen Hungerstreik gegeben haben, nachdem die Köchin gesehen wurde, wie sie mit der Suppenkelle auch im Schweine-Eimer rührte.) Nur Prügel gab es in großherzigen Portionen. Gute Führung wurde hingegen mit einer Extrastunde Beten vor dem Schlafengehen belohnt. Kein Wunder, daß diejenigen Kinder, die nicht zerbrachen, sich in eine hysterische Religiosität hineinsteigerten. Der Schuldirektor John Fennell schreibt, daß nach einer seiner Predigten viele der Jungen »tief bewegt waren, und überall gab es Seufzer und Tränen«.

Diesen Reverend Fennell und seine Tochter Jane, die mit William Morgan verlobt war, besuchte im Sommer 1812 eine Verwandte aus Cornwall: Maria Branwell, mit neunundzwanzig Jahren keine ganz junge Frau mehr und auch nicht ausgesprochen hübsch mit ihrer großen Nase, aber elegant, zierlich, kultiviert, vernünftig und von religiösem Ernst erfüllt. Sie war eines der fünf überlebenden Kinder der Anne Branwell, die ihrem Mann Thomas elf Söhne und Töchter geboren hatte. Ihr Vater war ein geachteter, methodistischer Kaufmann in Penzance an der Südküste Englands, ihr Bruder dort Bürgermeister. Ein literarisches Talent war in der Familie niemals vorgekommen.

Maria Branwell war seit Jahren »ganz und gar meine eigene Herrin, keiner Kontrolle unterworfen – so weit, daß meine Schwestern, die viele Jahre älter sind als ich, ja selbst meine liebe Mutter, meinen Rat in jeder wichtigen Angelegenheit suchten und so gut wie nie die Angemessenheit meiner Ansichten und Taten bezweifelten«. Und doch, so schreibt sie an den »lieben Mr. B.«, dessen Bekanntschaft sie bei Onkel Fennell und Cousine Jane gemacht hatte, »habe ich dies oft als Nachteil empfunden, und obwohl ich Gott danke, daß es mich nie in Irrungen geführt hat, habe ich doch bei Anlässen von Unsicherheit und Zweifel den Mangel an einem Führer und Lehrer tief empfunden«.

Dieser Führer und Lehrer steht nun in Gestalt des Latein- und Bibel-Meisters von Woodhouse Grove zur Verfügung; ein großer, erfreulich anzusehender Mann in seinen besten Jahren, gewandt, ja, feurig in seiner Rede, gleichwohl ein wenig schrullig, was die Zuverlässigkeit betrifft. Da wird ein angekündigter Brief nicht abgeschickt; »der liebste Freund« vergißt, eine Botschaft an den Doktor auszurichten; da steht plötzlich Besuch im Haus, den Mr. B. vergessen hatte anzumelden. Maria Branwell, obwohl bereit, sich seinem Rat und seiner Führung vollständig anzuvertrauen, macht in solchen Fällen keinen Hehl aus ihrem Ärger. »Ich weiß nicht, ob Du es wagst, Dein Gesicht hier zu zeigen, nach all dem Durcheinander, das Du angerichtet hast ... ich fange an zu glauben, daß dies Anzeichen von Wahnsinn birgt. Ich will mein Urteil gleichwohl so lange vertagen, bis ich höre, was Du zu Deiner Entschuldigung vorzubringen hast.«

Aber auch wenn sie ihn mit »mein lieber frecher Pat« anspricht, ihn mit seiner blühenden Phantasie neckt und seiner Zerstreutheit Schranken weist, überwiegt in den neun überlieferten Briefen aus ihrer kurzen Brautzeit ein Ton ernster Liebe und tiefen Vertrauens – in Patrick und den Allmächtigen. Und zuzeiten, wenn das große weiße Haus um sie von Gebeten summt, fliegt sie wohl auch ein wenig Zweifel über das kommende Eheglück an. »Bete viel für mich«, schreibt sie ihm, »daß ich Dir ein Segen und keine Last sein werde. Laß nicht zu, daß ich Deine Studien störe oder Dich in Zeiten in Anspruch nehme, die höheren Zwekken gewidmet sind.« Sie zeigt ihm den Aufsatz, den sie für eine fromme Wochenzeitschrift geschrieben hat, *Die Vorteile der Armut in religiösen Angelegenheiten*, der Patrick bestätigt, daß sie seine gute Meinung über schlichte Lebensführung und erhebende Gedanken teilt.

Im November, inmitten der Hochzeitsvorbereitungen, passiert ein Mißgeschick. »Ich nehme an, Du hast nie geglaubt, daß Du durch mich sehr viel reicher würdest«, hebt sie an, »aber nun bedauere ich, Dir mitteilen zu müssen, daß ich noch viel ärmer bin, als ich dachte. Ich hatte Dir erzählt, daß ich nach meinen Sachen, Kleidern und Büchern geschickt hatte. Am Samstag abend, während Du über ein ausgedachtes Schiffsunglück schriebst, erreichten mich die Auswirkungen eines tatsächlichen, denn ich erhielt einen Brief meiner Schwester mit Nachrichten über den Verbleib des Schiffs, mit dem sie meine Reisekiste geschickt hatte. Es strandete an der Küste von Devonshire, mit dem Ergebnis, daß die Kiste von der wütenden See in Stücke geschlagen wurde und der mächtige Sog meine wenigen Besitztümer bis auf einige Ausnahmen in die Tiefe riß.«

Was gerettet und in Woodhouse Grove zugestellt wurde, ist nicht bekannt. Jahre später aber schreibt Charlotte von salzwasserverkrusteten Ausgaben eines Ladies' Magazine, die sie verschlang, »wenn ich eigentlich meine Aufgaben machen sollte«, und die »eines schwarzen Tages« von Papa verbrannt wurden, weil sie »dumme Liebesgeschichten« enthielten. Möglicherweise handelte es sich dabei um weltliche Relikte aus dem Nachlaß ihrer Mutter.

Diese macht sich jedoch im November 1812 weniger Gedanken um ihr verlorenes Gepäck – »wenn es denn nicht das Vorspiel zu Schlimmerem sein sollte« – als um ihren großen Lebensplan. Patrick verspricht sie: »Mit Fleiß will ich danach streben, ein solches Maß an Tugend und Einsicht zu erlangen, daß ich fähig sein werde, Deinen höchsten Erwartungen zu entsprechen und Dir Gattin und Gehilfin zu werden. Ich bin fest davon überzeugt, daß der Allmächtige uns füreinander bestimmt hat; es ist an uns, durch aufrichtige, unablässige Gebete und unermüdlichen Eifer danach zu trachten, Seinem Willen Genüge zu tun. Ich will und kann an Deiner Liebe nicht zweifeln und versichere hier freimütig, daß ich Dich mehr liebe als alles andere auf der Welt.«

Maria Brontë, die noch acht Jahre zu leben hatte und sich in dieser Zeit kaum aus dem Kindbett erhoben haben konnte, ehe sie schon wieder schwanger wurde, wird ihre Rolle weder als ungewöhnlich noch bedauernswert empfunden haben. Sicher stimmte sie in Woodhouse Grove in Wesleys Hymne über den eitlen Stolz, die Schwäche und Nutzlosigkeit ihres Geschlechts ein – »A feeble mind and body meet,/ and pride and ignorance complete/ our total uselessness« –, um danach stillschweigend ihre Last zu schultern.

Die Frauen sahen zu Beginn des 19. Jahrhunderts eine besonders finstere Phase der Unterdrückung. Zwar hatte Mary Wollstonecraft zwanzig Jahre vorher bereits ihre *Verteidigung der Rechte der Frauen* veröffentlicht, in der sie nicht nur gleiche Bildung für Mädchen und Knaben forderte, sondern auch, daß Frauen die

Freundinnen ihrer Männer statt deren Abhängige sein sollten, aber diese Gedanken wurden erst in den vierziger Jahren wieder laut, und Charlotte Brontë war eine ihrer mutigen Verfechterinnen. Die Methodisten, die so wacker für die Abschaffung der Sklaverei in den Kolonien kämpften, in Yorkshire die Armen speisten, kleideten und lehrten, kannten gleichwohl kein Erbarmen mit ihren Frauen. Patrick Brontë trug nichts, nicht einmal Enthaltsamkeit zur Erleichterung seiner Frau bei.

Das nicht mehr ganz junge Paar heiratet am 29. Dezember 1812. Es ist eine Doppelhochzeit, zusammen mit Cousine Jane Fennell und William Morgan. Da Marias Eltern bereits tot sind und die Fahrt nach Cornwall lang und beschwerlich ist, verzichtet man auf die Hochzeitsreise und bezieht ein Haus im Dorfkern von Hartshead, »Clough Hall«. Ein Jahr später wird ihre Tochter Maria geboren und achtzehn Monate darauf Elizabeth. Das Haus und die pekuniären Umstände sind für eine kleine Familie nicht übermäßig komfortabel, aber man versteht sich einzurichten. Patrick bezieht 62 Pfund Jahresgehalt, Maria eine Rente aus dem Nachlaß ihrer Eltern in Höhe von 50 Pfund per annum. Das Pfund zählte damals 20 Shilling, der Shilling 12 Pence. Ein Brot kostete einen Shilling, acht Pence, ein Pfund Tee acht Shilling. Ein Handwerker verdiente um die 18 Shilling in der 64-Stunden-Woche. 1849 betrug das Jahresgehalt von Martha Brown, dem Hausmädchen der Brontës, 4 Pfund 6 Shilling. Die königliche Apanage für die junge Victoria belief sich im gleichen Zeitraum auf 385 000 Pfund. Soviel zu Soll und Haben. Als seine Töchter heranwachsen, wird der Reverend Brontë feststellen, daß er ihnen aus eigenen Mitteln keine erstklassige Erziehung bieten kann. Er ist auf ein wohltätiges Institut angewiesen. Die Folgen sind katastrophal.

Von Hartshead zieht die Familie bald weiter nördlich nach Thornton, dessen Pfarrstelle mit 140 Pfund deutlich besser ausgestattet ist, und dort in dem kleinen Backsteinhaus gleich an der Straße, werden in rascher Folge Charlotte (21. April 1816), Patrick

4. Das Geburtshaus von Charlotte, Branwell, Emily und Anne Brontë in Thornton

Branwell (26. Juni 1817), Emily Jane (30. Juli 1818) und Anne (17. Januar 1820) geboren. Patrick muß die Jahre in Thornton genossen haben; er war dort Mittelpunkt eines kleinen respektablen Zirkels, der seinen sittlichen Ernst ebenso wie seinen persönlichen Charme zu schätzen wußte. In den Familien Firth und Outhwaite findet er die Paten für seine Kinder, die, als Anne geboren wird, die fünf kleinen Vorgänger zum Tee einladen.

Das neue Baby ist gerade einige Wochen alt, als der Reverend aufs neue seinen Haushalt zusammenpackt und nach Haworth, acht Meilen weiter nördlich zieht – ein kleines Dorf mit einem großen geistlichen Ruf, für Mr. Brontë aber die Endstation seiner beruflichen Karriere und seines privaten Glücks. Seiner Berufung waren monatelange Querelen vorausgegangen, denn die Kirchenältesten von Haworth, die seit über 200 Jahren ihre Hirten selbst wählten und bezahlten, ließen sich weder vom Pfarrer von Bradford noch vom Erzbischof von York vorschreiben, wen sie in dieses Amt einzusetzen hätten. Es war eine Lebensstellung, 170 Pfund im Jahr und ein mietfreies Haus wert. Als der Pfarrer von Bradford ohne Rücksprache Patrick Brontë dorthin beruft, ist dies den Bürgern von Haworth schon Provokation genug, den Neuen bei einem Gastspiel auszuzischen und alle Mann hoch die Kirche zu verlassen. Patrick, der nicht leicht einzuschüchtern war, muß an mehreren Sonntagen versucht haben, seine Schäfchen zu bändigen, aber da sie ihn ganz offensichtlich nicht haben wollen und dies auf flegelhafte Weise zum Ausdruck bringen, reicht er dem Bischof schließlich sein Rücktrittsgesuch ein.

Der nachfolgende Kandidat, den der Pfarrer von Bradford ebenfalls eigenmächtig einsetzt, fährt noch sehr viel schlechter. Sobald er die Kanzel von St. Michael and all Angels erklimmt, beginnt der Trubel; die Gemeinde pfeift und trampelt, man springt über die Bänke und verfolgt den Gottesmann bei seiner Flucht aus dem Dorf schimpfend und pöbelnd. Der Erzbischof von York verfällt am Ende auf die naheliegende, rettende Idee: Er überläßt es

5. Pfarrhaus und Friedhof zur Zeit der Brontës

den Kirchenältesten von Haworth, den Reverend Patrick Brontë, Kurat in Thornton, zu ihrem neuen Seelsorger zu wählen und ihn, den Erzbischof, um dessen Berufung zu bitten. Die Zornmütigen beruhigen sich augenblicklich. Nichts für ungut, Ehrwürden, war nicht persönlich gemeint, als wir Ihnen den Hut vom Kopf schlugen. Es dauert trotzdem eine Weile, bis die Brontës sich in Haworth willkommen und heimisch fühlen.

Ihr neues Haus am Dorfrand ist, verglichen mit der Wohnung in Thornton, geräumig; man darf sich trotzdem wundern, wie eine achtköpfige Familie mit zwei Dienstmädchen sich darin verteilte. Tritt man durch die Eingangstür, liegt links der größte Raum, der als Wohn- und Speisezimmer dient, vielleicht fünf Schritte in der Länge und drei in der Breite. Auf der anderen Seite des Flurs befinden sich das Arbeitszimmer des Vaters – zugleich der Salon –, im hinteren Teil die Küche und ein Vorratsraum, der nur vom Hof aus zugänglich ist. Im ersten Stock liegen drei Schlafzimmer, die Dienstmädchenkammer, ebenfalls nur von außen durch eine Treppe zu erreichen, und dazwischen, gleich gegenüber dem Treppenabsatz ein kleiner Raum ohne Kamin oder

Ofen, das »Arbeitszimmer« der Kinder. Zum Brunnen geht es durch den Hinterhof, wo auch die Waschküche und das Klohäuschen – ein Zweisitzer – stehen, eine Nachbarschaft, die, wie der Friedhof, der das Gebäude auf drei Seiten umgibt, nicht zur Gesundheit der Bewohner beigetragen haben dürfte.

Haworth mit seinen 5000 Einwohnern, den qualmenden Fabriken im Tal des Worth und seiner allen Wettern preisgegebenen Lage war um die Mitte des 19. Jahrhunderts ein besonders unangenehmer Ort mit katastrophalen sanitären Verhältnissen und einer Kindersterblichkeit, die der der Londoner Slums gleichkam. 41,4 Prozent aller Neugeborenen erreichten nicht einmal das sechste Lebensjahr, und das Durchschnittsalter seiner Bürger lag bei sechsundzwanzig Jahren. »Die größeren Kinder haben gejubelt, wenn ein Baby starb«, heißt es in den Erinnerungen einer Arbeiterin aus Bradford. Ein Mäulchen weniger zu stopfen! Und auf dem Friedhof in Haworth bezeugen die alten Steine, wie schnell und namenlos sie begraben wurden: »In Erinnerung an James William, Sohn von Joseph und Elizabeth Heaton aus Haworth, der am 1. Februar 1871 in seinem ersten Jahr starb – ebenso drei Söhne im Säuglingsalter – ebenso James Whitham, ihr Sohn, der am 19. Juli 1878 in seinem zweiten Jahr starb – ebenso Elizabeth, ihre Tochter, die am 19. Juni 1885 sechs Wochen alt starb – ebenso ein Sohn im Säuglingsalter ...« In den engen, nie gelüfteten Häuschen der Weber schwelten Tag und Nacht die Holzkohleöfen, um die nötige feuchte Hitze für das Kämmen der Wolle zu halten. Am oberen Ende der steilen Straße, dort wo heute eine Teestube, der Brontë-Buchladen und der »Old White Lion« die kopfsteingepflasterte Kreuzung umstehen, befand sich vor 180 Jahren der Dorfplatz mit einer Bedürfnisanstalt, aus der ein offener Kanal über die Main Street den Berg hinunterführte. Die Grube lag auf Straßenniveau, und durch die unzureichende Klappe sickerten stinkende Rinnsale über das Pflaster. »Zwei Yards von dieser Jauchegrube entfernt befindet sich der Brunnen für die umliegenden

6. Eßzimmer, Brontë Parsonage Museum

Häuser«, bemerkte Inspektor Babbage, der 1850 im Auftrag der Regierung die sanitären Umstände in Haworth untersuchte und sie – bemerkenswert für das wenig zimperliche 19. Jahrhundert – höchst bedenklich fand.

Die Wasserversorgung war zu allen Jahreszeiten unzureichend und brach in den Sommermonaten oft vollständig zusammen. 150 Einwohner waren auf diesen Brunnen am oberen Ende von Main Street angewiesen, dessen Wasser oft so ekelhaft war, daß nicht einmal das Vieh davon trinken wollte. Es gab keine Kanalisation, sondern nur Misthaufen und offene Abwassergräben für Spülwasser und Jauche aus Kellern und Höfen, in denen viele Familien ein

Schwein hielten (und dort auch schlachteten). Elizabeth Branwell, die später dem Pfarrhaushalt vorstand, wird gute Gründe gehabt haben, nicht nur im Haus der kalten Fliesen wegen, sondern auch im Ort Holzpantinen über den Schuhen zu tragen. Patrick führte jahrelang Kampagnen für sauberes Trinkwasser für alle – vergeblich. Es ist, gemessen an den Umständen, eigentlich ein Wunder, daß sechs kleine Brontës ihre frühe Kindheit überlebten.

Um den Vorgarten – nur durch ein Mäuerchen mit einer Pforte von ihm getrennt – erstreckt sich der Friedhof. Ein Grasplatz zum Wäschetrocknen, ein Goldregen am Haus, ein Fliederbusch, ein Holunder und ein paar Johannisbeerstauden entlang des halbrunden Kieswegs stellen die ganze Anlage dar. Zartere Pflänzchen würden sich gegen den kalten Wind kaum behaupten. Dicht an dicht stehen und liegen die Grabmäler in ihrer Nachbarschaft, »so daß das üppige Unkraut und das harte Gras kaum Platz fanden, zwischen den Steinen aufzuschießen«, schreibt Charlotte später. Noch heute kann man auf diesem merkwürdigen Pflaster über den ganzen Friedhof gehen. 40 000 Menschen sollen hier beerdigt sein. In der Kirche des Heiligen Michael und aller Engel sitzen die Damen mit dem Taschentuch vorm Gesicht beim Gottesdienst. Der Gestank, der aus den Grüften steigt, ist unerträglich. Aber trotz der Eingaben des Reverend wird der Friedhof bis in die fünfziger Jahre nicht geschlossen. Erst sein Nachfolger läßt die alte Kirche 1879 bis auf den kurzen, breiten Turm abreißen und den Fußboden überpflastern.

Hinter dem Haus, nach Westen zu, breitet sich das Moor aus. Wir wissen nicht, ob Patrick und Maria Brontë im April 1820 den Blick aus ihrem Wohnzimmerfenster genossen haben. Nicht allzu verwegen wird die Annahme sein, daß der Wind prickelnde Regenschauer gegen die Scheiben warf. Schwarz glänzen die Mauern, die sich wie Rippen zwischen den Weiden über die Berge spannen. Schwarz ist die Erde unter den Pfützen im Moor, und schwarz sind die Gesichter der Schafe. Stumpfbraun dehnen sich

7. Die alte Kirche von Haworth mit Friedhof

die mit Heidekraut bedeckten Hügelketten. Es wird noch bis zum Sommer dauern, ehe das zarte Grün der Heidelbeerbüsche dieses nasse Schwarz bedeckt, ehe junge Farnrüssel aus der welken braunen Decke der toten Pflanzen sprießen und ein Sonnenfleck über die Hügel fliegt.

Wir wissen auch nicht, ob Maria Brontë in ihrem neuen Haus glücklich war oder ob sie Heimweh nach dem warmen, hellen Penzance fühlte, wo um diese Zeit schon die Weißdornbäume und der Rhododendron blühen. Überliefert ist nur, daß sie das Hausmädchen anwies, die kleine eiserne Feuerstelle so zu putzen, wie man es in Cornwall tat.

Heute fällt es schwer, sich in den Räumen des Pfarrhaus-Museums das kahle, kalte Heim der Brontës vorzustellen. Die Räume sind nun klimatisiert und mit Vorhängen, Teppichen und Tapeten ausgestattet, wie Charlotte sie aussuchte, nachdem der Erfolg ihr die Entfaltung eines bescheidenen Luxus gestattete. Sie ließ das Haus innen auch ein wenig umbauen und verkleinerte dabei noch einmal das Kinderzimmer (so daß es unwahrscheinlich ist, daß die Graffiti dort von den kleinen Brontës stammen). Der Abriß der Hofgebäude und einige Anbauten haben das Pfarrhaus, das ursprünglich auf drei Seiten vom Friedhof umgeben war, zusätzlich verändert. Die Ahornbäume, in deren Kronen der Wind braust und die Krähen schreien, wurden erst nach Patricks Tod gepflanzt. Aus allen Fenstern schweifte der Blick weit über die umwitterten Höhen, die alte Kirche und die unzähligen Grabtafeln.

Und noch etwas verstellt der Phantasie den Weg zurück. Damals muß es sehr viel stiller gewesen sein, als es heute die 220 000 Literaturtouristen jährlich zulassen. Bestimmt war es kälter, und wie es wohl gerochen hat? Vielleicht nach dem Kampfer in den Kleidern; vielleicht nach Lavendel in Schalen? Sicher nach Torfrauch, den der Wind die Schornsteine hinunterdrückte. In der Küche wird Brot gebacken, Fleisch gepökelt und Bier gebraut, Süßes und Saures eingelegt. Im Keller steht das Faß mit dem Petroleum für die Lampen. Wie roch die Seife, mit der die Steine gescheuert wurden, wie das Möbelwachs? Was waren das für Morgentoiletten mit Krug und Schüssel? Wie roch Vaters Medizin und wie rochen sie selbst in ihren schweren Röcken?

Elizabeth Gaskell schrieb, nie habe sie so ein ausgezeichnet sauberes Plätzchen gesehen. »Die Türstufen sind fleckenlos; die kleinen altmodischen Fensterscheiben glänzen wie Spiegel.« – Das war über dreißig Jahre später, als von den sechs kleinen Kindern, die im Haus wie Mäuse herumhuschen, nur noch eine Tochter am Leben ist.

II

Elizabeth Branwell • Maria Brontë • Witwer mit sechs Kindern • Mary Burder

Was wird der Mann in den 40 Jahren, die er noch – ›unerforschlicher Ratschluß Gottes!‹ wird er geflucht haben – leben mußte: Alle; Frau & sämtliche Kinder überleben mußte! – seinen unzerstörbaren Knochenbau nicht verwünscht haben!

Arno Schmidt
Angria & Gondal – Der Traum der taubengrauen Schwestern

Die Bürger von Haworth hatten den neuen Reverend nicht bestellt; seine Amtseinführung war ein Akt gewesen, bei dem alle Beteiligten mit Mühe ihr Gesicht gewahrt hatten. Nur eine Acht-Meilen-Reise von Thornton entfernt, wehte doch ein bedeutend rauheres soziales Lüftchen im Dorf auf den Pennines, als zwischen den Nachbarn im Tal. Als Maria Brontë im Januar 1821 nach langer Hinfälligkeit plötzlich »gefährlich krank« wird, »kalt und still« in ihrem Bett liegt, als sei sie bereits dem Tode nahe, und alle Kinder sich innerhalb von zwei Tagen mit Scharlach anstecken, fühlt sich der Reverend Brontë »wie ein Fremder in einem fremden Land«. Zwei junge Dienstmädchen hat die Familie aus Thornton mitgebracht, die Schwestern Sarah und Nancy Garrs, von denen Nancy bereits mit dreizehn Jahren eingestellt worden war. Sie sind dem Chaos und dem verzweifelten Hausherrn nicht gewachsen. Im Dorf hat der Reverend keine Freunde, die er um Hilfe bitten könnte. Treu und pünktlich in der Erfüllung seiner geistlichen Pflichten, wahrt er zu seiner Gemeinde dennoch Distanz; respektiert den Eigensinn der Leute, die sich Visiten ohne Einladung und unaufgefordert erteilten Rat in ihren Stuben verbeten hätten. »Was für eine Sorte Pastor haben Sie denn?« fragte Elizabeth Gaskell einen Mann aus dem Kirchspiel. »Einen selten guten«, erwiderte der, »er kümmert sich um seine eigenen Angelegenheiten und läßt uns mit den unsrigen zufrieden.« Pfarrer Brontë kommt, wenn er gerufen wird, ansonsten richtet er seine Schritte lieber hinaus aufs Moor. Nun sieht er sich als Pfleger einer kranken Frau, der kein Arzt mehr helfen kann, und Vorstand einer Kinderschar, mit der er nichts anzufangen weiß. Seine Hilferufe werden in Penzance vernommen. Elizabeth Branwell, eine sieben Jahre ältere Schwester seiner Frau, die der Familie bereits in Thornton über ein Jahr Gesellschaft geleistet hatte, reist an und übernimmt die Zügel.

8. Die Hauptstraße von Haworth, ca. 1925

»Tante Branwell« widerfährt in vielen Brontë-Biographien herbe Kritik; und nichts ist leichter, als diese Person zu rügen: eine alte Jungfer Mitte Vierzig, erfolglos auf der Suche nach einem Ehemann, mit allerlei Ticks und einer rigiden Frömmigkeit behaftet, Trägerin zu großer Hauben und falscher Locken; von den Schwestern Garrs wegen ihrer Strenge gefürchtet und wegen ihrer Knickerigkeit verachtet, vom Schwager »als großer Trost und eine Hilfe« empfunden, von den Kindern respektiert, aber wohl kaum geliebt. »Sie tadelte uns, weil wir ›Spucke‹ gesagt hatten«, erinnerte sich Charlottes Freundin Mary Taylor. Und an Gaskell schrieb sie empört: »Sie ließ ihre Nichten nähen, mit oder ohne Sinn und Zweck, und hielt sie so weit wie möglich von jeder geistigen Tätigkeit ab.« Aber Elizabeth Branwell war sicher ein komplexerer Charakter, als sich aus der Überlieferung vom Hausdrachen schließen ließe. Freilich liegt der Verdacht nahe, daß sie Annes sensible Natur mit ihrer methodistischen Schreckens-Religion vergiftete, was die junge Frau, die unter Asthma litt und gelegentlich stotterte, später so verzweifelt nach einem gnädigen Gott suchen ließ, der für ihre läßlichen Sünden nicht unentwegt Rache auf ihr Haupt lud. Ihr erstes Sticktuch trägt ein Zitat aus *Sprüche Kapitel 3*, das das kleine Mädchen wahrscheinlich nicht selbst ausgesucht hat. »Mein Kind, verachte nicht die Zucht des Herrn, widerstrebe nicht, wenn er dich zurechtweist! Wen der Herr liebt, den züchtigt er, wie ein Vater seinen Sohn, den er gern hat.«

Freilich wird es den Nichten kaum zuträglich gewesen sein, in Tantes ungelüftetem Zimmer stundenlang die Nadel durch den Stramin zu führen. Und schließlich wird ihr angelastet, sie habe sich der Verantwortung entzogen und Maria, Elizabeth, Charlotte und Emily in das fatale Institut für Klerikertöchter Cowan Bridge abgeschoben. Charlotte soll Elizabeth Gaskell anvertraut haben, das Weib Reed in *Jane Eyre* trage Züge ihrer Tante Branwell. Aber Charlotte neigte dazu, ihre eigene Biographie zu dramatisieren. Die Version ihres Lebens, wie sie sie Gaskell bei ihrem ersten Treffen gab, und die jene, zu einer Kurz-Tragödie kondensiert, hingerissen einer Freundin überlieferte, gibt Zeugnis von dieser Stärke Charlottes. Sie wußte, was ein guter Plot war.

Um Elizabeth Branwell Gerechtigkeit widerfahren zu lassen, muß man sich ihre Situation vergegenwärtigen: Eine alleinstehende Frau mit einem großen Freundeskreis und einer soliden gesellschaftlichen Stellung verläßt ihre angenehme Umgebung, weil Neigung und Pflicht ihr gebieten, der sterbenden Schwester beizustehen. Als Maria begraben ist, harrt sie aus, hoffend, daß der vierundvierzigjährige Witwer nach angemessener Frist sich wiederverheiraten werde und sie das ungastliche, unkultivierte, stinkende Haworth hinter sich lassen kann. (Eine »Vernunftehe« mit seiner Schwägerin wäre dem Reverend gesetzlich verboten gewesen.) Aber Patrick – ein Mann ohne Vermögen und mit sechs Kindern, die er euphemistisch seine kleine, süße Familie nennt – findet keine Frau, und irgendwann wird es Elizabeth Branwell ge-

9. Miniatur einer Dame von Charlotte, vermutlich Elizabeth Branwell

dämmert sein, daß sie wohl für den Rest ihres Lebens dieses kombinierte Wohn-Schlafzimmer im ersten Stock mit den Fenstern zum Friedhof zu ihrem Zuhause machen muß.

Zu stolz, um sich für ihre Dienste »erhalten« zu lassen, lebt sie von ihrem eigenen kleinen Vermögen und versucht mit wechselndem Erfolg, den aus dem Ruder gelaufenen Haushalt zu organisieren. Dabei macht sie sich nicht durchweg beliebt. Den Garrs-Schwestern, über deren unökonomisches Wirtschaften im Dorf geklatscht wird, zapft sie das Glas Bier, das ihnen täglich zusteht, selbst im Keller ab. Den größeren Mädchen teilt sie Aufgaben in Haus und Küche zu. Bald können die Leute von Haworth die Uhr nach den Vorgängen im Pfarrhaus stellen.

Doch es gibt auch Besucher, die die Tante als ungewöhnliche und nicht uncharmante Person kennenlernen. Charlottes Freundin Ellen Nussey beschreibt sie in ihren Erinnerungen: »Miss Branwell war eine sehr kleine altmodische Dame. Sie trug Hauben, die so groß waren, daß ein halbes Dutzend Hüte nach der jetzigen Mode darin Platz gefunden hätte, und viele falsche Locken von hellem Kastanienbraun ringelten sich auf ihrer Stirn. Sie trug immer Seidenkleider. Sie verabscheute das Klima im hohen Norden und die Steinfußböden im Pfarrhaus. Es belustigte uns, wenn sie in Holzschuhen umherklapperte, wann immer sie in die Küche gehen oder im Haus nach dem Rechten sehen mußte. Sie sprach viel über ihre Jugend, die Freuden ihrer Heimatstadt Penzance in Cornwall usw. Mit Bedauern erinnerte sie sich an die verflossenen Tage und gab uns zu verstehen, daß sie so etwas wie eine Schönheit in ihren Kreisen gewesen war. Sie schnupfte aus einer hübschen goldenen Tabatiere, die sie gelegentlich mit einem kleinen Lachen anbot, als habe sie ihre Freude an dem leichten Schock und dem Erstaunen, das diese Geste bei ihrem Gegenüber auslöste. Im Sommer verbrachte sie einen Teil des Nachmittags damit, Mr. Brontë vorzulesen. An den Winternachmittagen muß sie es genossen haben, denn sie und Mr. Brontë mußten oft ihre Diskussion über das Gelesene abbrechen, wenn wir uns alle zum Tee trafen. Sie war sehr lebhaft und aufgeweckt und vertrat ihre Meinung gegenüber Mr. Brontë ohne Furcht.«

Elizabeth Branwell hielt auf Distanz zu Schwager und Kindern. Weder drängte sie sich als Mutterersatz auf noch als Zensorin ihrer Spiele. Solange die Mädchen ihre Näharbeiten machten, ihre Gebete sprachen, den Teppich bürsteten und die Möbel polierten, ließ sie sie gewähren. Ans Herz gewachsen waren ihr nur Branwell – und Anne, die sie im Gegensatz zu den eigenwilligen Älteren, die sich ihr entzogen, glaubte formen zu können. Dennoch: Nicht viele Kinder im 19. Jahrhundert genossen so viel geistige Freiheit wie die kleinen Brontës. Sie lasen nicht nur gründlich die Bibel, sondern auch die Zeitung, Shakespeare und Sophokles, Swift und Scott, Ossian, Cowper und Byron, die *Odyssee* und die *Märchen aus 1001 Nacht*, Hannah Mores *Moral Sketches,* Bunyans *Pilgerreise*, Miltons *Verlorenes Paradies*, Aesops *Fabeln*, und sie kopierten fleißig die Bilder aus Bewicks *Naturgeschichte der Britischen Vögel*.

Wie hätten sie sich entwickelt, wenn ihre Mutter länger gelebt hätte? Den jüngeren fehlte jede Erinnerung an sie. Charlotte, damals vier oder fünf Jahre alt, konnte sich ihr Bild zurückrufen, wie sie abends mit ihrem kleinen Sohn im Wohnzimmer spielte. Hätte eine umsorgtere Kindheit die Traumwelten der Brontës, in denen die Keime ihres literarischen Genies schlummerten und die aus Trauer und Mangel geboren waren, nicht reifen lassen? Gebührte Tante Branwell in ihrer Zurückhaltung Dank? Mutmaßungen dieser Art führen auf reizvolles, gleichwohl schwankendes Terrain. Die Folgen dieses freischwebenden, lieblosen Daseins lassen sich lediglich aus den Windungen ihres Lebensweges ahnen. Der Vater, gewiß nicht kalt und unbesorgt, aber doch entfernt, stellte ihr Vorbild dar: Groß-Genius Papa. Er, der Bildungshungrige, der Autodidakt, der Prediger, wies den Töchtern den Weg, ohne ihnen ein Ziel versprechen zu können. Was tun mit dem ganzen

10. Das »Studierzimmer« der Kinder im Pfarrhaus

Wissen über Bilder und Musik, die Antike und die englische Historie? Es mußte sich als Wert selbst genügen. Was ihm und ihnen fehlte, war nicht nur die Hoffnung auf ein von ihren geistigen Talenten erfülltes Leben (denn was konnten sie schon werden außer Unfreiwillige im Heer englischer Gouvernanten?), sondern auch das emotionale Futter, das ihnen mehr als eine Autonomie des Kopfes geschenkt hätte. Zeit ihres Lebens waren die Töchter nicht in der Lage, unkomplizierte Beziehungen zu knüpfen. Sie wichen zurück vor fremder Vertraulichkeit, litten Qualen als Hauslehrerinnen bei Arbeitgebern, denen sie sich sittlich und intellektuell haushoch überlegen fühlten, und liefen doch jeder Kränkung ins offene Messer. Wie auch immer eine geborgenere Kindheit ihre Gaben geformt hätte – frohere Menschen wären sie sicher geworden.

Es scheint, als sei Maria Brontës Lebenskraft in ihrem achtunddreißigsten Lebensjahr aufgezehrt. In den Monaten vor ihrem Tod am 15. September 1821 will sie die Kinder, die nebenan über ihren Spielsachen wispern, kaum noch sehen. Patrick, der unermüdlich an ihrem Schmerzenslager ausharrt, konsultiert mehrere teure Ärzte, aber keiner kann ihm Hoffnung machen. Was ihn gleichermaßen wie ihre Krankheit bestürzt, ist die Verzweiflung, mit der sie um ihre Kinder weint und mit ihrem Schicksal hadert. »Der Tod verfolgte sie erbarmungslos«, schreibt er im November an den Vikar von Dewsbury. »Ihr Befinden war geschwächt, und die Krankheit verzehrte sie täglich mehr. Nach sieben Monaten furchtbarer Schmerzen, wie ich sie noch keinen Menschen habe erleiden sehen, schlief sie in Jesu ein, und ihre Seele flog auf in die himmlische Herrlichkeit. Lange Jahre war sie mit Gott gewandelt, aber der Erzfeind neidete ihr ein heiliges Leben und verwirrte ihren Geist in ihrem letzten Kampf. Dennoch – meist hatte sie Frieden und Freude im Glauben, und sie starb, zwar nicht siegreich, aber doch ruhig und mit heiliger, schlichter Zuversicht, daß Christus ihr Retter und der Himmel ihr ewiges Heim seien.«

Maria Brontë stirbt an Krebs, der auch Tuberkulose gewesen sein kann, betrauert von ihrem Mann, der sich vor das Nichts gestellt fühlt. »Die Flut des Kummers, die einst drohte mich zu überwältigen, hat, so hoffe ich, ihren höchsten Punkt erreicht, und die langsam zurücklaufenden Wellen geben mir Luft zum Atmen, obwohl es Zeiten gibt, da sie hoch anschwellen und mich für Augenblicke unter sich begraben.« Die Erinnerung an seine liebe Frau werde täglich »von dem unschuldigen und doch qualvollen Geplapper meiner Kinder wachgehalten«. Er muß es als Segen empfunden haben, daß Elizabeth Branwell nun der Tischrunde vorsitzt und er sich auch zu den Mahlzeiten in sein Arbeitszimmer zurückziehen kann, eine Gewohnheit, die er bis zu seinem Tod beibehält.

So wie die Tante das ordnende Element darstellt, so fühlt sich das älteste der Kinder, Maria, acht Jahre alt, als Trägerin der Verantwortung, die Mama ihr hinterlassen hat. Sie ist es, die ihre Geschwister aufs Moor spazierenführt, eins an der Hand des anderen. Sie ist es, die vorliest und erzählt und die ersten kleinen Spiele mit verteilten Rollen inszeniert. Nach der Überlieferung der Leute von Haworth muß sie eine Weise, nach Charlottes Erinnerung ein Engel gewesen sein; klein und zart, klug und unordentlich, ernst und fromm versucht sie, Schwestern und Bruder die Mutter zu ersetzen und auch dem Vater in allerlei Geschäften zu assistieren. Sie hilft ihm beim Korrekturlesen der Druckfahnen eines Predigttextes, und er kann »mit ihr über jedes aktuelle Tagesthema diskutieren, mit ebensoviel Freizügigkeit und Vergnügen wie mit einem erwachsenen Menschen. – Maria schloß sich mit der Zeitung ins Kinderzimmer ein, und wenn sie wieder hervorkam, konnte sie über alles reden, was darin stand. Parlamentsdebatten und was weiß ich noch alles«, erinnerte sich die Pflegerin von Mrs. Brontë.

Diese »gute alte Frau« ist als Informantin jedoch mit Vorsicht zu zitieren. Sie war es auch, die Mrs. Gaskell eine Menge Unsinn über die Gewohnheiten des Reverend erzählte, die dieser später höflich, ja fast galant, jedoch entschieden zurückwies. Er habe die Hausschuhe der Kinder verbrannt, den Teppich in den Kamin gestopft, die Kinder abhärten wollen und ihnen kein Fleisch, sondern nur Kartoffeln zu essen gegeben? »Ich bin nicht im geringsten gekränkt, daß Sie meine Fehler schildern – ich habe viele –, und ich bezweifle nicht, daß Sie als Evastochter desgleichen einige haben«, schreibt er ihr. Er leugne nicht, daß er ein wenig exzentrisch sei. »Zählte ich zu den ruhigen, gelassenen Menschen in dieser Welt, wäre ich nicht das, was ich jetzt bin und hätte aller Wahrscheinlichkeit nach nicht solche Kinder gehabt wie die meinen ... Nur sagen Sie mir nicht nach, daß ich in meiner Wut den Kaminvorleger verbrannt, die Lehnen der Stühle abgesägt und meiner Frau Seidenkleid zerrissen hätte.« Und was die Abhärtung angehe: Er habe stets darauf geachtet, daß die Mädchen Flanellunterzeug trugen und ordentlich aßen.

Wenn Mrs. Gaskell eine Schwäche hatte, dann die, der Faszination ihres Stoffes verfallen zu sein. Sie hatte sich ein Bild der Bron-

11. Maria Brontë

tës gemacht, in dem die düsteren Aspekte und Charlottes Rolle als untadelige Heldin überwogen. Alles, was ein wenig schräg von der idealen Linie abwich, wurde von ihr nicht nur aus Rücksicht auf noch Lebende eliminiert.

Das Schicksal der Brontës war tragisch. Das Übermaß an Leid, das sie zu kosten bekamen, aber auch die Versammlung von so vielen brillanten Talenten in einer Familie und das Scheitern der beiden sonderbarsten verführen dazu, ihr Leben als einziges Trauerspiel zu beschreiben. Als Kinder waren sie schüchtern, abseits stehend in Unkenntnis populärer Ringel- und Butzemann-Spiele. Aber sie waren mitnichten traurig darüber. Sie liebten einander sehr, die nachdenkliche, sanfte Maria, die praktische, geduldige Elizabeth, Charlotte, winzig und aufgeweckt, Branwell, der kleine Gockel unter den Schwestern, die selbständige Emily und Anne, die fast noch ein Baby war und an deren Wiege Charlotte einen Engel hatte stehen sehen. Der Vater gibt ihnen jeden Tag ein paar Lektionen und läßt ihnen ansonsten jede Freiheit zu lesen, zu spielen, auf dem Moor herumzuschweifen. Möglicherweise hatte der vielseitige Reverend auch Rousseau gelesen, dessen Ideen über die Liebe zur Natur und die Rückkehr zur natürlichen Empfindung damals weit verbreitet waren. Möglicherweise stimmte er dem Philosophen in dem Gedanken zu, daß Kinder, von denen man Irrtum und Laster fernhielte, lernen würden, natürlich und richtig zu fühlen und zu denken und von selbst Wissenschaft und Kunst für sich zu entdecken. Der Reverend jedenfalls bemerkte schon früh, daß er ungewöhnliche Nachkommenschaft hatte, und stand nicht nach, ein wenig Seelenforschung zu betreiben.

»Als meine Kinder sehr jung waren (soweit ich mich erinnere, war das älteste etwa zehn und das jüngste etwa vier Jahre alt) und mir aufging, daß sie mehr wußten, als mir bekannt war, wollte ich sie dazu bringen, mit weniger Furcht zu sprechen. Ich meinte, daß ich mein Ziel erreichen könnte, wenn ihre Gesichter verhüllt würden; da sich zufällig eine Maske im Hause befand, sagte ich ihnen, sie sollten sich maskieren und ohne Scheu sprechen. Ich begann mit der jüngsten, Anne, und fragte sie, was ein Kind wie sie sich am meisten wünsche, und sie antwortete: Alter und Erfahrung. Ich fragte die nächste, Emily, was ich am besten mit ihrem Bruder Branwell anfangen solle, der zuweilen ein unartiger Junge war. Sie erwiderte: Sprich vernünftig mit ihm, und wenn er sich nicht einsichtig zeigt, hau ihn. Ich fragte Branwell, was die beste Methode sei, den Unterschied zwischen männlichem und weiblichem Denken herauszufinden. Er antwortete: Indem man den körperlichen Unterschied in Betracht zieht. Dann fragte ich Charlotte, welches das beste Buch der Welt sei. Sie antwortete: die Bibel. Und welches das nächstbeste? Sie antwortete: Das Buch der Natur. Ich fragte dann die nächste, welches die beste Bildung für eine Frau sei. Sie antwortete: Eine solche, die sie ihr Haus gut bestellen läßt. Zum Schluß fragte ich die älteste, welches die beste Art sei, die Zeit zu verbringen. Sie antwortete: Indem man sich auf eine glückliche Ewigkeit vorbereitet.«

Die Sorge von Patrick Brontë gilt ein Jahr nach Marias Tod weniger der Ewigkeit als einem geregelten, vielleicht noch einmal glücklichen Diesseits. Er sucht eine Frau. Seine erste Wahl muß auf Elizabeth Firth aus Thornton gefallen sein, die wohlhabende Patin von Elizabeth und Anne, deren Tagebuch zur Zeit von Patricks Pfarrstelle dort einen lebhaften Umgang beider Familien in Form von Besuchen, Ausflügen und Teenachmittagen verzeichnet. Sie lehnt ihn, schockiert über die gefühllos kurze Trauerzeit ab, und ist ihm noch zwei Jahre lang böse. Eine zweite junge Dame aus Keighley ist ihm ebenfalls nicht genügend gewogen, schreibt gar an eine Freundin, im Leben wäre sie nicht so dumm, eine solche Partie zu wählen.

Wer weiß, welche Eitelkeit Patrick zum dritten geritten hat, daß er sich nun an Mary Burder wendet, die Frau, die er fünfzehn Jahre zuvor in Wethersfield hatte sitzenlassen. Nach einigem vor-

12. Pfarrhaus, Sonntagsschule und Kirche in Haworth, ca. 1860

sichtigen Investigieren betreffs ihres Familienstandes schickt er einen Brief an »Dear Madam«, der so täppisch ist, daß man sich nur fragen kann, wo der Reverend seine sieben Groschen zur Zeit der Niederschrift hatte. »Es bereitet mir ein angenehmes Gefühl im Herzen, zu hören, daß Sie noch immer ledig sind«, fällt er nach einigen Einleitungsfloskeln mit der Tür ins Haus, »und ich bin so eigensüchtig, zu wünschen, daß Sie es auch bleiben, selbst wenn Sie mir nicht erlaubten, Sie wiederzusehen. Sie waren die erste, um deren Hand ich anhielt, und zweifellos war auch ich der erste, dem Sie Ihre Hand versprachen. Wie groß Ihre Abneigung gegen mich nun auch sein mag, bin ich doch sicher, daß Sie mich einst liebten mit aufrichtiger, unschuldiger Liebe, und ich bin überzeugt, daß Sie nach allem, was Sie gesehen und gehört haben, an meiner Liebe für Sie nicht zweifeln können.«

Er erwähnt den Tod seiner Frau, seine kleine, reizende Familie sowie einflußreiche Freunde und Gottes Güte, die ihm zu einem dankbaren Posten verholfen hätten. »Ich möchte nur eine Zugabe zur Behaglichkeit meines Lebens, und dann glaube ich, könnte ich nichts weiter auf dieser Seite der Ewigkeit wünschen. Ich möchte eine geliebte Freundin wiedersehen – so freundlich, wie ich sie einst erlebte und ebenso geneigt, mein Glück zu befördern.« Da seine alte Liebe wieder entflammt sei, bittet er Mary und ihre Mutter, als »alter Freund« von ihnen empfangen zu werden.

Miss Burder antwortet umgehend und keineswegs gewillt, das Glück des »Reverend Sir« zu befördern. »Eine kürzliche Durchsicht Ihrer vielen Briefe von 1808 etc. ... brachte mir zahlreiche Umstände ins Gedächtnis ... und weckte in meiner Brust zunehmende Dankbarkeit für die weise, die schonende Vorsehung, die damals zu meinem Besten über mich wachte und mich davon abhielt, in jungen Jahren eine unauflösliche Verbindung mit einem Mann einzugehen, der, so glaube ich, nicht frei von Falschheit war ... Mein gegenwärtiger Stand, über den Sie sich so erfreut äußern, war bisher der Stand meiner eigenen Wahl und für mich die Quelle großen Glücks und großer Behaglichkeit.« Mit Gusto erwähnt sie ihr »hübsches Auskommen«, das sie »unbelästigt von häuslichen Sorgen und Ängsten und ohne irgend jemanden, der mich kontrollierte oder hemmte« auf das angenehmste leben ließe. Sie fühle daher »keine Neigung, durch einen Wechsel meine mannigfaltigen Freuden aufs Spiel zu setzen.«

Auch Mary Burder steht die Güte Gottes zur Verfügung, wenn es gilt, einen Hieb auszuteilen. Der Herr werde schon für Patrick und seine unschuldigen armen Kleinen sorgen. »Es bereitet mir immer Freude zu hören, daß das Werk des Herrn gedeiht.« Darüber hinaus muß sie ihn über den gewünschten Besuch entschieden ablehnend bescheiden.

Der Reverend braucht fünf Monate, ehe er sich für eine Antwort erholt hat. Ihr Brief erschiene ihm wie ein böser Traum, schreibt er, kann es sich aber nicht verkneifen, das letzte Wort über Miss Burder zu behalten. »Sie mögen denken und schreiben, was Sie wollen, aber ich habe nicht den geringsten Zweifel, daß Sie, wären Sie die meine geworden, glücklicher geworden wären, als Sie es jetzt sind oder als Ledige sein können.«

Damit endet diese für beide Teile wenig ersprießliche Korrespondenz. Miss Burder heiratet einige Monate später einen Pastor – und wird Sorge getragen haben, daß der Reverend davon erfährt. Mr. Brontë schließt die Tür seines Arbeitszimmers hinter sich. Er unternimmt keinen weiteren Versuch, eine Frau zu finden.

III

Cowan Bridge • Söhne und Töchter • Ein Moorbeben • Der Tod der großen Schwestern

Als ich von den Mühsalen der kleinen Jane in der Wohlfahrtsschule las, wurde ich so böse, daß ich einen Spaziergang machen mußte. Ich wußte genau, was sie fühlte. Da ich Mrs. Lippett kannte, konnte ich mir Mr. Brocklehurst vorstellen.

Jean Webster
Daddy Langbein

Seine Töchter heranwachsen zu sehen mußte dem Reverend Brontë nicht nur Freude an ihrer altklugen Gesellschaft bereitet haben. Sein Gehalt und sein Hausrecht in Haworth waren auf Lebenszeit befristet. Ein Erbe stand von ihm nicht zu erwarten. Wenn er seine fünf Mädchen nicht gut verheiratete, blieb ihnen nur die Wahl, sich als Gouvernanten in Schulen oder bei Familien zu verdingen. Sie waren helle und wißbegierig, aber ihre Bildung war wohl eher ein reizvoller Flickenteppich als ein durchgewebtes Textil. Über Wellington, Napoleon und Hannibal wußten sie alles, über englische Grammatik nichts, und ihre Nadelarbeit lief trotz der Bemühungen von Tante Branwell auf verkrumpelte Probelappen und schwer zu beanstandende Säume hinaus. Etwas mehr System schien durchaus wünschenswert – nichts Extravagantes, nichts für höhere Töchter, die noch ein wenig Glanz für den Heiratsmarkt benötigten, sondern eine Grundausbildung in Angelegenheiten des Haushalts und einigen elementaren Fächern.

Maria und Elizabeth werden zunächst nach Crofton House bei Wakefield geschickt, aber das Institut ist zu teuer. Gerade da erscheint die Neueröffnung eines Stifts für Klerikertöchter – Cowan Bridge – dem Reverend wie ein Geschenk des Himmels. Vierzehn Pfund pro Jahr beträgt das Schulgeld; der Rest wird durch Spenden getragen. Auf dem Lehrplan stehen Geschichte, Geographie, der Gebrauch des Globus, Grammatik, Schreiben, Arithmetik, alle Arten von Nadelarbeit und die feineren der Haushaltsführung wie z. B. Plätten. Französisch, Musik und Zeichnen werden als weniger wichtig erachtet und kosten je drei Pfund extra.

Für die Treuhandstiftung haben vertrauenswürdige Persönlichkeiten gezeichnet, darunter die fromme und überaus einflußreiche Dichterin Hannah More und William Wilberforce, die treibende Kraft im Kampf gegen die Sklaverei. Der Sekretär der

13. Das Pfarrhaus in Haworth heute

Treuhandstiftung und Schuldirektor von Cowan Bridge ist der Reverend Carus Wilson, ein honoriger Mann, der sich einen Ruf als Erzieher und Buchautor erworben hat, an dem 1824 offenbar niemand etwas auszusetzen findet. Über seine pädagogischen Ziele hatte er in seinen *Thoughts* geschrieben: »Die Schülerinnen sind, unvermeidlich, sehr einfach und einheitlich gekleidet. Viele von ihnen leiden zweifellos darunter. Sie sind, unglücklicherweise, vielleicht im Übermaß an jene vorherrschende und immer noch wachsende Liebe zum Putz gewöhnt, denn leider sind Pfarrersfamilien, selbst die ärmsten, von dieser Sucht nicht ausgenommen. Für mich war es immer ein Ziel, jedes vordringliche Symptom von Eitelkeit in der Knospe zu ersticken.«

In Cowan Bridge tragen alle Zöglinge zwischen sechs und zwanzig Jahren die gleichen Strohhauben, weiße Schürzen an den Sonntagen im Sommer, einfache baumwollene an den übrigen Tagen; im Winter lila Wollschürzen und lila Tuchmäntel. »Fürwahr eine wunderliche Gesellschaft«, bemerkte Charlotte später zu dem unkleidsamen Aufzug. Zur Schule mitbringen müssen die Mädchen außer der Bibel und dem Gebetbuch vier Unterhemden, drei Nachthemden, zwei Korsetts, zwei Flanell-Unterröcke, drei weiße Unterröcke, drei graue aus Wolle, vier Paar weiße Baumwollstrümpfe, drei Paar schwarze wollene, einen Baumwoll-Spenzer, vier braune Leinenschürzen und zwei weiße, außerdem Handarbeitsbeutel, Kamm und Bürste und ein Paar Holzschuhe.

Für Maria und Elizabeth bedeutet das noch mehr zerstochene Finger, noch mehr Säume, denn selbstverständlich müssen sie ihre Wäsche selber nähen.

Charlotte hat dieser Schule über zwanzig Jahre später als Lowood in *Jane Eyre* ein unrühmliches Denkmal gesetzt. Zwar war ihr zu Ohren gekommen, daß die Schule sich in diesem Zeitraum sehr zu ihrem Besseren gewandelt hätte, aber von ihrer Erfahrung ließ sie sich kein Jota absprechen, und ihrem Verleger gegenüber bekräftigte sie, daß besonders die Szenen, in denen die kleine Helen Burns bis aufs Blut schikaniert wird, der Wahrheit entsprächen. Dennoch brach nach Erscheinen von Elizabeth Gaskells *The Life of Charlotte Brontë* ein Sturm der Empörung los. Der Sohn von Carus Wilson lieferte sich, gestützt von zahllosen Dankschreiben ehemaliger Schülerinnen, mit Charlottes Witwer im *Halifax Guardian* ein feuriges Leserbrief-Gefecht. Seine Proteste überzeugten schließlich Gaskells Verleger – der auch Charlottes war –, in einer dritten Auflage der Biographie die Passagen über Cowan Bridge klüglich ein wenig zu relativieren. Die Ausgabe, die heute im Handel ist, enthält Gaskells ursprüngliche Version. Sie wird, bei allem Abwägen der Gegenstimmen, der Wahrheit wohl recht nahe kommen. Zeugin gegen Carus Wilson als Wohltäter der Menschheit ist nämlich nicht nur ein ungewöhnlich kleines, aber sehr aufmerksames achtjähriges Kind, das nichts vergessen hat, sondern auch seine eigene religiös-literarische Produktion, die die aufrichtige Verrücktheit eines Sadisten offenbart, der seine Neigungen kaum verhüllt auslebte.

The Children's Friend heißen seine auflagenstarken Traktate, in denen dieser Freund unartige Kindlein regelmäßig, in großer Zahl und voll offensichtlicher Befriedigung mittels eines plötzlichen Todes zur Hölle schickt. Seine *True Stories* über kleine Buben, die, vor die Frage gestellt, ob sie lieber einen Keks haben oder einen Psalm lernen wollen, begeistert den Psalm wählen (»Engel singen Psalmen, ein Engel möcht ich sein hienieden«), erscheinen uns heute erstunken und absurd, aber der Blick, den z. B. Onkel Fennells Briefe in die Akademie Woodhouse Grove erlauben, und auch die Geschichte des Opferlamms Helen Burns sprechen von einem religiösen Geist, dessen Worte uns heute fremd sind, dessen Wahn aber nur in zeitgemäßerer Gestalt unseren Weg kreuzt. Carus Wilson »wollte junge Seelen vor der Hölle retten, indem er ihnen schon auf Erden einen Vorgeschmack davon gab«, schrieb Joan Quarm 1986 in den *Transactions* der Brontë Society. Deshalb also die Traktate mit den sterbenden Knaben, die ihre Mütter damit trösten, im Überlebensfalle wären womögliche Trunkenbolde, Feiertagsentheiliger und Ausgeburten der Hölle aus ihnen geworden. Deshalb die Zucht von Cowan Bridge, das ekelhafte Essen, das gefrorene Waschwasser, die Rute und die geschorenen Haare. Deshalb das Schild »Schlampe« um die Stirn der zerstreuten Helen Burns.

Am 21. Juli 1824 steigt der Reverend Brontë mit Maria, zehn, und Elizabeth, neun Jahre alt, aus der Postkutsche, die auf dem Weg von Keighley nach Leeds auch in dem kleinen Weiler Cowan Bridge hält. Es ist ein idyllisches Tal mit Haselnuß- und Holunderbüschen entlang des kleinen Flusses und einem weiten Blick über satte grüne Wiesen. Ein paar Cottages und eine umgebaute Fabrik für Klöppelspulen stellen die ganze Schule dar. Ihre Leitung hat zunächst Bedenken gegen die Aufnahme der beiden Neuen. Sie sind kaum von Masern und Keuchhusten genesen. Der Reverend scheint sie jedoch für stark genug zu halten, es mit dem Schulbetrieb aufzunehmen. Elizabeth Gaskell ließ sich später von einer ehemaligen Mitschülerin ihre Unterbringung beschreiben: zwei Reihen Betten in einem langen Schlafsaal, eine Waschschüssel für je sechs Schülerinnen. Sie besichtigt auch die Örtlichkeit, lange nachdem die Schule ausgezogen war: ein niedriges Haus mit kleinen Bogenfenstern – der eine Teil noch bewohnt, der andere eine leerstehende Kneipe. Die Toilettenanlage besteht aus einem Steinhäuschen im Hof – für achtzig Zöglinge. »Die Fenster im Haus lassen sich nicht sehr weit und nur schwer öffnen. Die Treppe, die zu den Schlafräumen hinaufführt, ist schmal und gewunden. Es war überhaupt ein übelriechendes und feuchtes Haus. Aber von Hygiene verstand man vor dreißig Jahren eben noch nicht viel.«

Der Schmutz, der Fraß und die Demütigungen waren hingegen »keine außergewöhnlichen Härten«, schreibt Juliet Barker einhundertfünfzig Jahre nach Mrs. Gaskell. Woodhouse Grove war ja ein ähnlicher Stall; und es gab noch schlimmere. Die Mädchen, die nach Cowan Bridge gingen, brachten Wäsche zum Wechseln mit. In anderen Wohlfahrts-Instituten teilten sich die Kinder monatelang Bettbezüge und Handtücher. Sie schliefen zu mehreren auf verflohten Strohsäcken. Es gab keine Wintermäntel, keine Stiefel, die ganze Schule wusch sich in demselben Trog, und die Leibstrafen verabreichte man in England mit bestem pädagogischen Gewissen bis in unser Jahrhundert. Das war so. Cowan Bridge widerfuhr lediglich die zweifelhafte Ehre, von seiner prominentesten Schülerin in die Öffentlichkeit gezerrt zu werden.

Patrick übernachtet dort, als er Maria und Elizabeth einschult, und ißt mit den Mädchen am selben Tisch. Am nächsten Morgen fährt er hochzufrieden ab und bringt drei Wochen später Charlotte nach Cowan Bridge.

Ehe auch Emily dort eingeschrieben wird und wir uns dem Institut ausführlich widmen, noch ein Blick zurück auf Haworth. Nachdem die drei Ältesten abgereist sind, gibt es dort mehr Platz und etwas mehr Ruhe. Es scheint, als sei Branwell zur Schulzeit seiner Schwestern auch für eine Weile auf die Haworth Grammar School, drei Kilometer außerhalb des Ortes Richtung Oxenhope, gegangen – ein Experiment, das aus unbekanntem Grund bald abgebrochen wird. Dem Reverend Brontë erscheint wohl keine Schule passend für das aufgeweckte, leicht erregbare Bürschchen, das seine roten Haare und sein keltisches Temperament geerbt hat. Der Schulweg über die Heide ist im Winter beschwerlich für den nicht sehr robusten kleinen Mann. Es gibt nur wenige Schüler, und sie kommen nicht gerade aus bestem Hause. Mit ihnen zu konkurrieren kann der empfindliche, eitle kleine Branwell nur schwer ertragen. Außerdem, und dies steht außer Zweifel, ist der Reverend der einfühlsamere Pädagoge mit den gepflegteren Latein- und Griechisch-Kenntnissen. Warum also Branwell nicht lieber zu Hause unterrichten?

Vater und Sohn kommen prächtig miteinander aus. Der Siebenjährige liebt es, Papa zu zitieren, seine gravitätische Höflichkeit, seine Metaphern und – »verb sap«* – seine lateinischen Zitate im Gespräch. Auch findet er es einfacher, wie ein Komet in der Gesellschaft der Dorfjugend aufzutauchen, ein wenig anzugeben, ein wenig zu raufen und in der Sicherheit des Pfarrhauses wieder zu verschwinden. Seine Tante kann er um den Finger wickeln. Er ist so sensibel, so fix und so schwer zu strafen.

Vielleicht hat Charlotte an diesen kleinen Jungen gedacht, als sie in ihrem ersten Roman *Der Professor* den Knaben Victor Crimsworth beschreibt. »Bald wird er nach Eton müssen, wo die ersten ein oder zwei Jahre für ihn eine Katastrophe sein werden«, vermutet der Vater. Aber die »schreckliche Operation« muß sein. Denn in Victors Charakter sehen die Eltern »eine Art elektrischer Glut und Energie, die ab und zu unheilvolle Funken schlägt.« Der Vater, weit davon entfernt, dies als Temperament durchgehen zu lassen, möchte den unguten Geist zwar nicht aus ihm herausprügeln, ihn aber auf »vernünftige Art disziplinieren,

* verbum satis sapienti – dem Weisen genügt ein Wort

damit er leichter mit jeder Art von körperlichem und seelischem Leid fertig wird und die Kunst der Selbstkontrolle um so besser beherrscht. Frances gibt diesem Etwas in dem ausgeprägten Charakter ihres Sohnes keinen Namen; aber wenn es sich zeigt im Zähneknirschen, im Funkeln seiner Augen, im wütenden Aufbegehren gegen Enttäuschungen, Mißgeschick, jähen Kummer oder angenommene Ungerechtigkeit, dann zieht sie ihn an ihre Brust oder geht mit ihm allein auf einen Spaziergang in den Wald.« Denn mit Liebe und vernünftigem Zureden kann das Kind gebändigt werden. Doch wird die Welt seinen Ausbrüchen ebenfalls mit Liebe und Vernunft begegnen?, fragt sich der Vater. Er fürchtet, »für dieses Aufblitzen in seinen schwarzen Augen, für diese düstere Wolke auf seiner breiten Stirn, für dieses Zusammenpressen seiner versteinerten Lippen wird er eines Tages Schläge statt Schmeichelworte und Tritte statt Küsse ernten. Dann vertraue ich darauf, daß aus den Anfällen stummer Wut, die ihn körperlich krank und seelisch verrückt machen werden, daß aus den Qualen verdienten und heilsamen Leides ein klügerer und besserer Mensch entstehen wird.«

Charlotte war dreißig Jahre alt, als sie dies schrieb, eine junge Frau, der nicht nur Pflichtgefühl und rigide moralische Standards die Seele ein wenig verrenkt hatten. Der Tadel für zuviel elterliche Nachsicht reicht länger zurück, aber offenbar konnte sie ihn nur durch das Medium Literatur aussprechen. Ihre Opfer für den Sohn der Familie waren verschwendet. Warum ist sie, die kleine Tochter, die genauso klug, genauso begabt und so viel fügsamer war, nicht ebenso geliebt worden wie dieser rotblonde Irrwisch, der in der Schiffschaukel auf dem Jahrmarkt von Keighley mit überschnappender Stimme schreit: »Oh, meine Nerven, meine Nerven, oh, meine Nerven!«

Auch Anne fand – ihren erwachsenen Bruder vor Augen – in *Die Herrin von Wildfell Hall* bittere Worte über die ungleiche moralische und emotionale Ausrüstung, mit der Knaben und Mäd-

14. Das Moor in der Nähe von Haworth

chen ins Leben hinausgeschickt wurden. Der Mann, so dachte man sich, stehe wie eine Eiche, der der Sturm der Anfechtung nahezu unbeschadet durch die Krone fegen könne. Die Frau dagegen gliche in ihrem Wesen einer exotischen Treibhauspflanze, sich klammernd und anschmiegend und offenbar auch ein wenig schmarotzerhaft, der ein Lufthauch schon die Tugend verwehe. »Sie möchten, daß wir unsere Söhne ermutigen, sich durch eigene Erfahrung zu beweisen, während unsere Töchter nicht einmal aus den Erfahrungen anderer Gewinn ziehen sollen«, läßt Anne ihre Heldin Helen Huntingdon sagen. »Ich würde kein Mädchen in die Welt hinausschicken, ungeschützt vor ihren Tücken und in Unkenntnis der Fallstricke, die ihren Weg säumen werden. Noch würde ich sie beschützen und bewachen, bis sie ihre Selbstachtung und ihr Selbstvertrauen verloren hätte und damit auch die Kraft und den Willen, auf sich selbst aufzupassen – und was meinen Sohn angeht: Wenn ich sähe, daß er zu dem heranwüchse, was Sie einen ›Mann von Welt‹ nennen, einen, der ›das Leben gesehen hat‹ und sich in seinen Erfahrungen sonnt . . . ich wüßte ihn lieber heute tot.«

Am 2. September tritt ein Ereignis ein, das auf alle Beteiligten einen nachhaltigen Eindruck ausübt. Der Reverend Brontë nimmt es sich zum Zeichen und Thema der nächsten Predigt. Als geschickter Redner, der die Spannung seiner Hörer zu steigern versteht, beginnt er ganz in der Art des Worts zum Sonntag, um dann den Donner von der anstehenden Rache Gottes an seinen schuldigen Geschöpfen um so herrlicher über die Köpfe rollen zu lassen. »Da der Tag ungewöhnlich schön war, hatte ich meine kleinen Kinder, die nicht ganz wohlauf waren, zusammen mit zwei Dienstmädchen auf den Anger hinter dem Haus geschickt, um frische Luft zu schöpfen«, hebt er moderat genug an. »Und als sie länger ausblieben als erwartet, ging ich in ein Zimmer im Obergeschoß, um nach ihnen auszuschauen. Der Himmel über dem Moor hatte sich bereits verfinstert. Ich hörte das Murmeln fernen Donners und sah schon Blitze aufzucken. Obwohl zehn Minuten vorher sich die Luft kaum gerührt hatte, frischte der Wind nun schnell auf und trug Wolken von Staub und Stoppeln heran. Zugleich kündigten einige große Tropfen einen anrückenden schweren Schauer an. Meine kleine Familie hatte ein schützendes Dach gefunden, aber das wußte ich nicht.«

Es war nicht nur ein heftiges Gewitter, das die Heide verdunkelte; das Datum ging in die Geschichte ein als der Tag, an dem das Moor von Crow Hill aufbrach – ein Erdbeben, das der besorgte Patrick aus dem zitternden Fußboden und den klirrenden Scheiben deduzierte. Offenbar hervorgerufen durch einen Wassereinbruch in eine unterirdische Höhle, klaffte der Hügel über Ponden auf, Felsbrocken polterten zu Tal, und eine Schlammlawine ergoß sich über seine Hänge. Und während der Reverend Physik und Vorsehung pädagogisch wirkungsvoll zu einem Aufruf zur Sühne verband, barg der Schrecken für seine Tochter Emily, die den Berg in Bewegung sah, auch ein tiefes Entzücken. Zeit ihres Lebens liebte sie die stürmischen Elemente mehr als den wolkenlosen Himmel. »Die ganze Welt müßte wach und wild vor Freude sein«, wünscht sich die junge Catherine in der *Sturmhöhe.*

Emily selbst fühlte sich draußen auf der Heide am wohlsten, wenn der Wind aus ihren Röcken eine Fahne drehte und ihr die Schalzipfel ums Gesicht schlug. In der Freiheit des Alleinseins, des Ausschreitens, des Höhenflugs der Imagination wurzelte ihre Kunst.

Vorerst aber ist sie nur ein kleines Mädchen, dessen Kiste für die Übersiedlung nach Cowan Bridge gepackt wird. Am 25. November trifft sie dort ihre Schwestern wieder, und ob Patrick sie nun selbst begleitet oder eine der Garrs-Schwestern: Noch immer werden keine Klagen laut, sieht keines der Mädchen beunruhigend blaß und spitz aus.

Der Eintrag im Schulregister lautet für die Sechsjährige: »liest sehr nett und näht ein wenig.« Die anderen waren auf strengere Prüferinnen gestoßen. Von Maria heißt es: »Liest zufriedenstellend, schreibt recht gut, kann ein wenig rechnen, näht schlecht . . .« Elizabeth »liest ein wenig, schreibt recht gut, kann nicht rechnen, näht sehr schlecht. Keine Kenntnisse in Grammatik, Geographie, Geschichte, Französisch, Musik und Zeichnen.« Charlotte schließlich »schreibt mäßig, rechnet ein wenig, näht ordentlich. Keine Kenntnisse in Grammatik, Geographie, Geschichte und anderen Fertigkeiten. Alles in allem klug für ihr Alter, aber ohne systematische Kenntnisse.«

»Meine Gedanken sind ständig woanders«, bekennt Helen Burns ihrer kleinen Freundin Jane Eyre. Die beiden sind das literarische Abbild von Maria und Charlotte. Gewiß ist es unzulässig, die Parallelen zwischen Roman und Realität zu eng zu ziehen, aber vieles im Austausch ihrer Worte und Gesten scheint unmittelbar aus dem Erfahrungsschatz der kleinen Schwester zu stammen. Helen streichelt sanft Janes Finger, um sie zu wärmen. Stumm wie ein Indianer sitzt sie neben der Verlassenen, schlingt die Arme um die Knie und stützt den Kopf auf. Wie Maria argumentiert sie mit der Jüngeren, wenn diese sich gegen die ungerechte Behandlung durch eine Lehrerin empört. »Wenn ich an deiner Stelle wäre, würde ich sie hassen; ich würde mich ihr widersetzen; wenn sie mich mit dieser Rute schlagen sollte, würde ich sie ihr aus der Hand reißen. Ich würde sie ihr vor der Nase entzweibrechen.« »Wahrscheinlich würdest du nichts dergleichen anstellen«, sagt Helen ... »Es wäre deine Pflicht, es zu ertragen, da du es nicht vermeiden kannst. Es ist ein Zeichen von Schwäche und Dummheit, wenn du sagst: Ich kann es nicht ertragen, denn du mußt nun einmal ertragen, was dir dein Schicksal bestimmt hat.« Charlotte lernt, dieses furchtbare Institut zu ertragen, aber verziehen hat sie ihm nie, »denn ich sah, wie meine Schwestern darin umkamen«. Schuld an ihrem Tod sind das schlechte Essen, die mangelhafte Hygiene, die unzureichende Kleidung, Nässe und Kälte im Haus. »Die Köchin war achtlos, verschwenderisch und schmutzig«, recherchierte Gaskell. Der Frühstücks-Porridge war in der Regel angebrannt, das Fleisch verfault, die Milch sauer, das Fett ranzig. Das Wasser für den Reispudding stammte aus der Regentonne. Jeden Sonntag mußten die Kinder zur drei Kilometer entfernten Kirche marschieren. Und so steht es in *Jane Eyre*: »Wir hatten keine Stiefel, und der Schnee drang in unsere Schuhe und schmolz. Wir hatten keine Handschuhe, und unsere erstarrten und mit Frostbeulen bedeckten Finger litten dieselben Qualen wie unsere Füße. Ich erinnere mich noch gut an das unerträgliche Jucken am Abend und die Tortur am Morgen, wenn ich meine geschwollenen steifen und wunden Zehen in die Schuhe zwängen mußte ... Da es zu weit war, um zu Mittag zurückzugehen, bekamen wir zwischen den Gottesdiensten eine Portion kaltes Fleisch und Brot«, das sie in einem ungeheizten Raum neben der Empore verzehrten. »Nach dem Nachmittagsgottesdienst kehrten wir auf einer hügeligen Straße heim, wo der bitterkalte Winterwind uns den Schnee ins Gesicht blies und dabei fast die Haut vom Gesicht riß.«

Doch auch in der Schule wartete kein Trost. »Beide Kamine wurden sofort von einer Doppelreihe großer Mädchen umlagert, und dahinter standen die Jüngeren in Gruppen und hielten ihre erfrorenen Arme in die Schürzen gewickelt.«

Carus Wilson, der sich nach Angaben dankbarer Schülerinnen vorbildlich um alles kümmerte, vom Stopfgarn bis zum Butterstrich auf dem Haferbrot, der Steigen voll frischen Obstes anliefern ließ und kranke Kinder an die See schickte, tritt in *Jane Eyre* in Gestalt des Mr. Brocklehurst, eines bigotten Heuchlers auf, der bei einer seiner Visiten die Haartracht der Schülerinnen beanstandet – »Jedes dieser Mädchen hier hat einen aus Flechten gewundenen Haarkranz, den die Eitelkeit selbst gewoben haben könnte: und diese Haarknoten müssen, wie ich bereits gesagt habe, abgeschnitten werden« –, während Ehefrau und Töchter in seiner Begleitung in Hermelin, Straußenfedern und falschen Locken prunken.

Das stinkende, angebrannte Frühstück, das die Schulleiterin eigenmächtig durch eine Portion Brot und Käse für jede ersetzt hatte, ist ihm Anlaß für weitere Belehrungen. »Sie wissen, welche Erziehung ich für diese Mädchen geplant habe; sie sollen ja nicht zu Luxus und Verwöhntheit, sondern zu Abhärtung, Geduld, Demut und Selbstverleugnung erzogen werden. Wenn nun einmal der Appetit zufällig durch eine kleine Mißlichkeit wie eine verdorbene Mahlzeit enttäuscht wird, so braucht man deswegen doch nicht gleich den verlorenen Genuß durch etwas Wohlschmeckenderes zu ersetzen und damit gleichsam den Leib verzärteln und die Aufgabe des Stifts außer acht lassen. Eine solche Gelegenheit sollte vielmehr wahrgenommen werden, um die geistige Erbauung unserer Schülerinnen zu fördern, indem man sie ermutigt, in der zeitweiligen Entbehrung Seelenstärke zu beweisen.«

Seelenstärke beweisen – dazu hat vor allem Maria Brontë Gelegenheit, deren frommes Dulden den Haß einer offenbar überforderten Pädagogin auf sich zieht. Als Miss Scatcherd lebt sie in *Jane Eyre* fort. Ihre literarische Person muß so deckungsgleich mit der wirklichen gewesen sein, daß eine ehemalige Schülerin, die Mrs. Gaskell eine Episode erzählte, von dieser Lehrerin als »Miss Scatcherd« sprach: An einem Morgen sei Maria sehr krank gewesen. Sie hatte ein Zugpflaster auf der Seite getragen, und die wunde Stelle war noch nicht verheilt. Sie stöhnte auf, sie sei so sehr krank, und die anderen Mädchen redeten ihr zu, im Bett zu bleiben; sie wollten der Schulleiterin Bescheid sagen. Aber zunächst mußte der Fall noch Miss Scatcherd dargelegt werden. Zitternd vor Kälte und Schwäche, begann das kleine Mädchen sich im Bett anzuziehen, und sie war gerade dabei, ihre schwarzen Wollstrümpfe über die dünnen weißen Beine hochzurollen, als Miss Scatcherd eintrat und ohne ein Wort der Erklärung abzuwarten, Maria am Arm aus dem Bett riß und über den Fußboden stieß. Dabei zeterte sie in einem fort über ihre schlampigen, schmutzigen Angewohnheiten. Als sie gegangen war, bat Maria die aufgebrachten Mädchen, sich zu beruhigen, zog sich langsam an und ging schließlich hinunter – wo sie für ihr Zuspätkommen bestraft wurde.

Welche Krankheit das ist, an der Maria im Winter 1824/25 leidet und wozu ihr das Zugpflaster angelegt wurde, darüber kann man heute nur Vermutungen anstellen. War es der Beginn von Tuberkulose? Unter »Auszehrung« fiel damals eine ganze Reihe von Krankheiten, die man nicht verstand. Das »Fieber«, das die Schule zu Beginn des Jahres heimsucht, ist es nicht.

Es muß dem Reverend Carus Wilson doch einen furchtbaren Schrecken eingejagt haben, als er bei einem Besuch eine halb bewußtlose Klasse vorfand, die er weder durch Drohungen noch durch geistliche Ermunterung wieder auf die Beine bringen konnte. In Cowan Bridge war Typhus ausgebrochen, übertragen durch Kopfläuse, und die halbe Schule verwandelte sich in ein Hospital mit Essig- und Kampfergerüchen. Von den 53 Mädchen, die zusammen mit den Brontës Cowan Bridge besuchten, starb eines dort, elf wurden krank nach Hause geschickt; sechs von ihnen starben bald darauf. Für die übrigen, die sich nicht angesteckt hatten, fiel der Unterricht aus; sie durften im Garten und am Fluß spielen. Wenn man dem Lauf der Dinge in *Jane Eyre* folgt, muß es für Charlotte fast eine glückliche Zeit gewesen sein, in der Maria ihren Augen und ihrem Sinn entzogen war, denn sie wurde in einem anderen Teil der Schule gepflegt. »Sie hatte nicht Typhus, sondern Schwindsucht; und ich in meiner Unwissenheit bildete mir ein, Schwindsucht müsse eine leichte, milde Krankheit sein, die man mit Zeit und guter Pflege ausheilen würde.«

Im Februar ist es jedoch offenbar, daß Maria nicht wieder gesund werden würde, und man schickt – endlich – nach dem Vater. Welche Verwirrung muß in den Köpfen aller Beteiligten geherrscht haben, daß Patrick angesichts seiner Ältesten nicht auch seine drei anderen Töchter aus diesem Institut entfernt hat!? Hat er nur Augen für sie? Ist ihnen der Mund verschlossen? Maria wird am 14. Februar heimgeholt und stirbt drei Monate darauf, am 6. Mai, elf Jahre alt. Keine ihrer Schwestern hat sie wiedergesehen. Ein Arzt läßt unterdessen Cowan Bridge evakuieren. Die Mädchen, die noch reisefest sind, auch Charlotte und Emily, fahren am 31. Mai an die Küste von Lancashire, nach Silverdale, wo Carus Wilson ein Sommerhaus besitzt. Elizabeth aber wird in Gesellschaft eines Dienstmädchens in die Postkutsche nach Keighley gesetzt und von dort mit einem Gig nach Hause gebracht. Sie stirbt zwei Wochen später.

Diese Zweitälteste hat in ihren zehn Lebensjahren kaum Spuren hinterlassen. Offenbar war sie weniger bemerkenswert als ihre große Schwester. Im Schulregister ist sie die einzige Brontë, deren »künftige Bestimmung« nicht mit Gouvernante angegeben ist. Und als einzige unter den Schwestern erhielt sie keinen Unterricht in den »Fertigkeiten« junger Damen, die da waren Französisch, Musik und Zeichnen. (Sollte sie trotz ihrer mangelhaften Handarbeitskünste einmal Tante Branwells Rolle übernehmen?) Die Schulleiterin erinnerte sich Mrs. Gaskell gegenüber, sie habe Elizabeth wegen eines »beunruhigenden Unfalls«, bei dem sie eine schwere Kopfverletzung erlitten habe, selbst in ihrem Zimmer gepflegt. »Sie ertrug alle Schmerzen mit außergewöhnlicher Geduld und stieg sehr in meiner Achtung.« Der beiden Jüngeren entsann sie sich nur undeutlich. Ja, Charlotte war »ein aufgewecktes, kluges kleines Mädchen«, die gesprächigste von allen, und da war noch »ein süßes Dingelchen, noch keine fünf Jahre alt, das Hätschelkind der ganzen Schule«. Das war Emily, in der Tat fast sieben Jahre alt, als sie Cowan Bridge verläßt.

Dieser Katastrophen-Sommer 1825 prägt die beiden überlebenden größeren Mädchen nachdrücklich, aber unterschiedlich. Zum zweitenmal hatten sie eine Mama verloren. Charlotte – neun Jahre alt – tut ihr Bestes, Maria zu vertreten. Von nun an wird sie immer versuchen, Pflicht vor Neigung zu stellen. Emily, das »Hätschelkind«, dem Sadismus von Cowan Bridge scheinbar folgenlos entronnen, reagiert traumatisch auf ihren nächsten Einschulungsversuch. Und wie Charlotte, wie Branwell hat sie das Gefühl, von ihren Schwestern nicht wirklich verlassen zu sein, ja, diese Erde mit ihnen zu teilen – ein Gedanke, der nicht nur Tröstliches birgt. Noch zwanzig Jahre nach Marias Tod schluchzt der Geist eines kleinen Mädchens vor den Fenstern der Sturmhöhe »Laß mich hinein ... seit zwanzig Jahren habe ich kein Zuhause mehr.«

Der Tod war zu allen Zeiten ein schmerzlicher und erschütternder Einschnitt im Leben einer Familie. Die hohe Kindersterblichkeit zu Beginn des 19. Jahrhunderts führte vielleicht dazu, daß er, wenn nicht mit gleichgültigeren, so doch mit vertrauteren Augen betrachtet wurde als heute. Das vorige Jahrhundert hatte andere Tabus als den Tod – die Sexualität zum Beispiel. Heute spricht man mit schöner Unbeschämtheit über Sex und verbannt den Tod aus Gedanken und Gesprächen; für die Brontës aber gehörten Himmel und Hölle zum Tischgespräch wie die Milch zum Tee. Die jungen Mädchen waren wohl bewandert in den Lehren der zahlreichen Sekten. Charlotte verabscheute die »gräßlichen calvinistischen Lehrsätze« von der Auserwählung weniger und der ewigen Verdammnis der restlichen. Ein »Dissident« war in vielen

Familien eine interessante Erscheinung, oft ein aufregender Gesprächspartner (für den Reverend stellte sein einziger Schwiegersohn, ein Puseyist, allerdings ein rotes Tuch dar). Atheist zu sein war jedoch etwa so schockierend, als bekenne man sich heute öffentlich zur Päderastie.

Der Tod liegt den Brontës vor der Haustüre, und jede Woche werden neue Gräber ausgehoben, geleitet Papa ein anderes kleines Kind zur letzten Ruhe. An manchen Tagen wird die Stille nur vom Läuten der Totenglocke und dem klingelnden Geräusch des Meißels aus dem Schuppen des Steinmetz unterbrochen. Als Maria geduldig und von ihrem Vater getröstet auf ihr Ende wartet, kommen Anne und Branwell sie besuchen. Beide werden schließlich hochgehoben, um ihre toten Schwestern im Sarg zu küssen – ein Zeremoniell, von dem man sich im 19. Jahrhundert eine wertvolle sittliche Erfahrung auch für die Jüngsten schon versprach. Anne ist offenbar noch zu klein, um Schaden davonzutragen. Branwell schreibt später in seinem Gedicht Caroline, wie eine kleine Schwester versucht, das tote Kind durch eine Berührung der Wange wiederzuwecken ... Und er?

Meine Mutter hob mich hoch,
Damit ich in den Sarg schauen konnte.
Bis auf den heutigen Tag verspüre ich
Das atemlose Keuchen und den entsetzlichen Schauder,
Mit dem ich mein totenblasses Gesicht
In ihren tröstenden Armen barg.

Charlotte, für die das Miterleben von Marias und Elizabeths Verfall den größeren Schrecken barg, phantasiert in *Jane Eyre* den Tod der Schwestern zu einem tröstlichen, zärtlichen Ende aus. Jane kriecht zu der sterbenden Helen ins Bett. »Warum sollen wir uns von Kummer überwältigen lassen, wenn das Leben rasch vorübergeht und der Tod der wahre Beginn der Glückseligkeit ist?« hatte sie in ihren gesunden Tagen zu Jane gesagt. Nun liegen die beiden Mädchen aneinandergekuschelt, und Helen flüstert: »›Ich bin sehr glücklich, Jane. Und wenn du hörst, daß ich gestorben bin, dann mußt du bestimmt nicht traurig sein ... Indem ich jung sterbe, bleibt mir viel Leid erspart. Ich hatte keine Talente und Fähigkeiten, um in der Welt gut vorwärts zu kommen; ich hätte doch nur Schwierigkeiten gehabt.‹ ... Ich schlang meine Arme fester um Helen, die mir teurer war als je zuvor; mir war, als wollte ich sie zurückhalten, sie nicht fortgehen lassen. Ich vergrub mein Gesicht an ihrem Hals. Jetzt sprach sie so lieb und zärtlich: ›Ich fühle mich so wohl! Der letzte Hustenanfall hat mich etwas ermüdet; ich glaube, ich könnte jetzt schlafen. Aber bleib bei mir, Jane. Ich habe dich so gern bei mir.‹ ›Ich bleibe bei dir, liebe, liebe Helen; niemand kann mich von dir trennen.‹ ›Ist es dir warm genug, Liebling?‹ ›Ja.‹« In der Nacht stirbt Helen in den Armen der schlafenden Jane.

Jane Eyre ist, wie alle Heldinnen in Charlottes Romanen, Waise. Alle – Frances Henry, Caroline Helstone und Shirley Keeldar, Lucy Snowe und das unglückliche Kind Matilda Fitzgibbon in ihrem letzten, Fragment gebliebenen Manuskript *Emma* – stehen allein und nicht immer fest auf eigenen Füßen. In *Shirley* wird die kranke, depressive Caroline von der Entdeckung, daß sie eine leibhaftige Mutter neben sich hat, aus dem Tal der Todesschatten geholt. »›Meine Mama‹, sprach sie weiter, als genieße sie den Gedanken an ihre Verwandtschaft, ›die mir gehört und der ich gehöre! Jetzt bin ich ein reiches Mädchen: Ich habe etwas, das ich innig lieben kann und darf.‹«

Inzwischen, da Elizabeth zu Hause im Sterben liegt, ist auch der Reverend Brontë zu sich gekommen. Am 1. Juni reist er nach Silverdale, um Emily und Charlotte zu holen. Für die nächsten fünf Jahre ist Haworth der sicherste Platz für sie.

IV

Gedankenspiele • Die Jungen Männer • Tabby kommt • Die Inselbewohner

›Sie kommen‹, sagte Oliver. ›Durch das Haferfeld‹, erklärte Jane. ›Sie sind auf ihrem Weg nach Haworth‹, fuhr Oliver fort. . . . Im Licht der Fahrradlampe tauchten die Jungen Männer im Gänsemarsch auf.

Pauline Clarke
Die Zwölf vom Dachboden

»Als sie lesen und schreiben gelernt hatten, pflegten Charlotte, ihr Bruder und ihre Schwestern sich Spiele auszudenken, aus denen der Herzog von Wellington, der Held meiner Tochter Charlotte, in der Regel als Sieger hervorging, wann immer sich ein Streit um seine Vorzüge und die von Bonaparte, Hannibal und Cäsar erhob«, erinnerte sich der Reverend Brontë als alter Mann. »Wenn die Auseinandersetzung dann hitzig und stürmisch wurde, mußte ich, da ihre Mutter damals schon tot war, als Schiedsrichter eingreifen und den Disput nach bestem Wissen schlichten. In der Handhabung dieser Angelegenheiten meinte ich oft, Zeichen von erwachendem Talent zu entdecken, wie ich es nie zuvor in Kindern dieses Alters erlebt hatte.«

Der Reverend mag ein kluger Vater gewesen sein. Wenn er die Tür zu dem kleinen, weißgetünchten »Arbeitszimmer« der Kinder stolz und schmunzelnd hinter sich schloß, war ihm allerdings entgangen, daß hier nicht ein aufgeregter Bub und drei kleine Mädchen in Schürzen und mit dünnen braunen Haaren eine historische Debatte austrugen, sondern daß in einer Halle aus Marmor und Saphir, umringt von Feen mit schmetternden Posaunen, vier Großschutzgeister im Rat saßen.

Ich sehe, sehe erscheinen
Den schrecklichen Brannii, den düsteren Riesen,
Wie er mit glühendem Atem die Erde versengt,
Blutdurst in seiner finsteren, rachsüchtigen Seele
Thront er in Wolken,
um seinem Donnergrollen zu lauschen.
Um ihn fliegt die gefürchtete Tallii wie ein grauser Adler
Und weidet ihre blutigen Augen am Schmerz
der Sterblichen.
Emmii und Annii zum Schluß

15. Lithographie nach einem Gemälde von John Martin (*The Temptation*), von Charlotte Brontë als die Traumstadt Glasstown, später Verdopolis, vereinnahmt und koloriert

Künden mit unheilvollem Schrei
Krieg, Hungersnot und Elend.

Was war hier geschehen?

Vier »unheimlich begabte, spitzfindige: spinnfitzige merkwürdigste Kinder« hatten das Reich der Phantasie entdeckt als die »letzte große Rettung des in extremer Situation befindlichen jugendlichen Genius«. (Arno Schmidt)

Nach außen hin gehen die Tage ereignislos vorüber. Dem Morgengebet in Vaters Arbeitszimmer folgt das Frühstück nebenan. Offenbar läßt sich auch die Tante inzwischen die Mahlzeiten auf ihr Zimmer bringen, sonst könnten solche Sitten, daß die Kinder ihren Porridge mit dem Hund teilen, nicht einreißen. Der Vormittag vergeht mit Unterricht und Haushaltspflichten. Nach dem Dinner um zwei Uhr gehen die Kinder spazieren; dann beginnt die Nähstunde bei Tante Branwell. Der Rest des Tages steht zu ihrer Verfügung, ehe sie um sieben zu Bett geschickt werden.

In diesen Nachmittags- und Abendstunden sitzen die Kinder in ihrer »Study«, die zugleich Charlottes und Emilys Schlafzimmer ist, oder um das Herdfeuer in der Küche, und erzählen sich hochmerkwürdige Dinge – beginnen eine Tagtraumwelt zu weben, »ein Netz aus sonnigem Schein« (Charlotte), das sie ihr halbes Leben lang umfangen sollte.

Alles beginnt in einer Juninacht des Jahres 1826, als der Vater von einer Reise nach Leeds nach Hause kommt und Branwell ein Geburtstagsgeschenk ans Bett stellt: eine Schachtel mit zwölf Holzsoldaten. Die Mitbringsel für seine Töchter – ein kleines Kegelspiel, ein Spielzeugdorf und eine Puppe im Tanzkostüm – liefert er bei seiner Schwägerin ab, die sie offenbar für einen festlicheren Anlaß zurücklegt; denn es sind die Holzsoldaten, die sofort Freunde und Beschützer finden. Branwell, noch im Hemd, trägt sie morgens zur Tür des Mädchenzimmers. »Emily und ich sprangen aus dem Bett«, schreibt Charlotte, »ich schnappte mir einen davon und rief: ›Das ist der Herzog von Wellington! Dieser soll der Herzog sein!‹ Emily nahm sich ebenfalls einen heraus und sagte, er solle der ihre sein; als Anne herunterkam [die in Tantes Zimmer schläft], sagte sie, einer sollte auch ihr gehören. Mein Soldat war der hübscheste von allen und der größte und Zoll für Zoll vollkommen. Emilys schaute grabesdüster drein, und wir nannten ihn Gravey. Annes war ein komisches kleines Kerlchen, das ihr ziemlich ähnlich sah, und wir gaben ihm den Namen Waiting Boy. Branwell suchte sich den seinen aus und nannte ihn Bonaparte.«

Diese hölzernen Herrschaften werden von den Kindern bald auf Reisen geschickt. Charlotte: »Im Jahr 1793 stach die *Invincible*, bestückt mit vierundsiebzig Kanonen, bei frischem Wind von England in See; ihre Besatzung bestand aus zwölf Männern, jeder von ihnen gesund, wohl bei Kräften und in bester Stimmung ... Am 15. März sichteten wir Spanien.« Am 25. März geraten sie in einen Hurrikan, der sie an eine unbekannte Küste verschlägt. Branwell ergänzt: »Nachdem sie 23 Tage gesegelt waren, schrie Monkey, der im Ausguck saß: ›Land in Sicht!‹ Sofort waren alle an Deck und hielten eifrig Ausschau nach dem lang gesuchten, lang ersehnten Ende ihrer Pilgerfahrt ... Und nach zwei weiteren Tagen landeten sie an der Stelle, wo sich heute der Hafen von Glasstown befindet, der herrlichste der Welt, damals eine wüste, stürmische, schilfbewachsene Bucht.«

Es ist die Westküste von Afrika, und als die zwölf ins Landesinnere marschieren, finden sie außer der exotischen Vegetation – Reisfelder, Mandelbäume und Olivenhaine in bunter Nachbarschaft – auch die schwarzen Aschantis vor, mit denen sie umgehend in Händel geraten. Wie einst die Spanier in Mittelamerika setzen die Herren in den scharlachroten Jacken, weißen Hosen und hohen Mützen »mit verschiedenen hieroglyphenartigen Zeichen« auf den Überraschungseffekt ihrer Erscheinung. »Welch seltsames Völkchen«, murmeln die Aschantis und verlieren gleich das erste Scharmützel. Der Sieg und die darauffolgende Gründung einer Stadt gehen jedoch nicht mit rechten irdischen Dingen zu. Geleitet und unterstützt werden die Kolonialisten von vier allmächtigen Großschutzgeistern – den Dschinnen Brannii, Tallii, Emmii und Annii, die regelnd, strafend und erhöhend eingreifen, die gefallenen Helden wiederbeleben – so vollständig, daß sogar die von den Aschantis halb Aufgefressenen wieder mitspielen können – und für sie die marmorne Stadt an der Mündung des Niger erbauen, die sich erhaben in den gläsernen Wassern von Fluß und Meer spiegelt: Glasstown. Ihre herausragenden Gebäude hinter einer mehrere hundert Fuß hohen Stadtmauer sind der gigantische Turm der Nationen – ein vorausempfundenes UN-Gebäude – und Braveys Kneipe, in der 20 000 Gäste Platz finden.

Arthur Wellesley, der als zwölfjähriger Trompeter mit ausgefahren war, segelt mit Hilfe der Schutzgeister nach Europa, besiegt dort den Kaiser Napoleon und kehrt als der Herzog von Wellington mit 30 000 Kriegsveteranen nach Glasstown zurück – alles prachtvolle, unerschrockene Männer, die sich, offenbar ganz ohne Frauen, zu einer herrlichen Rasse fortpflanzen.

Von nun an wird das Spiel immer verzwickter. Eine Administration wird gebraucht, ein Parlament, eine Kultur, ein Pressewesen, sogar eine eigene Sprache: »The Young Men's Tongue«, die sich mit zugehaltener Nase artikuliert -»Hellow! Dear! Oi tee troy bowts cawming oup tow us« – respektive: Hello there! I see three boats coming up to us – wird jedoch wieder aufgegeben, da das Spiel sehr bald nach einem distinguierteren Auftreten der Protagonisten verlangt. Die Kinder verwandeln sich unter wechselnden Pseudonymen selbst in Autoren und Politiker, Verleger und Kolumnisten. Charlotte ist Captain Tree oder Charles Wellesley, ein vorlauter Knabe, begleitet von einer Menagerie aus Affe, Kätzchen, Papagei und Nachtigall; manchmal auch sein romantischer Bruder, der Marquis von Douro, oder beide zugleich. Branwell tritt auf als Captain und Sergeant Bud, als Captain Flower, Châteaubriand oder Soult – Reminiszenzen an seine Leidenschaft für Frankreich. Es entstehen Karten und Chroniken, Biographien und Erzählungen, eine Zeitung mit Klatsch und Anzeigen. All dies sind Nachrichten aus dem »göttlichen, stillen, unsichtbaren Land der Gedanken«, das ihr Leben von nun an in einen glanzlosen Alltag und in eine Anderswelt gleich unter der Oberfläche teilt, in der sie »mit den Höchsten der Erhabenen« wandeln und ihre Enttäuschungen, ihre Sinnlichkeit und ihre Rivalitäten drastisch, witzig und gefühlvoll ausleben.

Charlotte stichelt mit vierzehn gegen Young Soult, »den Reimer« (Branwell), einen Vertreter »spontaner Lyrik«, seine bombastischen Knittelverse, seine Eitelkeit (»die Schwingen der Poesie sind stets ausgebreitet«) und seine Überspanntheit (»Schnell, klingelt nach kaltem Wasser, Essig, Hirschhornsalz, Riechsalz und Was-weiß-ich-für-Salz, der Dichter hat einen Anfall von Inspiration! Schnell, wenn euch sein Leben lieb ist!«) Und auch Captain Bud, eine weitere Personifikation Branwells, entgeht ihrer spitzen Feder nicht mit seinem »reizbaren, griesgrämigen und nervö-

16. Erste Ausgabe des *Young Men's Magazine*

sen Wesen ... »Man sagt, er sei ein Hypochonder, der zuzeiten glaubt, er sei eine Flamme, ein Stein, eine Auster und ein Flußkrebs, ja, daß er sich sogar zuweilen für ein Pflänzchen Glockenheide hält, das der geringste Windstoß fortwehen kann; aber seine Freunde sollen bei solchen Anlässen dafür Sorge tragen, daß ihn niemand zu Gesicht bekommt.«

Branwell selbst ist für Ironie nicht zuständig. Er ist Feldmarschall, Politiker und Planer, Volkszähler und Architekt. Und er ist über das Schandmaul Charles Wellesley erhaben. »Es war stets das Schicksal bedeutender Männer jeder Nation und jeden Zeitalters, daß ihre Werke von Dummköpfen und gewissenlosen Lumpen verleumdet werden, die, da sie selbst keinen Charakter haben, der ihnen Stütze sein könnte, und zu faul zum Arbeiten sind, ihre Tage damit zubringen, ihr Gift niederträchtig auf jeden respektablen Autor in ihrer Reichweite zu spucken. Homer hat seinen Zoibus, Virgil seinen Nearius und Captain Tree seinen Wellesley.«

Die verschiedenen Interessen von Schwester und Bruder treten schon zu Beginn des Spiels offen zutage. Branwell teilt weder Charlottes Begeisterung für den Herzog von Wellington, die sie bald auf seinen ältesten Sohn überträgt, noch ihr Entzücken an wunderbaren und geheimnisvollen Vorgängen, denen sie lange Passagen widmet. Charlotte wiederum macht das Toben von Großschutzgeist Brannii gelegentlich ungeduldig, und sein Hang, ganze Ländereien in Schutt und Asche zu legen, gibt ihr Freiraum, die romantische Seite des Tagtraums auszuschmücken. Die beiden treten damit in ein für sie ergötzliches Spiel zwischen Wettbewerb und Ergänzung ein, in dem Charlotte Branwell mit den Jahren überflügeln sollte. Denn während sie lernte, einen Plot zu inszenieren, Charaktere zu entwickeln und ihre Blumigkeit zu zügeln, variierte der Bruder nur immer wieder dieselben Motive. Das erste Büchlein des Neunjährigen heißt *My Battell Book*, und die Schlacht bleibt sein Lieblingsthema.

Dreizehn Helden sind es in seiner Spielversion, die auf der *Invin-*

cible in See stechen und sich via der holländischen Insel-Kolonie Ascension einen blutigen Weg nach Afrika bahnen. Bis auf Arthur Wellesley und Frederic Guelph, den Branwell zum ersten König der Glasstown-Föderation macht, tragen seine Besatzungsmitglieder andere Namen als die von Charlotte. Sneaky (Petzer), Naughty (Frecher), Badey (Böser), Crackey (Knacks) und der zu kurz geratene Stumps (Stummel) beziehen sich offenbar auf den ersten Eindruck, den die Holzfiguren am Morgen ihres Erscheinens auf die Kinder machten.

Schließlich sind es Branwells Leute, nicht Charlottes, die im Spiel der Jungen Männer obsiegen. Sneaky, Stumps und Monkey erscheinen in der Geographie der afrikanischen Kolonie als Namensgeber von Königreichen und Inseln. Dazu kommen die Länder von Ross und Parry, zwei prominente britische Forschungsreisende, die die belanglosen Herren Gravey und Waiting Boy in Emilys und Annes Phantasie abgelöst haben. Im Westen des Reichs herrscht schließlich der Herzog von Wellington unter dem Protektorat von Charlotte. Zusammen bilden sie die Glasstown-Föderation. Jenseits ihrer Grenzen drohen die feindlichen Aschantis, die in den gewagtesten Koalitionen mit Arabern und Franzosen (von der Insel Frenchy Land unter Bonaparte) die Bundesstaaten zu überrennen trachten.

Seiner *Geschichte der Jungen Männer* hat Branwell alias Captain Bud, »der größte Prosaschreiber von ihnen«, eine kolorierte Landkarte beigegeben, in der Länder und Grenzen der Eroberung festgelegt sind. Eine ähnliche Karte der Guinea-Küste war im Juni 1826 in der von der ganzen Familie hochgeschätzten literarischen Monatsschrift *Blackwood's Magazine* erschienen und wurde von Branwell für seine Zwecke kopiert und abgewandelt. *Blackwood's* war viele Jahre für die kleinen Brontës geschmacks- und stilbildend. Es war ein konservatives, gelegentlich jedoch gewagtes Blatt. Der Reverend zeigte sich, was die Lektüre angehender junger Damen anging, manchmal erstaunlich freizügig. Das neue, viktorianische Zeitalter mit seiner Sentimentalität und Prüderie wollte erst heraufdämmern. Es war die Ära von George IV., einem gewaltigen Prasser, in der die Dinge noch beim Namen genannt wurden. Noch wirkte die Saftigkeit eines Swift, Sterne oder Fielding nach. Auch *Blackwood's* versagte sich vorläufig der neuen Zimperlichkeit und der Schere im Kopf, die die Kirche bediente, und veröffentlichte Regency-Autoren wie James Hogg, Lockhart, Byron und de Quincey. Bei letzterem bedankten sich die Schwestern später für »Vergnügen und Gewinn«, die sie zeitlebens aus seinen Werken gezogen hätten. In *Blackwood's* Fortsetzungs-Romanen wurde geraubt, betrogen und reihum ins falsche Bett gestiegen – nicht ungestraft, jedoch unmißverständlich. Worte wie »Bordell« und »Prostituierte« waren noch druckbar, »Hosen« noch keine »Unaussprechlichen«. Im Jahr 1839 mokiert Charlotte sich dann in ihrer Novelette *Caroline Vernon* über das Aufkommen eines neuen respektablen Tons: »Gewiß hat ein Wechsel stattgefunden, eine Reformation, und laßt uns, die wir so lange auf frech-unverhüllte Schuld sahen, nun Trost finden in einem züchtigen Blick auf gereifte Moral.«

Als Kinder gestalten Charlotte und Branwell nach dem Vorbild von *Blackwood's* ihr *Young Men's Magazine* mit Leitartikeln, Reisereportagen, Rezensionen und Charlottes *Military Conversations*, die den *Noctes Ambrosianae* nachempfunden sind, dem Zirkel geistreicher Gentlemen in Ambros' Hotel. Charlotte versammelt ihre Dampfplauderer in Braveys Kneipe, wo es unter Vorsitz des Herzogs von Wellington weit weniger distinguiert zugeht. Badey z. B. stimmt dort ungebeten ein Lied an, dessen letzte Strophe lautet:

»Ich hoffe, edler Herzog, daß Euch mein Lied gefällt,/das zu Eurem Vergnügen ich sang./Es ist wohl das schönste auf der Welt/und muß Euch gefallen, da nicht einmal lang.
– Der Herzog von Wellington: Corporal Spearman, führen Sie diesen betrunkenen Kerl zum Spießrutenlaufen.

– Corporal Spearman: Jawohl, Mylord.
– Sir Alexander Hume Badey: Habt Erbarmen mit mir, Mylord!
– Herzog von Wellington: Hinaus mit ihm!«

Zusammen edieren Branwell und Charlotte fünfzehn Ausgaben dieses Magazins, das Branwell im Januar 1829 zum erstenmal erscheinen läßt und das »der Großschutzgeist Charlotte« ihm bis Ende Juli und nach drei Ausgaben offenbar abgeschwatzt hat. Sie übernimmt die Herausgabe und beendet damit offiziell »die Herrschaft der Langeweile«.

Branwell bleibt ihr jedoch als Autor erhalten; einige Geschichten schreiben sie auch zusammen, gezeichnet mit UT – us two, wir beide. Die in Tütenpapier oder in die Rückseite von Reklamezetteln eingenähten Heftchen – nicht größer als 4 mal 5,5 cm – sind in winziger Druckschrift verfaßt und enthalten nach ersten, eher dilettantischen graphischen Versuchen, ein gezeichnetes Deckblatt, Editorial und Inhaltsverzeichnis. Darin sind so anregende Geschichten aufgeführt wie: *Tagebuch eines Franzosen* (in Fortsetzungen), *Beim Anblick eines alten Dolches in der Waffenkammer des Turms von Babylon* etc. (ein Gedicht des Marquis von Douro), *Lied der alten Britannier beim Verlassen des Lands der Schutzgeister* (von UT), *Innenleben einer Kneipe* (von Young Soult), *Die Großschutzgeister im Rat* (Besprechung eines Gemäldes), *Ein Tag in Parrys Palast* (Reportage von Lord Charles Wellesley).

Dazu kommen verrückte kleine Anzeigen. ›Zu verkaufen: Eine Rattenfalle von Monsieur Fängt-nix-weil-kaputt‹ – ›Die Kunst, sich die Nase zu putzen, lehrt Monsieur Pretty-foot in seinem Haus in der Blue Rose Street Nr. 105, Glasstown.‹ ›Eine Feder wird am 9. Dezember 1830 von der Kneipe Sulky Boys aus eine Luftreise unternehmen. Der Eintrittspreis entspricht einem Humpen Bier.‹ – ›Bücher aus dem Verlag von Captain Tree: Grundkurs im Lügen von Lord Charles Wellesley in einem Band, Duodezformat, Preis 2 Shilling 6 Pence, mit praktischen Beispielen‹ – oder ein besonders interessantes Angebot: ›Achtung! Hört zu, ihr Lümmel! Ich bring euch um, wenn's recht ist! Young Man Naughty in der Kneipe von Ned Laury!!!‹

Aber nicht nur das Magazin, auch lange Geschichten entstehen an dem kleinen Klapp-Pult, das Charlotte im »Arbeitszimmer« auf den Knien balanciert: 3000 Worte allein für *Die Abenteuer von Mon. Edouard de Crack.* Dazu Charlotte: »Ich fing dieses Buch am 22. Februar 1830 an und beendete es am 23. Februar, schrieb drei Seiten am ersten und elf am zweiten Tag. Am ersten Tag schrieb ich eineinhalb Stunden am Morgen und eineinhalb Stunden am Nachmittag. Am zweiten Tag schrieb ich eine viertel Stunde am Morgen und zwei Stunden am Nachmittag und eine viertel Stunde am Abend. Macht zusammen fünfeinhalb Stunden.«

Dem Vater kann der Bienenfleiß, mit dem da auf Zettelchen gekritzelt wird, nicht entgangen sein. Selbst Brillenträger, fürchtet er zu Recht um die Sehkraft der Skribenten. »Alles, was in dieses Buch geschrieben wird, soll in guter, einfacher, lesbarer Schrift sein«, trägt er auf die erste Seite eines Notizbuchs ein. Es ist leer. Kein Wunder, denn was Branwell speziell zu Papier bringt, ist für Vaters Augen nicht gedacht:

> Endlich wurde der Mörder gefaßt.
> Sie zogen ihm die Haut ab und rieben ihn mit Salz ein
> Und legten ihn auf einen Rost,
> um ihn lebendig zu braten.
> Und oh, die gräßlichen Schreie, die aus ihm brachen!
> Sie waren wie das Brüllen des Windes in den Bäumen,
> Den Felsen und Bergen in einem Nebeltal,
> Bis sie schließlich langsam erstarben
> In leisem, rauhen Murmeln – und vergingen.
> Und nichts anderes war zu hören

als tropfendes Blut und Fett
In dem rasenden Feuer, das um ihn loderte.

Soweit das Land der Phantasie. Der Haushalt in Haworth ist inzwischen um einen wichtigen Neuzugang reicher. Aus finanziellen Gründen, heißt es, habe man sich von Sarah und Nancy Garrs getrennt und eine ältere, zuverlässige Person angestellt. Denkbar ist auch, daß Tante Branwell mit den beiden Mädchen, die sich hinter ihrem Rücken die Ellenbogen in die Seite stießen, auf die Dauer nicht gut auskam. Denkbar ist auch, daß es ein mächtiges Donnerwetter von seiten des Reverend gab, als Sarah und Nancy und die »unpäßlichen Kinder« von dem Ausflug, der ja auf den Anger hinter dem Haus beschränkt war und der sie mitten in ein Erdbeben geführt hatte, zurückkehrten.

Wie auch immer, seit Ende des Jahres 1825 herrscht nun Tabitha Aykroyd in der Küche, eine dreiundfünfzigjährige Witwe aus Haworth mit methodistischen Ansichten und einer entschiedenen Hand, wenn es ums Klapse-Austeilen geht, aber mit einem großen, warmen Herzen, in das sie die mutterlosen Gören umgehend einschließt. Dreißig Jahre bleibt Tabby in der Familie, zum Schluß stocktaub und eher eine Last als eine Hilfe, aber von den jungen Frauen loyal unterstützt und erhalten. Emilys Tagebuchnotizen und Charlottes Briefe erwähnen sie – Köchin, Magd und Kindermädchen – häufiger und liebevoller als die Tante. Es ist Tabby am Küchenherd, die von den alten Zeiten erzählt, von Pastor Grimshaw, von den Blutfehden zwischen den Familien und den Elfen auf dem Moor. Es ist die Stimme der »alten Haushälterin«, die auf den letzten Seiten von *Shirley* noch wiederklingt. »›Wie sah das Tal damals aus, Martha?‹ – ›Ganz anders als heute ... Ich kann dir sagen, daß meine Mutter an einem Sommerabend vor bald fünfzig Jahren, gerade als es dunkel wurde, angerannt kam, und sie war bald narrisch vor Angst, als sie sagte, sie habe eine Fee im Tal von Fieldhead gesehen; und das war die letzte Fee, die in unserem Land hier gesichtet wurde.‹«

Feen gibt es auch in Irland. Vielleicht erzählt der Reverend manchmal in einer heiteren Regung von ihnen, so wie sein Vater einst seiner großen Kinderschar von den »guten Leuten« erzählte, oder vom Pooka, einem Elf, der in Gestalt eines Pferdes herumspukt. In Yorkshire heißt die Erscheinung Gytrash. Charlotte hatte sie nicht vergessen, als sie die erste Begegnung zwischen Jane Eyre und Mr. Rochester inszenierte. Jane, die ein Kapitel weiter selbst in den Verdacht gerät, eine Fee zu sein, die Rochesters Pferd hat ausgleiten lassen, sitzt auf einem Zauntritt, hört den näher kommenden Reiter und gruselt sich ein wenig vor dem »nordenglischen Gespenst namens Gytrash ... das in Gestalt eines Pferdes, Maulesels oder großen Hundes in einsamen Gegenden geistert und sich zuweilen verspäteten Wanderern zeigt«.

Lieblingslektüre der Kinder sind die Bücher von Sir Walter Scott. »Alle Romane, die später geschrieben wurden, sind wertlos«, belehrt Charlotte später ihre Schulfreundin Ellen. Von ähnlichem Einfluß wie die edlen schottischen Ritter sind die Dschinnen aus *1001 Nacht* und natürlich die Figuren der Bibel, »das beste Buch der Welt«. Ohne fromme Skrupel nimmt Charlotte sich den Allmächtigen selbst zum Vorbild für Schutzgeister und Dämonen, wie er in der Offenbarung des Johannes unter Posaunenschall erscheint, »seine Augen wie flammendes Feuer, seine Füße gleichen kostbarem Erz, das im Ofen glüht ... Aus seinem Mund kommt ein Schwert, zweischneidig und scharf, und sein Aussehen strahlt wie die Sonne in ihrer Kraft.«

Wenn diese Schutzgeister in ihrem Kinder-Arbeitszimmer, das kaum größer ist als eine geräumige Besenkammer, aneinandergeraten, dann wird sich das auch dem übrigen Haus mitgeteilt haben. Branwell berichtet unter der dünnen Tarnung des Glasstown-Spiels von einer Balgerei zwischen Emily und ihm, alias Tracky, der sich auf den ruhenden Parry setzt und von diesem heftig getreten wird, worauf sich der Schutzgeist Tallii zugunsten von Tracky einmischt. Emily wird ihrem Bruder inzwischen über den Kopf gewachsen sein: eigensinnig, reizbar, kühn in Obstbäume steigend und mit den Ästen herunterkrachend; wohl auch zu Ausbrüchen und Wutgetrampel neigend. In der Geschichte *The Foundling* gibt es ein Gedicht im breiten Yorkshire-Dialekt, in dem Charlotte oder Branwell auf einen Vorfall anspielen, bei dem Emily, gereizt durch die Anforderungen des Haushalts (oder gar als Folge einer Expedition zu dem Bierfaß im Keller?), einem Anfall erlegen ist: »Eamala«, ein großer, röhrender Bulle, wälzt sich betrunken auf dem Boden, fuchtelt mit einem Messer herum und schneidet sich in den Hals. Der Erzähler wickelt Eamala/Emily schließlich in einen Mantel, aus dem sie ihm entschlüpft und sich zu Bett legt, »bis das Haus gekehrt ist und der ganze gute Schnaps aus ihrem Kopf gewichen ist.«

Tabby rennt eines Tages zu ihrem Neffen ins Dorf hinunter mit der alarmierenden Nachricht, die Pfarrerskinder seien allesamt übergeschnappt und sie traue sich nicht wieder allein ins Haus zurück. Neffe und Tabby werden, als sie endlich einen Vorstoß wagen, mit gewaltigem Gelächter begrüßt. Es müssen bewegte Tage für die Großschutzgeister gewesen sein.

Am 12. März 1829, Charlotte ist fast vierzehn Jahre alt, schreibt sie auf, was sich in den vergangenen Jahren zugetragen hat. Von nun an müssen wir uns weitgehend auf sie als die Familienchronistin verlassen. Ohne ihre Aufzeichnungen und die vielen hundert Briefe wäre das Leben der Brontës nicht mehr zu erzählen. Es ist ihr Blick, mit dem wir ihre Familie betrachten, und dessen sollte man sich von Zeit zu Zeit erinnern.

Um Vollständigkeit bemüht und mit Sinn für Atmosphäre, schreibt die junge Autorin unter dem Titel *Die Geschichte des Jahres*: »Einmal lieh Papa meiner Schwester Maria ein Buch. Es war ein altes Geographie-Buch; sie schrieb auf sein Vorsatzblatt: ›Papa lieh mir dieses Buch.‹ Dieses Buch ist einhundertundzwanzig Jahre alt; in diesem Augenblick liegt es vor mir. Während ich dies schreibe, bin ich in der Küche des Pfarrhauses von Haworth,

Tabby, das Hausmädchen, wäscht das Frühstücksgeschirr ab, und Anne, meine jüngere Schwester (Maria war meine älteste), kniet auf einem Stuhl und guckt auf ein paar Kuchen, die Tabby für uns gebacken hat. Emily ist im Wohnzimmer und kehrt den Teppich. Papa und Branwell sind nach Keighley gegangen. Tante ist oben in ihrem Zimmer ... Keighley ist eine kleine Stadt, vier Meilen von hier entfernt. Papa und Branwell sind die Zeitung holen gegangen, den *Leeds Intelligencer*, ein höchst vortreffliches Tory-Blatt, herausgegeben von Mr. Wood und dem Besitzer, Mr. Henneman. Wir holen uns jede Woche zwei Zeitungen und lesen drei. Wir holen uns den *Leeds Intelligencer* und den *Leeds Mercury*, eine Zeitung der Whigs, herausgegeben von Mr. Baines, seinem Bruder, seinem Schwiegersohn und seinen beiden Söhnen, Edward und Talbot. Außerdem lesen wir den *John Bull*, eine fanatische Tory-Zeitung, sehr hitzig. Die leiht uns Dr. Driver, desgleichen *Blackwood's Magazine*, die beste Zeitschrift, die es gibt. Der Herausgeber ist Mr. Christopher North, ein alter Mann von vierundsiebzig Jahren; der 1. April ist sein Geburtstag; seine Mitarbeiter sind Timothy Tickler, Morgan O'Doherty, Macrabin Mordecai, Mullion, Warnell und James Hogg, ein Mann von überragenden Fähigkeiten, ein schottischer Schäfer.

Unsere Spiele wurden begründet: *Junge Männer*, Juni 1826; *Unsere Gefährten*, Juli 1827; *Inselbewohner*, Dezember 1827. Dies sind unsere drei großen Spiele, die nicht geheimgehalten werden. Die Spiele, die Emily und ich im Bett spielen, wurden am 1. Dezember 1827 begründet; die anderen im März 1828. Bettspiele heißt, daß sie geheim sind; es sind sehr schöne Spiele. Alle unsere Spiele sind sehr eigenartig. Ich brauche nicht niederzuschreiben, was es mit ihnen auf sich hat, denn ich werde sie immer im Gedächtnis behalten. Auf das *Junge-Männer-Spiel* brachten uns ein paar hölzerne Soldaten, die Branwell hatte; *Unsere Gefährten* hatte seinen Ursprung in Aesops Fabeln und die *Inselbewohner* in verschiedenen Ereignissen, die sich zutrugen ...«

Daß die Spiele, die sich Charlotte und Emily im Bett ausdachten, geheim blieben, könnte durchaus auf Initiative Emilys geschehen sein, die sehr viel weniger mitteilsam als ihre große Schwester ist. In dem Glasstown-Spiel um die *Jungen Männer* bilden sie und Anne bisher die Schlußlichter. Großschutzgeist Brannii scheint sie als die Künderinnen von Krieg, Hungersnot und Elend nur der Vollständigkeit halber zu erwähnen. Ein Handicap der Kleineren ist, daß sie noch nicht schreiben können, jedenfalls nicht so flott, wie ihnen die Gedanken zufliegen. Mit elf Jahren versteht Emily besser mit dem Zeichenstift umzugehen als mit der Schreibfeder, wie ihre Kopien aus Bewicks *History of British Birds* zeigen. Gleichwohl werden sie und Anne mündlich ihr Teil beigetragen haben. Ihre Helden Parry und Ross, die den realen Polarforschern Sir William Edward Parry und Sir John Ross entlehnt sind, verwalten ihre eigenen Königreiche in der Glasstown-Föderation.

Nach Motiven von Emily schreibt Charlotte unter ihrem Pseudonym Charles Wellesley eine Reportage über einen Tag in Parrys Palast. Sein Land, obwohl in Afrika gelegen, sticht deutlich von der Rest-Konföderation ab. »Anstelle großer, muskelbepackter Männer, die bis an die Zähne bewaffnet herumliefen und jemanden suchten, den sie umbringen konnten, erblickte ich bloß kleine hilflose Milchgesichter in sauberen blauen Leinenjäckchen und weißen Schürzen ... Jeder Zoll des Bodens war mit steinernen Mauern umfriedet.« Wir befinden uns offensichtlich auf heimischem Terrain. Parrys Palast ist »ein viereckiges Steingebäude mit einem blauen Schieferdach, gekrönt von ein paar kürbisförmigen Steinkugeln«.

Die Familie ist von ähnlicher provinzieller Schlichtheit. Der Gast aus Glasstown wird zum Tee hereingebeten. »Bevor er Platz nahm, holte Sir Edward eine Serviette aus dem Schrank und bedeutete mir, sie umzubinden, damit ich meine Kleider nicht beschmutze. In einem kaum verständlichen Kauderwelsch gab er seiner Vermutung Ausdruck, für den Besuch hätte ich gewiß meine besten Sachen angezogen, und mein Mütterchen könnte vielleicht böse werden, falls ich sie befleckte. Ich dankte ihm, lehnte das angebotene Lätzchen jedoch höflich ab.« Nach dem Tee wird der kleine Eater hereingebracht, »angetan mit einem überaus schmutzigen und schmierigen Kittel, den ihm Lady Emily auf der Stelle abstreifte und durch einen sauberen ersetzte. In ärgerlichem Ton brummelte sie vor sich hin, wie Amy nur auf den Gedanken verfallen könne, das Kind in einem derart schmutzigen Röckchen in den Salon zu schicken.«

Wellesley, kaum mit Klein-Eater allein gelassen, ärgert sich über dessen stummes Glotzen und streckt ihn mit dem Schürhaken nieder. Die hereinstürzenden Eltern beruhigt er mit einer Lüge. Am nächsten Morgen beobachtet er das Kind, wie es im Hof drei Katzen, zwei Hunde, fünf Kaninchen und zwei Schweine auf einmal füttert. Zum Mittagessen gibt es bei Parrys Roastbeef, Yorkshire-Pudding, Kartoffelbrei, Apfelpastete und eingemachte Gurken. Alle, auch Ross, der neu eingetroffene Gast, »schlangen das Essen hinunter, als hätten sie drei Wochen lang nichts zu beißen gehabt ... Ich verspürte die heftige Neigung, das Haus in Brand zu stecken und diese hirnlosen Freßsäcke zu verbrennen. Zum Nachtisch trank jeder ein einziges Glas Wein, nicht einen Tropfen mehr, und verspeiste eine Portion Erdbeeren und ein paar süße Plätzchen. Da Ross sich allem Anschein nach überfressen hatte, wie ich seinem fortwährenden Ächzen und Schnaufen entnehmen konnte, rechnete ich mit einer Explosion, und ich wurde nicht enttäuscht. Eine Stunde nach dem Essen wurde ihm sterbensübel. Da kein Arzt zur Hand war, rechnete man mit seinem augenblicklichen Tod; und dieser wäre gewiß auch eingetreten, wenn nicht der Schutzgeist Emily zur rechten Zeit eingetroffen wäre. Als die Erkrankung in ihr kritisches Stadium getreten war, kurierte sie Ross mit einem Zauberspruch und verschwand.«

Emily hatte offenbar mit zwölf den Kopf zwar in den Wolken, die Füße aber auf dem Boden. Auch Gondal, das Traumreich, das sie später mit Anne teilt, ähnelt mit seinen rauhen Bergen eher dem Norden Englands als einer exotischen Kolonie. Emilys Einfluß ist auch in dem nächsten Spiel deutlich, das die Kinder im Dezember 1827 erfinden. Charlotte schreibt:

»Eines Abends saßen wir alle um das warm lodernde Küchenfeuer zusammen. Gerade hatten wir einen Streit mit Tabby beendet, ob es wohl angebracht sei, eine Kerze anzuzünden, aus dem sie siegreich hervorgegangen war. Es gab keine Kerze. Eine lange Pause folgte, die schließlich von Branwell unterbrochen wurde, der mit fauler Stimme sagte: ›Ich weiß nicht, was ich machen soll.‹ Emily und Anne stimmten ihm zu.

Tabby: ›Ihr könnt schon ma' ins Bett gehen.‹

Branwell: ›Alles andere würde ich lieber tun als das.‹

Charlotte: ›Warum bist du heute abend so mürrisch, Tabby? Oh, stellt euch vor, jeder von uns hätte eine eigene Insel.‹

Branwell: ›Wenn das so wäre, würde ich die Insel Man wählen.‹

Charlotte: ›Und ich die Insel Wight.‹

Emily: ›Die Aran-Inseln für mich.‹

Anne: ›Und für mich Guernsey.‹

Dann legten wir fest, wer die Herrscher auf unseren Inseln sein sollten. Branwell entschied sich für John Bull [Symbolfigur des aufrechten Engländers], Astley Cooper [Hofarzt] und Leigh Hunt [Herausgeber des liberalen *Examiner*], Emily für Walter Scott, Mr. Lockhart und Johnny Lockhart [Scotts Schwiegersohn und Enkel]. Anne für Michael Sadler [Sozialreformer], Lord Bentinck [Befürworter der katholischen Emanzipation] und Sir Henry Halford [Hofarzt]. Ich wählte den Herzog von Wellington und zwei seiner Söhne, Christopher North [Herausgeber von *Blackwood's*] und Co., dreißig Offiziere und Mr. Abernethy [Arzt und Autor]. An dieser Stelle wurde unser Gespräch durch das für unsere Ohren unheilvolle Schlagen der Uhr unterbrochen. Es war sieben Uhr, und wir wurden zu Bett geschickt.«

Die realen Inseln werden im Spiel zu einem großen märchenhaften Eiland zusammengelegt, auf dem sich die politische Situation Englands mit der häuslichen der Brontës verbindet. Als omnipotente Schutzgeister, diesmal in Gestalt von Klein-König und -Königinnen, dringen die Kinder bis in Downingstreet No. 10 vor, wo Wellington mit seinen Parteifreunden sitzt. »Herr Sekretär Peel« flüstert und schmeichelt in das herzogliche Ohr, während Lord Castlereagh vor seinem imperialen Ärger wie ein Hund unter dem Tisch verschwindet. Aus seinen politischen Geschäften wird Wellington von einem Hutzelweibchen (Klein-Königin Charlotte) in ein verzaubertes Land abberufen, um dort seinen ältesten Sohn, den Marquis von Douro, aus der Gewalt finsterer Mächte zu befreien.

Magie und Tagesgeschehen liegen nahe beieinander. Mit einem Satz geht es von der Feen-Insel zurück ins Wohnzimmer von Haworth, wo Papa gerade die Post öffnete. »Keiner konnte an etwas anderes denken, über etwas anderes reden oder schreiben als die große katholische Frage, den Herzog von Wellington oder Mr. Peel. Ich erinnere mich an den Tag, als das Extrablatt kam, in dem Mr. Peels Rede und die Bedingungen, unter denen die Katholiken zugelassen werden sollten, abgedruckt waren. Mit welchem Eifer Papa das Streifband aufriß, und wie wir alle um ihn standen, und mit welch atemloser Spannung wir ihm zuhörten, als er jeden Punkt hervorhob und erklärte und von allen Seiten so kundig und so wohl erläuterte. Und als alles gesagt war, wie Tante meinte, daß es hervorragend sei und daß die Katholiken nichts anstellen könnten mit so vielen Absicherungen. Ich erinnere mich auch an die Zweifel, ob die Vorlage ins Oberhaus gelangen würde, und die Voraussagen, daß es nicht soweit kommen würde. Als die Zeitung dann eintraf, in der die Entscheidung stehen würde, war die Spannung kaum zu ertragen, mit der wir der Angelegenheit lauschten: das Öffnen der Türen, das Verstummen der Stimmen, die königlichen Herzöge in ihren Roben und der

17. Der Herzog von Wellington

große Herzog in grüner Schärpe und Weste. Die Pairs erhoben sich geschlossen, als er aufstand. Dann seine Rede. Papa sagte, daß seine Worte reines Gold seien, und schließlich die Mehrheit von vier zu eins für das Gesetz ...«

Alle Brontës sind eiserne Torys, die Kinder noch radikaler als der Vater; und obwohl aus irischer Familie, stehen sie der katholischen Nachbarinsel, die zu jener Zeit nicht mehr als eine von England ausgebeutete und geschurigelte Kolonie ist, mit demselben protestantischen Dünkel gegenüber wie die meisten Briten. Noch 1848, nachdem Irland in verheerenden Hungersnöten, hervorgerufen durch die Kartoffelpest, ein Viertel seiner Einwohner durch Tod und Emigration verloren hat und Unruhen gegen die tatenlos zusehenden englischen Herren ausbrechen, schreibt Charlotte: »Mit den Iren habe ich kein Mitleid.« Daß Wellington sich als englischer Premierminister für die katholische Frage stark machte, entsprang nicht etwa der Liebe zu seiner Heimat Irland, sondern taktischem Kalkül. Der irische Abgeordnete im Londoner Parlament, Daniel O'Connell, hatte mit seiner Kampagne für die katholische Emanzipation in Irland gewaltigen Zulauf. Wellington, der einen Bürgerkrieg fürchtete, überzeugte 1829 seine Partei, in der Frage der katholischen Emanzipation nachzugeben, also katholische Abgeordnete im rein protestantischen Unterhaus zuzulassen und die drückendsten Gesetze gegen die Katholiken abzuschaffen.

Auf ihrer Insel, die eine ähnlich stürmische Entwicklung mitmacht wie Irland, erbauen die Kinder eine palastartige Schule für tausend junge Edelleute. Die glitzernden Hallen, von kostbaren Draperien durchweht, können jedoch das schreckliche Fundament nicht verbergen. Dort unten in den Kellern befinden sich Zellen und Folterkammern, zu denen Charlotte und Emily die Schlüssel in Verwahrung halten. Auch oberirdisch geht es recht rabiat zu. Die Zöglinge werden regelmäßig von Lord Charles Wellesley und dem Marquis von Douro, den Söhnen des Herzogs von

Wellington, ausgeführt, und zwar »in die wildesten und gefährlichsten Teile der Insel. Sie sprangen über Felsen, Schluchten und Abgründe, ohne sich viel darum zu kümmern, ob die Kinder vorausliefen oder zurückblieben. Wie oft kamen sie nach Hause und ein gutes Dutzend von ihnen fehlte, die man Tage später in Hecken und Gräben fand mit gebrochenen Beinen und Schädeln. Sie stellten ein feines Versuchsgelände für Sir A. Hume, Sir A. Cooper und Sir H. Halford dar, ihre verschiedenen Methoden des Knochenrichtens und Schädelbohrens zu praktizieren ... Ich vergaß zu erwähnen, daß Branwell einen langen schwarzen Stock hat, mit dem er die Kinder gelegentlich haut, und das höchst gnadenlos.«

Die Schüler erheben sich schließlich gegen ihre Peiniger, und Klein-König und -Königinnen eilen per Heißluftballon herbei, um Ordnung zu schaffen. Bemerkenswerterweise sind zwei der Rebellenführer Figuren aus Emilys Repertoire: Johnny Lockhart und Prinzessin Vittoria. Die künftige Königin Victoria, die mit Emily nahezu gleichaltrig war, erfreute sich ihrer Aufmerksamkeit und Sympathie. Hier war eine junge Frau, die – zwar eher passiv als aktiv – eine Rolle in dem Intrigennetz der englischen Politik spielte. Sie war selbstbewußt und gefühlvoll, und sie würde einmal ein Weltreich regieren. Später nannte Emily ihre beiden zahmen Gänse nach Victoria und ihrer Königin-Tante Adelaide; und sie wählte als Oberhaupt ihres Gondal-Tagtraumreiches eine Frau: Augusta Geraldine Almeda, ein leidenschaftlicher Satansbraten, die mit der biederen Königin von England allerdings nichts mehr gemein hatte.

V

Von Büchern und Kindern • Roe Head • Mary und Ellen • Ein neues Gedankenspiel: Gondal • Etwas über Politik

›Was – du kannst so einen großen Ball nicht sehen? Dann solltest du eine Brille aufsetzen. Damit sähst du auch nicht häßlicher aus, als du schon bist.‹ Sie gab ihr einen Schubs. ›Ach, geh doch zurück zu deinen Büchern. Dich kann man ja überhaupt nicht gebrauchen.‹

Lynne Reid Banks
Dark Quartet

In der Einsamkeit von Haworth gedeiht das Gedankenspiel prächtig. Der Reverend stört kaum. Er ist oft halbe Tage zu Fuß unterwegs, um Pflichten in seinem Kirchspiel nachzugehen. Patrick versteht seine Aufgabe als Seelsorger im ganzheitlichen Sinn. In Haworth, Stanbury und Oxenhope gründet er Sonntagsschulen – die einzigen Bildungsstätten für Häusler und Handwerker. Er sitzt einem Komitee zur Verbesserung der sanitären Zustände in seiner Gemeinde vor und sammelt Spenden für eine Orgel in St. Michael's. Im vier Meilen entfernten Keighley gehört er dem Gründungsrat für eine Bibliothek des »Mechanic Instituts« an.

Für seine Kinder ist diese Mitgliedschaft eine besondere Gunst. Charlotte ist nun vierzehn, Anne zehn Jahre alt, und ihr Appetit auf Wissen und Lektüre ist beträchtlich. Im »Mechanic Institut« gibt es populärwissenschaftliche Vorträge und Konzerte. Seine Bibliothek verspricht nicht ganz das, was sich junge Mädchen zum Schmökern wünschen – sie enthält vorwiegend wissenschaftliche und theologische Werke – aber Keighley verfügt auch über eine Leihbücherei, die sowohl Neuerscheinungen als auch alte Lieblingsautoren der Brontës führt: Scott und Burns, die Poeten des 18. Jahrhunderts Coleridge, Cowper, Byron und Crabbe (aber offenbar keine Jane Austen, keine Fanny Burney, Mary Shelley oder Elizabeth Edgeworth) und Zeitgenossen wie Wordsworth und Southey.

Eine weitere Quelle (wiewohl keine gesicherte) ist die Bibliothek von Ponden Hall. Die Heatons, die seit Mitte des 16. Jahrhunderts drei Meilen westlich von Haworth auf der Heide residieren, sind reiche Landbesitzer und Wollhändler. Ihr »neues« Haus von 1801 ist die Erweiterung eines elizabethanischen Gebäudes – ein langgestreckter Bau aus grauen Sandsteinen, halb Bauernhof, halb Herrensitz, zu dem zur Zeit der Brontës eine stattliche Allee

18. Roe Head School, Zeichnung von Charlotte

aus Edelkastanien hinaufführte, deren Stümpfe heute in den Wassern des Ponden-Reservoirs verschwinden.

Emily ist so selten von ihrem Moor heruntergekommen, daß die Vermutung naheliegt, sie habe ihre literarischen Anregungen ausschließlich aus der engeren Umgebung bezogen. So soll – nach einer Lesart – Ponden Hall sie zu Thrusscross Grange inspiriert haben, wofür die Jahreszahl 1801 über dem Türrahmen (dem Datum, mit dem der Roman beginnt), die verwickelten Erbstreitigkeiten der Heatons und die Höhe der Fenster im Erdgeschoß als Zeugnis herangezogen werden. Zwei Kinder könnten durchaus, auf einem Blumentopf stehend und sich an den Sims klammernd, durch die tiefliegenden kleinen Scheiben ins Innere schauen, wie Cathy und Heathcliff das tun. Nach dem Willen anderer Heimatforscher ist Top Withens, die dürftige Farmhaus-Ruine auf dem Moor von Haworth, Vorbild für Mr. Heathcliffs ausladenden Hausstand Wuthering Heights. Eine Halifax-Fraktion macht sich wiederum für das verschwundene High Sunderland mit seiner monumentalen Fassade stark. Doch ist das nicht alles vollkommen gleichgültig? Die *Sturmhöhe* hat niemand für Emily Brontë erbaut; sie entstand in ihrem Kopf, und es mutet eher befremdlich an, mit welcher Entschlossenheit einstürzende Mauern aufgemörtelt werden, nur weil der Blick der Autorin darauf geruht hat.

Wie vertraut der Umgang der Brontë-Kinder mit den Heatons war, ist ebenfalls nicht nachgewiesen. Vermutlich waren sie von der über 1300 Bände umfassenden Bibliothek stark angezogen und hatten auch Zugang zu ihren Schätzen: Werke aus dem 17. Jahrhundert, darunter eine Shakespeare-Erstausgabe, und zahlreiche französische Bände. Mit dreizehn Jahren übersetzt Charlotte das erste Buch von Voltaires *Henriade* ins Englische, eine Arbeit, die nach Aussage von Experten nicht einmal schlecht gelungen ist. Sie belegt nicht nur ihr sich regendes poetisches Talent, sondern auch ihr Streben nach Kultivierung des kruden Wissens, das sie sich unter Vater und Tante angeeignet hat. »Sie sammelte jede kleinste Information über Malerei, Bildhauerei, Dichtung und Musik, als sei es Gold«, erinnerte sich ihre spätere Freundin Mary Taylor.

Der ältesten der Brontë-Töchter war es jedenfalls bewußt, daß sie in einer nicht allzu fernen Zukunft auf eigenen Füßen würde stehen müssen. Zum einzig möglichen Beruf der Gouvernante bedurfte es aber auch in einer Zeit, in der an Lehrerseminare oder ein Studium für Frauen nicht zu denken war, einer etwas systematischeren Ausbildung, als Charlotte sie bisher genossen hatte. Mit vierzehn Jahren nahm sie einen zweiten Anlauf, sie zu erwerben, und sie tat es nüchtern und mit unkindlicher Selbstverleugnung.

Ein halbes Jahr zuvor hatte sie im Rahmen des Glasstown-Spiels ihre erste Liebesgeschichte geschrieben: *Albion and Marina*, in der ein junger Herr die Hauptrolle spielt, der ihr Innenleben und ihre Literatur bis ins Erwachsenenalter prägen sollte: Arthur Wellesley, der Marquis von Douro. Er hat sich inzwischen von dem rücksichtslosen Erziehungsberechtigten aus dem Spiel der *Inselbewohner* in einen glänzenden, romantischen jungen Mann, feschen Offizier und vielseitigen Künstler verwandelt. Seine funkelnde Konversation reicht von der Kunst des Bogenschießens bis zur Astronomie. Er ist Präsident des »Clubs der Literaten«, Schatzmeister der »Gesellschaft für die Verbreitung klassischer Bildung« und Vorsitzender der »Vereinigung der Förderer der Gymnastik«. Sein kleiner Bruder, Lord Charles Wellesley, liebt es, hinter seinen Capricen herzuspionieren und seine Affäre mit Lady Zenobia Ellrington sowie die zarteren Bande, die ihn mit Marian Hume verbinden, der Öffentlichkeit darzulegen.

Nun aber muß Charlotte die frechen Federn ablegen, die kleinen Büchlein – zweiundzwanzig sind es, wie sie in einem Katalog vom 3. August 1830 auflistet – wegschließen, den Großschutzgeist Brannii mit der Verwaltung der Föderation betrauen, die sich mitten im Krieg mit den Aschantis befindet, und nach Roe Head reisen, siebzehn Meilen von Haworth entfernt, zwischen Leeds und Huddersfield. Ihre neue Schule liegt in einem hügeligen, grünen Landstrich von Yorkshire – seit Generationen der »Woll-Distrikt« und seit dreißig Jahren Schauplatz einer industriellen und sozialen Veränderung, wie England sie nie zuvor erlebt hatte. Die Hügel sind abgeholzt, die Flüsse kanalisiert. In den Tälern rauchen die Schornsteine der Fabriken. Wasserkraft wurde durch Kohle und Dampf ersetzt. Eine neue Herrenklasse, der es weder an Geld noch an Selbstbewußtsein mangelt, will sich gesellschaftlich gleichberechtigt an die Seite des alten Landadels stellen und eigene Abgeordnete in ein verknöchertes, unbewegliches Parlament schicken. Die Wege zu ihren Häusern sind mit Schlacke bestreut und von jungen Pappeln gesäumt. Manche der Anwesen sind vielleicht ein wenig zu protzig geraten, manche ihrer Besitzer stehen zu Recht in dem Verdacht, weder über Bildung noch über Manieren oder Herzenstakt zu verfügen. Den jungen Frauen, die in diesen Haushalten als Gouvernanten gebraucht werden, steht jedenfalls keine leichte Aufgabe bevor.

19. Miss Margaret Wooler

Roe Head ist eine kleine Schule in einem großen Haus, zweistöckig, mit hohen Fenstern und drei halbrunden Erkern als Front, die vom Erdgeschoß bis unter das flach geneigte Dach reichen. Es steht noch immer, angegraut, aber architektonisch unverändert in seinem Park und ist heute, nachdem es lange Jahre im Besitz eines Ordens war, eine Schule für behinderte Kinder. Dort auf dem Kiesplatz vor dem Portal fährt am 17. Januar 1831 eine geschlossene Kutsche vor, und die sieben oder acht Schülerinnen, die das ganze Etablissement darstellen, drängen sich hinter den Fenstern im Salon, um ein durchgefrorenes Mädchen in einem altmodischen Kleid von verschossenem Grün aussteigen zu sehen.

»Als sie im Klassenzimmer erschien, trug sie andere, aber ebenso altmodische Kleider. Sie sah aus wie eine kleine alte Frau und war so kurzsichtig, daß sie fortwährend den Eindruck erweckte, als suche sie etwas und bewege ihren Kopf hin und her, um des Gegenstandes ansichtig zu werden. Sie war sehr scheu und nervös und sprach mit einem starken irischen Akzent. Gab man ihr ein Buch, ließ sie ihren Kopf so tief hinuntersinken, daß ihre Nase beinahe darauf stieß. Wenn man ihr sagte, sie solle den Kopf heben, folgte das Buch dieser Aufwärtsbewegung, bis es dicht vor ihrer Nase war, so daß es unmöglich war, ein Lachen zu unterdrükken.«

Die Mitschülerin, die sich das Lachen über die sonderbare Neue nicht verkneifen kann, wird eine von Charlottes besten Freundinnen: Mary Taylor, eine unerschrockene, intelligente Person, zu der sich Charlottes leidenschaftliches Wesen, das meist unter Schüchternheit, Förmlichkeit und Pflichtbewußtsein verschüttet liegt, hingezogen fühlt. Noch ein anderes junges Mädchen lernt sie in Roe Head kennen. Ellen Nussey, die sie weinend und heimwehkrank hinter dem Fenstervorhang im Erker entdeckt und ihr stumm die Hände reicht, wird wegen ihres sanften und soliden Naturells von Charlotte heftig zurückgeliebt. Beider Freundschaft – selten getrübt – sollte bis zu Charlottes Tod halten, »zuerst ein Samenkorn, dann ein Schößling, schließlich ein starker Baum. Kein Freund, wie erhaben oder tiefgründig dessen Intellekt auch sein mag, kann mir Ellen ersetzen«, schreibt Charlotte fast zwanzig Jahre später. »Sie ist lieb, sie ist aufrichtig, sie ist treu«. Ellen erhielt in den kommenden Jahren viele hundert Briefe von Charlotte; herzliche, neckische Briefe voller Tratsch und guter Ratschläge und oft ohne ein Wort von dem, was die Schreiberin wirklich bewegte. Auch Mary korrespondierte ausführlich mit Haworth. Sie vernichtete jedoch später »in einem Anfall von Vorsicht« alle Briefe der Freundin bis auf einen. »Mary ist fast genauso verrückt wie ich«, schätzte Charlotte. Ihr Zwiegespräch war offenbar vertrauter und gewagter. Ellen nahm bereits Anstoß an Worten wie »Teufel«, »Miststück« oder »Unterhemden«, die sie vor Veröffentlichung in Gaskells Biographie in »Zeus«, »Untier« und »Sachen« redigierte ...

Die neue Schülerin hat einen schweren Start in Roe Head. Sie ist nicht nur unmöglich angezogen und spricht mit diesem grausamen Akzent, sie erscheint den anderen auch reichlich beschränkt, weil sie noch immer nichts über Grammatik und Geographie weiß. Andererseits kann sie schon all die Gedichtstellen, die die Mädchen auswendig lernen müssen, hersagen, kennt die Autoren, die Titel und den Fortgang der Handlung. Und sie kann so gut und so schnell zeichnen wie keine andere. »Sie wußte Bescheid über berühmte Bilder und Maler. Wann immer sich eine Gelegenheit bot, ein Bild zu betrachten, ging sie Stückchen für Stückchen darüber her, die Augen dicht am Papier, und zwar so lange, daß wir sie fragten, was es zu sehen gäbe. Sie sah immer eine ganze Menge und wußte es gut zu erklären. In mir jedenfalls erweckte sie ein außerordentliches Interesse an Poesie und Malerei«, schreibt Mary.

»In unseren Spielstunden stand oder saß sie abseits, meistens mit einem Buch in der Hand. Einige von uns drängten sie einmal, sie solle auf unserer Seite bei einem Ballspiel mitmachen. Sie sagte, sie hätte nie gespielt und könnte nicht spielen. Wir brachten sie schließlich dazu, merkten aber bald, daß sie den Ball nicht sehen konnte und stellten sie wieder raus. Alles, was wir taten, nahm sie mit fügsamer Gleichgültigkeit hin, und sie schien immer einen Vorausbeschluß zu brauchen, um ›nein‹ zu sagen. Für gewöhnlich stand sie unter den Bäumen am Spielplatz. Sie sagte, dort sei es angenehmer. Sie versuchte, uns das zu erklären; es seien die Schatten, die Durchblicke in den Himmel. Wir verstanden sie kaum. Sie erzählte, in Cowan Bridge habe sie in der prallen Sonne auf einem Stein gestanden, um das Wasser im Vorbeifließen zu betrachten. Ich sagte, sie hätte angeln sollen; sie sagte, das habe sie nie gewollt ... Ich sagte ihr einmal, daß sie sehr häßlich sei. Jahre später meinte ich, daß ich damals sehr unverschämt war. Sie antwortete: Du hast mir einen großen Gefallen getan, Polly, also bereu' es nicht.«

Gewiß entsprach Charlotte nicht dem Schönheitsideal ihrer Zeit – der graziösen Dame mit dem Kirschenmündchen und der Alabasterstirn, aber das einzige Foto, das sie unbestritten zeigt, rechtfertigt auch nicht die schlechte Meinung, die sie und andere von ihrer äußeren Erscheinung hegten: ein rundes Kinn, ein Lächeln, das im Mundwinkel nistet. Sie selbst nannte sich »verkümmert«. Auf der Schule pickte sie in ihrem Essen herum, schob das Fleisch an den Tellerrand. Tatsächlich wurde sie nicht größer als 4 Fuß, 10 Zoll (1,47 m). Gemäß der Sitte trug sie bereits als kleines Mädchen ein Korsett und schnürte sich später, nach Aussage ihres Verlegers, bis an die Grenze des Verschwindens. Daß sie, die selbst keine »Farbe« hatte, selten etwas Erregenderes als Schwarz oder Grau trug, beförderte noch den mausigen Eindruck. Elizabeth Gaskell, die sie mit vierunddreißig Jahren kennenlernte, spricht von ihren schönen, kastanienbraunen Augen als Charlottes auffälligstem Merkmal. »Ihr gewöhnlicher Ausdruck war ruhig, von aufmerksamer Intelligenz, aber dann und wann, wenn etwas ihr lebhaftes Interesse oder ihren gesunden Ärger erregte, schien ein Licht aus ihnen, als ob eine geistige Lampe aufflammte, die hinter diesen Augen glühte. Ihre übrigen Gesichtszüge waren ziemlich häßlich, groß und unproportioniert – ein schiefer Mund, eine große Nase, ihre Hände und Füße die kleinsten, die ich je sah.« (Charlottes Stiefeletten sind 23,4 cm lang und 6 cm breit.) »Wenn sie ihre Hand in die meine legte, war es wie die leichte Berührung eines Vogels ... Sie war bemerkenswert proper in ihrer ganzen Erscheinung und besonders gewählt, was den Sitz ihrer Schuhe und Handschuhe anging.«

Mary und ihre jüngere Schwester Martha (»kleines Fräulein Ungestüm«) kommen aus der Familie eines Tuchfabrikanten aus Gomersal in der Nachbarschaft, der mit der Produktion von Uniformen so gut wie bankrott gemacht hat. Ihm ist nicht viel mehr geblieben als das »Red House«, ein elegantes, behagliches Backsteingebäude in einem großen Garten, mit verglasten Erkern zu ebener Erde und einem georgianischen Fächerfenster über der Haustüre. Es dauert nicht lange, bis Mary das nervöse kleine Ding zu sich nach Hause einlädt und dort mit einer anregenden, debattierfreudigen Gesellschaft bekannt macht, die Charlotte später in *Shirley* als die Yorkes von Briarmains portraitieren sollte.

»Wir waren leidenschaftliche Politisierer«, schreibt Mary, »und wie auch nicht in diesem Jahr 1832. Charlotte kannte die Namen aller Mitglieder aus den beiden Kabinetten, des einen, das zurückgetreten war, und des anderen, das folgte und die Reform Bill verabschiedete. Sie verehrte den Herzog von Wellington, sagte aber, daß Sir Robert Peel nicht vertrauenswürdig sei, da er nicht wie die anderen nach Grundsätzen, sondern aus Zweckdienlichkeit handelte. Ich, die der radikalen Opposition angehörte, sagte zu ihr: ›Wie kann einer von denen dem anderen trauen. Sie sind alle miteinander Schufte.‹ Da legte sie los und pries den Herzog von Wellington und seine Taten. Ich konnte ihr nicht widersprechen, da ich überhaupt nichts von ihm wußte. Sie sagte, sie interessiere sich seit ihrem fünften Lebensjahr für Politik.«

Auch die Mädchen in der Schule schweigen bisweilen verwirrt, wenn Charlotte gedankenverloren loslegt über die Charakterbilder berühmter Männer, ihre Tugenden und Fehler. »Cleverality« – Klugsamkeit – was das wohl wieder bedeuten sollte? »Auch in unserem Hause wollte ihr keiner geduldig zuhören, denn wir waren zwar nicht wie die Schulmädchen, dafür aber um so intoleranter. Wir waren fanatische Pragmatiker ... Jede Seite meinte, daß ihre Meinung natürlich die aller vernünftigen Menschen darstellte, und wir setzten uns mit jedem neuen Satz in Erstaunen.«

Es muß aber auch Momente der Traulichkeit gegeben haben, in denen Mary das Barmen um ihre verantwortungsbewußte, illusionslose Freundin anfliegt. »Charlotte hatte auf der Schule keinen Lebensplan, der sie über die herrschenden Umstände hinausgeführt hätte. Sie wußte, daß sie für sich selbst sorgen mußte, und wählte ihren Beruf; jedenfalls beschloß sie, einen Anfang zu machen. Der Gedanke, voranzukommen, beherrschte sie die ganze Zeit.« Auch Mary mußte sich nach dem Tod ihres Vaters für einen Beruf entscheiden, aber zu dem, was ihr in England offenstand – Gouvernante, Gesellschafterin oder Modistin –, fühlte sie weder Neigung noch Talent, und sie wanderte aus, um sich als Geschäftsfrau zu versuchen. »Es gibt wenige Möglichkeiten, ein Auskommen zu verdienen«, hatte Mary Wollstonecraft 1787 über die Frauen geschrieben, »und diese wenigen sind demütigend.«

Es ist Mary, der Charlotte ihre Träume anvertraut, und als einzige gestattet sie ihr einen Blick in diese Anderswelt, die auch Freunden gegenüber auf höchster Geheimhaltungsstufe steht. »Sie hatte die Gewohnheit, in Druckbuchstaben zu schreiben, und sagte, das habe sie durch das Schreiben für ihre ›Zeitung‹ gelernt. Sie brachten einmal im Monat eine ›Zeitung‹ heraus, der sie nach Möglichkeit das Aussehen geben wollten, als sei sie gedruckt. Niemand außer ihr selbst, ihrem Bruder und ihren zwei Schwestern schrieb oder las darin. Sie versprach, mir einige dieser Zeitungen zu zeigen, nahm aber später wieder Abstand davon und war niemals mehr dazu zu überreden, es zu tun ... Sie erzählte einmal von ihren älteren Schwestern Maria und Elizabeth, die in Cowan Bridge gestorben waren. Sie schienen mir wahre Wunder an Talent und Freundlichkeit. Sie erzählte mir eines Morgens, daß sie gerade von ihnen geträumt hätte. Man hatte sie in den Salon bestellt, und da waren Maria und Elizabeth. Ich wollte mehr von ihr hören, und als sie sagte, da sei sonst nichts gewesen, sagte ich: ›Aber erzähl doch weiter, mal es aus. Ich weiß, daß du's kannst.‹ Sie sagte, sie wolle nicht, sie wünschte, sie hätte nicht geträumt, denn es ging nicht schön weiter. Sie waren so verändert. Sie hatten vergessen, was sie einst liebten. Sie waren elegant angezogen und begannen, an dem Zimmer herumzukritisieren. – Diese Angewohnheit, sich interessante Dinge auszudenken, welche die meisten Kinder annehmen, deren wirkliches Leben ereignislos verläuft, war in ihr sehr ausgeprägt. Die ganze Familie pflegte sich Geschichten auszudenken und Charaktere und Ereignisse zu erfinden. Ich sagte ihr zuweilen, sie kämen mir vor wie Kartoffeln, die in einem dunklen Keller keimten. Sie sagte traurig: ›Ja, ich weiß, so sind wir.‹«

Alles in allem sind die achtzehn Monate, die Charlotte in Roe Head verbringt, eine glückliche Zeit. Sie rückt schnell zur Klassenbesten auf und wird trotz der Ungeselligkeit und Strebsamkeit, mit der sie noch im Dämmerlicht, wenn die anderen Mädchen schon am Kamin plaudern, am Fenster hockend studiert, von ihren Mitschülerinnen gemocht. Konkurrenzlos sind ihre Texte, die sie für die kleinen Theaterspiele schreibt, schrecklich schön die Gruselgeschichten, die sie abends im Schlafsaal erzählt – bis sich Charlotte selbst auf dem Höhepunkt einer Geschichte, als sie ihre Schlafwandlerin über bebende Mauern schreiten läßt, ein Schreckensschrei entringt, der die Direktorin herbeibringt. Danach ist »spätes Reden« ein für allemal verboten.

Miss Margaret Wooler, die mit Hilfe ihrer drei Schwestern das Institut leitet, ist eine geliebte und respektierte Dame Ende Dreißig, »weder hübsch noch stattlich, doch ihre ruhige Würde verlieh ihrer Erscheinung etwas Eindrucksvolles«, erinnert sich Ellen. Die kleine Schar ihrer Schülerinnen erlaubt es ihr, jede auf ihre Weise und ohne den üblichen Drill zu fördern. Wissen wurde in der Regel durch Auswendiglernen erworben, aber darüber hinaus versteht es Miss Wooler, ihren Stoff anregend zu präsentieren. Die Spaziergänge am Samstagnachmittag führen die jungen Damen über die Hügel der nahen und fernen Umgebung, dort, wo in Miss Woolers Jugendtagen die arbeitslosen Weber nachts auf der Heide exerzierten und dann im April 1812, mit Knüppeln, Beilen und Picken bewaffnet, nach Rawfolds Mill in Liversedge zogen. In diesem Hohlweg kam ein Fabrikbesitzer zu Tode, und in jenem Wäldchen paßten die Ludditer die Karren mit den neuen Maschinen ab, um sie kurz und klein zu schlagen. Hartshead, wo Vater Brontë als Vikar lebte und wo Maria und Elizabeth getauft wurden, ist nur einen Spaziergang von Roe Head entfernt. Damals hatte sich der Reverend ein Paar Schießeisen zugelegt, die er noch jeden Morgen aus der Hintertür des Pfarrhauses mit doppeltem Knall entlädt.

Charlotte liebt Miss Woolers Geschichten und legt sie sorgsam zu ihrem Informationsschatz. Gleich nach ihrer Rückkehr nach Haworth wird sie eine Geschichte schreiben, *Die Vermählung*, in der sie das neue Material einwebt: Anzeichen von Unzufriedenheit mehren sich in Verdopolis (wie Glasstown inzwischen in französisch-griechischer Übersetzung heißt), die niederen Stände begehren auf, die Fabrikbesitzer weisen ihre unmäßigen Lohnforderungen zurück, es kommt zum Streik, ein Fabrikbesitzer wird erschossen. In *Etwas über Arthur* marschieren dann vierzig »Rare Lads«, die berüchtigten schuftigen Verdopolitaner, schweigend und bis an die Zähne bewaffnet, zum Sturm auf eine Fabrik. In *Shirley* – fast zwanzig Jahre später – bildet der Konflikt der Weber mit den Herrschenden schließlich den Hintergrund des Romangeschehens. Branwell nimmt den Faden aus der *Ver-*

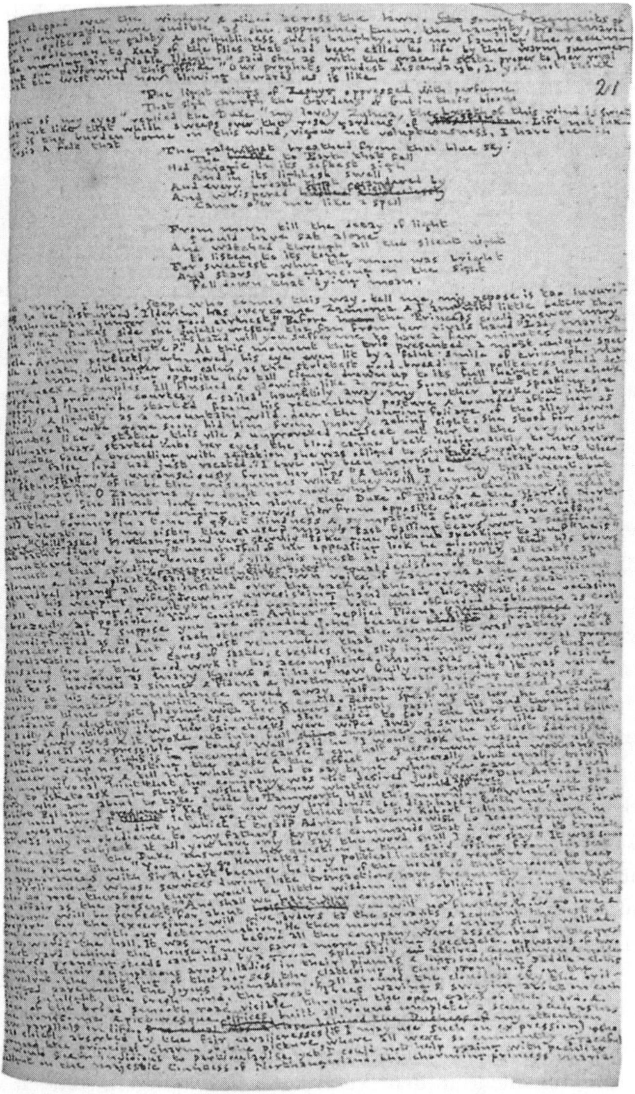

20. Manuskriptseite Charlottes aus *Verdopolis – Glanz und Herrlichkeit*

mählung begierig auf und spinnt ihn weiter zur Großen Rebellion unter der Figur von Alexander Rogue, dem »Schuft« und großmächtigen Gegenspieler des Marquis von Douro.

Vier Monate nach Charlottes Eintreten in Roe Head besucht Branwell die große Schwester dort, ein 42-Kilometer-Spaziergang, der den jungen Wanderer schon nach der Hälfte des Wegs recht erschöpft aussehen läßt. »Ich möchte unbedingt wissen, wie und in welchem Zustand Du nach Deiner anstrengenden Reise zu Hause angekommen bist. Ich bemerkte schon in Roe Head, daß Du sehr müde warst, obwohl Du es nicht zugeben wolltest. Nachdem Du fort warst, fielen mir noch so viele Fragen und Themen ein, die ich eigentlich besprechen wollte, die ich aber in der Aufregung über das völlig unerwartete Vergnügen Deines Besuchs ganz vergessen hatte«, schreibt sie ihm am 17. Mai 1831.

Die Fragen und Themen haben sicher mit den Vorgängen in Verdopolis zu tun. Bevor Charlotte im Januar nach Roe Head gegangen war, hatte Branwell eine lange Serie *Briefe eines Engländers* begonnen – sie werden einmal über hundert Manuskriptseiten bedecken – und im März die *Geschichte der Jungen Männer* abgeschlossen. Ihre Abenteuer kann er unmöglich einem Brief anvertrauen. Vielleicht trägt er die Blätter in der Rocktasche bei sich. Wir wollen uns die kleine Phantasie gestatten, die beiden in der Frühlingssonne unter einer der großen Linden am Spielplatz sitzen zu sehen, Charlotte in verschossenem Grün und unvorteilhaft aufgesteckten Löckchen, Branwell, dem das rote Haar unter der Kappe »auf jeder Seite absteht wie eine gespreizte Hand« und die Brille auf seiner »römischen« Nase, der ihr eine Kostprobe aus dem laufenden Werk vorliest.

»Als wir unsere Mahlzeit beendet hatten, befahl unser Gastgeber Platz zu schaffen und ein Tänzchen zu wagen. Gesagt, getan, doch da der Marquis, Charles und meine Wenigkeit beschlossen hatten, uns nicht an dem Vergnügen zu beteiligen, standen wir auf und sahen zu. Die gesprungene Fiedel stimmte das berühmte

21. Branwell Brontë, Gipsrelief von J. B. Leyland

Lied an: ›Und wenn's Kännchen zerspringt – trinkt, Burschen, trinkt!‹ Und sogleich begannen sie. Ihre Art, die Füße zu setzen, war fürchterlich – derjenige, der am höchsten springen und am kräftigsten stampfen konnte, galt als der beste Tänzer. Laury, der für seine Sprünge bekannt war, hatte, da die Decke ziemlich niedrig war, eine überaus geschickte Art, sich kleiner zu machen, wie er es spaßhaft nannte, indem er seine Knie ans Kinn zog, wenn er sich der Decke näherte. Young Man Naughtys Art zu tanzen, überstieg alles, was ich einem menschlichen Wesen je zugetraut hatte, denn jedes Aufstampfen dröhnte beinahe wie ein Schuß aus einer Muskete. Die anderen tanzten mit trefflicher Behendigkeit und heftigem Stampfen, sahen sich jedoch durch Naughty völlig in den Hintergrund geworfen, der gegen Ende des Tanzes mit einem ›Mordsding‹ abschließen wollte und derartig kraftvoll aufstampfte, daß, wie zu erwarten stand, der Boden unter ihm nachgab und wir uns alle, traulich beisammen, in einem Schnapskeller unter dem Haus wiederfanden.«

Auch über eine andere Entwicklung wird Branwell seine Schwester unterrichtet haben: über den drohenden Abfall der beiden Großschutzgeister Emmii und Annii. Die beiden jüngeren, zwölf und zehn Jahre alt, lassen sich von »Brannii Blitz« offenbar nicht mehr so recht beeindrucken. Sie haben das verzauberte Eiland aus dem Spiel der *Inselbewohner*, das Charlotte den Feen überlassen hatte, wieder für sich entdeckt. Emily, die ja die Schlüssel zu den Gefängniszellen im »Palast der Weisung« verwahrt und durch entscheidende Beiträge ein Anrecht auf das Copyright hat, übernimmt nun die Initiative in einem neuen Tagtraum namens *Gondal*, der ihrem praktischen und ungestümen Temperament eher entspricht als das Gezänk und Getändel in Verdopolis. Mit der älteren Schwester hatte sie ein Bett und besonders »schöne Spiele« geteilt. Doch Charlotte hatte sich auf Branwell/Trackys Seite geschlagen, und Emily entdeckt, daß sich auch mit Anne trefflich spielen läßt. Gondal wird – ebenso wie das erste Großreich der Phantasie – Teil der Brontëschen Realität. Wie selbstverständlich notiert eins der Mädchen in den Index seines Geographie-Buches zwischen die gedruckten Örtlichkeiten »Gomera – eine der Kanarischen Inseln« und »Gondar – eine Hauptstadt in Abessinien«: »Gondal, eine große Insel im Nordpazifik.« Auf diese Weise erfahren wir auch, daß Gondal zwei Provinzen, Angora und Exina, hat. Daneben existiert noch Gaaldine, eine Insel im Südpazifik, mit fünf Königreichen: Alexandia, Almedore, Elseraden, Ula, Zelona und einer Provinz Zedora, die von einem Vizekönig regiert wird.

Was wir sonst noch über Gondal wissen, müssen wir uns aus zwei Listen von Annes Hand mit den Namen der Protagonisten, einem Papierstreifen, auf dem Emily Namen, Haar- und Augenfarbe einiger ihrer Figuren notiert hat, aus Tagebuchschnipseln und dem poetischen Werk der beiden zusammenreimen. Von den Büchern und Biographien, die die Schwestern über Gondal schrieben, ist nichts erhalten. Gleichwohl hat es nicht an Versuchen gefehlt, die Chronik der Ereignisse zu rekonstruieren, eine Operation, die pfeilgerade in die Spekulation führt, denn Emily und Anne halten sich im Ausphantasieren von Gondal weder an eine Chronologie noch an vorgegebene Namen. Wie in der Glasstown-Historie, in der Autor und Autorin gelegentlich den Faden verlieren, scheint es auch in Gondal Zeitsprünge und Kehrtwendungen zu geben. Emily hat einen Teil ihrer Gondal-Gedichte mit kryptischen Kürzeln überschrieben, und niemand kann mit Gewißheit sagen, ob ihre skrupellose Königin A. G. A. – Augusta Geraldine Almeda – nicht oder auch Rosina Alcona ist, die fünfzehn Jahre lang um ihren toten Geliebten trauert.

Der Beginn des Spiels scheint immerhin gesichert: Gondal, eine rauhe Insel im Nordpazifik mit Mooren, Bergen und Seen, wird von zwei rivalisierenden Königshäusern beherrscht: Angora und Exina. Entschlossene Finsterlinge spielen wie in der Glasstown-Welt eine wichtige Rolle, aber anders als in deren exotischem Geglitzer gibt es in Gondal keine zauberischen Mächte, keine Marmorstädte, nicht einmal eine gescheite Verwaltung. Wie Heathcliff in der *Sturmhöhe* stehen die Gondals monolithisch allein – kriegerisch, freiheitsliebend und hochpatriotisch, personifizierte Leidenschaften ohne den Charme und die Ironie der Beaus und Belles aus Verdopolis. Gondal hat seine Wurzeln in Yorkshire, in den historischen Romanen Sir Walter Scotts und der Poesie Lord Byrons, der, selbst eine unruhige, unsoziale Figur, mit seinen Verbannten und Vogelfreien, seinen Banditen und Korsaren eine verwandte Seite in Emilys Seele rührt.

Branwell hält derweil den Kontakt zu der in Roe Head exilierten Charlotte. Ihre wöchentlichen Briefe nach Hause richtet sie in der Regel an ihn, »weil Du es bist, dem ich am meisten zu sagen habe«. Da sie sich über ihre Tagtraumwelt nicht austauschen können – Briefe in der Familie waren für aller Augen gedacht –, widmen sie sich ihrem zweitliebsten Thema, der Politik. Der Herzog von Wellington war 1828 zum Premierminister ernannt worden.

Die oppositionelle Whig-Partei und die aufstrebende Klasse der Fabrikbesitzer forderten von ihm und den Torys eine Wahlreform. Nach traditionellem Recht waren zwar viele kleine Wahlbezirke durch einen adeligen Grundherrn im Parlament vertreten, nicht jedoch die jungen wachsenden Industriestädte wie Birmingham, Leeds, Manchester oder Bradford. Obwohl es auch bei den Torys Befürworter einer Parlamentsreform gab (etwa den »nicht vertrauenswürdigen« Robert Peel), war der ultra-konservative Herzog nicht der Mann, der Reformen zuneigte. 1831 scheiterte die Reform Bill für das Wahlrecht im Oberhaus. Die Pairs verlangten so viele Änderungen, daß das Kabinett Lord Greys entnervt zurücktrat und Wellington eine Interimsregierung bildete. Erst im Juni 1832 wird die Novelle verabschiedet. Patrick, der von sich sagt, es gäbe »keinen wärmeren und echteren Freund von Kirche und Staat, der die lebensspendende Luft atmet«, stimmt moderaten Reformen dennoch zu und konsterniert damit seine Freunde bei den »Blauen«. Seine Tochter rechnet sich jedoch stolz zu den wilden Torys. »Ich hatte schon befürchtet, daß ich mein Interesse an Politik verloren hätte«, schreibt sie Branwell, »aber das außerordentliche Vergnügen, das ich empfand, als ich hörte, daß die Reform Bill aus dem Oberhaus geflogen und Lord Grey vertrieben oder zurückgetreten ist, belehrte mich eines Besseren.«

Nach eineinhalb Jahren bei Miss Wooler hat Charlotte gelernt, was es in Roe Head zu lernen gibt. Sie wird mit einer Silbermedaille als beste Schülerin verabschiedet. An ihrem letzten Tag scheint sie plötzlich ein Bedauern zu überkommen, daß sie ihre Zeit fast ausschließlich mit Lernen und Arbeiten verbracht hatte. Ellen schreibt später: »Sie sagte, ›einmal möchte ich mich durch und durch wie ein Schulmädchen fühlen. Ich wünschte, irgend etwas würde passieren. Laßt uns um den Obstgarten rennen (rennen war etwas, das sie nie tat), vielleicht treffen wir jemanden, oder wir bekommen eine Übertretungsstrafe.‹ Sie sehnte sich offenbar nach einem unvergeßlichen Erlebnis. Nichts Ungewöhnliches erwuchs jedoch aus ihrem kleinen Unternehmen. Sie verließ die Schule so ruhig und friedlich, wie sie dort gelebt hatte.«

Die Kutsche fährt vor und holt Charlotte Brontë ab. Zu Hause in Haworth trifft Lord Charles Wellesley ein. »Die Kreatur hatte ihr schmutziges Handwerk wiederaufgenommen.«

VI

Außenwelt und Unterwelt • Ellen in Haworth • Der Haushalt eines Gentleman • Branwell zwischen Wiggins und Percy • Familientrennung

Noch ein anderer Gegenstand versetzt einen in erregte Spannung: der kleine Eichenschemel, den Emily auf ihren einsamen Moorgängen mit sich herumtrug und auf dem sie saß, wenn schon nicht, um zu schreiben, wie es heißt, so doch um nachzudenken, was wahrscheinlich besser war als das Schreiben.

Virginia Woolf
Haworth, November 1904

Zurück in Haworth, nimmt Charlotte nicht nur das Gedankenspiel mit Branwell wieder auf, sondern auch ihre Rolle der großen, verantwortungsvollen Schwester. Selbst erst sechzehn Jahre alt, beginnt sie die beiden jüngeren Mädchen zu unterrichten, und wir können davon ausgehen, daß dies keine säumigen Plauderstündchen waren, sondern daß ernsthaft gearbeitet wurde. Charlotte hatte schon in Roe Head nie »vorgesagt« oder gar – die Feder sträubt sich – »gespickt«. Sie war vorangekommen. Emily und Anne sollten ihren Nutzen daraus ziehen. Träumen, Erzählen und Schreiben waren eine Sache; Grammatik, Geschichte und Geographie eine andere. »Morgens zwischen neun und halb zwölf unterrichte ich meine Schwestern und zeichne; dann gehen wir bis zum Dinner spazieren. Nach dem Dinner nähe ich bis zur Teestunde, und nach dem Tee schreibe oder lese ich, je nachdem ...« berichtet sie Ellen.

Drei Monate nachdem sie die Schule verlassen hat, besucht sie die Freundin auf dem Familiensitz der Nusseys, The Rydings. Ellens Vater, ein reicher Textilfabrikant, war 1826 gestorben. Ihre Mutter lebt mit Ellen, dem jüngsten von zwölf Kindern, drei ihrer Schwestern und zwei Brüdern in dem alten, zinnenbekränzten Haus, das, so will es die Legende, Charlotte Modell für Thornfield in *Jane Eyre* gestanden haben soll. (Weitere Kandidaten für Mr. Rochesters Anwesen sind North Lees Hall bei Hathersage und Norton Conyers bei Harrogate. North Lees, den alten Sitz der Familie Eyre, besuchte Charlotte 1845 zusammen mit Ellen, als sie ihren Roman möglicherweise schon im Kopf bewegte. Seine erste Herrin, so heißt es, war geistig umnachtet, lebte in einem Zimmer mit gepolsterten Wänden und kam bei einem Brand ums Leben. Norton Conyers wartet mit einer ähnlichen Geschichte und der dazugehörigen Bodenkammer auf. Allerdings hatte Charlotte dieses Landhaus bereits sechs Jahre zuvor als Gouvernante bei den Sidgwicks besichtigt.)

22. Ellen Nussey, Portrait von Charlotte

Die Nusseys vertauschten The Rydings 1837 für ein bescheideneres Haus – Brookroyd – und verkauften es später ganz. Heute steht der alte Herrensitz, der vor 150 Jahren sicher einmal stattlich gewirkt hat, mitten auf einem Fabrikgelände, dessen containerartige Gebäude ihn an Höhe, Breite und Farbigkeit bei weitem übertreffen. So bedauerlich es ist, daß solche Veteranen nur noch als Steinhaufen geduldet werden, so tröstlich ist es auch, daß Thornfield niemals von Absurditäten umzingelt oder abgerissen werden kann, was letztlich für die Literatur und gegen Legendenbildung spricht.

Charlottes Ankunft in The Rydings wird 1833 nicht von einer rotweiß geringelten Schranke behindert. Unter dem Portal empfängt Ellen sie herzlich und ladylike. Branwell begleitet seine Schwester und kutschiert den einzigen Leihwagen, der in Haworth zu haben ist, einen zweirädrigen Einspänner. Ellen erinnert sich, daß Branwell ihr zu dieser Zeit »ein überaus liebevoller Bruder« war, und ihr »so teuer wie ihre eigene Seele«. In ihren Neigungen und Gefühlen stimmten sie vollkommen überein, und der eine erfreute sich an der Gegenwart des anderen. Branwell war vorher vermutlich nie weit von zu Hause fortgewesen; alles versetzte ihn in äußerste Erregung. In jungenhaftem Überschwang ging er umher und ließ seine Blicke überallhin schweifen. Das alte Haus mit seinen Zinnen und Türmchen auf dem Dach, die prächtigen Kastanien auf dem Rasenplatz ... der große Krähenhorst in den Wipfeln, der dem Haus einen markanten Hintergrund verlieh – all das nahm er in sich auf und ließ sich in völliger Begeisterung darüber aus. Er sagte seiner Schwester, »er lasse sie in einem Paradies zurück, und wenn sie hier nicht völlig glücklich sei, werde sie es nie sein«.

Charlotte aber ist nicht ganz so euphorisch. Während ihres Besuches spaziert sie am liebsten mit der Freundin durch den Obstgarten. Dort ist sie relativ sicher vor unerwarteten Gästen der Familie. Ellen ist Charlottes überwältigende Schüchternheit oft ebenso peinlich wie ihr selbst. Als ein fremder Herr sie eines Abends zu Tisch führt, bricht sie fast in Tränen aus. Diese krankhafte Scheu, so Ellen, entsprang weder einer mädchenhaften Befangenheit noch dem Gefühl von Nichtigkeit, sondern ihrem Bewußtsein, anders zu sein und von ihrer Umgebung nicht verstanden zu werden.

Selbstverständlich hat auch Ellen dieses gespaltene Wesen, dessen eine Hälfte ihr verborgen blieb, nicht durchschaut. Wie sollte sie auch? Eingezwängt in ein Korsett von Konventionen, das jungen Damen Beherrschung in allen Lebenslagen vorschrieb, lag

Charlottes freimütige Natur ständig im Zwist mit diesem aufgezwungenen Anstand und ihrem Pflichtgefühl der Familie gegenüber. Es war, um eine Metapher aus ihrer Tagtraumwerkstatt zu bemühen, der tadellose, eiserne Herzog von Wellington versus den rebellischen, heißblütigen Arthur Wellesley, Marquis von Douro. Letzterer aber gehörte der geheimen, »der Welt dort unten« an. Als Sechzehnjährige findet sie noch Trost in der unbeschränkten Freiheit des Gedankenspiels, in dem die vier – untereinander völlig schamlos – ihre Phantasie von Gewalt und sexueller Faszination ausleben. Es ist Charlotte – nicht Branwell –, die in *Etwas über Arthur* in die Nachtwelt von Verdopolis hinuntersteigt, durch die »Rare Lads«, Zuhälter, Diebe und Trunkenbolde streifen und der Titelheld einen Mann mit seinem eigenen Halstuch erdrosselt, bis dem »das schwarze Blut aus Augen und Mund spritzte.«

Arthur Wellesley – Douro –, der inzwischen zum Herzog von Zamorna befördert wurde, entwickelt sich in dem literarischen Ellenbogengerangel zwischen Charlotte und Branwell vom Musensohn zur schillernden Figur: ein Herzensbrecher mit Basilisken-Charme, ein Meister der politischen Intrige, ein »Sultan« in Gönnerlaune und Rachsucht, ein Verächter konventioneller Moral und manchmal schon ein »wahrer Dämon«. Die Frauen, die Charlotte ihm zum Fraß vorwirft, sind beklagenswerte Gestalten, überirdisch schön, aber bodenlos schwach, dahingerafft von der Autorin, die das gleiche Spiel immer neu besetzt. Im Februar 1834 verlangt Zamorna nach einem siegreichen Feldzug gegen die Feinde der Glasstown-Föderation als Preis und Beute ein eigenes Königreich. Das Parlament überantwortet ihm Angria, eine grüne Provinz im Osten, die Us Two nun zum Hauptschauplatz ihrer Kopfwelt machen.

1833 ist Charlottes produktivstes Jahr und die Zeit ihrer engsten Zusammenarbeit mit dem Bruder. Im Sommer sammelt sie das Personal vergangener Spiele um sich und mustert es auf Taug-

23. The Rydings, das Haus der Nusseys heute

lichkeit für kommende. Sie schreibt unter anderem *The Green Dwarf – A Tale of the Perfect Tense*, ein Märchen vom Perfekt, in dem Captain Bud Charlie Wellesley eine Geschichte erzählt, die zwanzig Jahre zurückliegt, als sich eine babylonische Menschenmenge aus Anlaß der afrikanischen Olympischen Spiele im Gasthaus der Großschutzgeister in Verdopolis versammelte. Trotz des zweifelhaften Charakters der Hoteliers Tallii, Brannii, Emmii und Annii und der Schurkereien der Kellner waren seine 500 Zimmer ausgebucht. »Die Eingangshalle sah aus wie ein buntes Karnevalstreiben. In einer Ecke saß eine Gruppe türkischer Kaufleute auf dem Boden ... in ihrer Nähe stolzierten ein paar dunkle, sonnenverbrannte Spanier, ernst und eitel wie die Pfauen – ein Vogel, der nach vorherrschender Meinung nicht nach unten schaut, auf die Gefahr hin, daß der Anblick seiner Füße die selbstzufriedene Bezauberung brechen könnte. Nicht weit von diesen Herren der Schöpfung saß eine Gesellschaft mit rosigen Gesichern, Lockenköpfen und ausgestreckten Beinen mit nur einem Schuh daran: Wesen von Stumps Insel, wo diese heute nahezu ausgestorbene Rasse damals grünte und blühte. Mehr als ein Dutzend Schutzgeister war dabei, sie mit Melonen und Reispudding zu bedienen, wonach sie unaufhörlich brüllten.«

Die Wesen mit den durchgedrückten Knien gehören deutlich zur Verwandtschaft der Holzsoldaten mit ihrem einzigen Schuh als Ständer, und sie treten nun, wie die Großschutzgeister, ins Perfekt, in die Historie ab.

Auf tritt die muntere, blonde Mary Percy, Tochter von Alexander Rogue, alias Percy, ein Geschöpf Branwells, das Charlotte, ehe ihr Co-Autor darüber disponieren kann, mit dem Herzog von Zamorna verheiratet. Doch Zamorna, dessen erste Frau an gebrochenem Herzen gestorben war, wäre nicht der »Sultan«, wenn er neben Mary nicht noch zahlreiche Gesponse samt ihrer Kegel unterhalten würde. In *Verdopolis – Glanz und Herrlichkeit* sind die beiden gerade drei Monate verheiratet, als Zamorna Mary auf einem Empfang brüskiert. Er fordert ein vornehmes Fräulein zum Tanz auf, »deren Wangen vor Vergnügen leuchteten, als der unwiderstehliche Zamorna mit ihr davonrauschte in einem wirbelnden, schwindelerregenden Walzer und mit einer galanten Zwanglosigkeit, die sich keiner außer seiner allmächtigen und verwegenen Person gegenüber dieser hochgeborenen Prinzessin gewagt hätte herauszunehmen«.

Mary in ihrem Stuhl am Fenster vergeht vor Demütigung, bis er, gerührt von ihrem sichtbaren Elend, zu ihr tritt, die Arme auf die Sessellehne stützt, sich über sie beugt, bis seine Lippen fast die ihren berühren, und in der charmantesten Art nach den Ursachen ihres Kummers fragt. Kaum versöhnt, verbittet er sich jedoch jede weitere Belehrung und macht seiner jungen Frau klar, daß er zu der Sorte der Unzähmbaren gehört.

Dieses Treiben ihrer Welt dort unten vor den Anforderungen

24. Mary Percy, Schönheit aus Angria, von Charlotte gezeichnet

des Alltags abzuschirmen, muß beträchtliche Energie gekostet haben. Ellen Nussey aber bietet sich bei ihrem Gegenbesuch in Haworth im Juli 1833 ein ungebrochenes, trauliches Bild. Da sie die erste Außenstehende ist, die die Brontës in diesen frühen Jahren auf eigenem Terrain kennenlernt, soll sie hier ausführlich zu Wort kommen:

»Schon zu dieser Zeit erschien mir Mr. Brontë vom Aussehen her sehr ehrwürdig, mit seinem schneeweißen Haar und dem gepuderten Rockkragen [Mr. Brontë war sechsundfünfzig]. Seine Art und Sprechweise hatten den Anflug von erlesener Höflichkeit ... Seine weiße Krawatte war damals noch nicht so bemerkenswert wie in späteren Jahren. Er hatte die Gewohnheit, diese Krawatte selbst zu wickeln. Wir waren nie Zeugen dieses Vorgangs, aber wir mußten die weiße Seide, die er dafür brauchte, säumen. Charlotte sagte, dies sei die einzige Extravaganz, die sich ihr Vater erlaube. Er schnitt dafür viele Yards weißer Seide zurecht, und so wie Dr. Joseph Woolfe, der berühmte Entdecker, auf einer Reise jeden Tag ein frisches Hemd anlegte, ohne das getragene auszuziehen, so gewann Mr. Brontës Krawatte jeden Tag an Material und Umfang, bis schließlich sein halber Kopf darin eingewickelt war. Zweifellos hatte seine Anfälligkeit für Bronchitis dieses Krawattenwachstum hervorgebracht.

... Emily war zu einem graziösen, beweglichen jungen Mädchen herangewachsen. Sie war die größte im Haus neben ihrem Vater. Ihr Haar, das von Natur aus ebenso schön war wie Charlottes, trug sie in der gleichen unvorteilhaften gekräuselten Lockenfrisur, und auch ihrem Teint fehlte es an Frische. Sie hatte sehr schöne Augen – freundliche, leuchtende, klare Augen, aber sie blickte Fremde nicht oft an; sie war zu reserviert. Ihre Augenfarbe war zuzeiten dunkelgrau, dann wieder dunkelblau. Sie sprach sehr wenig. Sie und Anne waren wie Zwillinge – unzertrennliche Gefährten in größter Zuneigung, die nie gestört wurde.

Anne – die liebe, sanfte Anne – war ganz verschieden von den beiden anderen. Sie war der Liebling ihrer Tante. Ihr sehr hübsches, dunkelblondes Haar fiel in anmutigen Locken über ihren Nacken. Sie hatte wunderschöne, veilchenblaue Augen, feingezeichnete Augenbrauen und einen klaren, fast durchsichtigen Teint. Sie machte noch immer ihre Aufgaben und besonders ihre Näharbeiten unter der Aufsicht ihrer Tante. Emily verfügte schon über ihre eigene, freie Zeit.

Branwell hatte regelmäßig Unterricht bei seinem Vater. Er

malte in Öl, was allgemein als Vorbereitung auf einen möglichen Beruf angesehen wurde. Die ganze Familie glaubte, daß er ein Künstler werden würde, und hoffte, daß er eine glänzende Karriere vor sich hatte.

Bei schönem Wetter machten wir herrliche Spaziergänge über das Moor und hinunter in die kleinen Täler und Schluchten, die die Eintönigkeit der Landschaft unterbrachen. Die schroffen Ufer und plätschernden Bächlein waren unser ganzes Entzücken. Emily, Anne und Branwell bauten Dämme und legten Trittsteine für die beiden anderen ... Besonders Emily genoß diese idyllischen Plätze; ihre Reserviertheit schwand. Ein langer Spaziergang führte uns weit über das Moor zu einer Stelle, die Emily und Anne vertraut war und die sie ›Die Begegnung der Fluten‹ nannten. Es war eine kleine Oase aus smaragdgrünem Rasen, in dem überall Quellen entsprangen. Ein paar große Steine dienten uns als Rastplatz. Wenn wir da saßen, waren wir vor dem Rest der Welt verborgen. Vor uns erstreckte sich meilenweit das Heideland und über uns der blaue Himmel mit der hellen Sonne ... Emily, halb über eine Felsplatte gelehnt, spielte wie ein kleines Kind mit den Kaulquappen im Wasser, jagte sie mit der Hand herum und moralisierte über die Starken und die Schwachen, die Tapferen und die Feiglinge.

... Es gab [keine Vorhänge] und nicht viele Teppiche im Haus, außer im Wohn- und im Arbeitszimmer. Der Flur und die Treppe waren aus Sandstein, immer wunderschön sauber wie alles im Haus. Die Wände waren nicht tapeziert, sondern in einem hübschen Taubenblau gestrichen. Im Arbeitszimmer gab es gepolsterte Stühle, Mahagonitische und Bücherregale, aber in den übrigen Zimmern nicht sehr viele Möbel ... Wenig später wurde ein Klavier angeschafft. Nach einiger Übung spielte Emily mit Präzision und Brillanz. Anne spielte ebenfalls, aber sie bevorzugte sanfte Harmonien und Lieder. Sie sang ein wenig; ihre Stimme war schwach, aber sehr lieblich.

25. Reverend Patrick Brontë

Aus gesundheitlichen Gründen zog Mr. Brontë sich früh zurück. Er versammelte seine Familie um acht Uhr zur Andacht, um neun Uhr verschloß und verriegelte er die Haustüre und vergaß nie, den ›Kindern‹ die freundliche Empfehlung auszusprechen, wenn er an der Wohnzimmertür vorbeiging, nicht zu lange aufzubleiben. Auf dem Treppenabsatz blieb er stehen, um die große Uhr aufzuziehen.

... Während Miss Branwells Regiment im Pfarrhaus waren der Tierliebe strenge Grenzen gesetzt ... später gab es drei Haustiere. Eins war der starke, braune Keeper, Emilys Liebling. Sie hatte ihn ganz ohne Zwang so unter Kontrolle, daß er auf ihren Wink wie ein Löwe herumsprang und brüllte. Flossy – schwarzweiß mit langem, seidigem Fell – war Annes Liebling, und der schwarzgetigerte Tom war der Liebling aller. Er wurde so zärtlich behandelt, daß er seine Katzennatur verloren zu haben schien und sich in luxuriöse Zufriedenheit und Sanftmut hatte sinken lassen. Die Liebe der Brontës für die stumme Kreatur machte sie sehr sensibel für die Behandlung, die jene empfing. Jeder, der sich in dieser Beziehung danebenbenahm, trug in ihren Augen schon einen schwarzen Fleck auf seinem Charakter.«

Die wohlerzogene Ellen, die ein wenig von Tantes Gewohnheit des Tabakschnupfens und Vaters grimmigen Geschichten schockiert ist und dennoch die Contenance wahrt, macht den denkbar besten Eindruck auf die Familie. Selbst Emily erklärt sich bereit, mit ihr allein spazierenzugehen, ohne Charlottes Besorgnis zu rechtfertigen, die bei ihrer Rückkehr die Freundin fragt: »Wie hat Emily sich betragen?« Vielmehr bezaubert sie Ellen durch ihre »Intelligenz und Herzlichkeit«. Diese ist sich der Ehre durchaus bewußt, denn am liebsten streift das lange Ding allein über die Moore, »gefolgt von ihren Hunden, nach denen sie wie ein Mann pfiff«.

Wieder zu Hause, erhält die Freundin Post von Charlotte, in der sie ihr schreibt, Vater und Tante hielten sie ihr nun als Muster vor, Tabby sei völlig von »ihrer Ladyschaft« fasziniert, und Emily und Anne »kennen niemanden, den sie so sehr mögen wie Miss Nussey«. Die beiden Mädchen korrespondieren nun regelmäßig miteinander, zuerst förmlich auf französisch, um »voranzukommen«, was Ellen aber bald zu anstrengend ist, dann zunehmend vertraulich. Ellen sucht schmeichelhafterweise Charlottes Rat in allen Dingen – außer in Angelegenheiten der Religion. Da fühlt sie sich der Pfarrerstochter wenn nicht an Bibel-, so doch an Glaubensfestigkeit überlegen.

»Was hältst Du von dem gegenwärtigen Stand der Politik?« schreibt Charlotte im März 1835. »Ich frage, weil ich glaube, daß Du, obwohl Du Dich früher nie darum gekümmert hast, inzwischen ein gesundes Interesse entwickelt hast. Du siehst, Brougham triumphiert. Schurke! Ich kann von Herzen hassen, und wenn es jemanden gibt, den ich gründlich verabscheue, dann ist es dieser Mann. Aber die Opposition ist gespalten: Glühendheiße und Lauwarme, und der Herzog (par excellence der Herzog) und Sir Robert Peel zeigen keine Anzeichen von Unsicherheit, obwohl sie zweimal geschlagen wurden. Deshalb, Courage, mon amie, wie die alten Ritter sagten, ehe sie in die Schlacht zogen.«

Ellen muß wohl doch erst einmal in die Zeitungen der letzten Wochen schauen, um Charlottes gute Meinung zu rechtfertigen.

26. Keeper, Flossy und Katze, gezeichnet von Emily

Im Parlament wogt noch immer der Machtkampf zwischen Whigs und Torys. Keine Partei scheint in der Lage, eine stabile Regierung zu bilden. Lord Brougham ist Führer der Whigs und Lordkanzler in Lord Melbournes erstem Kabinett vom Juli 1834, das der Regierung des Herzogs von Wellington und dann Sir Robert Peel weichen mußte. Die Torys konnten sich jedoch auch nicht halten, und Lord Melbourne wurde im April 1835 wieder eingesetzt, allerdings ohne Brougham im Kabinett. Am 8. Mai heißt es dann: »Die Wahlen! Die Wahlen! Dieser Ruf schallt sogar durch unsere einsamen Berge wie Trompetenschmettern. Wie hat er wohl erst das volkreiche Birstall aufgerührt? Ellen, unter welches Banner haben sich Deine Brüder gestellt? Blau oder Gelb? Nutze Deinen Einfluß auf sie, beschwöre sie, wenn nötig auf Deinen Knien, ihrem Land und ihrem Glauben in diesen Tagen der Gefahr beizustehen.«

Frauen, das versteht sich von selbst, dürfen ihrem Land nicht beistehen. Nicht einmal alle Männer sind wahlberechtigt. Für diejenigen, die es angeht, spricht der Reverend auf einer Wahlversammlung vor dem Black Bull – selbstverständlich für die Blauen. Er war immer dafür, Farbe zu bekennen.

Nächst der Rettung des Vaterlandes ist die Kultivierung des Geschmacks ein wichtiges Thema. »Du bittest mich, Dir ein paar Bücher zu empfehlen. Das will ich tun, mit so wenigen Worten wie möglich. Wenn Du Poesie liebst, so achte darauf, daß sie von höchstem Rang ist: Milton, Shakespeare, Thomson, Goldsmith, Pope (wenn Du willst, wenngleich ich nicht zu seinen Bewunderinnen gehöre), Scott, Byron, Campbell, Wordsworth und Southey. Erschrick nicht gleich bei den Namen Shakespeare und Byron. Beide waren große Männer, und ihre Werke sind wie sie. Du weißt, wie man das Gute herauspflückt und das Böse meidet; die schönsten Stellen sind immer die reinsten, die schlechten sind gleichbleibend abstoßend, und Du wirst nie wieder den Wunsch haben, sie ein zweitesmal zu lesen. Verzichte auf die Komödien von Shakespeare und auf den *Don Juan*, vielleicht auch auf *Cain* von Byron, obwohl das letztere eine großartige Dichtung ist, und lies das übrige ohne Furcht. Derjenige, der aus *Henry VIII*, *Richard III*, *Macbeth* oder *Hamlet* Böses herausliest, muß wirklich über einen lasterhaften Geist verfügen. Scotts wilde, süße, romantische Dichtkunst kann Dir keinen Schaden zufügen. Das gilt auch für Wordsworth, Campbell und Southey – beim letzteren zumindest für den größten Teil seines Werks.

An Büchern zur Geschichte lies Hume, Rollin und die Universal History – wenn Du es über Dich bringst, ich selbst habe es nie getan. Was Romane angeht, lies einzig und allein Scott: Alle Romane, die später geschrieben wurden, sind wertlos.«

Auch in Dingen der Schicklichkeit vertritt Charlotte ihre Meinung mit Festigkeit. Die Epistel, die die Achtzehnjährige in leicht ironischem Gouvernantenton über das Tanzen schreibt, steht in erheiterndem Gegensatz zu dem Treiben in Angria, wo sie diesmal eine Geschichte im Futur ansiedelt (*A Leaf from an Unopened Volume*) und zwei halbwüchsige Söhne Zamornas in rabiater Weise um die Gunst derselben jungen Dame buhlen läßt.

»Die Sünde des Tanzens besteht ja nicht allein darin, ›die Beine zu schwingen‹, sondern in den Begleitumständen, die da sind Leichtsinn und Zeitverschwendung. Geht es aber wie in Deinem Fall um eine Stunde des Sports und Vergnügens für junge Leute (denen ohne eins der zehn Gebote zu brechen, ein wenig Leichtherzigkeit zugestanden sein sollte) und ohne die erwähnten Konsequenzen, dann ist das Vergnügen ein vollkommen harmloses.«
Anfang 1834 besucht Ellen einen ihrer Brüder in London. Charlotte, hingerissen zwischen Schrecken und Faszination, beglückwünscht die Freundin zu ihrer Reise, fürchtet aber zugleich die deformierende Wirkung, die die Großstadt auf den Charakter des Landmädels ausüben könnte. London stellt sie sich vor wie Verdopolis, Babylon und den Jahrmarkt der Eitelkeit auf einem Fleck. Ob Ellen den Herzog von Wellington gesehen habe, Sir

Robert Peel, Earl Grey oder Daniel O'Connell? (natürlich nicht), und ob sie so freundlich sein wolle, herauszufinden, wie viele Musiker in der königlichen Militärkapelle spielen.

Diese Information wird gebraucht, um einen Vergleich mit den Kapellen zu schaffen, die in diesem Jahr in Angria aufspielen. Wieder einmal läßt Charles Wellesley sich von den Vorgängen in Haworth und dem übrigen Vereinigten Königreich inspirieren, und wieder einmal nutzt sie/er die Gelegenheit, sich an Branwell zu wetzen. Musik ist Branwells neueste Leidenschaft. Die Orgel für St. Michael's, die der Reverend aus Spendengeldern finanziert hat, wird im Mai 1834 aufgestellt und geweiht. Mr. Sunderland, Organist in Keighley, der den Brontë-Kindern auch Klavierunterricht gibt, spielt zur Eröffnung, und Branwell ist vor Begeisterung buchstäblich von den Socken. »Umgehend nahm ich jene Stellung ein, die für mich immer Ausdruck höchsten Staunens, Entzückens und Bewunderns ist. Mit anderen Worten, ich rammte meinen Dez auf den Boden und ließ meine Hacken mit Schwung nach oben fliegen«, beschreibt Charlotte die Reaktion des närrischen Patrick Benjamin Wiggins auf die meisterliche Darbietung eines »gottgleichen« Organisten, dessen rotes Haar und blasse Nase »so ganz und gar meinem Schönheitsideal entsprachen.« Wiggins, eine Art tapferes Schneiderlein der Poesie, ein »Schuhputzer, Violinbogenbestreicher, Kleiderständer, Notenträger, kurzum ein richtiger Speichellecker« seines Idols, ist eine Karikatur ihres überschwenglichen Bruders.

In Wirklichkeit erweist sich der junge Mann als so begabt, daß er nach einiger Unterweisung nicht nur während des Gottesdienstes in St. Michael's spielt, sondern dort auch stundenlang auf dem Instrument herumphantasiert. Seiner Familie muß der Siebzehnjährige wie ein sich rasch entfaltendes Genie vorgekommen sein. Er schreibt mit links und rechts zugleich – weniger wortreich und blumig, aber mehr noch als Charlotte. Er verfaßt Blankverse, übersetzt Horaz, er malt und musiziert. Vor allem aber bezaubert er durch seine Eloquenz. Er ist der Star von Haworth, den der Wirt des Black Bull herbeiruft, wenn ein Fremder sich an seiner Theke langweilt. Der Pfarrersbub wird ihm schon die Zeit vertreiben mit seinen erstaunlichen Gaben – und sicher wird er auch die Flasche mit ihm teilen.

Seine Schwestern sind die reinsten Aschenputtel gegen ihn; schüchtern, kurzsichtig, taubengrau. Charlotte, die Ellen mitteilt, sie sei seit Roe Head kein Stückchen gewachsen, beschreibt sich und die ihren mit den Worten des hochgezwirbelten Wiggins: »›Es gibt ein paar Leute in der Gestalt von drei Mädchen, die sich als meine Verwandten bezeichnen. Nicht, daß sie sich dadurch geehrt fühlen, mich zum Bruder zu haben, ich bin es vielmehr, der leugnet, daß sie meine Schwestern sind . . .‹

›Wie heißen Ihre drei Schwestern?‹

›Charlotte Wiggins, Jane Wiggins und Anne Wiggins.‹

›Sind sie ebenso sonderbar wie Sie?‹

›Oh, sie sind alberne, armselige Geschöpfe, die es nicht wert sind, daß man über sie ein Wort verliert. Charlotte ist achtzehn Jahre alt, ein dreistes, plumpes Ding, das mir nur bis zum Ellenbogen reicht. Emily ist sechzehn, spindeldürr und mit einem Gesicht, so groß wie ein Penny, und Anne ist überhaupt nichts, absolut nichts.‹

›Wie? Ist sie eine Idiotin?‹

›Es fehlt nicht viel daran.‹

›Hm, ihr seid ja ein reizendes Quartett.‹«

Charlotte steckte nicht zurück, wenn sie sich und ihre Schwestern zum eigenen Gespött machte. Auffällig ist dennoch das schlechte Abschneiden von Anne. Zeit ihres Lebens sah die Ältere sie bevorzugt in der Rolle der Lieben, Sanften. Aber Anne war alles andere als ein Nichts. Ebenso mild wie unbeugsam im Umgang, hatte sie einen wachen Intellekt und einen besseren Draht zur Realität als die übrigen drei zusammen. Und sie hatte Vorstellungen von ihren Themen und den Aufgaben der Literatur, die die große Schwester nicht teilte. Charlotte hat nie mit Kritik am Werk der Jüngsten gespart. Ihre Standardwendung »dear gentle Anne« scheint oft Verständnislosigkeit und eine unbewußte Eifersucht auf die vertrautere Gefährtin Emilys zu überdecken. »Armes Kind«, schrieb Charlotte an Ellen, als Anne zum erstenmal als Gouvernante in Stellung ging, »Du wärst erstaunt, was für einen klugen, vernünftigen Brief sie schreibt.«

Das Jahr 1834 gehört sicher zu den glücklichsten ihrer Jugend. Charlotte entwirft ihr großes Sittenpanorama *Mein Angria und die Angrianer*, Branwell geht zu den Versammlungen der Freimaurer, zum Orgelspielen in die Kirche und zum Boxen ins Hinterzimmer des Black Bull. Dieser Gentlemen-Sport, den Lord Byron gesellschaftsfähig gemacht hatte, übt eine starke Anziehungskraft auf den jungen Mann aus. Den Schwestern erklärt er nicht nur die diversen Techniken, er gibt ihnen auch Kostproben des schneidigen Jargons, dessen sich die Herren um den Ring bedienen. Aber was kann Charlotte schon aus Branwells Mund schockieren? »Ein Hermaphrodit? Das lange Wort bezeichnet wohl ein Wesen halb Pferd, halb Alligator.« Und er ist wirklich komisch, wenn er so von den Champions schwärmt. »Ein Paar Augengläser zierten seine Nase, und durch diese starrte er in einem fort auf Flanagan, dessen Schulterbreite seine tiefe Bewunderung zu erwecken schien, denn hin und wieder berührte er seine eigenen mit der Spitze des Zeigefingers und drückte seine schmale, enge Brust heraus, um sie größer erscheinen zu lassen.« Dies ist natürlich wieder der wichtige kleine Wiggins, der beim Anblick des irischen Faustkämpfers »Kartoffel« Flanagan ausruft: »Ein prächtiger Mann! Schönes Haar! Flanagan, der große Boxer! Hat der aber einen Brustkorb!«

Emily und Anne wiederum trödeln über ihren Pflichten und lassen ihre Gondal-Helden zu neuen Ufern aufbrechen. Der Haushalt scheint dem straffen Zugriff Tante Branwells zu entgleiten. Am 24. November skizziert Emily in einem Tagebuchblatt (dem Anne eine gezeichnete Locke hinzufügt, »ein wenig Haar von Lady Juliet«) das Familienleben an einem Montag:

»Ich fütterte heute morgen Rainbow, Diamond, Snowflake [die Tauben] und Jasper, den Fasan. Branwell ging zu Mr. Driver hinunter und brachte die Nachricht, daß Sir Robert Peel aufgefordert werden soll, für Leeds zu kandidieren. Anne und ich haben für Charlotte Äpfel geschält, damit sie uns einen Apfelpudding macht, und für Tante Nüsse und Äpfel. Charlotte sagte, daß sie erstklassige Puddings machte und von rascher, aber begrenzter Intelligenz sei. Tabby sagt gerade: Komm Anne, pell die Kartoffeln. Tante ist in diesem Augenblick in die Küche gekommen und sagte: Wo hast du deine Füße, Anne? Anne antwortete: Auf dem Boden, Tante. Papa öffnete die Tür vom Salon, gab Branwell einen Brief und sagte: Hier Branwell, lies das und zeig es Deiner Tante und Charlotte – Die Gondals erforschen das Innere von Gaaldine. Sally Mosley wäscht in der hinteren Küche.

Es ist zwölf Uhr mittags vorbei. Anne und ich haben uns weder zurechtgemacht noch unsere Betten oder unsere Aufgaben gemacht, und wir wollen nach draußen gehen und spielen. Zum Dinner werden wir gekochtes Rindfleisch, weiße Rüben, Kartoffeln und Apfelpudding bekommen. Die Küche ist in einem sehr unordentlichen Zustand. Anne und ich haben unsere Musikaufgaben noch nicht gemacht, bei denen es um B-Dur geht. Tabby sagte, als ich ihr mit einer Schreibfeder ins Gesicht fuhr: Was pütscherst du hier rum, anstatt die Kartoffeln zu pellen. Ich antwortete: Oje, oje, oje, ich tu' es gleich. Damit stand ich auf, nehme ein Messer und beginne zu pellen. Fertig mit dem Pellen. Papa ist ausgegangen. Wir erwarten Mr. Sunderland ...«

Welch erstaunliche Notiz aus der Feder eines jungen Mädchens, von dem Charlotte später sagte, es sei nicht aus gewöhnlichem oder biegsamem Stoff gewesen; das die Literaturkritik eine »Sphinx« und Arno Schmidt »die Titanide« genannt hat. Der Ton ist überraschend kindlich, die Orthographie beklagenswert,

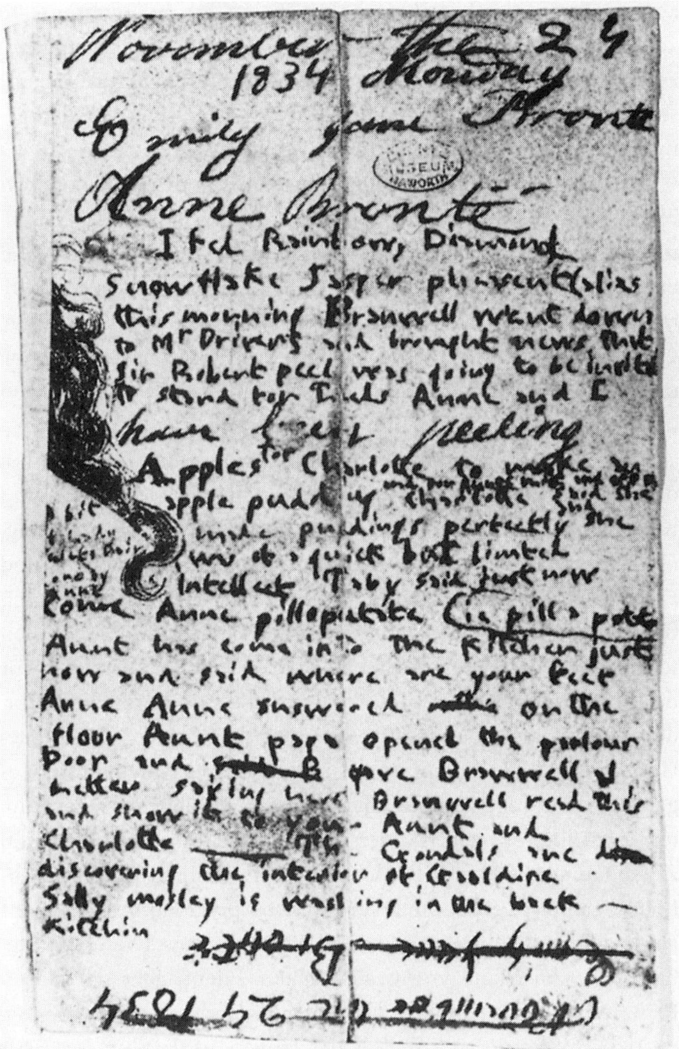

November the 24
1834 Monday
Emily Jane Bronte
Anne Bronte
I fed Rainbow, Diamond
Snowflake Jasper pheasent(alias
this morning Branwell went down
to Mr Drivers and brought news that
Sir Robert peel was going to be invited
to stand for Leeds Anne and I
have been peeling
Apples for Charlotte to make us an
apple pudding and for Aunts nuts and apples Charlotte said she
made puddings perfectly and she
was of a quick but limited
intellect Taby said just now
Come Anne pillopatate (ie pill a potate
Aunt has come into the Kitchen just
now and said where are your feet
Anne Anne answered On the
floor Aunt papa opened the parlour
Door and gave Branwell a
letter saying here Branwell read this
and show it to your Aunt and
Charlotte The Gondals are
discovering the interior of Gaaldine
Sally mosley is washing in the back
Kitchen

November the 24 1834

27. Emilys Chronik vom 24. November 1834

aber die Stimmung könnte nicht besser sein. Emily zeigt mit sechzehn Jahren ein erfreulich ausgeglichenes Gemüt, aber wenig Anzeichen von Genie. Selbst Charlotte war mit dreizehn Jahren, als sie *Die Geschichte des Jahres* schrieb, in jeder Hinsicht besser organisiert und produktiver als ihre jüngere Schwester.

Ellen Nussey erinnerte sich: »Hoch oben in der Heide oder in einem tiefen Tal war Emily in ihrer Ausgelassenheit und Begeisterung wie ein Kind. Sie verriet dann auch einen geheimen Hang zum Mutwillen. Sie hatte Spaß daran, Charlotte an Orte zu führen, die diese aus freien Stücken nie aufzusuchen gewagt hätte. Charlotte hatte eine Sterbensangst vor unbekannten Tieren, und es bereitete Emily Vergnügen, sie in deren Nähe zu locken und ihr dann zu erzählen, wo sie sich befand.«

Ellen hatte das Pfarrhaus von innen kahl und kärglich gefunden. In der Tat hatte der Reverend für Nippes, Dekoration und Kleider wenig Sinn und kein Geld übrig. Aus Charlottes Jungmädchenzeit existieren bemühte Dankesbriefe an Patinnen und Freunde für abgelegte Schals und Schürzen ... Ich m u ß mich für die schöne Haube bedanken! Und es beschämt sie, daß Ellen schon wieder das Porto für einen Brief entrichten muß. (Vor der Einführung der Penny Post zahlten die Adressaten die Beförderungsgebühr.) Aber das Pfarrhaus war dennoch das Heim eines Gentleman. Es gab nicht nur Rindfleisch und Apfelpudding, es gab auch Zeitungen und Bücher, Bilder und Stiche nach berühmten Gemälden; es gab Klavierstunden für Emily und Anne und Zeichenunterricht für alle. Dem Lehrer, William Robinson aus Leeds, zahlte Mr. Brontë zwei Guineen pro Hausbesuch, mehr als das Doppelte eines Handwerker-Wochenlohns. Dieser Mr. Robinson – »ein Mann von beachtlichem Talent, aber schwachen Prinzipien« –, wie Elizabeth Gaskell dunkel andeutet, ist ein Schüler des größten Portraitmalers des frühen 19. Jahrhunderts, Sir Thomas Lawrence, und ein hochbegabter, energischer Selfmademan, der seinen Weg aus der Provinz an die Königliche Kunstakademie in London gemacht hatte.

Seine fleißigste Schülerin scheint zunächst Charlotte gewesen zu sein. Über hundert ihrer Blätter sind erhalten – von Anne zwanzig, von Emily nur zwölf – in der Regel ideale Landschaften, Portraits und Blümchen, was junge Damen eben so zeichneten. Die meisten sind nicht »nach dem Leben« entstanden, sondern haarkleine Kopien aus Büchern, die so »gestochen« wie das Vorbild wirken sollten; äußerst verderblich für die Augen, und das Ergebnis ist immer ein ganz klein bißchen verrutscht. Am liebsten nahm Charlotte sich Ladys aus eleganten Jahrbüchern und Gestalten aus Byrons illustrierten Werken zur Vorlage, die sich unter ihren Händen in angrianische Charaktere verwandelten. Diese Damen entsprachen – zumindest auf dem Papier – allen Anforderungen des viktorianischen Schönheitsideals, und Charlotte, die so herzzerbrechend unter ihrem Äußeren litt, überzog die Attribute bis zur unfreiwilligen Karikatur. Ihre »brünette Französin« mit dem herzförmigen Gesicht, dem winzigen Mund und den weit auseinanderstehenden Augen sieht aus, als sei ihr Kopf wirklich nicht zu mehr nutze, als ihre Schmalzlocken zu tragen.

Sehr viel später gestand Charlotte ihrem Lektor, der vorgeschlagen hatte, sie möge ihren Roman *Jane Eyre* – in dem die Heldin mehr als nur »ein wenig« malt – selbst illustrieren: »Ich habe nicht das Talent, das Sie mir zuschreiben ... Früher habe ich eine ganze Menge Bristol-Karton, Zeichenpapier, Stifte und Wasserfarben verschwendet, aber wenn ich heute den Inhalt meiner Mappe betrachte, scheint mir, als ob eine Fee in den Jahren, da sie verschlossen lag, das, was mir einst als wahrer Schatz erschien, in trockene Blätter verwandelt hat, und ich fühle mich versucht, die ganze Sammlung dem Feuer zu überantworten.« Am längsten geht Branwell bei William Robinson in die Lehre. 1834 hängen dessen Werke in der Ausstellung, die die nordenglische Gesellschaft zur Förderung der Schönen Künste in Leeds veranstaltet. Die Brontës haben sie gewiß besucht, denn in diesem Jahr scheint Branwells Entschluß zu reifen, die Portraitmalerei zu seinem Be-

28. Der Nordwind, Zeichnung von Emily Brontë

ruf zu machen. Vorbilder sind ihm dabei nicht nur Robinson und Lawrence – ein Portrait Zamornas ist in Haltung und Ausdruck dem bekannten Bild George IV. abgeschaut –, sondern auch ein junger Künstler von dreiundzwanzig Jahren, dessen Werke er in Leeds zum erstenmal sieht: Joseph Bentley Leyland aus Halifax. Auch Leyland hat dank Ehrgeiz und Talent in London und in seiner Heimat Karriere gemacht. In Leeds stellt er seine Figur des »Satan« (aus dem *Verlorenen Paradies*) aus, über die der *Morning Chronicle* urteilt: »Die charakteristischen Gesichtszüge sind ein hochmütiger Mund, geblähte Nüstern und eine Stirn, die, eher breit als gewölbt, Zeichen großer geistiger Kraft ohne moralische Grundsätze verrät. Mr. Leyland hat mit ›Satan‹ ein Wesen geschaffen, das, nicht allein fürchterlich, sondern auch von satanischer Schönheit, der Auffassung Miltons vollkommen entspricht.«

Die Figur entspricht nicht nur dem dichterischen Vorbild, sondern auch dem Geist der Zeit, der das Lesen in der Physiognomie als Charakterkunde zu einer seriösen Wissenschaft macht. Für Branwell und Charlotte ist dieser Satan ebenfalls höchst aufschlußreich und inspirierend. Die junge Autorin adaptiert ihn für eine Figur, die Branwell erfunden hat und die sie beide als Rivalen des Herzogs von Zamorna zu schönster Blüte bringen: der Pirat Rogue alias Alexander Percy alias der Graf von Northangerland. Charlotte: »Sein Gesichtsausdruck ist nachdenklich, gelassen, frei von Sarkasmus bis auf das Hohnlächeln, das um seinen Mund gefroren scheint, und das seltsame Glitzern seiner Augen – eine Mischung aus schärfstem Spott und großer Gedankentiefe, die das Blut des Betrachters gerinnen lassen. Meiner Ansicht nach ist sein Kopf das vollkommene Abbild Luzifers, des gefallenen Erzengels: Dieser kalte Stolz, diese unglaubliche Macht des Intellekts, diese leidenschaftslose und doch vollkommene Schönheit.«

Percy/Northangerland entwickelt sich mit den Jahren zu Branwells Alter ego. Unter dem Inkognito des diabolischen, hochgewachsenen Grafen bietet Branwell – fünf Fuß drei Zoll (1,60 m)

29. Branwell als Alexander Percy, alias der Graf von Northangerland, Zeichnung von J. B. Leyland

groß, mit viel Nase und wenig Kinn – noch als Erwachsener seine Gedichte bei Zeitungen an. Und vollständiger als Charlotte, der ihre Weiblichkeit die totale Identifizierung mit Zamorna verstellt, lebt Branwell in seinem Geschöpf, das ihm ein schier endloses Selbstvertrauen verleiht, bis der Zusammenstoß mit der Realität die Fassade samt den Grundmauern erschüttert.

Im Sommer 1835 künden sich große Veränderungen an. Charlotte schreibt am 2. Juli nach The Rydings: »Wir sind alle dabei, voneinander zu scheiden, uns zu trennen und auseinanderzugehen. Emily wird zur Schule gehen, Branwell nach London, und ich werde Gouvernante werden. Diesen letzten Entschluß habe ich selbst gefaßt in dem Bewußtsein, daß der Schritt früher oder später getan werden mußte. Ich weiß ja, daß Papa mit seinem begrenzten Einkommen genug Kosten haben wird, sollte Branwell sich auf der Königlichen Akademie einschreiben und Emily Roe Head besuchen. Und wo werde ich leben, fragst Du wohl. Innerhalb von vier Meilen von Dir, meine Liebste, ein Ort, der uns beiden nicht unbekannt ist, nämlich kein anderer als Roe Head. Ja, ich werde an derselben Schule unterrichten, in der ich gelernt habe. Miss Wooler machte mir das Angebot, und ich zog es ein oder zwei anderen Posten in privaten Häusern vor, die man mir vorgeschlagen hatte. Der Gedanke, mein Heim zu verlassen, macht mich traurig, sehr traurig, aber Pflicht und Notwendigkeit – dies sind strenge Herrinnen, die keinen Ungehorsam dulden. Habe ich Dir nicht einmal gesagt, Ellen, daß Du dankbar für Deine Unabhängigkeit sein solltest? Damals meinte ich, was ich sagte, und heute wiederhole ich es mit doppeltem Ernst. Wenn mich etwas aufmuntert, dann ist es der Gedanke, daß ich Dir nahe sein werde. Du und Polly werdet mich besuchen kommen, nicht wahr? Daran könnte ich doch nicht zweifeln; Du warst bisher noch niemals unfreundlich. Emily und ich verlassen Haworth am 29. Juli. Der Gedanke, daß wir zusammen sind, tröstet uns ein wenig ...«

VII

Branwell, der Maler • Exil in Roe Head • Gratwanderung mit Abstürzen • Fiasko in London • Ein Literat rät, ein anderer schweigt • Poesie am Küchentisch • Anne und Charlotte finden einen Gott

Eines Abends haben wir Tischrücken gespielt, und die Brontës sind mit uns in Verbindung getreten. Sie kamen sofort durch. Charlotte sagte: »Denk an Anne, denk an Elizabeth, denk an Maria« ... und dann: »Sheil, geh zurück, solange noch Zeit ist!« Und am nächsten Tag sind wir nach Hause gefahren.

Rachel Ferguson
The Brontës went to Woolworth's

Wie ist es zu diesem großen Abschiednehmen gekommen? Der Grund war Branwell. Mit achtzehn Jahren muß er nun endlich auf eigenen Füßen stehen und seine vielen Talente in der Welt erproben lernen. Man beschließt, daß die Königliche Kunstakademie in London der Ort sei, an dem Branwell zu einem vorzüglichen und erfolgreichen Maler ausgebildet werden soll. Und warum auch nicht? Branwells Zeichnungen haben einen flotten, originellen Strich – anders als Charlottes fleißig-getiftelte Kopien. Ihr Bruder hat Talent zum Portrait, selbst zur Karikatur. (Einen hoffnungslosen Kleckser hätte sein Lehrer William Robinson sicher nicht nach London empfohlen.) Aus der Zeit vor 1837 stammt das Dreier-Portrait, das Branwell von seinen Schwestern gemalt hat, aus dem er sich – unvollendet – wieder austilgte und das heute in London in der National Portrait Gallery am Trafalgar Square hängt. Mrs. Gaskell wurde dieses Bild 1853 von Charlotte gezeigt, und sie fand es nicht besser als die Arbeit eines Anstreichers. Ein irischer Professor, der das Pfarrhaus nach Charlottes Tod besichtigte, sah ein weiteres Gruppenbild aus Branwells Werkstatt, die sogenannte Gruppe mit Gewehr –, im Treppenhaus hängen und war schockiert von dem Schinken. Sichtbar ist, daß Branwell kein Meister von Licht und Schatten war und nicht viel Talent zur Farbe hatte. Eine Infrarotaufnahme des Bildes in der NPG zeigt seinen leichthändigen Strich, den er anschließend mit sehr viel weniger Geschick in Öl übertünchte.

Doch trotz seiner technischen Unbeholfenheit, die ihn z. B. die Abbildung von Händen vermeiden ließ, haben Branwells Gesichter ihre Magie. Das gilt für das Portrait von John Brown, dem Küster, das in Haworth hängt, für das Profil von Emily, das Teil des erwähnten Treppenhaus-Gemäldes war, und mehr noch für das Dreier-Portrait selbst. In der National Portrait Gallery (vom Eingang die Treppe rechts, 1. Stock noch mal rechts, Room 18 am lin-

30. Branwell Brontë, Selbstportait

ken Ende) hängen die Sisters Three inmitten der formidablen Abbilder der Staats- und Geistesgrößen aus der Zeit Victorias: drei Schulmädchen aus der Provinz in spießigen, dunklen Kleidern, die ernsten Gesichter dem Betrachter zugewandt und die Augen durch ihn, über ihn auf eine andere Welt gerichtet. Keine Reproduktion kann den Eindruck von Nähe und Verletzlichkeit vermitteln, wie er von dieser zwei-, dreimal lieblos gefalteten Leinwand ausgeht. Man möchte immer wieder ein bißchen weinen, wenn man vor ihr steht.

1835 aber soll Branwell sich seine Sporen erst verdienen. Obwohl der Besuch der Akademie – sollte er die Aufnahmeprüfung bestehen – frei ist, bedeutet ein Studium in London für die Familie ein großes finanzielles Opfer. Sein Aufbruch ist also auch für zwei von Patricks Töchtern das Zeichen, nun ihren Lebensunterhalt zu verdienen oder sich mit dem entsprechenden Wissen zu rüsten. »Unvertraut mit den Blendungen und Fallstricken des Lebens«, wie ihr Vater es formuliert, ziehen sie nach Roe Head, Charlotte als Lehrerin, und Emily, für die sie mit einem Teil ihres Salärs einen Freiplatz bezahlt. Der Reverend empfiehlt sie der Obhut von Elizabeth Franks, geborene Firth, seine alte Freundin aus Thornton, die nun in Huddersfield verheiratet ist – eine Verbindung, die den Mädchen nicht viel Freude macht. Sie bedeutet Pflichtbesuche und verlorene Ferientage.

Die Tröstungen, die ihnen aus der gegenseitigen Gesellschaft erwachsen, sind nicht von Dauer. Charlotte findet sich plötzlich auf der anderen Seite des Katheders wieder. Die Anzahl der jungen Damen ist seit ihren Schultagen beträchtlich gewachsen, und obwohl Charlotte in Miss Wooler eine großzügige Direktorin, ja beinahe eine Freundin findet, bemerkt sie sehr schnell, daß ihre Pflichten als Lehrerin mit ihrer ungeduldigen Natur und ihrem schöpferischen Drang unvereinbar sind.

Für Emily aber ist das Schulleben eine einzige Tortur. Roe Head bedeutet nicht nur Exil von Anne und Gondal, sondern auch den Verlust der Intimität. Emily, die es liebt, allein über die Heide zu strolchen und die Nachmittage in ungebrochener Träumerei unter einem hohen Himmel zuzubringen, sieht sich plötzlich mit zehn anderen jungen Dingern in einem Schlafsaal zusammengesperrt. Schulstunden und Mahlzeiten, Kirchgang und Freizeit hat sie mit Mädchen zu teilen, die sie weder mögen noch ertragen kann. Ihr Kopf ist nicht zum Auswendiglernen gemacht, ihre langen Beine nicht zum Schritthalten in Zweierreihen. Nach drei Monaten unternimmt Charlotte das Nötige. Sie schreibt nach Hause, und Emily wird abgeholt.

Viele Jahre später erklärt sie im Vorwort zur Neuausgabe der *Sturmhöhe* dieses Versagen: »Meine Schwester Emily liebte die Moore. Blumen, strahlender als die Rosen, blühten für sie in der dunkelsten Heide. Aus der schwarzen Senke in einem fahlen Hügelhang konnte ihr Geist ein Paradies schaffen. In der öden Einsamkeit fand sie viele geliebte Freuden – und die größte und stärkste von allen war – Freiheit. Freiheit war Emilys Atem; ohne sie mußte sie vergehen. Den Wechsel von ihrem Heim auf eine Schule, von ihrer stillen, abgeschiedenen, aber ungebundenen und ungekünstelten Lebensart zu einem Tag voller Disziplin und Routine (selbst unter freundlichster Leitung) konnte sie nicht ertragen. Ihr Wesen war stärker als ihr Mut. Jeden Morgen, wenn sie aufwachte, drängte sich ihr die Erinnerung an das Heim und die Moore auf und verdunkelte und trübte den vor ihr liegenden Tag. Niemand außer mir wußte, worunter sie litt. Ich wußte es nur zu gut. In diesem Kampf wurde ihre Gesundheit schnell zerstört. Ihr blasses Gesicht, ihr abgezehrter Körper und ihre schwindende Kraft waren drohende Boten eines raschen Verfalls. Ich fühlte in meinem Herzen, daß sie sterben würde, wenn sie nicht heimkehrte …«

Charlotte weiß es nur zu gut. Auch sie ist abgetrennt von der Erfüllung des Gedankenspiels. Aber anders als Emily, die wie Catherine Linton in der *Sturmhöhe* unter dem Druck ihrer Fehlent-

31. John Brown, Küster von Haworth,
Gemälde von Branwell Brontë

scheidung den Rückzug in die Krankheit antritt, hält die pflichtbewußte Charlotte aus – und wird dabei genauso elend. Den Freiplatz in Roe Head nimmt Anne ein. Doch die kleine Schwester ist Charlotte nicht einmal ein Trost. Die beiden haben sich erstaunlicherweise nicht viel zu sagen. Ihr ganzes Herz und einen Großteil ihres Vertrauens schenkt Charlotte ihrer Freundin Ellen Nussey. In den langen Briefen, die sie ihr schreibt, in dem Tagebuch, das sie führt, taucht Anne nur flüchtig auf, wie sie still am anderen Tischende sitzt und ihre Aufgaben lernt. Warum Ellen und nicht Anne? Warum die freundliche, aber leicht verschlafene Freundin und nicht die Schwester, die ihren Tagtraum geteilt hat und weiß, warum Charlotte sich quält? Der Sachverhalt bleibt letztlich ein Rätsel. Auch Anne lebte in ihrem Schneckenhaus. Charlottes Briefe an Ellen haben nur ihre eigene Verzweiflung zum Thema, und das mit ungeteilter Glut.

Diese Korrespondenz ist 150 Jahre später eine betrübliche Lektüre. Der liebe Gott hat sich in dieser Zeit doch sehr, sehr zu seinem Vorteil verändert. Welcher Pastor, der seine Kirche nicht leerpredigen will, könnte es sich heute erlauben, ihn als den viktorianischen Donnergott zu präsentieren, den die Kinder Brontë zu fürchten gelernt hatten? Verschwunden ist das Streben nach einem heiligmäßigen Leben, dahingegangen die Neigung, sich für sündige Phantasien zu hassen. Dahin sind auch die Reserven, die die Menschen des 19. Jahrhunderts davor bewahrten, ihr Innerstes nach außen zu kehren. Es gab tatsächlich Dinge, über die man nicht sprach. In einer modernen Welt, die sich bedenkenlos mitteilt, müssen diese Briefe absurd und schmerzlich wirken. Hinzu kommt, daß Charlotte in ihrer Roe-Head-Zeit eine schwärmerische Neigung für Ellen entwickelte, die so manche spätere Biographin die Ohren hat spitzen lassen. Doch in ihrer Zeit war es nur natürlich – und gesellschaftlich akzeptiert –, daß Frauen sich mit »mein Liebling« oder »meine süße Ellen« anschrieben. Selten konnte ein Mann mit einer ihm nicht angeheirateten Frau in so vertrauten Kontakt treten wie eine Freundin. Ihre Sphären waren strikt getrennt. Der Wunsch nach Liebe und Gleichklang brachte zunächst einmal die Frauen einander näher.

Charlotte, ohne Chance, ihr übervolles Herz und ihre schweifende Phantasie in Worte zu fassen – »Ich kann nicht darüber schreiben, außer wenn ich ganz allein bin. Ich wage kaum daran zu denken« –, beginnt in Roe Head das Verbotene ihrer Traumwelt zu fühlen. Und doch ist das Gedankenspiel ihr Hafen, in den sie sich vor dem grauen Schulalltag rettet. Bei dieser Gratwanderung sind die Abstürze voraussehbar. Am 19. Dezember 1835 schreibt sie in ihr Tagebuch: »Niemals werde ich, Charlotte Brontë, den Klang jener wilden und wehklagenden Musik vergessen, die ich erschauernd in meinem Innern – fast sogar in meinen Ohren – hörte; oder wie deutlich ich, im Klassenzimmer von Roe Head sitzend, den Herzog von Zamorna an jenem Obelisk lehnen sah, über ihm die stumme, marmorne Siegesgöttin ... und über allem ausgespannt der afrikanische Himmel mit dem Geflimmer seiner Sterne. Ich war ganz hinüber. Ich hatte wirklich völlig vergessen, wo ich war und die ganze Düsterkeit und Freudlosigkeit meiner Lage. Ich spürte meinen schnellen, kurzen Atem, als ich sah, wie der Herzog seinen Helm mit dem schwarzen Busch lüftete, der wie die Federn auf einem Leichenwagen im Winde wehte, und ich wußte, daß diese Musik, die so trauernd-triumphal wie das Bibelwort ›Tod, wo ist dein Stachel? Hölle, wo ist dein Sieg?‹ klang, ihn erregte und seinen immer schnellen Puls beschleunigte. ›Miss Brontë, woran denken Sie?‹ sagte eine Stimme, die allen Zauber verscheuchte, und Miss Lister schob ihren kleinen, harten, schwarzen Kopf vor mein Gesicht. Sic transit ...«

Ellen aber bekommt nur die Kehrseite der Euphorie zu sehen. »Mein Liebling, wenn ich wie Du wäre, wäre mein Gesicht gen Zion gewandt, obwohl Fehlurteil und Irrtum manchmal einen Schleier über die strahlende Vision vor mir werfen würden – aber

32. Der Herzog von Zamorna, Zeichnung von Charlotte

ich bin nicht wie Du. Wenn Du meine Gedanken wüßtest, die Träume, die mich verzehren, und die glühenden Phantasien, die mich manchmal verschlingen und mir die Gesellschaft anderer elend abgeschmackt erscheinen lassen – Du würdest mich bemitleiden, oder, ich meine fast, verachten ...«

»Glaube nicht, daß ich gut bin«, schreibt sie ihr ein anderes Mal. »Ich will es nur sein ... Ich bin in diesem Zustand von schrecklicher, düsterer Unsicherheit, daß ich gerade wünschte, ich wäre alt und grauhaarig, hätte die Freuden meiner Jugend hinter mir und wartete am Rande des Grabes – wenn ich dadurch nur der Aussicht auf Versöhnung mit Gott und der Errettung durch seinen Sohn versichert wäre ... Du hast mich aufgemuntert, mein Liebling. Für den Bruchteil eines Augenblicks dachte ich, Dich meine Schwester im Geist nennen zu dürfen. Aber die Erregung ging vorbei, und nun bin ich so elend und hoffnungslos wie immer. Heute nacht werde ich so beten, wie Du mich bittest. Möge der Allmächtige mich mit Erbarmen hören. Ich hoffe demütig darauf, denn Du wirst meine besudelten Gebete mit Deiner reinen Fürbitte stärken ... Wenn Du mich liebst, dann komm, komm, komm am Freitag. Ich werde auf Dich warten und nach Dir ausschauen, und wenn Du mich enttäuschst, werde ich weinen. Ich wünschte, Du hättest die Erregung spüren können, die mir durch und durch fuhr, als ich am Eßzimmerfenster stand und sah, wie George [einer von Ellens Brüdern] Dein Päckchen über die Mauer warf, als er vorbeipreschte.«

Als Ellen im Februar nach Bath reist, ist Charlotte verzweifelt. »Was soll ich ohne Dich tun? ... Warum werden wir getrennt? Gewiß doch, weil wir in Gefahr sind, einander zu sehr zu lieben – weil wir den Schöpfer über der Vergötterung seines Geschöpfs vergessen. Zuerst konnte ich nicht sagen: Dein Wille geschehe. Ich rebellierte, aber ich wußte, daß es falsch war, so zu fühlen.« Zum Trost malt sie sich mit Ellen ein Glück im Winkel aus. »Ich wünschte, ich könnte immer mit Dir leben. Wenn wir nur ein Häuschen hätten und ein eigenes kleines Vermögen, ich glaube, dann könnten wir leben und lieben bis zu unserem Tode, ohne unser Glück von einer dritten Person abhängig zu machen.«

Dazu ist es, dem Himmel sei Dank, nie gekommen. Denn von Ellen standen außer Gewissensbissen keine geistigen Stimulantien zu erwarten. Hätten Charlottes Talent und Ehrgeiz in ihrer Gesellschaft überlebt? Wäre ohne sie, die literarische Agentin ihrer Schwestern, überhaupt eine Zeile Brontëscher Lyrik oder

Prosa gedruckt worden? Als junge Frau konnte sie »Feuer spukken« gegen die Freundin; in Roe Head aber ist sie dieser selbstgerechten Seele unterlegen. Wie gut tat jener doch die Abhängigkeit dieses anderen, stärkeren, rebellischen Intellekts, dem es so bedauerlich an Demut mangelte. Ellen, die selbst keine anderen Stützen als Religion und Konvention kannte, stand ganz unter dem Einfluß ihres Bruders Henry, eines Pfarrers mit strengen calvinistischen Überzeugungen. Für sie war offenbar schon ein Platz im Himmel reserviert; die Freundin aber, die »blasphemische, atheistische Anwandlungen« spürte, mußte sich zu den »Ausgestoßenen« zählen. »Verlaß mich nicht – zuck nicht vor mir zurück – Du kennst mich doch!« fleht sie Ellen an. »Wenn ich immer mit Dir leben und täglich die Bibel mit Dir lesen könnte, wenn Deine und meine Lippen zugleich denselben Kelch aus derselben Gnadenquelle trinken könnten – ich hoffe, ich vertraue darauf, daß ich mich eines Tages besserte, daß ich so gut würde, wie meine schlechten, schweifenden Gedanken, wie mein verdorbenes Herz, das Kälte für den Geist und Wärme für das Fleischliche empfindet, es mir erlaubten. Meine Augen füllen sich mit Tränen, wenn ... mich der Gedanke mitten ins Herz trifft, daß Deine gräßlichen, calvinistischen Lehrsätze wahr sein sollten ... Wenn christliche Vollkommenheit die Voraussetzung für die Errettung sein sollte, dann werde ich niemals errettet werden, denn mein Herz ist eine wahre Brutstätte für sündige Gedanken ... Ich kann nicht beten, ich kann mein Leben nicht nach dem Vorsatz der Güte ausrichten, ich verfolge immer mein eigenes Vergnügen.«

Ellen empfiehlt gegen diese aufrührerischen Gedanken das Auswendiglernen von Psalmen, aber damit ist Charlotte nicht geholfen. Was auf sie einstürmt, ihre Pulse schlagen läßt und ihr den Atem nimmt, ist ihre eigene Sinnlichkeit, die da in Gestalt des Herzogs mit dem Federbusch, der bebenden Mary und dem süßen Tauregen, der auf ihr Rendezvous fällt, ihre Tagträume erfüllt. Wie weit ist Charlotte in aller Unschuld gegangen? In den raren

Stunden der Freizeit kann sie der Versuchung, sich aufs Bett und in die Arme ihrer Phantasie zu werfen, nicht widerstehen. In ihren Geschichten finden sich Metaphern für orgastische Wallungen, die sie dabei erfährt. »All ihre tiefen Gefühle vereinigten sich in einem einzigen Begehren. Die aufgestaute Flut hielt inne auf dem höchsten Punkt des Wasserfalls. Daneben wogte Ried, wuchsen Blumen und Weidenbäume, aber welcher Baum, welche Blüte konnte den Sturz aufhalten, der bevorstand?« Soweit Mary, die auf Zamorna wartet, soweit Charlotte im Schlafsaal von Roe Head.

Zwischen Entzücken und Schuld hin- und hergerissen, schreibt sie in ihr Tagebuch: »Ich sah sie, feierlich und schön ... die Augen lächelten, die Lippen bewegten sich, ich hörte sie sprechen und kannte ihre Stimmen fast besser als die meiner Schwestern und meines Bruders ... welch herrliche Bilder sammelten sich um mich, welche Erregung trieb mir die Hitze ins Gesicht und ließ mich die Hände in Ekstase falten ... nur wenige würden glauben, daß aus Quellen, die nur in der Imagination liegen, so viel Glück fließen kann. Der Stift kann nicht den tiefen Eindruck der Szenen beschreiben, den Lauf der Ereignisse, deren Zeuge ich war. Welch ein Schatz sind die Gedanken! Welch ein Privileg ist der Tagtraum! Ich bin dankbar für die Kraft, mich mit der Erschaffung von Träumen trösten zu können, deren Wirklichkeit ich niemals sehen soll. Möge ich diese Kraft nie verlieren, möge ich niemals ihr Abnehmen spüren, denn wenn es so wäre, wie wenig Freude würde mir das Leben dann noch bieten – seine Schattenzeiten sind so lang und düster, seine Sonnenstrahlen so selten und schwach!«

Dagegen an Ellen: »Ich habe mir Dein Bild vor Augen gerufen, um mir Frieden zu geben. Da sitzt Du nun, aufrecht und schweigend in Deinem schwarzen Kleid und weißen Tuch, mit blassem, marmorgleichen Gesicht – ganz wie in Wirklichkeit ... Ich habe Eigenschaften, die mich sehr unglücklich machen, Gefühle, an denen Du keinen Anteil haben kannst – die nur wenige, sehr wenige

Menschen in der Welt überhaupt verstehen können. Ich bin auf diese Eigenheiten nicht stolz, ich strebe danach, sie so gut ich kann, zu verbergen und zu unterdrücken.«

Dann wiederum scheint die Flucht aus der Realität die einzige Rettung vor ihrer religiösen Melancholie und der überwältigenden Banalität des Schulalltags zu sein. Das Zusammenrasseln von Tag und Traum entbehrt dabei manchmal nicht tragik-komischer Züge. Am 4. Februar 1836 schreibt sie, offenbar inspiriert von einer Nachricht Branwells, der ihre Abwesenheit freudig nutzt, Angria mit Krieg zu überziehen: »Letzte Nacht flog ich auf den Schwingen einer donnerbrausenden Bö, und es wirbelte mich für fünf Sekunden der Ekstase davon wie Heidekraut vor dem Sturm. Und als ich da allein im Eßzimmer saß, während alle anderen beim Tee waren, senkte sich die Trance plötzlich herab. Wirklich, dieser Fuß schritt über die vom Krieg heimgesuchten Ufer des Calabar, und diese Augen sahen das geschändete und zerstörte Adrianopolis, das seine Lichter aus Gitterfenstern über den Fluß warf, aus denen die Besatzer blickten.«

Die Traumwandlerin ersteigt die Marmortreppe von Zamornas Palast und blickt in das Boudoir der Königin, wo sich nun statt der kostbaren Mary der betrunkene Häuptling der Aschantis räkelt – die verkörperte aggressive Sexualität mit seinen struppigen schwarzen Locken, der schwer atmenden Brust, den geblähten Nüstern und seinen »Hauern, die rachsüchtig zwischen den halbgeöffneten Lippen schimmerten. Während mir diese Erscheinung vor Augen stand, öffnete sich die Tür des Eßzimmers und Miss Wooler trat mit einem Teller Butter in der Hand ein. ›Eine stürmische Nacht, meine Liebe‹, sagte sie. ›Ja‹, sagte ich.«

An ihren freien Samstagen besucht Mary sie gelegentlich in Roe Head, aber selten gelingt es ihr, die deprimierte Freundin aus dem Haus oder aus ihrer Reserve zu locken. Charlotte ist oft zu müde und zu resigniert, um Spaß an den alten Streitgesprächen zu haben. Sie schweigt die Freundin an, die sie in aller Liebe, aber ent-

33. Northangerland als alternder Trunkenbold,
gezeichnet von Branwell

schieden über ihre zurückgebliebenen Ansichten zu Politik und Religion examiniert. »Sie lenkte niemals ein, um zu schmeicheln oder ihre Ruhe zu haben«, erinnerte sich Mary, »deshalb waren ihre Worte wie Gold, ob sie nun Lob oder Tadel austeilte.«

Mary, tüchtig, aber nicht unsensibel, glaubt auch den Grund für Charlottes Depressionen zu kennen. Die Ursachen seien nicht geistiger, sondern körperlicher Natur gewesen. »Wenn Charlotte bei guter Gesundheit war, war sie auch frei von Melancholie.« Mary fragt sie eines Tages, wie sie nur so viel für so wenig Geld geben könnte, wenn sie auch ohne das zurechtkäme. »Sie gab zu, daß nichts übrigblieb, wenn sie für ihre und Annes Garderobe bezahlt hätte, obwohl sie gehofft hatte, etwas sparen zu können. Sie gestand, daß das nicht gerade glänzend war, aber was sollte sie tun? Ich konnte ihr nichts erwidern. Sie schien kein Interesse und kein Vergnügen neben ihrem Pflichtgefühl zu kennen. Wann immer sie konnte, suchte sie sich einen stillen Platz und ›malte aus‹. Sie erzählte mir, daß sie eines Abends im Ankleidezimmer saß, bis es ziemlich dunkel war, und plötzlich, als ihr das klarwurde, schrak sie zusammen. Zweifellos erinnerte sie sich daran, als sie *Jane Eyre* schrieb«, und Mary zitiert die Stelle, als die kleine Jane, im ›roten Zimmer‹ eingesperrt, sich vor einem Lichtstrahl, der durch den Laden fällt, zu fürchten beginnt. »Mein Herz schlug dumpf und wild, mein Kopf glühte, es sauste in meinen Ohren – was ich für Flügelrauschen hielt –, etwas schien auf mich einzudringen.«

»Seit dieser Zeit«, schrieb Mary an Gaskell, »wurden ihre Phantasien düster und erschreckend. Sie konnte nicht aufhören, daran zu denken, konnte nachts nicht schlafen und tags nicht bei der Sache sein.« Und sie schwor, daß in einem dieser Zustände eine äußere Stimme ein Gedicht aufgesagt hatte, das sie Zeile für Zeile wiederholen konnte.

Was Charlotte jedoch verängstigt, sind keine gruseligen Erscheinungen, sondern die Angst, daß die Phantasie ihrer Kontrolle entgleitet, daß der köstliche Tagtraum zum drückenden Alp wird. »Ich habe den ganzen Tag in einem Traum zugebracht«, notiert sie im Herbst 1836 in ihr Tagebuch, »halb elend, halb verzückt. Elend, weil ich ihn nicht verfolgen konnte, verzückt, weil er die Vorgänge in der Welt dort unten in einem fast realistischen Licht zeigte.« Sie erzählt von dem vergeblichen Versuch, drei jungen Damen den Unterschied zwischen einem Artikel und einem Substantiv einzutrichtern, und fährt fort: »Muß ich den besten Teil meines Lebens in dieser elenden Knechtschaft verbringen, meine Wut über die Faulheit und Gleichgültigkeit und unsägliche, eselhafte Dummheit dieser hohlköpfigen Einfaltspinsel mit Macht unterdrückend, und mir eine Haltung von Freundlichkeit, Geduld und Gelassenheit aufzwingen? Muß ich Tag für Tag angekettet auf diesem Stuhl sitzen, eingesperrt zwischen diesen vier kahlen Wänden, während die Sommersonne am Himmel steht . . .« Sie springt auf, geht zum Fenster und schiebt den Flügel hoch. Der Tau liegt noch auf den Wiesen, der Heuschober und die Eichen werfen lange, kühle Schatten, und die Hügel verlieren sich im blauen Dunst. Als sie zu ihrem Platz zurückkehrt, fühlt sie eine neue Welle aus der Welt da unten auf sich zurollen. Sie sehnt sich danach, zu schreiben, »aber gerade da kam so ein Tropf mit seinen Aufgaben zu mir. Ich hätte speien können.«

Am Nachmittag desselben Tages, nach einer Französischstunde, in der Miss Lister »mich beinahe umgebracht hat in dem Kampf, meine Wut und Erbitterung über ihre abscheuliche Bockigkeit zu unterdrücken und halbwegs gelassen zu erscheinen«, und einem Spaziergang, auf dem die Mädchen sie mit ihrem »vulgären, vertraulichen Geschwätz« gelangweilt haben, findet sie endlich eine Stunde für sich, kann die Zügel schießen lassen. Die köstliche Ruhe wirkt »wie Opium« auf sie, und die Figuren ihrer Phantasie umstehen sie in beunruhigender Wahrhaftigkeit. Sie sieht eine Lady mit einem Kerzenhalter in eine Halle treten, erkennt selbst die Mäntel an den Kleiderhaken, sie hört die Haustür gehen, schaut nach draußen und erblickt jenseits des Gartens die flimmernden Lichter einer Stadt. Drei Herren treten ein, von einem weiß sie, daß er Arzt ist. Im Haus wird ein Mann operiert. Ein Komplott ist im Gange, ein Staatsstreich. Der Arzt wäscht seine blutigen Hände in einer Schüssel, die Dame hält die Kerze hoch.

»Ich war bestürzt und ärgerlich, doch ich wußte nicht, warum. Schließlich wurde mir bewußt, daß etwas wie ein schweres Gewicht auf mir lag. Ich wußte, ich war hellwach, und es war dunkel geworden und daß darüber hinaus die jungen Damen hereingekommen waren, um ihre Lockenpapiere zu holen. Sie sahen mich auf dem Bett liegen, und ich hörte sie über mich reden. Ich wollte sprechen, aufstehen, es war unmöglich – ich fühlte die Mißlichkeit meiner Lage, ihre Unmöglichkeit. Das Gewicht drückte mich nieder, als hätte sich ein großes Tier über mich geworfen. Eine grausige Furcht ließ meine Pulse jagen. Ich muß aufstehen, dachte ich, und ich tat es mit einem Ruck.«

Frei und ungestört ist sie nur in den Ferien, in denen sie nach Haworth eilt. Branwell schaltet und waltet dort souverän in Angria, und Charlotte hat Mühe, in seinem Kriegs-Panorama die privaten Nischen für Abenteuer und Amouren ihres Personals zu finden. Es ist lähmend und vielleicht auch ein wenig erbitternd, mit diesem kecken, ungemein produktiven 18jährigen zu konkurrieren, der zu Hause seiner »Scribblemania« frönt, während sie in Roe Head ihre Seele verliert. Wie aber kommt es, daß Branwell überhaupt in Haworth ist? Sollte er nicht in London auf der Akademie sein?

Branwells Reise in die Hauptstadt und seine Immatrikulation sind Vorgänge, die seit jeher von allerlei Vermutungen und Zeugnissen aus zweiter Hand umgeben sind. Daß Branwell diesen Schritt plante, ist nicht nur aus Briefen seines Vaters und seiner Schwester ersichtlich, er hatte im Juli 1835 auch selbst ein Schreiben an den Vorsitzenden der Akademie entworfen, in dem er um

No II st.
207
The Monthly Intelligencer
From March 27 AD 1833 To April 26th Justice Great-Glass Town P Bronte March

A Few words to The Chief Genii
A child of the G
A VISIT TO Elvington Hall by ABC

34. *The Monthly Intelligencer* vom 27. März 1833, Zeitungsmanuskript von Branwell

Aufklärung über den Aufnahmemodus bat. Darüber, was danach geschah, scheiden sich die Geister.

Nach traditioneller Lesart war Branwell im Oktober desselben Jahres nach London gereist, jedoch ein, zwei Wochen später ohne Geld und mit einer unglaublichen Geschichte zurückgekehrt: Man habe ihn in der Postkutsche beraubt. Jahre später meldete sich ein Zeitzeuge, ein Mr. Woolven, Schaffner bei der Leeds-und-

Manchester-Eisenbahn, um genau zu sein. Er erinnerte sich, Branwell in der Castle Tavern in Holborn, dem Lokal des Faustkämpfers Tom Spring, begegnet zu sein. Die Gäste dort seien von dem Fluß seiner Konversation und seinem phänomenalen Gedächtnis so beeindruckt gewesen, daß sie ihn sogar zum Schiedsrichter anriefen, wenn es um die Daten historischer Schlachten ging. – Und die Akademie? Die Empfehlungsschreiben? Robinsons Verbindungen?

Es gibt keinen Hinweis darauf, daß Branwell sich in London irgend jemandem vorgestellt oder seine Arbeiten gezeigt hat. Ein halbes Jahr später schreibt er eine Angria-Geschichte über einen Charles Wentworth, der in die große Stadt Verdopolis zieht. Sie wird gerne herangezogen, wenn es um die Deutung von Branwells Seelenlage nach der fraglichen Londonreise geht. Wentworth verbringt seine Zeit mit der Besichtigung des Turms der Nationen, des Parlaments und der großen Kathedrale. Sein Autor kannte die Sehenswürdigkeiten Londons, seit er als Zehnjähriger einen Stadtführer mit Stichen von St. Paul's Cathedral, der Bank von England, White Hall, Westminster Cathedral und dem Tower geschenkt bekommen hatte. Er wußte so gut in der Londoner Topographie Bescheid, daß er Teile des Stadtplans aus dem Gedächtnis zeichnen konnte. Mehr als alle anderen Gebäude scheint ihn St. Paul's fasziniert zu haben in seinen wahrhaft verdopolitanischen Ausmaßen. Sein Held Wentworth steht lange vor der Kirche. In der Befürchtung, daß die Realität der Vorfreude nicht werde standhalten können, verharrt er auf den Stufen; schließlich rennt er durch das Portal, stellt sich unter die Kuppel und schaut hinauf, »bis sie in seinen verschleierten Augen aufzusteigen und seinem Blick zu entschwinden scheint.« Dann streckt er sich auf dem Boden aus, immer weiter nach oben starrend, bis er meint, die Kuppel wolle über ihm zusammenbrechen und ihn unter ihren Trümmern begraben.

Charles Wentworth versäumt es, seine Empfehlungsschreiben

in Verdopolis abzugeben. Ziellos schweift er umher, »schlägt Funken aus seiner Phantasie« und glaubt, »daß Ruhe Folter und Entspannung Stumpfsinn« bedeuteten. Schließlich verdöst er seine Tage auf dem Sofa im Hotel und beruhigt sein Gewissen mit kleinen Schlückchen Rum.

Es ist immer ein fragwürdiges Unterfangen, biographische Essenzen aus literarischen Trauben zu keltern, auch wenn wie in Branwells Fall Realität und Phantasie so riskant miteinander verschränkt waren. Branwells Alter ego war jedoch nicht Charles Wentworth, eine eher marginale und unrühmliche Figur im Angria-Opus, sondern der dämonische Northangerland. Sollte Branwell sich tatsächlich als einen Müßiggänger und Spion, der in Verdopolis versackt und erst beim Schmettern der Kriegs-Trompeten aus seinem Katerschlaf erwacht, portraitiert haben? Er, der so munter in die Zukunft blickte und seiner Talente so gewiß war? Außer dem Eisenbahner haben nur zwei Freunde Branwells aus späteren Jahren – Francis Leyland und Francis Grundy – den London-Ausflug überliefert, allerdings ohne seinen schockierenden Ausgang. Branwell selbst hatte ihnen davon erzählt und dazu aus dem Kopf die Fassade von Westminster Cathedral gezeichnet.

Nach Recherchen von Juliet Barker fuhr Branwell – falls er überhaupt fuhr – nicht als angehender Student, sondern als Tourist nach London. Bei der Royal Academy liegt keinerlei Korrespondenz mit einem Brontë vor. Der junge Künstler nahm hingegen im November 1835 erneut Unterricht bei William Robinson, weil er, wie sein Vater an den Lehrer schreibt, erst im folgenden Sommer »unter den bestmöglichen Bedingungen in die Metropole gehen soll«, das heißt, daß er sich zuvor im anatomischen Zeichnen und Kopieren klassischer Motive vervollkommnen sollte. Barker hält Branwells London-Anekdoten, seine Beschreibungen der Kneipen und Sehenswürdigkeiten seinen Freunden gegenüber für ausgemachten Bluff, und sie fragt: Hätte Patrick Brontë eine Bildungsreise seines Sohnes auf den Kontinent, die im Jahr darauf zur Debatte stand, befürwortet, wenn Branwell in London so peinlich abgestürzt wäre? Sicher nicht. Der Reverend unterstützte dieses Vorhaben nach Kräften; wie er das Reisegeld auftreiben sollte, war eine andere Frage. Am Ende sah Branwell weder die Königliche Akademie noch die Kunstschätze Europas.

Damit ist sein Mut jedoch nicht gebrochen. Könnte er als Autor nicht ebenso Großes leisten wie als Maler? Schon zweimal hatte er an *Blackwood's Magazine* geschrieben, und nun bewirbt er sich dort für die Stelle des Kolumnisten James Hogg, der gestorben war. Es berührt merkwürdig bei der Lektüre von Branwells Briefen, daß dieser junge Mann, von dessen Charme seine Freunde noch als Greise schwärmten, so wenig Fingerspitzengefühl entwickelte, sobald er zur Feder griff. Sollte der Zeitgeschmack sich so weit verändert haben, daß das, was damals als eloquent und reizend empfunden wurde, uns heute bemüht und großmäulig deuchte? Gestatten wir uns den Verdacht, daß im persönlichen Umgang mit Branwell auch etwas von dem durchschimmerte, was er in seinem Schreiben darstellte: ein wenig angenehmes, großes Kind.

»Sir, lesen Sie, was ich schreibe! Und gebe der Himmel, daß Sie mir Glauben schenken, denn dann werden Sie mir Ihre Aufmerksamkeit zuwenden und entsprechend handeln ... Nun, Sir, es erscheint Ihnen, als schriebe ich mit eingebildeter Sicherheit, aber dem ist nicht so, denn ich kenne mich selbst so weit, um an meine Eigenständigkeit zu glauben, und auf dieser Grundlage ersuche ich um Beitritt in Ihre Reihen. Wundern Sie sich nicht, daß ich mich so entschlossen bewerbe, denn ... der Gedanke, einer anderen Zeitschrift meine Dienste anzutragen, ist mir schrecklich zuwider. Mein Entschluß lautet, meine Fähigkeiten Ihnen zu widmen, und um des Himmels Willen, lehnen Sie meine Hilfe nicht kalt ab, ehe Sie nicht gesehen haben, ob ich Ihnen dienen kann oder nicht.« Branwell bittet den Herausgeber, Textproben bei ihm anzufordern oder ihn etwas zu einem Thema seiner Wahl schreiben zu lassen, doch sollte der Herausgeber je eine solche Neigung gefühlt haben, macht Branwell sie mit dem letzten Absatz zunichte. »Nun, Sir, handeln Sie nicht wie ein gewöhnlicher Mensch, sondern wie ein Mann, der die Dinge nach eigenem Ermessen prüft . . . Sie haben in James Hogg einen fähigen Autor verloren, gebe Gott Ihnen, daß Sie einen neuen gewinnen in Patrick Branwell Brontë.«

Der Herausgeber von *Blackwood's* heftet diesen Brief unter den dreisten Fällen ab und antwortet nicht. Branwell aber schickt ein viertes Schreiben mit einem Gedicht, und als er wieder nichts hört, ein fünftes, in dem er dringend um eine Unterredung bittet. Er deutet an, daß er etwas in Prosa geschrieben habe, »das alles übertrifft, was bisher als Serie in *Blackwood's Magazine* erschienen ist«, – nämlich seine Angria-Chroniken – und fährt mit dem unseligen Talent für den falschen Ton fort: »Wollen Sie mir immer noch so ermüdenderweise eine Unterredung verweigern, wenn Sie nicht wissen, was oder wen Sie abweisen? Glauben Sie, daß Ihre Zeitschrift so vollkommen ist, daß eine Vergrößerung ihres Einflusses weder möglich noch wünschenswert scheint? Ist es Stolz, der Sie treibt? Oder Gewohnheit? Oder Vorurteil? Seien Sie ein Mann, Sir! Und tun Sie diese Dinge ab! Schreiben Sie mir – Sagen Sie mir, daß Sie mich empfangen.« Genug!

Unbeirrt wendet Branwell sich nach einer Weile an eine andere literarische Koryphäe. Er muß dies in Absprache mit seiner großen Schwester getan haben, denn sie wagt ebenfalls einen Versuch. Er wäre gut beraten gewesen, ihre Meinung auch über das Begleitschreiben einzuholen.

Die Weihnachtsferien hatte Charlotte zu Hause verbracht, und als sei der Kelch von Roe Head am Überlaufen, muß sie, wie Branwell, an eine literarische Karriere gedacht haben. Dazu wollte sie den Rat eines kompetenten Mannes einholen. Sie schrieb an Robert Southey, Poet Laureate seines Königs, und schickte einige Textproben. Der Hofdichter Southey, Verfasser von Verserzählungen, die heute kein Mensch mehr liest, gehörte damals mit Wordsworth, an den Branwell sich wandte, zur ersten Garde der englischen Poeten. Die jungen Brontës kannten wahrscheinlich seine exotischen Epen *Kehamas Fluch* oder *Roderich, der letzte der Goten.* Wir wissen nicht, was Charlotte ihm schrieb und welche ihrer Gedichte sie ihm zuschickte, aber sie muß, wie aus seiner Antwort deutlich wird, darauf vertraut haben, daß auch Southey in einer Anderswelt lebte und ihr, als einer, »die sich einen Namen als Dichterin machen möchte«, von einem »Thron aus Licht und Glanz« herab die Hand reichen würde. Er tat es nicht, sondern riet ihr ganz prosaisch, die Schriftstellerei dem anderen Geschlecht zu überlassen.

Southey schrieb nicht einmal unfreundlich, und zieht man seine Position als Dichter mit Pensionsanspruch in Betracht, und als Mann in einer Gesellschaft, die weibliches Talent bestenfalls mit wohlwollender Herablassung zur Kenntnis nahm, klingt sein Brief sogar vernünftig. Man kann ihm im nachhinein schlecht den Vorwurf machen, daß er ein weniger inspirierter Geist war als die kleine Gouvernante, die ihn um sein Urteil bat. Und in zwei Punkten hatte er recht: Charlotte war keine begnadete Poetin, und die Tagträumerei war ihr inzwischen zum Lebensersatz geworden.

»Es gibt da eine Gefahr, vor der ich Sie mit allem Wohlwollen und Ernst warne. Die Tagträume, denen Sie sich gewohnheitsmäßig hingeben, sind wahrscheinlich geeignet, einen krankhaften Gemütszustand hervorzurufen; und in dem Maße, in dem alle gewöhnlichen Dinge des Lebens Ihnen platt und unnütz erscheinen, werden Sie untauglich für ebendiese, ohne daß Sie für irgend etwas anderes besser tauglich würden. Literatur kann nicht die Hauptbeschäftigung im Leben einer Frau sein, und sie sollte es auch nicht sein. Je mehr sie sich den ihr eigenen Aufgaben widmet, desto weniger Muße wird sie für Literatur haben, sogar wenn sie diese lediglich als eine Ergänzung und Entspannung betrachtet.« So ein ganz klein wenig gesteht der Laureate ihr zu, dürfe sie doch dichten, denn die Poesie sei nun einmal, nächst der Religion, das beste Mittel, den Geist zu trösten und zu erheben. Nur solle sie sich niemals verleiten lassen, nach literarischem Ruhm zu dürsten.

Charlotte, die die Hoffnung auf eine Antwort schon begraben hatte, denkt in diesem Frühjahr 1837 lange über sein Schreiben nach. Sie findet es bewunderungswürdig, wenn auch ein wenig scharf, und in einigen Punkten bedarf es der Richtigstellung. »Ich bin nicht die müßige Träumerin, die mein erster Brief andeutete.« Kopf und Hände einer Gouvernante seien den ganzen Tag lang beschäftigt, und sie habe keinen Augenblick Zeit für Träumereien. »Ich gestehe, daß ich an den Abenden nachdenke« (soviel wird erlaubt sein), »aber ich belästige niemanden mit meinen Ideen. Indem ich den Rat meines Vaters befolgte, der mich seit meiner Kindheit ebenso freundlich und klug beraten hat, wie Sie es in Ihrem Brief tun, habe ich mich nicht nur bemüht, aufmerksam all die Pflichten zu erfüllen, die einer Frau auferlegt sind, sondern auch ein tiefes Interesse daran entwickelt. Nicht immer mit Erfolg; denn manchmal, wenn ich unterrichte oder handarbeite, würde ich lieber lesen oder schreiben.« Sie verspricht ihm jedoch, »daß ich niemals wieder den Ehrgeiz fühlen werde, meinen Namen gedruckt zu sehen. Und falls doch, werde ich Southeys Brief noch einmal lesen und den Impuls unterdrücken.« Auf den Umschlag schreibt sie: »Southeys Rat, gut aufheben, immer zu beherzigen, Roe Head, 21. April 1837, mein 21. Geburtstag.« Erfreulicherweise erwiesen sich ihre Impulse auf Dauer doch stärker als Southeys Rat. Der Dichter wiederum ist so geschmeichelt, daß er ihr noch einmal antwortet und nach weiteren guten Ratschlägen, wie dem, sie möge auch im Interesse ihrer Gesundheit einen ruhigen Geist bewahren, sie in sein Haus im Lake Distrist einlädt, falls sie in der Nähe weile – ein Vorschlag, den Charlotte aus Mangel an Barem, aber mehr noch an Courage, nur stillschweigend zur Kenntnis nimmt.

Dank der Eitelkeit berühmter Männer, die am liebsten noch ihre Einkaufszettel publizieren möchten, ist ein Brief Southeys aus seiner gesammelten Korrespondenz erhalten, der erwähnt, was mit Branwells Post geschah, der sich drei Wochen nach Charlotte an den Dichter William Wordsworth gewandt hatte.

»Ich schickte eine Dosis abkühlende Ermahnung an das arme Mädchen, dessen närrischer Brief mich in Buckland erreichte. Sie scheint die älteste Tochter eines Pfarrers zu sein, wurde für teures Geld erzogen und ist löblicherweise Gouvernante bei irgendeiner Familie. Ungefähr zur selben Zeit, da sie mir schrieb, wandte sich ihr Bruder an Wordsworth, der von dem Brief angewidert war, denn er enthielt sowohl grobe Schmeicheleien als auch eine Menge Beleidigungen anderer Dichter, mich eingeschlossen.«

Branwell hatte sein gutes Anliegen, seine Bitte um ein Wort, »das Licht in meine Dunkelheit werfen könnte«, mit seinem unseligen Imponiergehabe verbunden und war auch diesmal ohne Antwort geblieben.

»Sir, ich beschwöre Sie, das Beigelegte zu lesen und mir Ihr Urteil mitzuteilen, denn vom Tage meiner Geburt bis zu diesem 19. Lebensjahr habe ich in abgelegenen Bergen gelebt, wo ich weder erfuhr, wer ich bin, noch was ich kann. Ich las aus demselben Grund, aus dem ich aß und trank: weil es ein natürliches Verlangen war. Ich schrieb aus denselben Prinzipien, aus denen ich sprach: aus Impuls und Gefühl, denn ich konnte nicht anders; was raus mußte, kam raus, und damit fertig ... Aber nun bin ich in einem Alter, in dem ich etwas für mich tun muß: Die Gaben, die ich habe, müssen mit einem Ziel erprobt werden ... Verzeihen Sie mir, Sir, daß ich es wage, mich Ihnen vorzustellen. Ich habe Ihr Werk als Teil unserer Literatur stets am meisten geliebt. Sie waren eine Gottheit in meinen Augen. Sir, mein Ziel ist es, in die Welt hinauszutreten, und dafür will ich nicht allein auf die Poesie bauen: Sie mag das Schiff vom Stapel lassen, kann es aber nicht weiter tragen. Vernünftige und kundige Prosa, kraftvolle und kühne Schritte auf meinem Lebensweg werden mir ein größeres Recht auf die Aufmerksamkeit der Welt sichern, und dann wiederum soll die Poesie diesen Namen krönen und erstrahlen lassen ... Gewiß muß in diesen Tagen, da es keinen schreibenden Dichter gibt, der auch nur Sixpence wert wäre, der Weg für den nachrückenden, besseren Mann offen sein ...«

(Als kleine Fußnote zu der Geschichte des Jahres 1837 sei nachgetragen, daß die Brontë Society 1995 Southeys Briefe an Charlotte für 44 107 Pfund erwarb. Auf der gleichen Auktion standen auch ein Gedicht Branwells und zwei Briefe an seinen Freund Grundy zur Disposition. Das Gedicht war für 3678 Pfund zu haben; bei den Briefen bot die Society nicht mit.)

Es gibt noch einen Menschen im Pfarrhaus, der Gedichte schreibt. Allerdings tut Emily es mit größerem Ernst und weniger leichter Hand. Und sie lehnt es für sich ab, kraftvoll und kühn in die Welt hinauszustreben. Vollauf damit beschäftigt, unter Tantes Aufsicht und mit Tabbys Hilfe dem Vater den Haushalt zu führen, kocht und bügelt sie und backt das Brot. Aufgeschlagen auf dem Küchentisch, liegen dabei Grammatikbuch und Notizheft – und in der Mehltüte oder im Wäschekorb der Bleistift. Emily nutzt die Zeit, da ihre Gedanken nicht allzusehr in Anspruch genommen sind, und lernt Deutsch oder kritzelt Sätze auf kleine Zettel, Samenkörner für Gedichte, von denen viele reifen und manche nach drei, vier Zeilen als unfruchtbar liegenbleiben. Voll Zorn schreibt sie unter ein Fragment: »Ich war in meinem ganzen leibhaftigen Leben noch nie so furchtbar blödsinnig und widerwärtig *dumm* wie gerade. Die obigen kostbaren Zeilen sind das Ergebnis von einer Stunde qualvoller Arbeit zwischen halb sieben und halb acht am Abend im Juli 1836.«

Ihre glücklichste Inspiration zieht Emily aus der Natur, dem stürmischen Himmel über der Heide, den grauen Herden in den farnigen Tälern, dem Westwind und dem vollen Mond. Oft wan-

35. Branwells Portrait von Emily aus dem zerstörten Gemälde »Gruppe mit Gewehr«

dern ihre Gedanken nach einem Bild, das sie vor Augen hat, nach Gondal hinüber. In dem Gedicht A.G.A. vom 6. März 1837 erinnert sich die Königin Augusta Geraldine Almeda an den Tod Lord Elbes, der am Elnor-See in seinem Blute liegt. Aber während Emily in ruhiger, klarer Sprache diesen Abend beschreibt, an dem das goldene Licht die verschneiten Bergspitzen küßt, wird sie seltsam dürr und formelhaft, wenn Elbe der süßen Welt Lebewohl sagt, als habe sie der gute Geist der Eingebung verlassen. Emilys Gondal-Poesie steckt voller Brüche, die an eine Vermeidungsstrategie denken lassen. Oft nutzt sie das Gedankenspiel als schützendes Medium, wenn ihr Engagement im wirklichen Leben gefragt ist. Aus einem Abschied von Anne flüchtet sie sich in eine Stellvertreterwelt und läßt »R. Gleneden« den Verlust erleben. Ihre poetische Originalität wurde von Gondal eher behindert. Metaphern aus zeitgenössischen Schauer-Balladen und die trotzige, melodramatische Manier, die sie sich von Byron entlieh, schmücken Verse, die ohne diesen Zierat nur banal klingen. »Was gut ist an Gondal, ist nebensächlich und irrelevant in seinem Zusammenhang«, schreibt Derek Stanford, »während die Teile, die am überzeugendsten in seine Struktur passen, in der Regel schlecht sind.« Dennoch gehört Emilys Kunst zu den großen guten Rätseln der Literatur. Wie konnte sie schreiben, was sie nie erfahren hatte? Zärtliche und stürmische Liebesgedichte – und einen unerhörten Roman voller Leidenschaft und Gewalt? War sie, wie Muriel Spark es nannte, »eine geborene Zölibatäre«, die Erfüllung in einer mystischen Vereinigung mit dem Absoluten ersehnte? In ihrem äußeren Leben hat Emily allem Anschein nach nie einen Mann begehrt, noch suchte sie Freundschaft und Verständnis außerhalb ihrer Familie – und selbst diese Bande wurden schütter in ihren letzten Jahren. Charlotte schrieb: »Aus menschlichen Wesen machte sie sich nichts; ihre ganze Liebe gehörte den Tieren.« Emily war empfindsam und warmherzig, aber auch erbarmungslos und starr – und es fehlte ihr die Gabe, sich in andere hineinzudenken –, das

Geheimnis jeder Freundschaft. Konnte sie überhaupt ein Wesen lieben – außer ihrem Hund?

> Reichtum achte ich gering,
> Und der Liebe lach' ich zum Hohn,
> Und Ruhmeslust war nur ein Traum,
> Der mit dem Morgen schwand.
>
> Und falls ich bete, wär's nur ein Gebet,
> Das meine Lippen bewegte:
> Laß mir das Herz, wie es mir zu eigen,
> Und gib mir Freiheit.
>
> Ja, wenn meine Tage dem Ziel entgegeneilen,
> Gibt es nur eines, das ich erflehe:
> Im Leben wie im Tod die Seele frei von Ketten
> Und Mut, es durchzustehen.

Auch Anne in Roe Head schreibt Gedichte. Ihr erstes, das überliefert ist, hat ebenfalls Gondal zum Thema. Es sind *Verse von Lady Geralda*, die im Dezember 1836 entstehen, aber ihr Thema ist autobiographisch: Annes Aufbruch in ein nützliches, aktives Leben:

> Aber nun liegt die Welt vor mir,
> Warum sollte ich traurig sein.
> Ich will meine Tage nicht umsonst verbringen,
> Ich will nicht länger verweilen.

Roe Head bedeutet das Sprungbrett in ein aktives Leben, und obwohl wir von Anne in dieser Zeit nicht viel hören, ist aus ihrem weiteren Lebensweg abzulesen, daß sie die Chance nutzte, zu lernen, was Miss Woolers Institut zu bieten hatte. In diesem Dezember erhält sie nicht nur einen Preis für ihr tadelfreies Betragen, sie war auch, als sie zwei Jahre später ihre erste Stelle antrat, mit allem ausgestattet, was eine Gouvernante wissen mußte: Sie spielte Klavier und sang, sie sprach nicht nur Französisch, sondern auch Latein und etwas Deutsch, sie zeichnete nach der Natur und konnte Geschichte, Englisch, Arithmetik und Geographie unterrichten.

Um die Mitte des Jahres 1837 wird Anne krank. Daß »ihr Leben an einem Faden hing«, wissen wir nicht von Charlotte, sondern aus der Erinnerung eines Herrnhuter Pastors aus Mirfield, des Reverend James La Trobe, den Anne in ihrer Not zu sich rufen läßt. »Sie litt an einem schweren Anfall von gastrischem Fieber, der sie sehr angegriffen hatte. Ihre Stimme war nur ein Flüstern«, schrieb der Geistliche, den Anne vorher nie konsultiert hatte. Es schien, als erhoffte sie sich von der Auslegung der Herrnhuter einen größeren Trost, als die für Roe Head zuständigen Hirten – darunter Henry Nussey, dessen »gräßliche calvinistische Ansichten« schon Charlottes Seele verdunkelt hatten – zu spenden bereit waren. Deren Credo war die Vorherbestimmung, der keine Seele, wie gütig und eifrig auch immer, entrinnen konnte. Die Herrnhuter, die das Vorhandensein von Restsünde auch in den besten und gottgefälligsten Menschen hinnahmen, setzten auf die Errettung durch den Glauben. Es war ein Evangelium der Liebe gegen ein Evangelium des Schreckens, und der Reverend La Trobe war offenbar in der Lage, es diesem verzweifelten jungen Mädchen mitzuteilen. »Ihr Herz öffnete sich den tröstlichen Aussichten auf Errettung, Vergebung und Frieden in Christi Blut.«

Daß Charlotte in Roe Head die Unvereinbarkeit ihrer Gedanken und Gelüste mit Religion und Konvention spürte, ist verständlich. Was Anne sich vorzuwerfen hatte, ist schon schwerer zu begreifen. Die Sünde des Stolzes auf eigene Gedanken, auf ein unabhängiges Urteil? Das Aufbegehren eines wachen Intellekts gegen dumpfen Perfektionismus? Anne überwand die Krise mit Hilfe ihres starken Glaubens und in der Hoffnung auf einen gnädigeren Gott. Charlotte umging in Zukunft ihr Gewissen.

36. Anne, gezeichnet von Charlotte

Gott war für ihre Welt da draußen zuständig. Die Innenwelt beherrschte der Herzog von Zamorna, ihr »geistiger König«.

> Ich steh' in seiner Schuld, er hielt
> Für mich eine brennende Lampe hoch,
> deren Strahlen bezwangen die Dunkelheit ringsum
> Und zeigten mir Wunder ohne Schatten.
> ...
> Er ist nicht der Tempel, sondern der Gott,
> Das Abbild in dem Marmorschrein,
> Unser großer Traum in seinem weiten Haus
> Und lebt für mich dort göttlich fort.

VIII

Königin Victoria besteigt den Thron • Emilys Traumgesichte • Die Schutzgeister bleiben in Verbindung • Tabby auf dem Eis • Kein Zimmer für sich allein • Law Hill

Heathcliff, it's me, Cathy come home
I'm so cold, let me in-a-your window.

Kate Bush
Wuthering Heights

In der Nacht des 20. Juni 1837 stirbt William IV. von England. Seine Nichte Victoria, gerade volljährig geworden, empfängt die Nachricht noch im Morgenmantel. Das Empire hat eine neue Königin. Sie sollte es vierundsechzig Jahre lang regieren und einer Ära des Besitzbürgertums, der aufstrebenden Industrie, des ungebrochenen Kolonialismus und der rigiden Konvention ihren Namen geben. Victoria, die viele Politiker zur Zeit ihres Regierungsantritts für eine dumme Gans hielten, hatte sehr wache Instinkte, einen hellen Kopf und einen wasserdichten Moralkodex. Sie brachte das Königshaus, das nach dem Treiben ihrer Vorgänger – des umnachteten George III., des Wüstlings George IV. und des grobschlächtigen William IV. – auf dem Tiefpunkt seines Ansehens stand, zu neuer Popularität. Sie verkörperte Stolz und Stabilität eines Weltreichs und zugleich die Starrheit einer Klassengesellschaft, die bestenfalls Erbarmen mit den »niederen Ständen« aufbrachte und Frauen die elementaren Rechte absprach. Erst 1833 wurde die Kinderarbeit in englischen Fabriken und Bergwerken eingeschränkt und die Sklaverei im Empire abgeschafft. Der Kampf der Frauen aber hatte noch nicht einmal begonnen. 1855 schrieb Caroline Norton, die in einem Scheidungsprozeß das Sorgerecht für ihre Kinder, das Erbe ihrer Mutter und die Einkünfte aus ihrer Arbeit an ihren Ex-Ehemann verloren hatte, mit bitterer Ironie an die Königin: »Ich fordere meine Rechte nicht ein. Ich habe keine Rechte, nur Unrechte.«

Victoria, die Matrone der Nation, die ihre Fähigkeit, ein Weltreich zu regieren, niemals in Frage stellte, sprach nur aus, was die Mehrzahl ihrer Untertanen dachte, als sie 1870 für Lady Amberley (die Mutter von Bertrand Russell) »eine ordentliche Tracht Prügel« empfahl, weil die Lady fortschrittliche Ansichten geäußert hatte. »Die verrückte, sündhafte Narretei der Frauenrechte mit all ihren abscheulichen Begleitumständen« müsse mit aller Kraft

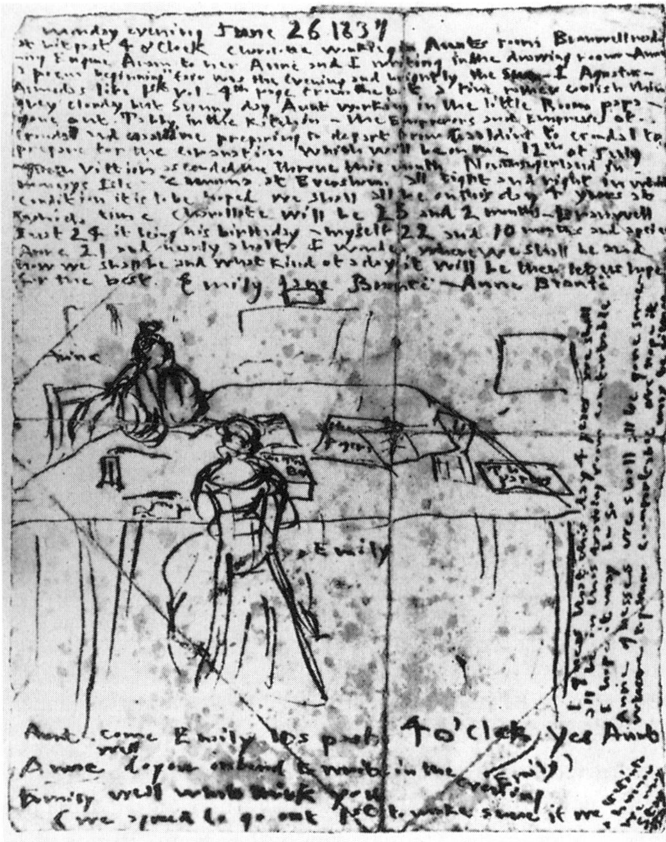

37. Tagebuchnotiz von Emily und Anne, 26. Juni 1837

eingedämmt werden. Frauen würden zu den »hassenswertesten, herzlosesten und abstoßendsten Geschöpfen«, wenn man ihnen erlaube, ihr Geschlecht zu verleugnen. Und nur konsequent folgert die Queen: »Wo bliebe dann der Schutz, den die Männer dem schwachen Geschlecht schulden?«

Diese romantische Vorstellung vom schützenswerten, da offenbar leicht schwachsinnigen weiblichen Geschlecht sollte Charlotte Brontë später im Zusammenprall mit ihren Kritikern zuverlässig ärgern und verletzen. Southeys Rat nahm sie noch mit Hochachtung zur Kenntnis. »Immer zu beherzigen«, hatte sie auf dem Briefumschlag notiert. Ihr Selbstbewußtsein konnte der Dichter jedoch nicht verkleinern, den Drang ihres Genies nicht aufhalten.

In einem Tagebuchblatt vom 26. Juni – Branwells Geburtstag – berichtet Emily über die Lage im Pfarrhaus. Die mehrfach geknickte Seite zeigt, eingerahmt von ihrer Kritzelschrift, eine Skizze von ihr und Anne am Wohnzimmertisch. Man erkennt ihre langen Röcke, ihre weiten Keulenärmel und einen Dutt auf Annes Scheitel. Vor ihnen liegen »die Papiere« verstreut und steht die Blechschachtel, in der sie sonst verwahrt werden.

»Kurz nach vier Uhr. Charlotte arbeitet in Tantes Zimmer, Branwell liest ihr *Eugene Aram* vor – Anne und ich schreiben im Salon. Anne fängt ein Gedicht an. *Schön war der Abend und strahlend die Sonne* – ich *Augusta Almedas Leben*, erster Band von der vierten Seite an. Schöner, eher kühler Tag mit dünnen grauen Wolken, aber sonnig. Papa ist ausgegangen, Tabby in der Küche. Die Herrscherinnen und Herrscher von Gondal und Gaaldine sind im Begriff, von Gondal nach Gaaldine abzureisen, um sich auf die Krönung vorzubereiten, die am 12. Juli stattfinden wird. Königin Vittoria bestieg in diesem Monat den Thron. Northangerland auf Monkeys Insel – Zamorna in Evesham. Alle gut beieinander, und ich hoffe, daß dies auch in vier Jahren der Fall sein wird, wenn Charlotte 25 Jahre und zwei Monate alt sein wird, Branwell gerade 24 an diesem Geburtstag, ich selbst 22, zehn Monate und ein bißchen, Anne fast 21 einhalb. Ich möchte wohl wissen, wo wir dann sein werden und wie es uns geht und was für ein Tag es sein wird – laßt uns das Beste hoffen. Emily Jane Brontë – Anne Brontë. Ich nehme an, daß wir in vier Jahren behaglich in diesem Wohnzimmer beisammen sein werden – ich hoffe es jedenfalls. Anne glaubt, daß wir alle irgendwo zusammen hingegangen und zufrieden sein werden. Wir hoffen, daß es auch so sein könnte.

Tante: Komm, Emily, es ist nach vier Uhr.

Emily: Ja, Tante – Tante ab.

Anne: Willst du heute abend schreiben?

Emily: Was meinst du?

Wir beschlossen, erst spazierenzugehen, um sicher zu sein, daß wir in die rechte Stimmung kommen und sie vielleicht behalten.«

Behagliches Leben im Pfarrhaus, Handarbeit und Lektüre, die englische Politik und – angeregt durch die Thronbesteigung Victorias – eine Krönung in Gondal – sowie die Aktivitäten im benachbarten Angria gehen in Emilys innerer und äußerer Ökonomie eine glückliche Verbindung ein. Die Zukunft? Zu Hause oder anderswo – ganz gleich, wenn sie nur ungestört nach ihren eigenen Regeln leben kann. Das bedeutet mehr als die Freiheit der Moore und das Gedankenspiel. Auch Emily hat ihren privaten Gott, ihren geistigen König gefunden. Die Traumgesichte, die sie im Anblick des Nachthimmels überkommen, reichen weit über Gondal hinaus. Abstrakter und unwiderstehlicher noch als Charlottes Trancen, ist ihre Macht zugleich süßer und strenger; ein Durchbrechen der weltlichen Schranken und eine Berührung mit dem Absoluten.

Am glücklichsten bin ich, wenn am weitesten fort
Meine Seele ich trag aus ihrer irdischen Hülle,
In windiger Nacht, wenn der Mond mir strahlt
Und das Auge schweift durch Welten des Lichts –

Wenn ich nicht bin und neben mir keiner
Weder Erde noch Meer, noch der klare Himmel –
Nur noch der Geist wandert weit
Durch grenzenlose Unermeßlichkeit.

Die Natur dieser Visionen beschreibt sie in einem späteren Gedicht: Der Hauch von Stille – eine lautlose Musik, wenn das Unsichtbare seine Wahrheit enthüllt – die Seele, die ihre Schwingen ausbreitet und den letzten Sprung wagt – der Augenblick der Ekstase – und die Agonie der Rückkehr, wenn der Körper die irdischen Ketten wieder spürt. Emily beschreibt diese Trancen in der Sprache der Erotik, aber niemals offenbart sie die Botschaft ihres »Gottes der Gesichte«, dem sie – »Sklave, Kamerad und Tyrann« – ihr Leben verschreibt.

Ich komme, wenn die Trauer am tiefsten
Im dunklen Gemach dich erfüllt,
Wenn die Freudenfeuer des Tages verraucht,
das Lächeln des Frohsinns verbraucht,
Von Abendkühle frostig umhüllt.

Ich komme, wenn die wahren Gedanken
Sich offenbaren, ohne ein Wort,
Und heimlich brech ich die Schranken,
Magst zwischen Leid und Lust du schwanken
Und trag deine Seele fort.

Dies ist die Stunde, hab acht,
Da deine schwere Zeit bricht an;
Spürt deine Seele nicht, wie unvermutet
Fremde Empfindung sie überflutet,
Ahnungen einer stärkeren Macht?
Herolde sind's, sie gehn mir voran.

Nach den Sommerferien fahren Anne und Charlotte auf die Schule zurück. Branwell beginnt, seine alten Manuskripte zu überarbeiten und die Vergangenheit seiner Angria-Helden auszuschmücken. Gewiß werden sich die Geschwister in Abwesenheit ihrer eingespielten Partner mit Geschichten und Anregungen aus Gondal und Angria unterhalten haben. Emily ist im Sommer 1837 darüber informiert, daß Northangerland sich im Exil auf Monkeys Insel befindet und Zamorna die Stadt Evesham belagert. Namen wandern von einem Traumreich in das andere. Julius heißt sowohl ein Sohn Zamornas als auch der König von Gaaldine: Adrian, Alexander, Zenobia und Zorayda tauchen in Angria und in Gondal auf. Annes Gedicht *Schön war der Abend und strahlend die Sonne*, das sie unter dem Titel *Alexander und Zenobia* sechs Tage nach Emilys Notiz vollendet, hat eine ähnliche Konstellation zum Thema, wie Charlotte sie zu dieser Zeit in Angria ausphantasiert: die Trennung und Wiedervereinigung eines liebenden Paares. Die Kooperation der Schutzgeister war mit der Spaltung ihrer Reiche nicht aufgehoben.

Branwell ist später in den schmeichelhaften Verdacht geraten, Autor der *Sturmhöhe* zu sein. Es gab einen Ohrenzeugen, der schwor, er habe ihn bei einem Dichterwettbewerb in einer Kneipe das erste Kapitel dieses Romans vorlesen hören. Branwell konnte natürlich nichts dergleichen schreiben, dazu fehlte ihm nicht nur das Talent, sondern auch ein organisiertes Hirn. Er und Emily haben jedoch – in Absprache, Wettbewerb oder freiem Umgang mit den Ideen des anderen – Themen und Figuren aus dem Tagtraumreich nach Yorkshire transponiert. Branwells Geschichte *Percy* spielt in einem ähnlichen Ambiente wie die *Sturmhöhe*. Möglicherweise war es ein Stück dieses Textes, das der Ohrenzeuge vernommen hatte. Denn Darkwall hat durchaus Ähnlichkeit mit Heathcliffs Anwesen Sturmhöhe; es gibt in beiden Geschichten eine deftige Szene in einer Methodisten-Kapelle; und es geht um die Liebe einer vernachlässigten, herumgestoßenen Frau zu einem geheimnisvollen Finsterling: in diesem Falle Percy.

»Auf dem höchsten Rücken des ausgedehnten Weidelandes stand das am weitesten entfernte Haus mit seinen hohen, dunklen Mauern, einem bemoosten Torbogen und einer Gruppe schwarzer Föhren, von denen die höchste und älteste wie der Schutzgeist dieser verlassenen Gegend ihre Äste waagerecht über einen der Giebel streckte. Jenseits des Hauses bildeten lange Mauern eine Linie mit dem Novemberhimmel, und die Pfade, die dort verliefen, führten hinaus auf ein grenzenloses Moor, das einen langen Jagdtag auf Schnepfe und Birkhahn versprach. Kein Vogel flog jedoch in der Nähe des Hauses, außer Hunderten von Hänflingen, die auf einer alten nassen Mauer zwitscherten. Und doch hatte dieses Haus trotz seiner einsamen Lage einen außergewöhnlichen Ruf im ganzen weiten Kirchspiel, und die Hälfte aller Geschichten aus alten Tagen hatten ›Darkwall‹ zum Schauplatz und seine Herren zu Akteuren.«

Mr. Thurston, der Eigentümer, ein zornmütiger Trunkenbold, ist mit einer Jagdgesellschaft unterwegs. Einer seiner Gäste hat sich von ihr entfernt und besucht die Herrin von »Darkwall«. Es ist der ränkevolle Alexander Percy. Gerade knallen seine Stiefel über das Pflaster im Hof.

»›Also Mädchen‹, sagte er, ›führt mich so schnell wie möglich zu eurer Lady!‹ Mit diesen Worten trat er an den Kamin, stellte sich mit dem Rücken zum Feuer und legte seinen Hut auf den Tisch. Die Dienstmädchen drängten sich kichernd zusammen im Anblick des berühmten Mannes; und edel genug sah er aus mit seiner hohen, bleichen Stirn, seinem Kopf voll rotbrauner Locken, den sonnenverbrannten Wangen, deren Falten jedoch ein Leben der Ausschweifung verrieten, und der Blick, der unter den Lidern hervorschoß, war eher dazu angetan, die Bewunderung des Betrachters zu dämpfen und so etwas wie Furcht in ihm zu wecken.«

Branwell brach *Percy* nach 26 Manuskriptseiten ab. Um 1845 nahm er sich die Geschichte noch einmal vor als Ausgang seines Romans *And the Weary are at Rest*. Auch dieses Projekt hat er nicht zu Ende gebracht.

1837 ist Branwell jedoch nicht nur Percy. Er hat sich inzwischen ein weiteres Pseudonym zugelegt: Henry Hastings, Soldat und

Dichter aus Angria, eine Figur, der weder noble Geburt zu eigen noch der Aufstieg in bessere Kreise gegönnt ist. Hastings verkörpert das verschwendete Talent, den Trotz und die Blasphemie eines Gestrauchelten, der, da nun einmal auf dem Weg zur Hölle, auch rüstig voranschreitet. In den vergangenen zwei Jahren hatte auch Branwell seine Erwartungen zurückschrauben müssen. Weder war er auf die Königliche Akademie gegangen, noch hatte *Blackwood's Magazine* ihn je einer Antwort gewürdigt. Gewiß rechnete er noch mit einer künstlerischen Laufbahn, aber etwas von Hastings heillosem Phlegma und seinem aufbrausenden Temperament steckte auch in dem Zwanzigjährigen.

»›So geht das nicht weiter‹, dachte ich, als ich nach einer Nacht der Ausschweifung und Trunkenheit heimwärts schwankte. ›Ich bin ein gebrochener Mann, und bei allen guten Geistern, ich geh' mich ertränken: auf die Plätze, fertig ...‹«

Hastings stürzt in die Gosse, als die Postkutsche vorbeirattert, aber er kommt rechtzeitig wieder auf die Füße.

»›Zum Tartarus, was?‹ schrie ich, ›verflixt, ich fahre mit!‹ – ›Die Sneachies-Post, Sir‹, rief der Kutscher. ›Die Kutsche zur Hölle‹, brüllte ich, ›hilf mir rauf, he-hopp, und jetzt los, als ob der Leibhaftige uns auf den Fersen wäre!‹ Ich machte es mir im Sitz bequem. Es war mir ganz gleichgültig, wohin wir fuhren, mir genügte die rasche Fahrt, und so brach ich zunächst in grölenden Gesang aus, beschimpfte dann die übrigen Passagiere, versuchte, dem Kutscher die Zügel zu entwinden und fiel schließlich rückwärts aufs Verdeck, wo ich friedlich einschlummerte. So verharrte ich auf den nächsten 200 Meilen.« Bei jedem Halt betrinkt Hastings sich aufs neue »und wacht erst wieder an einem Wirtshaustisch in geräuschvoller Gesellschaft und mit einem weiteren Dutzend Flaschen auf«.

Es mutet wie ein Scherz an, daß Branwell Mitglied der Temperenzler-Gesellschaft in Haworth ist, der sein Vater vorsteht. Der Reverend, der ständig unter Magenbeschwerden und Verdauungsstörungen leidet und es deshalb vorzieht, allein in seinem Arbeitszimmer zu speisen, läßt sich von einem Arzt schriftlich bestätigen, daß er der Gesundheit wegen ein wenig Wein zu den Mahlzeiten einnehmen dürfe. Er fürchtet zu Recht, daß ohne dieses Attest die bösen Zungen im Dorf nicht mehr stillstünden. Branwell jedoch hält sich nicht an medizinische Dosen. Was sind das für Zustände, die den Reverend in seiner vielbenutzten *Grahams Hausmedizin* handschriftlich Anmerkungen zu dem Kapitel »Rausch« und dem Fall eines tobsüchtigen jungen Mannes machen lassen? Ammoniak mit Milch und Wasser – »nur wenig Wirkung, nur kleine Portionen, gut verdünnt, B 1837«. Und zum Thema Alpdruck notiert er an den Rand: »Das Schrecklichste, das eine menschliche Natur quälen kann – eine Unfähigkeit, sich während des Krampfes zu bewegen, furchtbare Visionen von Gespenstern usw. ... 1838 B.«

Handelte es sich hier nur um einen gelegentlichen Vollrausch des Sohnes – wie entwürdigend auch immer – oder um etwas Ärgeres, das sich schon in seiner Kindheit angekündigt hatte – Epilepsie z. B., wie Branwells Biographin, Daphne du Maurier glaubt? Aber ob Krankheit, Tobsuchtsanfall oder Rausch – Branwell verliert langsam den Boden unter den Füßen. Der Tod seiner Schwestern Maria und Elizabeth – eine verhätschelte Kindheit lang aus dem Bewußtsein geschoben – steht ihm nun wieder vor Augen, und er versucht, sich seine späte Trauer in Gedichten von der Seele zu schreiben. *Marys Gebet*, das er in diesem Sommer für die sterbende Mary Percy in Angria schreibt, klingt wie ein Nachhall auf seine Kinderfrömmigkeit, die zu verhöhnen er sich inzwischen gestattet und die ihn mit all den Schrecken und Gewissensqualen doch nicht aus ihren Krallen läßt.

Marys Gebet wird heute noch über seinem Grab in St. Michael's als Kirchenlied gesungen – eine versöhnliche Geste an den verlorenen Sohn, den wilden Blasphemiker – und eine neuerliche, charmante Gotteslästerung, denn Mary wendet sich mitnichten an den himmlischen, sondern an ihren sehr weltlichen Herrn: Zamorna.

Gedenke mein, und wenn ich sterbe,
Um gänzlich zu vergehen,
Dann soll doch in deiner Erinnerung
Dein Herz mein Himmel sein.

Charlotte und Anne sind inzwischen auf die Schule zurückgekehrt. Miss Wooler hat ihr Institut im Juni in ein anderes Haus bei Dewsbury Moor, wenige Meilen von Roe Head, verlegt: Heald's House, ein ehrwürdiges Gebäude auf elizabethanischen Mauern, aber weniger luftig und freundlich als das georgianische Roe Head. Charlotte wird dort zum »wandelnden Geist« – »nichts als Unterricht, Unterricht, Unterricht« –, und auch für Anne erweisen sich die alten Mauern als unzuträglich. Vor den Weihnachtsferien beginnt sie zu husten, ein hohles Keuchen, und über Seitenschmerzen zu klagen. Charlotte, der diese Symptome nur allzu schmerzlich noch vor Augen stehen, ist alarmiert, aber Miss Wooler hält ihre Sorgen für eine Grille. Damit hat sie allerdings Charlottes Contenance überschätzt. Es bedurfte offenbar nur dieser letzten Kränkung, um ihren Widerwillen und das Schuldgefühl, Anne vernachlässigt zu haben, zum Überlaufen zu bringen.

»Miss Wooler meinte, ich sei eine Närrin, und um ihren Standpunkt klarzumachen, behandelte sie mich mit ausgesuchter Kühle. Eines Abends kam es zu einem erhellenden Gespräch. Ich sagte ihr ein, zwei ziemlich schlichte Wahrheiten, die sie zum Weinen brachten. Am nächsten Tag schrieb sie an Papa, ohne daß ich davon wußte, daß ich ihr bittere Vorwürfe gemacht, sie zur Rede gestellt hätte usw. usw. Papa schickte nach uns am folgenden Tag. Inzwischen stand mein Entschluß fest, Miss Wooler zu kündigen, aber als ich mich zur Abreise fertig machte, rief sie mich in ihr Zimmer und ließ ihren Gefühlen, die sie sonst viel zu streng für sich behält, freien Lauf. Sie gab mir zu verstehen, daß sie mich trotz ihrer kühlen, abweisenden Art hoch schätzte und sehr traurig wäre, wenn ich ginge. Wenn mich jemand mag, kann ich nicht umhin, sie oder ihn auch zu mögen, und weil sie sonst sehr freundlich zu mir war, gab ich nach und sagte, ich käme zurück, wenn sie es wünschte. So haben wir uns also arrangiert, aber ich bin nicht zufrieden. Ich hätte sie weit mehr respektiert, wenn sie mich rausgesetzt hätte, anstatt sich zwei Tage und zwei Nächte lang die Augen auszuweinen. Ich hatte einen rechten Zorn, mein ›hitziges Temperament‹ hat mich überwältigt. Ich will damit nicht angeben, es war Schwäche, aber ich schäme mich auch nicht, denn ich hatte guten Grund, ärgerlich zu sein. Anne geht es jetzt viel besser, doch sie braucht noch immer viel Pflege. Wie auch immer, was sie angeht, bin ich von meinen schlimmsten Befürchtungen erlöst.«

Auch Charlottes Verhältnis zu ihrer Direktorin gerät wieder ins Lot. »Miss Wooler ist wie guter Wein«, sagte sie später, »mit den Jahren wird sie immer besser.«

Obwohl der Winter in Haworth hart ist und die Moore im Schnee versinken, erholt Anne sich schnell von ihren Beschwerden. Die Freude, mit der Emily sie empfängt, der Gedanke, endgültig aus Dewsbury Moor erlöst zu sein, werden die Genesung gefördert haben. Gondal blüht, Weihnachten steht vor der Tür, die liebe Miss Nussey wird erwartet, da geschieht ein Unglück.

»Wenn die alten Frauen in roten Wollcapes und klappernden Pantinen über die Straße laufen, wenn die Apotheker mit Gurgeltropfen und Tinkturen und Umschlägen für verstauchte Knöchel, Frostbeulen und erfrorene Nasen herumrennen, wenn du kaum deine Hände und Füße spürst vor lauter Kälte und zitternd am Feuer stehst aus Angst, sonst vom Frost versteinert zu werden – wie nett ist das doch!« schrieb Charlotte einmal in Angria. Und so ist es passiert: Tabby – fast 70 Jahre alt – gleitet in der Dunkelheit auf der vereisten Hauptstraße aus und bricht sich das Bein. Es dauert eine gute Weile, bis man sie findet, und dann ist bis in den frühen Morgen kein Arzt aufzutreiben. Die alte Frau wird ins Pfarrhaus gebracht und dort von den Schwestern gepflegt. Char-

38. Moorlandschaft in Yorkshire

lotte, die zu ihrem großen Bedauern Ellen wieder ausladen muß, schildert ihr Tabbys »sehr zweifelhaften und gefährlichen Zustand«. Alle sind »über die Maßen unglücklich«, denn Tabby lebte als Kindermädchen, Gefährtin und guter Geist im Haus, seit Charlotte mit neun Jahren aus Cowan Bridge zurückgekehrt war. Die Kinder hatten sie immer wie ein Familienmitglied geliebt. Nun sieht es so aus, als müsse die alte Dienerin ihr Leben außerhalb des Pfarrhauses beschließen. Tante Branwell drängt darauf, daß Tabby, sobald es ihr besser gehe, zu ihrer Schwester im Dorf gebracht werde. Ihre Ersparnisse würden ihr über die erste Zeit hinweghelfen, und später – nun, der Reverend werde sich in Anbetracht des langen Dienstverhältnisses erkenntlich zeigen ... Der Reverend, dies sei zu seiner Ehre gesagt, muß lange bearbeitet werden, ehe er seine Zustimmung zu diesem Plan gibt.

Beide haben jedoch nicht mit dem zivilen Ungehorsam gerechnet, mit dem Charlotte, Emily und Anne für Tabby Partei ergreifen: Schweigen und Hungerstreik. Das Frühstück geht unberührt zurück, Dinner und Tee desgleichen. Zum erstenmal in der Familiengeschichte stößt die Elterngeneration auf offenen Widerstand. Er ist ebenso staunenerregend wie wirkungsvoll: Tabby bleibt. Noch achtzehn Jahre lang soll sie durchs Haus humpeln, unterstützt von der kleinen Martha Brown, der Tochter des Küsters; am Ende zu blind, um die Kartoffeln säuberlich zu pellen, und zu taub, um diskret mit Familiennachrichten betraut zu werden, bleibt sie dennoch mit einigen Monaten Unterbrechung auf dem Posten – und es wird selbst ihrer christlichen Seele eine kleine Genugtuung gewesen sein, daß sie Tante Branwell um dreizehn Jahre überlebte.

Der Streik war also erfolgreich, aber nach den Weihnachtsferien muß Charlotte zurück zu Miss Wooler. Zwar kommt gelegentlich eine Frau fürs »Grobe«, doch die Last der täglichen Hausarbeit ruht allein auf Emilys und Annes Schultern. Dreimal am Tag geht es mit dem Tablett über den Hof, denn Tabbys Zimmer ist nur über eine Außentreppe zu erreichen. Auch die Aufteilung der übrigen Räume ist für die jungen Frauen von Nachteil. Tante bewohnt im ersten Stock das größte Zimmer vorneraus, daneben liegen Vaters Schlafstube und Branwells Zimmer. Der Reverend hat selbstverständlich sein Büro im Erdgeschoß; Branwell nennt sein Zimmer Studio, denn er hat wieder angefangen zu malen.

Im Pfarrhaus ist heute sogar »Mr. Nicholl's Study« zu besichtigen, die Studierstube von Charlottes späterem Ehemann im umgebauten Torflager. Nur diejenigen, deren Werk alle Aktivitäten in diesen Stuben überlebt hat, verfügen über kein Zimmer für sich allein – es sei denn, man ließe die kleine Kammer gegenüber dem Treppenaufgang, das alte Arbeitszimmer der Kinder, zwei auf drei Meter groß und ohne Kamin, als ihre literarische Werkstatt gelten.

Hier sitzen sie auf ihren Faltbetten, auch im Sommer mit einem Tuch über den Schultern, und auf den Knien die kleinen Kastenpulte aus Rosenholz, die – noch einmal verkleinert zu einer mobilen Form – die Keimzelle des Bronteschen Schaffens darstellen. In ihren Fächern und unter dem lüpfbaren Deckel horten sie nicht nur Schreibfedern und Siegellack, Manuskripte und Rezensionen, sondern auch Tagebuchblätter und alte Rechnungen, ein Stück Borte, einen polierten Stein und Emily einen Umschlag mit »enigmatic puzzle wafers« – Scherzkeksen aus Papier zum Aufkleben mit Sprüchen wie »RUMT Headed Eh? – Are you empty headed eh? – Bist du ganz richtig im Kopf?« Abends nach neun, wenn Papa im Bett und die Bahn frei ist, werden die Pulte ins Wohnzimmer hinuntergetragen, wo ein Feuer glüht und die Petroleumlampe brennt. Die Füße auf dem Kamingitter oder Arm in Arm um den Tisch wandernd, entspinnt sich ein neues Stück Gondal-Saga, erwachen Figuren zum Leben, deren Personalien Emily auf einen Papierstreifen kritzelt, nur ein paar Buchstaben, Zahlen und Kürzel als Gedankenstütze: Ronald Stewart, 28, sechs Fuß groß, braune Haare, graue Augen ... Regina, 24, fünf Fuß sieben, dunkelbraunes Haar, griechische Nase ...

Im Juni ist Charlotte dann wieder bei ihnen. Das Schulleben deprimiert sie so tief, daß ihr ein Arzt dringend zu einem Ortswechsel rät. In Haworth ist ihre Schwermut wie weggeblasen, zumal Mary und Martha Taylor zu Besuch kommen, die wesentlich zur guten Laune beitragen. »Sie machen einen solchen Lärm um mich herum, daß ich nicht weiterschreiben kann. Mary spielt Klavier, Martha schwatzt so schnell, wie ihre Zunge laufen kann, und Branwell steht vor ihr und lacht über ihre Munterkeit.«

Aber die Bürde muß wieder geschultert werden. Im Herbst geht Charlotte zurück auf die Schule, und Emily wagt einen zweiten Versuch. »Meine Schwester Emily hat eine Stellung als Lehrerin an einer großen Schule für beinahe vierzig Schülerinnen in der Nähe von Halifax angenommen. Seit ihrer Abreise habe ich einen Brief von ihr bekommen; er enthält eine schreckliche Beschreibung ihrer Aufgaben – harte Arbeit von 6 Uhr früh bis beinahe 11 Uhr abends mit nur einer halbstündigen Erholungspause dazwischen. Das ist Sklaverei. Ich fürchte, sie wird es nicht ertragen.«

Emily ertrug Miss Patchets Institut Law Hill bei Halifax ein halbes Jahr lang. Immerhin wiederholt sich das Desaster von Roe Head nicht. Sie schreibt vierzehn Gondal-Gedichte in der Zeit, da sie von zu Hause fort ist. In einigen ist die Rede von »Gefängnismauern«, die sie einschließen, andere aber scheinen auf Spaziergängen entstanden zu sein, was dafür spricht, daß Miss Patchet ihrer Lehrerin ein wenig mehr Freiheit als eine halbe Stunde gönnte. Die Schulleiterin, zu Emilys Eintritt dreiundvierzig Jahre alt, lebt im Andenken ihrer Ehemaligen als umgänglich und pragmatisch fort, eine Frau, die ihren Beruf liebte und darüber hinaus eine flotte Reiterin war. Andere sprechen von einer freudlosen, barschen Erscheinung. Wie Miss Patchet wirklich war, wissen wir nicht, werden es nicht mehr erfahren, und möglicherweise ist es auch nicht wichtig.

Aus Law Hill nimmt Emily eine Erinnerung mit, die ihr möglicherweise acht Jahre später beim Entwurf einer imaginären Topographie zur Orientierung dient: Aus den Fenstern im ersten Stock schweift der Blick über das offene Heideland und in einiger Entfernung über das alte Haus eines Gutsbesitzers. High Sunderland, aus dem 17. Jahrhundert, ist um 1840 bereits ein wenig heruntergekommen und untervermietet an Bauersfamilien, hat aber mit seinen Ausmaßen – dem »Haus«, wie die Wohnhalle genannt wird, und der angrenzenden Küche – sowie mit seiner eindrucksvollen Fassade Ähnlichkeit mit der Sturmhöhe.

»Die schmalen Fenster sind tief in die Mauern eingelassen, und die Ecken werden von mächtigen, vorspringenden Steinen verteidigt. Bevor ich über die Schwelle trat, blieb ich stehen, um eine größere Anzahl seltsamer Verzierungen zu bewundern, die in der Vorderseite des Hauses, und besonders über dem Haupteingang, in verschwenderischer Manier eingemeißelt waren. Über diesem entdeckte ich, inmitten eines wilden Durcheinanders von zerbröckelnden Greifvögeln und kleinen nackten Kinderfiguren, die Jahreszahl 1500 und den Namen ›Hareton Earnshaw‹.«

High Sunderland wurde 1950 abgebrochen, nachdem es fast gänzlich verfallen war. Zeichnungen und Fotos zeigen über seinen tiefen Fenstern Steinköpfe, ein Wappen und zwei Greife. Über dem Portal befanden sich offenbar eine Sonne (kein Datum) und die Statuen zweier nackter Männer.

Auf der Schule wird Emily auch die Geschichte von Law Hill gehört haben, deren sie sich später in der *Sturmhöhe* bediente. Das Haus, im 18. Jahrhundert erbaut, war das Heim eines Mannes namens Jack Sharp, der – ein Findelkind – seinen wohlhabenden Ziehvater ausgenutzt und dessen leiblichen Sohn verdrängt hatte. Erst der zweiten Generation gelang es, sich von ihm zu befreien. Bei seinem Auszug nahm er mit, was nicht niet- und nagelfest war und erbaute Law Hill unweit des ausgeräuberten Vaterhauses.

Emily liebte finstere Geschichten, ob der Reverend und Tabby sie erzählten oder ob Scott und Byron die Quelle waren. Auch das

Heideland um Halifax mit seinen Legenden und romantischen Gemäuern wird in ihren Fundus Einlaß gefunden haben. Wie immer aber sind es nur Indizien, die auf Emilys Denken und Treiben in Law Hill deuten. Sie selbst hat sich über diese Zeit nicht geäußert. Es war eine Schülerin, die sie sagen hörte, das einzige Geschöpf, das sie in Law Hill leiden möge, sei der Hund.

IX

Die Kunst des Liebens • Kein Talent zur Gouvernante • Bruder Hastings • Ein Studio in Bradford • »Das Geheimnis der Glückseligkeit« • Willi Weightman • Reise ans Meer • Schwarmgeister und Kanzel-Polterer

Straßen nach – ›toten!‹ Künstlern benannt: ... ›Brontë's Square‹ (und da standen sie auch, die Sisters Three, lasen & schrieben: Charlotte hochaufgerichtet, die rechte Brust in der eigenen Hand (daß die, raffiniert, etwas zwischen den einzelnen Fingern durchschwoll: das Land der Liebe mit der Seele suchend./Emily sitzend, mit gerunzelter Stirn, die bronzene Ferse tief in die Bronze des Sockels geschlagen/(Dann noch Anne; ganz schüchtern und kindlich; einen Federhalter an die Lippen gedrückt)./: ›Lovely!‹)

Arno Schmidt
Die Gelehrtenrepublik

Die einzige Alternative zu der Aussicht, »in Stellung« zu gehen, war für Frauen der Mittelklasse die Ehe – im 19. Jahrhundert noch ungleich höher geschätzt als heute. Sitzenzubleiben war nicht nur peinlich, sondern auch ein schwerer Stand, der die Frau der Willkür ihrer Familie auslieferte; ihren unverheirateten Brüdern, denen sie wie selbstverständlich als Haushälterin diente, oder den verheirateten, die sie – unwillig oder barmherzig – mit durchfütterten.

Charlotte hatte sich ungewöhnlich früh mit ihren Aussichten befaßt. Sie waren nicht glänzend. Seit ihrem zwölften Lebensjahr habe sie sich damit abgefunden, eine alte Jungfer zu werden, teilt sie Ellen mit. Woher diese Sicherheit? Aus dem immer präsenten Bewußtsein, »anders« zu sein, nicht schön genug, nicht biegsam genug? Von der Liebe hatte sie, wie die meisten Zeitgenossinnen ihres Alters, ungenaue Vorstellungen, die starken Schwankungen unterworfen waren. Ohne das besondere Gefühl, für den Auserwählten sterben zu können, wolle sie nicht heiraten, bekannte sie Ellen, riet dieser aber kaum ein Jahr später zu überaus gedämpften Erwartungen bezüglich der Ehe: »Was heftige Leidenschaft betrifft, bin ich überzeugt, daß sie kein wünschenswertes Gefühl ist. Zum ersten wird sie selten oder nie ihren Lohn finden; und zweitens, wenn dies der Fall sein sollte, wird das Gefühl nicht dauerhaft sein. Es wird während der Flitterwochen andauern und dann Abscheu Platz machen oder Gleichgültigkeit, die vielleicht noch schlimmer ist als Abscheu. Auf seiten des Mannes wäre dies gewiß der Fall; und auf seiten der Frau – Gott steh' ihr bei, sollte sie mit ihrer leidenschaftlichen Liebe allein gelassen werden. Ich bin ziemlich fest davon überzeugt, daß ich niemals heiraten werde. Das sagt mir die Vernunft, und ich bin nicht so vollkommen Sklavin des Gefühls, daß ich nicht zuweilen ihren Ruf vernehme.«

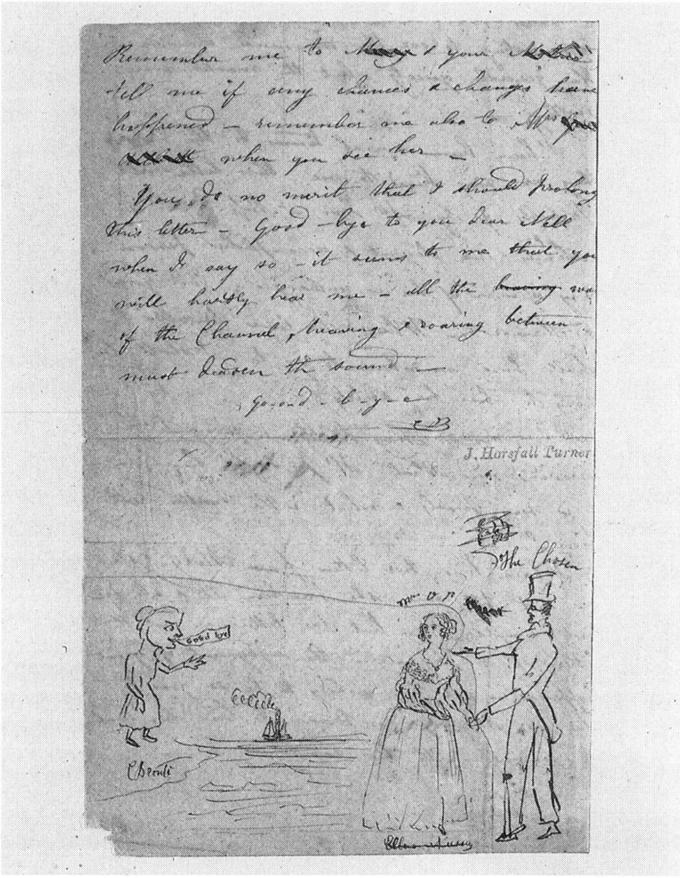

Remember me to [redacted] & your [redacted] tell me if any chances & changes have happened — remember me also to Mrs [redacted] when you see her —

You do no merit that I should prolong this letter — Good-bye to you Dear Nell when I say so — it seems to me that you will hardly hear me — all the [redacted] waves of the Channel, heaving & roaring between must deaden the sound —

Good-bye

C B

39. Charlotte verabschiedet sich vier Jahre später von Ellen mit einer Karikatur ihrer selbst und einer idealisierten Darstellung der Freundin samt Verehrer

Und nochmals warnend an Ellen, die über Aufmerksamkeiten junger Herren nach Haworth berichtet: »Keine junge Dame sollte sich verlieben, bevor der Antrag gemacht, angenommen, die Hochzeit vorüber und das erste halbe Jahr des Ehelebens vergangen ist. Dann kann eine Frau zu lieben beginnen, jedoch mit großer Vorsicht, sehr kühl, sehr bescheiden, sehr vernünftig. Wenn sie jemals so sehr liebt, daß ein rauhes Wort oder ein kalter Blick ihr ins Herz schneidet, ist sie eine Närrin.«

Wer hat Charlotte diese Vorsicht gelehrt, die so ganz im Gegensatz zu ihren Neigungen steht und von keiner Erfahrung geklärt ist? Ellen vertraut sie an, daß Mary Taylor und Branwell ihr zur Anschauung dienten. Der Bruder habe sich in die Freundin verliebt, sei aber, als diese seine langen Blicke zu erwidern begann, erschrocken abgefallen und habe eine beschämte Mary zurückgelassen. Nun verlieben sich ja die unwahrscheinlichsten Menschen ineinander; warum nicht auch die geradlinige, selbstbewußte Mary in den eitlen kleinen Branwell? Nicht nur Charlotte scheint etwas von seinem stummen Versagen beobachtet zu haben; auch Emily kannte solche Angsthasen. In der *Sturmhöhe* erzählt Lockwood:

»Während ich bei herrlichem Wetter einen Monat an der See genoß, machte ich die Bekanntschaft eines höchst faszinierenden Geschöpfes, einer wahren Göttin in meinen Augen – solange sie mir keine Beachtung schenkte. Ich habe ihr meine Liebe nicht gestanden, nicht in Worten jedenfalls, aber wenn Blicke sprechen könnten, hätte auch der größte Dummkopf bemerkt, daß ich über beide Ohren verliebt war. Schließlich verstand sie mich und erwiderte meine Blicke. Es waren die süßesten Blicke, die man sich nur vorstellen kann. Und was tat ich? Zu meiner Schande muß ich gestehen: eisig verkroch ich mich wie eine Schnecke in mich selbst und zog mich bei jedem ihrer Blicke kühler und weiter zurück, bis schließlich das arme, unschuldige Geschöpf glaubte, an ihren eigenen Sinnen zweifeln zu müssen, und gänzlich verwirrt über ihren vermeintlichen Fehler, ihre Mama zur Abreise bewegte.«

Ob Mary nun den Fehler begangen hatte, sich zu verlieben, oder nicht – Charlotte und Branwell verfügten über ein beträchtliches Talent, die Dinge des Lebens zu dramatisieren. Ein wägender Rück-Blick, ein leichtsinniges Wort von Mary konnten sich im Bewußtsein dieser beiden leicht zu einer Leidenschaft angrianischen Ausmaßes steigern, ganz ohne Zutun ihres Objekts. Doch was immer Charlotte über die Liebe rät, sie schlägt es in den Wind, als der erste Heiratskandidat anklopft: Henry Nussey, der Bruder ihrer Freundin. Respekt – moderate Zuneigung – eine gute Partie sind plötzlich nicht mehr ausschlaggebend. Sie zögert. Die erste Überlegung, die sie weich stimmt, ist die Aussicht, dann auch mit Ellen zusammenleben zu können. Doch das ist wohl kein Fundament für eine Ehe. Sie schreibt ihm ab: Nicht, daß sie Abneigung gegen eine Verbindung mit ihm fühle, aber er ahne ja nicht, mit wem er sich verheiraten wolle. Der Charakter seiner Zukünftigen solle anders als der ihre, nämlich »nicht zu ausgeprägt, feurig und selbständig sein, ihr Temperament milde, ihre Frömmigkeit ohne Makel, ihre Gemütsart ausgeglichen und fröhlich und ihre persönlichen Reize ausreichend, um Ihren Augen zu gefallen und Ihren gerechten Stolz zufriedenzustellen«.

Ellen bekennt sie, daß sie eine freundliche Neigung zu Henry hege, da er ein liebenswürdiger und ausgeglichener Mann sei, daß dieses bißchen Gefühl ihr für eine Ehe jedoch ungenügend erscheine. Und darüber hinaus: »Er würde mich für eine wilde Schwärmerin halten. Ich könnte nicht den ganzen Tag mit ernstem Gesicht neben meinem Mann sitzen. Ich würde lachen und spotten und alles sagen, was mir so durch den Kopf geht ... Zehn zu eins, daß ich niemals wieder eine Chance bekomme, aber n'importe.« Im nachhinein kann man Charlotte zu ihrem Instinkt nur beglückwünschen, denn der Pastor Henry Nussey war weder ein liebenswürdiger noch ein liebesfähiger Mann, sondern ein unbarmherziger Christ und darüber hinaus ein schlechtgelaunter, bigotter Langweiler, für den Charlotte nur auf Platz zwei der möglichen Ehekandidatinnen stand (was sie natürlich nicht wußte). Als er sich ein halbes Jahr nach ihrer Absage mit Wahl Nummer drei verlobt, beglückwünscht sie ihn ohne Ironie, daß er ein fügsames Geschöpf gefunden habe.

Die nächste Chance kommt unerwartet schnell, aber Charlotte lehnt den Kavalier, der gerade ihren Intellekt und ihren regsamen Spott bewundert, lachend und rundheraus ab. Es handelt sich um den Kuraten Bryce, einen jungen Mann, den es kürzlich von der Universität in Dublin nach Yorkshire verschlagen hat und der eines Tages mit einem Kollegen des Reverend zum Tee nach Haworth kommt. »Er fühlte sich nach Art der Iren gleich zu Hause, war witzig, lebhaft, feurig, klug – aber ohne die Würde und Gediegenheit eines Engländers.« Charlotte genießt den Schlagabtausch, zieht sich aber pikiert zurück, als er beginnt, ihr Gespräch mit allerlei keltischem Dummschmus und Komplimenten zu würzen. Ein paar Tage später hält er brieflich um ihre Hand an. »Das ist ein Abenteuer, das man mir kaum zutraut«, wundert sie sich. »Ich bin gewiß dazu verdammt, eine alte Jungfer zu sein. Das ist mir gleich.«

Der Kurat Bryce stirbt ein halbes Jahr später, und Charlotte nimmt die Nachricht schockiert und traurig zur Kenntnis – dommage.

Es bleibt also wieder nichts anderes übrig, als sich nach einer Stelle umzusehen. Anne war mit entschlossenem Beispiel im April vorausgegangen. Die jüngste Brontë, neunzehn Jahre alt, das »arme Kind«, zu dem die Familie das geringste Zutrauen hatte – ihre Gesundheit war delikat und sie stotterte, wenn in Bedrängnis –, faßte ihren Entschluß alleine und fuhr auf eigenen Wunsch auch alleine zu ihrem Arbeitgeber, der Familie Ingham auf Blake Hall bei Mirfield zwischen Dewsbury und Huddersfield. Ihr Jahresgehalt beträgt spärliche 25 Pfund. Dafür soll sie einen sechsjährigen Jungen und ein fünfjähriges Mädchen unterrichten. In ihrem Roman *Agnes Grey*, der auf Annes Erfahrungen

40. Anne. Aquarell von Charlotte

als Gouvernante fußt, beschreibt sie den Auszug einer Jüngsten, ihre hohen Erwartungen an Nutzen, Frommen und Erfüllung des Lehrerberufes, und spiegelt im Bild der behüteten Agnes und der lieben Greys unverblümt ihre eigene Familie.

»›Ich habe einen anderen Plan, Mama ... ich möchte gerne Gouvernante werden.‹ Meine Mutter stieß einen Schrei der Überraschung aus und lachte. Meine Schwester ließ vor Verwunderung ihre Arbeit in den Schoß sinken und rief: ›Du eine Gouvernante, Agnes! Wie kannst du nur davon träumen!‹ ›Nun! ich sehe darin nichts so sehr Außergewöhnliches. Ich behaupte nicht, ich könne große Mädchen erziehen, aber sicher könnte ich kleine unterrichten – und ich täte es so gern –, ich mag Kinder so sehr. Erlaube es mir, Mama!‹ ›Aber mein Liebes, du hast noch nicht einmal gelernt, auf dich selbst aufzupassen ...‹ ›Aber Mama, ich bin über achtzehn und kann ganz gut auf mich selbst aufpassen und auf andere auch. Du kennst nicht die Hälfte der Klugheit und Vernunft, die ich besitze, weil ich nie auf die Probe gestellt worden bin.‹ ›Überleg doch nur‹, sagte Mary, ›was würdest du in einem Haus voll Fremder tun ohne mich oder Mama, die für dich sprechen und handeln; – mit einem Haufen Kinder, für die du, außer für dich selbst, sorgen müßtest, und keiner, an den du dich um Rat wenden könntest. Du wüßtest nicht einmal, welche Kleider du anziehen solltest.‹«

Agnes wie Anne setzt sich schließlich durch, aber ihre Blütenträume von der Wonne, kleine Kinder zu unterrichten, welken schnell. Anne teilt sich Charlotte mit, und die wiederum informiert Ellen, bei den kleinen Inghams handele es sich um zwei »moderne Kinder«, und darüber hinaus um »hoffnungslose kleine Dummköpfe. Keins von ihnen kann lesen, und manchmal beherrschen sie nicht einmal ihr Alphabet. Das schlimmste ist, daß die kleinen Äffchen unglaublich verwöhnt sind und es ihr nicht erlaubt ist, Strafen über sie zu verhängen. Sie soll, wenn sie sich nicht benehmen, ihre Mama informieren, aber das steht völlig außer Frage, denn sonst müßte sie dort von morgens bis abends Beschwerde führen. Also schilt sie, redet ihnen gut zu und droht, besteht immer auf ihrem ersten Wort und setzt sich durch, so gut sie kann.«

Ob die Kinder des englischen Landadels verwöhnte kleine Monster waren oder ob die Erziehungsmethoden dieser ernsten jungen Frauen einfach scheitern mußten, läßt sich aus der zeitlichen Entfernung nicht mehr mit Sicherheit klären. Gewiß ist, daß keine der Schwestern Brontë Talent zur Gouvernante hatte. Sie wollten schreiben, nicht unterrichten, und sie sahen ihre schöpferischen Energien in fruchtlosen Kämpfen aufgezehrt. Sie, die als Kinder so wißbegierige, phantasievolle kleine Wesen waren, deren lauteste Spiele Diskussionen um die Vorzüglichkeit von Wellington und Bonaparte waren, fühlten sich außerstande, mit durchschnittlichen Gören einträchtig zu leben, denen sie die Nasen putzen, die Schuhe zubinden und bei Tisch den Stuhl unter den Hintern schieben mußten. »Ich kann die plumpe Vertraulichkeit der Kinder nicht ertragen«, seufzte Charlotte. Es steht zu vermuten, daß sie »die hoffnungslosen kleinen Dummköpfe« ihre Abneigung schmecken ließ. Die Chancen für eine entspannte Beziehung standen also von vornherein schlecht.

Was wir über das viktorianische Erziehungsideal wissen – daß die Sprößlinge zwar zu sehen, nicht aber zu hören sein dürften –, steht darüber hinaus im Gegensatz zu den Erfahrungen der Brontës. Aus Überzeugung oder Gleichgültigkeit überließen »moderne Eltern« ihre Nachkommen dem freien Spiel der eigenen Triebe. Und während Mädchen so weit gezähmt wurden, daß sie eitel und ehrgeizig nach einer guten Partie strebten, wurden Dummheit und Grausamkeit bei kleinen Jungen als männlich und schneidig noch gefördert. Die Episode, die Anne in *Agnes Grey* von dem kleinen Tom erzählt, der Leimruten für die Vögel auslegt, ist gewiß »nach dem Leben« geschrieben.

»›Und was machst du mit ihnen, wenn du sie gefangen hast?‹ ›Dies und jenes. Manchmal gebe ich sie der Katze; manchmal schneide ich sie mit dem Taschenmesser in Stücke; aber den nächsten beabsichtige ich bei lebendigem Leibe zu braten.‹«

Agnes läßt schließlich einen schweren Stein auf ein Vogelnest mit junger Brut fallen, das der Onkel dem Jungen geschenkt hat. »Laute Entrüstungsschreie, schreckliche Verwünschungen folgten diesem dreisten Frevel; gerade da kam Onkel Robson mit seiner Flinte den Weg herauf und hielt inne, um seinen Hund zu treten, und Tom flog ihm entgegen und schwor, er werde ihn dazu bringen, daß er mir anstatt Juno einen Tritt versetzen würde. Mr. Robson stützte sich auf seine Flinte und lachte unmäßig über die heftige Wut seines Neffen ... ›Nun, du bist in Ordnung!‹ rief er schließlich, nahm seine Waffe und ging weiter zum Haus. ›Donnerwetter, der Bursche hat aber auch wirklich Mumm in den Knochen! Verflucht will ich sein, wenn ich je einen vortrefflicheren kleinen Schurken sah. Er ist dem Weiberregiment schon entwachsen; bei Gott! Er bietet Mutter, Oma, Gouvernante und allen die Stirn! Ha, ha, ha! Laß es dich nicht verdrießen, Tom, ich will dir morgen eine neue Brut verschaffen.‹ ›Wenn Sie das tun, Mr. Robson, werde ich auch diese töten‹, sagte ich. ›Hm!‹ erwiderte er, nachdem er mich mit einem langen Blick beehrt hatte – dem ich, entgegen seinen Erwartungen, ohne mit der Wimper zu zukken standhielt –, wandte er sich mit der Miene tiefster Verachtung ab und stolzierte ins Haus.« Auch Toms Mutter tadelt die Gouvernante, »daß Sie den lieben Jungen wegen einer bloßen Laune in solches Elend versetzen«.

Anne, für die als Kind ein verweigerter Gute-Nacht-Kuß die schlimmste Strafe war, die Tiere liebte und alles, was nicht mehr kreuchen und fleuchen konnte, zur Pflege mit nach Hause brachte, ist der »heftigen Wut« schutzlos ausgeliefert. In *Agnes Grey* räumen die Kinder das Pult der Gouvernante aus und spukken in ihre Handarbeitstasche, werfen den Inhalt des ersten aus dem Fenster und der zweiten ins Feuer. Bittend und tadelnd folgt sie ihnen in den Park, wo sie zu den Dreckpfützen rennen und mit Stöcken im Wasserbecken rühren wollen.

Dieser Roman, der mit so vielen bitteren Erinnerungen und als Mahnung an Eltern geschrieben wurde, daß eine nicht vorhandene Erziehung herzlose und unglückliche Erwachsene hervorbringe, liest sich heute zu Teilen wie das tragikomische Scheitern einer schönen, aber unduldsamen Seele vor dem kindlichen Drang zu Schmutz und Trotz. In ihrer Ratlosigkeit bindet Anne die beiden Rabauken am Tischbein fest. Nach acht Monaten ist sie ihre Stellung los.

Auch Charlotte bleibt nicht länger als zehn Wochen auf ihrem ersten Posten bei den Sidgwicks auf Stonegappe in der Nähe von Skipton, einer reichen Tuchhändler-Familie. Auch sie wird nicht nur das Opfer infernalischer Gören und bornierter Eltern; sie sieht sich auch in einer gesellschaftlichen Situation verschlissen, die sie mit allen viktorianischen Gouvernanten teilt: Sie waren Damen und vermittelten Formen und Normen, die von einer aufstrebenden Klasse von Land- und Fabrikbesitzern als einengend, aber dennoch zum notwendigen guten Ton gehörend empfunden wurden. Von den Eltern weder geschätzt noch autorisiert, von den Kindern provoziert, befanden sie sich zwischen allen Stühlen. Obwohl sie genauso schlecht wie eine Zofe bezahlt wurden, gehörten sie nicht zum Personal (und wurden von ihm entsprechend widerwillig bedient), noch waren sie ein Mitglied der Familie.

»›Theodor, weißt du noch, was wir für einen Mordsspaß hatten?‹« fragt die elegante Blanche Ingram ihren Bruder in *Jane Eyre*, »›wenn wir Madame Joubert zum äußersten trieben? Wenn wir unseren Tee vergossen, unsere Butterbrote zerkrümelten, unsere Bücher bis an die Zimmerdecke schleuderten, mit dem Lineal auf das Pult trommelten, mit dem Schüreisen auf das Kamingitter schlugen?‹« Und ihre Mutter fügt hinzu: »›Ach Liebstes, sprich mir bloß nicht von Erzieherinnen. Schon die Erwähnung geht mir auf die Nerven. Ich habe wahre Qualen unter ihrer Unfähigkeit und ihren blöden Launen gelitten.‹«

Charlotte, die sich Anregung davon versprochen hatte, in »besseren Kreisen« zu verkehren, fühlt sich bei den Sidgwicks umgehend fehl am Platze. »Haus und Park sind göttlich«, schreibt sie an Emily, aber sie habe keinen Augenblick und keinen Gedanken frei, sie zu genießen. »Die Kinder sind ständig um mich herum, und so aufsässige, verstockte, widerspenstige Bengel hat es noch keine gegeben.« Darüber hinaus versuche Mrs. Sidgwick so viel Arbeit wie möglich aus ihr herauszuschinden und überschwemme sie mit einem Meer von Handarbeiten. »Batist ist meterlang zu säumen, Musselin-Nachthauben sind zu nähen und Puppen zu bekleiden ... Ich sehe nun klarer denn je, daß eine Gouvernante kein

Eigenleben hat, daß sie nicht als atmendes, denkendes Wesen betrachtet wird außer im Zusammenhang mit den öden Pflichten, die sie zu erfüllen hat.«

Der Knabe Sidgwick, den sie zu beaufsichtigen hat, folgt seinem großen Bruder eines Tages zu den Pferdeställen, wo er nichts zu suchen hat. Die Gouvernante, die sie von dort wegzulocken versucht, wird von ihnen mit Steinen beworfen. Ein Geschoß verletzt Miss Brontë an der Schläfe und bringt die beiden zur Vernunft. Die Tatsache, daß sie nicht »petzt«, sondern auf eine entsprechende Frage von Mrs. Sidgwick nur antwortet, »ein Unfall, Madame«, macht ihr die Kinder gewogen. Klein Sidgwick legt bei Tisch seine Hand in die ihre und sagt: »I love 'ou, Miss Brontë«, worauf die Mutter vor der versammelten Familie ausruft: »Die Gouvernante lieben – Kind!«

Zwei solche Gemüter konnten wohl kaum miteinander auskommen. Beschämt gesteht Charlotte, daß Mrs. Sidgwick sie »wie eine Närrin« zum Weinen gebracht habe. Sie, die ihr Bestes versuche, werde wie ein Dienstbote gescholten, weil sie mit einem langen Gesicht herumlaufe und die Kinder nicht amüsiere. Aus den Annalen der Tuchmacher-Familie geht wiederum hervor, daß man die erzieherischen Talente der Gouvernante B. als enttäuschend empfunden habe. »Sie war die ganze Zeit in sehr labilem Gemütszustand. Mein Vetter Benson Sidgwick, heute Vikar in Ashby Parva, warf tatsächlich einmal eine Bibel nach Miss Brontë. Das einzige, woran mein Vetter sich im Zusammenhang mit ihr erinnert, ist, daß sie, wenn man sie einlud, mit zur Kirche zu gehen, glaubte, man wolle sie wie ein Dienstmädchen herumkommandieren. Wenn man sie jedoch nicht einlud, bildete sie sich ein, vom Kreis der Familie ausgeschlossen zu sein.«

Man trennt sich zur gegenseitigen Erleichterung im Juli 1839. Charlotte: »In meinem ganzen Leben war ich noch nicht so froh, aus einem Haus herauszukommen.« In Haworth entdeckt sie ihr Talent zum Herdputzen, Staubwischen, Bettenmachen und Fegen. Am liebsten würde sie, so scherzt sie in einem Brief an Ellen, als Küchenmädchen arbeiten oder in einer Fabrik; als sei eine 16-Stunden-Plackerei geistiger Freiheit zuträglicher als die Verpflichtungen einer Gesellschafterin oder Gouvernante und der halbherzige Verkehr mit besseren Herrschaften.

Es wird an ihrem Einblick ins wirkliche Leben liegen, daß die Geschichten, die sie nun aus Angria schreibt, von Menschen statt von typisierten Finsterlingen handeln. Afrikas brennendes Klima ist auf englisches Maß temperiert, Leidenschaft, Ehrgeiz, gekränkter Stolz und eitle Betriebsamkeit tragen wiedererkennbare Züge. In einer ihrer »Novelettes«, die sie ohne Titel gelassen hat und die nach der männlichen Hauptfigur *Captain Henry Hastings* (Branwells Geschöpf und alias) genannt wird, behandelt sie das Verhältnis eines Geschwisterpaares. Noch heißt der Autor Charles Townsend, noch spielt die Geschichte in Angria, aber das Wetter ist Yorkshire, die familiäre Situation Brontë, und die Heldin, Elizabeth Hastings, spricht und handelt wie eine literarische Vorfahrin von Jane Eyre und Lucy Snowe. Auch Elizabeth, eine unscheinbare Figur im Schatten funkelnder High-Society-Sterne, wenig hübsch, sehr gescheit, reserviert, aber nicht ohne Schneid und wie alle von Charlottes autobiographisch inspirierten weiblichen Gestalten »ausgesucht sorgfältig und geschmackvoll gekleidet«, gelingt der Aufstieg vom Aschenbrödel zur selbständigen Erzieherin. Schließlich ist sie »so erfolgreich, wie es sich eine kleine Frau, die fünf Fuß groß und noch nicht zwanzig Jahre alt ist, nur wünschen kann ... Sie schwirrte so lebhaft durch die Welt wie eine Biene. Kein Zweifel also, daß sie glücklich war ... Doch dieses anspruchsvolle, stolze Geschöpf glaubte, daß es noch immer nicht auf einen einzigen Menschen gestoßen war, der ihm geistig ebenbürtig und darum seiner Liebe wert war.«

Elizabeth erregt das Interesse von Sir William Percy, dem sie freilich nur eine »kleine private Marotte« darstellt. Sie gesteht ihm freimütig ihre Liebe, stößt ihn aber zurück, als der Edelmann ihr nicht seine Hand, sondern den fragwürdigen Stand einer Mätresse anbietet. »Männer sind verdammte Tiere«, sagt der entzauberte Zamorna in derselben Geschichte. Charlottes Fazit für Elizabeth, für Jane, für Shirley und Lucy lautet: Nur Frauen, die auf ihrer persönlichen Integrität bestehen, sind gegen Demütigungen gefeit.

Parallel zu Elizabeths sich anbahnender Romanze steht die Jagd auf ihren Bruder Henry Hastings, Heißsporn und Poet aus Angria, ein Deserteur, Mörder und Verräter, den sie loyal zu decken versucht. »Seine Schwester dachte trotz all seiner Schande nicht einen Deut schlechter von ihrem Bruder. In den Augen seiner Angehörigen ist es persönliche Gemeinheit, nicht öffentliche Schande, die einen Mann erniedrigt. Miss Hastings hörte, wie ihn jedermann verfluchte, sah ihn in jeder Zeitung gebrandmarkt; trotz allem war er für sie derselbe Bruder, der er immer gewesen ... Als er fortging, hatte sie die jubelnde Hoffnung (die sie ungeteilt genießen konnte, weil niemand sonst sie hegte), daß seine zukünftigen Taten die Verleumdungen seiner Feinde auf überzeugende Weise vergessen machen würden. Doch im Grund wußte sie, daß er ein Erzschurke war.«

Als Charlotte *Captain Henry Hastings* schrieb, war Branwell noch nicht wieder von seinem letzten Ausflug in die Welt zurück. Im Mai 1838 hatte ihm sein Vater ein Studio in Bradford finanziert. Die Portraitmalerei, in der vor-photographischen Zeit eine Einnahmequelle selbst für unbegabtere Künstler, als Branwell es war, sollte nun doch mit Ernst verfolgt werden. Bradford als Industrie-Metropole mit einer aufstrebenden Mittelschicht schien ausreichend Kundschaft zu bieten. Doch Branwell gelang es nicht, sich zu etablieren. Er hatte mit rund 20 Kollegen vor Ort zu konkurrieren, und was er verdiente, scheint gerade die Materialkosten gedeckt zu haben. Sein Lehrer, der hoch angesehene William Robinson, war im Jahr zuvor mit neununddreißig Jahren völlig verarmt an der Schwindsucht gestorben, und so scheint es kaum verwunderlich, daß der Schüler noch weniger Auftraggeber fand. Er malte seine Wirtsleute, das Ehepaar Kirby und deren Nichte, sowie seinen Paten William Morgan, der einen Zuschuß zu dem Unternehmen gegeben hatte und Branwell nun aus Gefälligkeit saß. Dann wurden die Aufträge spärlich. Der junge Künstler, der an den Wochenenden die acht Meilen nach Hause lief, hatte an seinen Werktagen genügend Muße, sich mit einem Kreis von Möchtegern-Bohemiens zu treffen und die Runde durch die Ateliers der Kollegen zu machen. Dabei traf er den Maler J. H. Thompson, der Charlotte später aus der Erinnerung portraitierte, und den Bildhauer Joseph Bentley Leyland wieder, der auf dem Höhepunkt seiner Karriere stand. (Er starb wenige Jahre später im Alter von neununddreißig Jahren im Schuldgefängnis. Seine Skulpturen, für die er immer billigeres und schlechteres Material verwenden mußte, sind heute fast sämtlich zerbröselt. Überlebt hat ein Gipsrelief von Branwell, das der Freund in seinen letzten Lebensjahren von ihm schuf und das heute im Pfarrhaus von Haworth hängt.)

Vielleicht war es in dieser Gesellschaft, daß Branwell, der in Bradford in Wirtshausschulden geraten war, sich das Opiumtrinken angewöhnte. »Freund Whisky« war teuer, sein Rausch unbekömmlich, die Folgen nicht zu verbergen. Opiumtinktur – Laudanum liquidum – gab es jedoch in Penny-Portionen beim Drogisten zu kaufen. Es hieß, sie stärke den Geist und beuge der Schwindsucht vor. Ihre wundervolle Euphorie dauerte Stunden an.

1822 hatte Thomas de Quincey seine *Bekenntnisse eines englischen Opiumessers* veröffentlicht, und was für viele Künstler seiner Zeit stimulierend war, sollte wohl auch Branwell Brontë bekömmlich sein. Laudanum war nicht nur eine Mode-Droge, sondern auch eine wohlfeile Universal-Medizin. Man nahm sie so leichtherzig wie heute Aspirin und flößte sie selbst kleinen Kindern ein (»Mutter Baileys Beruhigungs-Sirup«). Walter Scott

41. Mrs. Kirby, Branwells Zimmerwirtin, war nicht geschmeichelt von ihrem Portrait

schluckte sie gegen Magenkrämpfe, als er *Die Braut von Lammermoor* schrieb, und sollte sich später an keine der Passagen mehr erinnern, die unter dem Einfluß der Droge entstanden waren. Auch im Pfarrhaushalt griff man zur blauen Phiole. Charlotte, die selten etwas Stärkeres als Tee zu sich nahm, brauchte oft eine Medizin gegen Kopf- und Zahnschmerzen. Die Präsenz ihrer Angria-Gestalten, die sie einst im Schlafsaal von Roe Head umstanden, spricht nicht nur für die Kraft ihrer Imagination, sondern auch für ein, zwei Teelöffel zehnprozentiger Opiumtinktur.

Byron nahm gelegentlich Laudanum, Shelley, Keats und Barrett-Browning waren abhängig davon. Auch de Quincey konnte sich trotz wiederholter Anstrengungen nicht von der zerstörerischen Sucht befreien. In seinen Schriften pries er »den furchtbaren

Mittler unausdenklicher Wonne und Qual«. Wenn 8000 Tropfen täglich »das Geheimnis der Glückseligkeit« für ihn bargen, dann sollten Branwell kleinere Fluchten aus diesem Jammertal gewiß erlaubt sein. Der Genuß von Wein sei wie eine Flamme, schrieb de Quincey, der von Opium wie ein ständiges, gleichmäßiges Glühen. Welche Verlockung, die Tür jederzeit aufstoßen zu können, dem gequälten Gewissen Frieden zu schenken und den Traum von der intellektuellen Allmacht zu träumen! Coleridge nannte den Rausch einen »Ort der Verzauberung«, und de Quincey schwärmte: »Oh, gerechtes, unendlich zartes, machtvolles Opium, das du den Herzen der Armen und der Reichen ohne Unterschied für die Wunden, die nie verheilen, für die ›Qualen, die den Geist zum Aufruhr treiben‹, lindernden Balsam bringst! Sprachgewaltiges Opium, das du mit deiner Rede Kraft die Pläne des Zorns entführst und dem Schuldigen für eine Nacht die Hoffnungen seiner Jugend zurückgibst ... Aus den Tiefen der Dunkelheit, aus dem phantastischen Bildstoff der Gehirne führst du Städte und Tempel auf, schöner als die Werke des Phidias und Praxiteles, herrlicher als die Pracht von Babylon ... und aus der ›Anarchie des Traumschlafs‹ rufst du die Gesichter längst begrabener Schönheiten und die Züge der Seligen, die einst das Haus bewohnt, gereinigt von der ›Schmach der Gruft‹ herauf ins Sonnenlicht.«

Dies war wie ein nicht enden wollender Angria-Traum, eine erwärmende Euphorie, die das Beste in ihm noch einmal zur Entfaltung drängen will. Leylands Kunst blüht, andere sehen sich gedruckt. Branwell, der nur ein paar Gedichte beim *Leed's Mercury* unterbringt und sonst vor seinen unvollendeten Leinwänden sitzt, kann sich nach ein, zwei Unzen Laudanum immer noch einbilden, Northangerland zu sein, der Dandy mit den arroganten Augenbrauen, wie ihn Freund Leyland nach seinem Abbild skizziert. Er ist einundzwanzig, und die Welt wird noch von ihm hören!

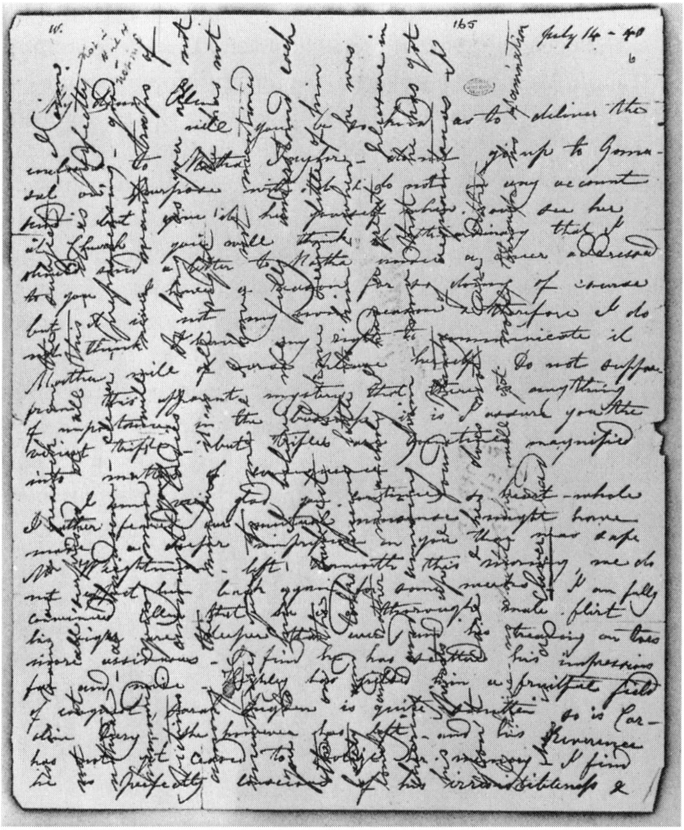

42. »Keighley hat sich ihm als ein fruchtbares Feld der Eroberung zu Füßen geworfen ...«; Charlottes Brief an Ellen.

Im Frühjahr 1839 aber ordert ihn sein Vater nach Haworth zurück und begleicht seufzend seine Schulden. Branwells Stern in der Familie beginnt zu sinken. Da erwächst ihm unverhofft ein Freund in der Gestalt des neuen Kuraten seines Vaters. William Weightman, fünfundzwanzig Jahre alt, ist die einzige erfreuliche Erscheinung in der langen Reihe seiner Spezies, die der alternde Reverend zu seiner Hilfe engagiert. Alles in allem hatte Mr. Brontë wenig Glück mit seinen Assistenten. Er wünschte keine Schwarmgeister, und schon gar nicht solche, die von seiner Kanzel die ewige Verdammnis predigten, und geriet doch, wenn man Charlottes Karikaturen in *Shirley* halbwegs Glauben schenken darf, immer wieder an eitle Hohlköpfe, lärmende Eiferer – und am Ende seiner Laufbahn an einen irischen Landsmann, in dessen »physischer und geistiger Ökonomie« ein Quäker, der in der Kirche den Hut aufbehielt, »wundersame Verheerungen anrichten konnte«. Dies war Arthur Bell Nicholls, sein Schwiegersohn.

43. William Weightman, Kurat in Haworth, Zeichnung von Charlotte

William Weightman jedoch ist hübsch, blond gelockt, charmant und ein vorzüglicher Theologe; er ist gütig, intelligent, voll guter Lebensgeister und darüber hinaus ein Filou, dem sich das Kirchspiel »als ein fruchtbares Feld der Eroberung zu Füßen« wirft. Er ist, in Kürze, eine enorme Bereicherung des Pfarrhaushaltes. Mit ihm zieht eine Leichtherzigkeit ein, an der es in den letzten Jahren doch deutlich gemangelt hat. Der Reverend schätzt seinen guten Kopf, Charlotte steht nicht zurück, ein wenig mit ihm zu kokettieren, Branwell teilt mit ihm die Freude an Jagdausflügen aufs Moor und gelehrten Diskussionen, Emily betrachtet ihn mit ihrem grimmen Humor. Sie wird von ihm »der Major« genannt, weil sie bei einem Spaziergang Ellen Nussey vor seinen Flottheiten beschirmt. Sogar die Tante läßt sich – in Grenzen – von dem jungen Mann aufziehen, und Anne verliebt sich in ihn mit der bangen Gewißheit, daß sie nicht die einzige Bewerberin um sein Herz ist. Denn Willi Weightman, von dem ihre Schwester später ein wenig pikiert sagte, »er hätte nicht Pfarrer werden sollen, ganz bestimmt nicht«, verehrt viele und rasch wechselnde Damen.

Charlotte, die wie üblich nicht bemerkt, was in Anne vorgeht, tauscht derweil mit Ellen anspielungsreiche Briefe. Jede der Freundinnen verdächtigt die andere, in der Person von Mr. Weightman mit dem Feuer zu spielen. Ellen sieht schon Cupidos Pfeile fliegen, Charlotte trägt sich mit dem Gedanken, die beiden zu verkuppeln. »Er wäre gesetzter, wenn er gut verheiratet wäre. Du könntest diesen Einfluß auf ihn haben – keine andere.« Sie selbst dementiert heftig jede zarte Neigung: »Unfug – grundloses Geschwätz«, aber der Ton ihrer Briefe verrät zumindest das Vergnügen, das sie an der Anwesenheit dieses Trabanten empfindet.

Er lädt die jungen Frauen zu einem seiner Vorträge nach Keighley ein, und weder das winterliche Wetter – immerhin muß man vier Meilen mit Laternen über das Moor zurücklaufen – noch die späte Stunde (12 Uhr!), noch die fassungslose Tante, die nicht damit rechnet, daß ihr Willi Weightman um Mitternacht mit Kaffeedurst ins Wohnzimmer schneit, können die gute Laune der kleinen Gesellschaft trüben.

Seine rosigen Wangen und blonden Locken verhelfen Weightman zu dem Spitznamen Miss Celia Amelia, und Charlotte schreibt, als wiege sie diese Androgynität in größerer Sicherheit im Umgang mit ihm, in der Regel von »ihr«. Sie malt ihn im Profil und lacht über die Eitelkeit, mit der er die Falten seines besten geistlichen Gewandes ordnet. Sie leiht ihm ein Ohr – »wenn es ihm gutgeht und er dick und fröhlich ist, denke ich nie an ihn, aber wenn ihn etwas schmerzt, fühle ich mit ihm« – und scheint nicht zu bemerken, daß sie auch in der Rolle der Beraterin in Liebesdingen nicht gegen seinen Charme gefeit ist. Und Mr. Weightman muß eine schöne Menge davon besessen haben. Als er erfährt, daß keine der Schwestern je einen Gruß zum St.-Valentins-Tag erhalten hat, wandert er zehn Meilen aus dem Gesichtskreis des Reverend zu einem entfernten Postamt, um von dort seine gereimten Komplimente an Charlotte, Emily, Anne und Ellen zu schicken: »Göttliche Seele« ... »Hinweg, närrische Liebe« ... »Schöne Ellen, schöne Ellen«. Seine Post schlägt wie eine Bombe ein und ruft verstärktes Korrespondenz-Gegacker zwischen Charlotte und Ellen und der neugierig erwachten Mary hervor.

Dabei übersieht die ältere Schwester ganz offenbar, was sich vor ihren Augen abspielt: »In der Kirche sitzt er Anne gegenüber, seufzt leise und schaut sie aus den Augenwinkeln an, um ihre Aufmerksamkeit zu erregen; und Anne ist so still, ihr Blick so niedergeschlagen. Die beiden sind ein Bild!« Ob ihre Blicke sich schließlich trafen, ob Anne und Willi Weightman sich in den drei Jahren, die er noch zu leben hatte, einander erklärten, werden wir nie wissen. Es gibt keine Briefe, keine Zeugen und keine gemeinsame Zukunft. Es gibt Annes Roman *Agnes Grey*, in dem ein bedeutend gesetzterer, aber ebenso gütiger Geistlicher namens Weston die

Gouvernante liebt. Es gibt Annes Gedichte an einen jungen Mann mit sonnigem Lächeln und weichem Herzen. Aber selbst wenn es Versprechungen gegeben haben sollte, weiß Anne, daß »unser Liebling« ihr nicht alleine gehört. Ihr Gedicht *Glückwunsch an mich selbst* verrät, wie sorgsam Anne ihre Liebe für sich behielt, wie verschlossen sie auch ihren Schwestern gegenüber war, und wie einsam.

Doch Gott sei Dank, du schaust in mein Gesicht
Für Stunden – und siehst doch nicht,
Was meine Seele heimlich fühlt,
Ob Freude oder bitteren Schmerz.
Gestern abend, als wir am Feuer saßen
Und munter miteinander sprachen,
Hörten wir draußen den sich nähernden Schritt
eines, den ich gut kannte.

Da war kein Zittern in meiner Stimme,
Keine Röte auf meinen Wangen,
Kein Glanz in meinen Augen,
Die von Hoffnung oder Freude sprachen.
Doch, oh, wie brannte meine Seele,
Mein Herz schlug schnell und schwer.
Er kam nicht näher, er ging fort,
Und mein Glück war verflogen.

Doch meine Freunde bemerkten es nicht.
Meine Stimme war noch immer dieselbe.
Sie sahen mich lächeln, und mein Gesicht
Zeigte kein Mal von Traurigkeit.
Wie wenig kennen sie meine verborgenen Gedanken.
Niemals werden sie erfahren:
Die schmerzende Qual meines Herzens,
Das bitter brennende Weh.

Im August 1839, Charlotte ist dreiundzwanzig Jahre alt, reift zwischen ihr und Ellen ein kühner Plan. Die beiden jungen Frauen wollen auf ihre erste gemeinsame Reise gehen ohne Anstandsdame, ohne brüderliche Begleitung. »Nur wir beide – welch ein Entzücken!« Es ist fast zu verwegen, um wahr zu sein. So viele Dinge müssen bedacht werden: Das Ziel – Charlotte würde überallhin mit der Freundin reisen, aber schließlich einigt man sich auf Bridlington an der Ostküste – der rechte Zeitpunkt, die Art der Fortbewegung und vor allen Dingen das Einverständnis von Papa und Tante. Obwohl der Reverend nach vielem Umdisponieren keine Einwände mehr hat, fühlt Charlotte, daß ihm das frivole Unternehmen zuwider ist und er sie lieber zu Hause sähe. Die Tante rückt natürlich erst mit ihrer Mißbilligung heraus, als alles geregelt scheint. Die Stimmung ist sehr unerfreulich und Charlotte schon dabei, deprimiert abzusagen, als Ellen wunderbarerweise die Initiative ergreift und einen Wagen nach Haworth schickt, um die Freundin abzuholen. Plötzlich klappt alles wie am Schnürchen. Die Reisekiste ist im Nu gepackt. Branwell lobt: »Ein wackerer Angriff, die Wankelmütigen wurden zurückgeschlagen!« Charlotte wird mit Tasche und Portemanteau in der Kutsche verstaut und rattert winkend und glücklich davon.

In Leeds trifft sie Ellen und steigt zum erstenmal in ihrem Leben in eine Eisenbahn. Die letzte Wegstrecke zur Küste legen die beiden in der Begleitdroschke der Postkutsche zurück. Heute fährt man von Haworth nach Bridlington (damals Burlington) in weniger als zwei Stunden, aber vor 150 Jahren dauerte die Reise einen ganzen Tag, und Charlotte, die noch nie das Meer gesehen hat, ist zum Zittern gespannt. Es ist köstliches Sommerwetter. In der offenen Droschke kann sie die Nordsee fast schon riechen, und manchmal blitzt es blau zwischen den Hügeln. Aber Charlotte, die ihre Brille nicht findet, kann das Meer nicht sehen. »Beschreib's mir nicht«, bittet sie Ellen, »laß mich warten.« Doch der Tag bringt ihr kein ungetrübtes Glück. Freunde der Nusseys, die von dem Alleingang der beiden erfahren haben, halten sie an der Station auf. Zwei schutzlose Frauen in einem öffentlichen Verkehrsmittel! Umgehend werden sie wieder ins Landesinnere verschleppt und mit Tee und Ratschlägen traktiert. In einer Pension am Meer wollen sie wohnen? Welch ein Gedanke! Man quartiert sie bei den guten Bauersleuten Hudson ein, drei Meilen von der Küste entfernt.

Es fällt nicht schwer, sich Charlottes Pein vorzustellen, als ihr Fuß nach solchem Höhenflug unvermutet wieder Boden streift. »Ich hätte speien können«, hatte sie in Roe Head bei einer ähnlichen Störung in ihr Tagebuch geschrieben. Vermutlich fühlt sie nun eine gleiche Regung – aber Manieren, Formen sind strenge Meisterinnen, die keinen Ungehorsam dulden. Am nächsten Tag ist es dann endlich soweit. Arm in Arm wandern die beiden durch gelbe Kornfelder und buschige Hohlwege zu dem kleinen Seebad hinüber. Die Brille steckt in der Tasche. Als Charlotte des Meeres ansichtig wird, ist sie so überwältigt, daß sie die Freundin vorauswinkt und ihren Tränen freien Lauf läßt. Ellen darf sie schließlich weiterführen, aber noch stundenlang ist sie ergriffen und in sich gekehrt.

»Ich werde Ihnen nicht sagen, was ich vom Meer halte, sonst verfalle ich in meine alte Sünde des Überschwangs«, schreibt sie an Henry Nussey, und später – »gesund und sehr dick« von der Reise zurück – an Ellen: »Hast Du das Meer vergessen? Oder siehst Du es noch vor Dir? Dunkelblau und grün und gischtweiß; hörst Du es tosen, wenn der Wind stürmt, und sanft sich wälzen, wenn alles still ist?« Die Sehnsucht nach dem Meer hat Charlotte ihr ganzes Leben lang nicht verlassen, aber Bridlington sollte sie erst wiedersehen, als sie Anne auf ihrer letzten Reise begleitete.

Für eine Woche nehmen die beiden Freundinnen schließlich Logis in der Stadt. Sie laufen über den Strand und die Klippen, und Charlotte amüsiert sich über das gesellschaftliche Treiben. Bridlington, das heute über eine ausgedehnte Seepromenade verfügt, samt Vergnügungspark, Minigolfplatz und spotzenden Motorbötchen, konnte seinen Sommergästen damals nur ein kleines Pier für den abendlichen Spaziergang bieten, und so drehte sich die ganze Gesellschaft wie in einem vollgepackten Ballsaal im Kreise herum, grüßend und nickend, und nach der dritten Begegnung mit den Herrschaften aus Nummer neun wurde es nachgerade peinlich.

Von den Fenstern ihrer Pension blicken die beiden auf die Kapelle einer schwarmgeistigen Sekte. Als Charlotte die Gemeinde eines Abends über die Straße herüberjuchzen hört, ist sie ganz versessen darauf, hinzugehen und nachzuschauen, »was die da vorhaben«, aber Ellen überzeugt sie, daß diese Menschen weder Spott noch Kritik vertrügen, und Charlotte nimmt Abstand von ihrem Vorhaben.

Charlottes Anhängerschaft zur »Church of England« wurde niemals erschüttert, aber sie hegte ein immer waches Interesse an allen Ausformungen der Religion. Zwar wurde die anglikanische Pfarrerstochter nicht müde, den »papistischen Unfug« mit seinen Weihrauchfässern zu schmähen, gleichwohl schlummerte in ihr auch ein katholisches Element, eine Neigung zum Wunderbaren über ihren knöchernen Protestantismus hinweg. »Sie hatte mehr religiöse Toleranz, als man von einem Menschen annehmen könnte, der nie gezweifelt hat«, bestätigte Mary. Als im April 1840 in der Sonntagsschule von Haworth ein Gemeindetreffen einberufen wird, weil die Methodisten und die Baptisten sich weigern, Abgaben für eine Kirche zu zahlen, der sie nicht angehören, sind die Schwestern selbstverständlich dabei. Es geht hoch her. Mr. Brontë hat Mühe, nicht nur die Dissidenten in Schach zu halten, sondern auch seinen Kuraten Weightman und einen irischen Pfarrer namens Collins, dessen Worte Charlotte der Freundin lieber einmal mündlich mitteilen will. Am Nachmittag ist dann ganz Haworth in die Kirche St. Michael's eingeladen, und tatsächlich sperren die Dissidenten ihre Kapellen zu und finden sich geschlossen zum Gottesdienst unter dem Thema »Sekten und die Folgen« ein.

»Miss Celia Amelia sprach nobel und schlug die Dissidenten furchtlos und unbarmherzig. Ich dachte, danach hätten sie für eine Weile genug, aber es war nichts gegen die Dosis, die sie an diesem Abend noch zu schlucken bekamen. Eine schärfere, klügere, mutigere und herzbewegendere Rede als die, die Mr. Collins letzten Sonntag von der Kanzel in Haworth lieferte, habe ich noch nie gehört. Er schrie nicht, er übertrieb nicht, er jammerte nicht, er versuchte nicht, sie zu angeln. Er stand lediglich auf und sprach mit der Direktheit eines Mannes, der von der Wahrheit seiner Worte überzeugt ist und der weder Furcht vor seinen Feinden noch vor irgendwelchen Konsequenzen hat. Seine Predigt dauerte eine Stunde, und ich hätte ihm gern noch länger zugehört. Ich sage nicht, daß ich mit ihm oder Mr. Weightman übereinstimme – nicht einmal mit der Hälfte ihrer Ansichten. Ich halte sie beide für bigott, intolerant und sträflich ungerecht ... Mein Gewissen erlaubt mir weder Puseyist noch Hookist zu sein, aber wäre ich ein Dissident, hätte ich die erste Gelegenheit ergriffen, diese beiden Herren für ihre erbitterte Attacke gegen meine Religion und ihre Lehrer mit der Reitgerte durchzuprügeln.«

Auch Emily, die so sein wollte, »wie Gott mich gemacht hat«, gestand einem jeden zu, nach seiner Fasson selig zu werden, äußerte sich jedoch nur sparsam zu dem Thema. »Einmal erwähnte ich, daß mich jemand gefragt habe, welcher Religion ich angehörte«, erinnerte sich Mary Taylor, »und ich sagte, das sei eine Angelegenheit zwischen Gott und mir. Emily, die auf dem Kaminvorleger saß, rief aus: ›Stimmt!‹ Und das war alles, was ich je von Emily über Religion hörte.« In ihrem Gedicht *Mein Tröster* steht Emily zwischen der Glorie des Himmels und dem Glanz der Hölle, bereit für die widerstrebenden Empfindungen; die konventionelle Glaubensausübung aber irritierte sie bis zur Weißglut: »Um mich herum stammeln Kreaturen Lob/oder heulen über ihre hoffnungslosen Tage/mit rasendem Mund.« John Greenwood, der Schreibwarenhändler, beobachtete sie sonntags in der Kirche, wie sie stocksteif und mit zusammengepreßten Lippen in der Bank saß. (Und er fügte hinzu, daß ihr äußeres Erscheinungsbild nicht verbessert wurde durch einen einzelnen, vorstehenden Zahn.)

Charlotte scheint sich nach ihrer Glaubenskrise in Roe Head in konventioneller Frömmigkeit eingerichtet zu haben. Anne ging ihren eigenen schmalen Pfad. Branwell hatte die Beziehung zu Gott gekündigt. Als Pfarrerskinder aber waren sie alle eingebunden ins kirchliche Leben. Sie gaben Unterricht in der Sonntagsschule, und Branwell, der schon im Insel-Spiel »höchst gnadenlos« Püffe unter den Zöglingen ausgeteilt hatte, sparte auch bei der Jugend von Haworth nicht mit Kopfnüssen. Unwürdige Spielarten der Religionsausübung boten nie versiegenden Gesprächsstoff. Anne tadelt in *Agnes Grey* den Rektor Mr. Hatfield, der den Mittelgang hinaufgesegelt kommt, »er kletterte auf die Kanzel, wie ein Eroberer seinen Siegeswagen besteigt . . . zog einen hellen lavendelfarbenen Handschuh aus, um die Gemeinde mit dem Anblick seiner glitzernden Ringe zu beglücken, fuhr sich mit den Fingern sacht durch das wohlgelockte Haar, schwenkte ein Taschentuch aus Batist« . . . und nach dem »Amen« fliegt er zum Portal, um dem Landherrn und seinen schönen Töchtern seine Komplimente zu entbieten.

Emily greift in der *Sturmhöhe* schon härter zu mit der Figur des alten Pharisäers Joseph und mit Lockwoods Traum vom Gottesdienst bei Jabez Branderham, zu dem möglicherweise der Methodistenprediger Jabez Bunting Modell gestanden haben könnte, der 1833 die neue Kapelle von Woodhouse Grove eingeweiht hatte. Das Treiben der Sekten, die dem Reverend seine Schäfchen abspenstig machten und einen langen, zehrenden Konflikt um die Kirchen-Abgaben mit ihm führten, war den Brontës hoch verdächtig und reizte zugleich ihre Spottlust. In der *Sturmhöhe* gerät

Lockwood in der Kapelle in eine Schlägerei, »und Branderham, der nicht untätig zusehen wollte, verlieh seinem Eifer durch einen Hagel lauter Tritte gegen die Bretter der Kanzel Ausdruck«. Auch für Charlotte sind die »Dissenter« eine bevorzugte Zielscheibe. In den Jahren 1838 und 1839 schreibt sie manch saftige Satire auf die »Kanzel-Polterer«. In *Julia* läßt sich z. B. eine Truppe Methodisten, denen der Hausherr die Tür gewiesen hat, im Speisesaal der Dienerschaft nieder. »›Wir können warten.‹« Es ist gerade Essenszeit, und als für das Personal eine Schüssel Suppe, Schweinebraten, Pastete und Gemüse aufgetragen werden, vernimmt der Anführer eine Stimme: »›Erhebe dich und iß!‹ – ›Dein Wille geschehe‹«, antwortet er laut und beginnt, sich zu bedienen. Wie Elias unter dem Wacholderbaum nötigt ihn die innere Stimme zum Nachfassen, und er versorgt auch seine Glaubensbrüder mit Braten und Kohlrabi sowie zwei Gallonen milden alten Ales. Das Mahl nimmt seinen Fortgang unter lauten Gebeten und respondierenden Seufzern, bis die Missionare aus dem Haus geworfen werden und man den Anführer um ein Haar in der Pferdetränke ersäuft.

In *Passing Events* wiederum geht der Dandy Charles Townsend in die Kapelle der Wesleyaner, um sich an den wüsten Predigten zu delektieren. Da sitzt er in seinem schmucken, dunkelgrünen Gehrock, blaßgelber Lederweste und Nankinghosen, die schönen hellen Locken keck zur Seite gebürstet und die primelfarbenen Handschuhe über dem Gesangbuch arrangiert. Es kann losgehen: »›Dreckige Lumpen sind wir, Topfscherben, mit denen der Aussätzige sich kratzt, Schalen mit verfaultem Opferblut, Kehricht aus dem Hof Deines Tempels, Halme aus dem Misthaufen, Auswurf der Hundehütten, Diebe, Mörder, Verleumder, Meineidige.‹ ›Amen, Amen‹, stöhnte ein jeder vom Grund seiner Seele ... Mr. Bromley fuhr fort: ›... Oh, schütte Deine Gnade auf uns wie ein Wasserspeier, wasch uns, schrubb' uns mit Sand und Seife, wirf uns Hals über Kopf in Nebukadnezars Feuerofen, eingewikkelt in unsere Mäntel und Hosen, unsere Kleider, unsere Schuhe und Hüte, unser Bett und Bettzeug, unsere Laken, Decken, unsere Pfühle und Kopfkissenbezüge. Hinein mit unseren Fleischkesseln und Wärmeplatten, unserem Bratspieß und dem Breitopf, unserer Terrine und der Suppenkelle. Hinein ohne Ausnahme, denn die Pest unserer Schande ist über uns allen ... oh, Herr, tue Dein Werk gründlich, wenn das Feuer geschürt wird, und spare nicht mit Kohlen!«

Noch in *Shirley* mokiert Charlotte sich über die Methodisten – nicht mehr ganz so ungeniert, wie sie es in *Angria* für ihr exklusives Publikum zu Hause tat –, dafür mit etwas mehr Stahl in der Stimme, denn in dem großen sozialen Gewebe des Romans sind die Dissidenten nicht nur dubiose Glaubensvertreter, sondern auch die Verbreiter von höchst gefährlichem republikanischem Gedankengut. Und da endete der Spaß.

X

Emily und Keeper • Romantik und Erotik • Abschied von Angria - • Ein braver junger Mann • Mai in Ambleside • Branwell bei der Eisenbahn • Anne in Thorp Green • Junge Damen der Gesellschaft • Charlotte in Upperwood House • Schule für drei • Ein starker Wunsch nach Flügeln • Geburtstagsbriefe • Nach Brüssel

Wissen Sie, als ich nämlich in den Vierzigerjahren noch Kurat im West Riding war, besuchte ich einmal Haworth und übernachtete im Pfarrhaus. Seit meiner Ankunft in Shangri-La befasse ich mich mit dem ganzen Problem der Familie Brontë – ich schreibe ein Buch darüber. Vielleicht wollen Sie es gelegentlich durchblättern?

James Hilton
Der verlorene Horizont

Das Jahresende 1839 sieht die Geschwister Brontë zusammen im Pfarrhaus. Es ist für lange Zeit das letztemal, und nie wieder sollte ihre Gemeinsamkeit ohne Schatten sein. Anne war im Dezember von den Inghams nach Hause geflüchtet. Sie stotterte und war sehr verstört über ihr »Versagen«; man hatte ihr gekündigt. Emily war seit dem Law-Hill-Intermezzo zu Hause geblieben. Ob sie sich von der Direktorin, Miss Patchet, in gegenseitigem Einvernehmen getrennt hatte, ist nicht bekannt. Nun backt sie zu Hause das Brot, schreibt Gedichte und malt ihre Tiere »nach dem Leben«, den struppigen Grasper und den Mastiff Keeper, der mit Duldung von Tante Branwell sein mächtiges Gestell vor dem Wohnzimmerkamin ausstrecken darf.

Aus Keepers Jugend gibt es eine Anekdote, die etwas von Emilys gespaltenem Wesen verrät, das sie meist unter ihrer Wortkargheit verbarg. Die junge Frau, die gern zum Fenster hinausträumte und darüber ihre Näharbeit vergaß, war Anwandlungen unterworfen, deren Wut und Unbarmherzigkeit sich vorwiegend gegen geliebte Wesen richteten und damit fast einer Selbstbestrafung gleichkamen. »Mit sich selbst hatte sie kein Mitleid«, klagte Charlotte später. Sich selbst zu lieben fand Emily folglich noch schwerer.

Ihr großer Hund pflegte in unbewachten Momenten die Treppe hinaufzutrotten und sich auf den frischgemachten Betten zu lagern. Obwohl er mehrmals darauf hingewiesen wurde, daß er sich damit das Privileg des Haus-Aufenthaltes verscherzte, bestand er auf dieser unsauberen Gewohnheit. Schließlich entschied Emily für ihn. Sie schleppte das knurrende Ungeheuer am Nakkenfell in den Hausflur hinunter und vertrimmte es in einer Ecke mit bloßen Fäusten, während Charlotte und Tabby, die Hand vor den Mund geschlagen, aus sicherer Entfernung zusahen. Keeper hatte seine Meisterin gefunden. Sie badete ihm anschließend selbst die geschwollenen Augen, und der arme Kerl dankte ihr die Willenskundgebung wie die Wohltat durch lebenslange, ausschließliche Treue.

Glücklich, einander wiederzuhaben, nehmen Emily und Anne in diesem Winter den Faden ihrer Gondal-Saga erneut auf. Wir kennen nicht den aktuellen Stand des Spiels, wir wissen nicht, wieviel sie gemeinsam erdachten oder wie weit der Spielraum für eigene Muster in dem großen Gewebe war. Im April 1839 hatte Emily das *Lied* von König Julius geschrieben, der hoch zu Roß ausgezogen war, seinen Widersacher Gerald aufs Haupt zu schlagen. Doch:

Auf seinem Schwert, so blank von Siegen,
Ein unsichtbarer Rost schon lag,
Die Sonne sinkt, kaum daß sie gestiegen,
Der Abend kommt, bevor es tagt.

Auf dem Feldzug ereilt Julius sein Geschick. Er wird von einem gedungenen Mörder erstochen.

Anne wiederum beschäftigt ein ganz anderes Thema. In den Sommerferien desselben Jahres hatte sie die Ballade *Der Abschied*

44. Keeper, »nach dem Leben« gezeichnet von Emily

geschrieben, in der »die Herrin von Alzernos Hallen« vergeblich auf die Rückkehr ihres Gemahls wartet, der in den Armen der Erzählerin, Alexandrina Zenobia, gestorben war. Aus einer Geburtstagsnotiz, die eineinhalb Jahre später entsteht, wissen wir, daß noch immer Krieg wogt zwischen den Königshäusern. Die Gondaländer wanken nicht in ihrer Unversöhnlichkeit. Währenddessen wird Charlottes Kunst erwachsen. Seit *Henry Hastings* hat sie begonnen, den Rahmen des Angria-Spiels als Fessel ihrer literarischen Entdeckerfreude zu empfinden. Auch die Vorgaben des Bruders – immer noch in der Rolle von Brannii-Blitz alias Northangerland – beginnen sie zu langweilen. »Ein Erdbeben und eine Revolution stehen nicht jeden Tag zu erwarten«, schreibt sie in ihrer letzten Novelette, »eine ständige Wiederholung solcher Stimulantien belastet und verstimmt den Magen der Öffentlichkeit.«

Ihre Öffentlichkeit sind Branwell, Emily und Anne, aber ihre seit Kindertagen kultivierte Haltung von angenommener Publizität in allergrößter Heimlichkeit – diese Zeitungen ohne Auflage, diese Fensterreden an ein nicht existierendes Publikum und die vielen fiktiven »lieben Leser« – verliert für sie niemals ihren Reiz.

In *Caroline Vernon*, ihrer letzten Geschichte aus Angria, nimmt sie sich noch einmal ihr Lieblingsthema vor: die Machtspiele zwischen Männern und Frauen. Zur Anregung dienen ihr diesmal die Skandale um Lord Byron, die sich nach dem Tod des Dichters (1824) inzwischen auch bis in den abgelegensten Winkel von Yorkshire herumgesprochen haben. Da hört man von Caroline Lamb, die dem Verehrten in Knabenkleidern nachgestellt hatte; von Claire Clairmont, die explizit nur das eine wollte, und von dem inzestuösen Verhältnis des Lords mit seiner Halbschwester Augusta. Dies alles ist natürlich überaus schockierend und erstaunlich und ein wunderbarer Stoff, der nach einer Fassung in blumiger, ironischer, metaphernreicher Prosa verlangt. Der Heldin der Geschichte, Caroline, fünfzehnjährige »natürliche«

Tochter Northangerlands und der Opernsängerin Louisa Vernon, hatte die Lektüre Byrons den Kopf verdreht, informiert die Autorin den Leser. Sie selbst ist mit dreiundzwanzig selbstverständlich dem Alter törichter Schwärmerei entwachsen und kann sich entsprechend über Miss Vernon, in der doch auch ein Stückchen Miss Brontë steckt, mokieren. »Sie wollte für einen Mann sterben können – ohne deshalb gleich einen Fall für den Leichenbestatter abzugeben.« Das romantische junge Ding wächst in einem abgeschiedenen Landhaus als Mündel des Herzogs von Zamorna auf. Von ihrer überspannten Mutter in Unkenntnis über ihre Schönheit gehalten und längst über ihre Jahre hinaus in eine Kinderschürze gesteckt, verliebt sie sich in ihren Vormund, der erst am Abend ihrer Abreise nach Paris, wo sie endlich »Schliff« erhalten soll, bemerkt, daß er ein erblühtes Wesen auf dem Schoß sitzen hat. Monate später, von Vater Northangerland in weiser Voraussicht dem Dunstkreis Zamornas entzogen, grämt sich Caroline auf dem Lande in der Unschuld von Eden-Cottage. In ihren Träumen sieht sie sich an der Stelle ihrer Halbschwester Mary Percy, der Herzogin von Zamorna. Sie entwirft Pläne zur Flucht, bestellt beim Dorfschneider schon einen Knabenanzug, als ein Brief Zamornas an »meine liebe kleine Caroline«, die er schon fast vergessen hatte, sie zu einem ebenso überstürzten wie kaltblütigen Aufbruch treibt. Sie setzt ihren Strohhut auf, schließt das Gartentörchen hinter sich und geht in die Stadt, wo sie die Postkutsche nach Freetown nimmt – »eine Entführung ohne Bräutigam«. Zamorna, von ihrem unerwarteten Auftauchen zunächst peinlich berührt, vergißt bald seine feineren, skrupulösen Neigungen. Auf seine Frage: »Willst du morgen mit mir gehen?«, antwortet Caroline Vernon wie achtzig Jahre nach ihr Molly Bloom: »Ja.«

Eine solche Geschichte wäre 1839 selbstverständlich nicht zu veröffentlichen gewesen. Denn nicht nur das Thema, auch die Sprache, in der Charlotte Romantik und Erotik verbindet, sind eine ungeheure Provokation. Dr. Freud wäre wahrscheinlich vor Vergnügen um seinen Schreibtisch gesprungen, wenn er Zamorna im abendlichen Garten hätte sehen können, wie er seine Zigarre entflammt. Aber auch die Viktorianer verstanden, zwischen den Zeilen zu lesen, und wußten die Bilder vom süßen Tauregen, vom zerbrochenen Siegel und dem scharfen Krummschwert an des Herzogs Lende zu deuten.

In dem Winter, in dem Charlotte *Caroline Vernon* beendet, nimmt sie auch Abschied von Angria. Dreizehn Jahre lang hat sie ihr Leben mit dem Tagtraum geteilt. Die Obsession, die sie in Roe Head fast zerrissen hatte, als sie am hellichten Tag Stimmen hörte und Gesichter sah, ist einer milderen Gemütslage gewichen. Sie hat ein wenig von der Welt draußen gesehen und sehnt sich nun danach, »für eine Weile das glühende Land zu verlassen, in dem wir allzu lange verweilt haben, über dem der Himmel flammte und beständig das Glühen des Sonnenuntergangs lag. Der Geist möchte ablassen von der hitzigen Erregung und sich nun einem kühleren Bezirk zuwenden, wo die Morgendämmerung grau und nüchtern heraufzieht und der neue Tag, zumindest für eine Zeit, wolkenverhangen ist.«

Diesmal ist es Branwell, der als erster ins Nüchterne aufbricht. Charlotte schreibt am 28. Dezember an Ellen: »Es wird bei uns noch weniger abwechslungsreich werden. Branwell, dessen Gegenwart uns belebte, wird uns in einigen Tagen verlassen, um den Posten eines Hauslehrers in der Nähe von Ulverston anzutreten. Ob es ihm gefällt und wie er zurechtkommt, wird man abwarten müssen. Zur Zeit ist er voller Hoffnung und guter Vorsätze. Ich, die ich seine wechselhafte Natur ... kenne, wage nicht, allzu zuversichtlich zu sein. Wir sind emsig bei seinen Reisevorbereitungen. Hemdenschneidern und Kragennähen beschäftigen uns vollauf.«

Branwells Arbeitgeber in Broughton-in-Furness bei Ulverston ist Mr. Postlethwaite, ein pensionierter Richter und wohlhabender Landbesitzer »von herzlicher und großzügiger Natur«, seine beiden Jungs sind »aufgeweckte Burschen«, wie ihr Lehrer bald nach Hause mitteilt. Der Brief, den er im März an seinen alten Freund, den Küster John Brown, schreibt, ist allerdings nicht für die Augen seiner Familie bestimmt. Das Praktizieren der guten Vorsätze – so stellt sich nun heraus – ist nicht mehr als eine Posse. Und ob sein Abschiedsumtrunk in Kendal auf dem Weg wie geschildert verlaufen ist oder ob es sich um eine Percy'sche Prahlerei handelt – Charlottes Unruhe bezüglich seines wechselhaften Charakters und unberechenbaren Tatendrangs scheint sich zu bestätigen.

»Alter Trumpfbube«, schreibt er an Brown, » ... Du würdest mich nicht wiedererkennen, und Du würdest lachen, wenn Du hörtest, was für einen Charakter mir die Leute hier andichten. Oh, die Falschheit und Heuchelei der Welt! ...« Der Gentleman, bei dem er zur Miete wohnt, ist »ein honoriger Arzt, an zwei von sieben Tagen voll wie eine Haubitze. Seine Frau ist eine emsige, schnatternde, herzensgute Seele, und seine Tochter! Oh, Hölle und Verdammnis! Nun, was bin ich? Das heißt, wofür halten sie mich? Für einen sehr ruhigen, gesetzten, nüchternen, enthaltsamen, geduldigen, mildtätigen, tugendhaften, vornehmen Philosophen, das Bild guter Werke und die Schatzkammer rechtschaffener Gedanken. Karten werden unter das Tischtuch geschoben, Gläser im Buffet versorgt, wenn ich das Zimmer betrete. Ich nehme weder Spirituosen noch Wein, noch Malzgetränke zu mir. Ich kleide mich in Schwarz und lächle wie ein Heiliger oder Märtyrer. Jedermann sagt: ›Was für ein braver junger Herr ist doch Mr. Postlethwaites Hauslehrer!‹ Das ist eine Tatsache, so wahr ich eine lebende Seele bin, und ich mache mich sehr behaglich lustig über sie. Ich gedenke, mir ihre gute Meinung zu erhalten. Ich habe in Kendal, am Abend, als ich fortfuhr, für ein halbes Jahr Abschied vom alten Freund Whisky genommen.«

In diesem Städtchen, nicht weit von seinem Bestimmungsort entfernt, hatte Branwell sich im Royal Hotel einer Herrengesellschaft angeschlossen. »Wir bestellten ein spätes Abendessen und dazu Whisky-Punsch ›heiß wie die Hölle‹. Sie dachten, ich wäre Arzt und gaben mir den Vorsitz. Ich sprach diverse Toasts aus, die heruntergespült wurden, bis der Raum sich drehte und die Kerzen vor unseren Augen tanzten.« Ein Streit zwischen einem Iren und einem »Sohn Israels« führt zu einer Schlägerei, und Branwell schmettert sein Glas zu Boden und hält mit für »Alt Irland« … Seitdem sei er nüchtern geblieben. »Meine Hände zittern nicht mehr. Ich reite mit Mr. Postlethwaite in Bankgeschäften nach Ulverston, trinke Tee und klatsche mit alten Damen. Was die jungen angeht! Eine sitzt gerade neben mir: hübsches Gesicht, blaue Augen, dunkles Haar, süße achtzehn – sie ahnt nicht, daß der Teufel ihr so nahe ist.«

Immerhin hält Branwell ein halbes Jahr durch. Die Postlethwaite-Knaben (wahrscheinlich auch keine frecheren Kinder als die Monster, die seine Schwestern verabscheuten), sind recht angetan von ihrem jungen Hauslehrer, der vielleicht nicht allzu streng auf Zucht und Ordnung sieht. In den Schulstunden malt er Bilder für sie und erzählt Geschichten; ansonsten lockt ihn der nahe Lake District zu ausgedehnten Wanderungen.

Im Mai erfüllt sich einer von Branwells schönsten Träumen: Er trifft einen wirklichen Dichter. Hartley Coleridge, ältester Sohn von Samuel Taylor Coleridge, lädt ihn nach Nab Cottage am Rydal Water bei Ambleside ein. Branwell hatte ihm überraschend moderat geschrieben – »ich lechze nicht nach Ruhm« – ihm ein langes Gedicht und Teile seiner Horaz-Übersetzung geschickt. Dabei hatte er eine glückliche Auswahl getroffen. Auch Hartley Coleridge liebte und übertrug Horaz. Die Oden, die Branwell aus dem Lateinischen ins Englische transponiert hatte, gefielen ihm. Branwells Übersetzung ist 1923 als Privatdruck erschienen, und sie muß ihre Frische und Gültigkeit bewahrt haben, denn der Herausgeber schrieb dazu: »Branwell war (nach Emily) der zweite Dichter in der Familie – und ein sehr guter zweiter.«

Der Maitag am See beglückt Branwell und gibt ihm neuen Mut. Hier spricht ein Mann zu ihm, der in vieler Hinsicht ebenfalls nie erwachsen geworden ist. Hartley Coleridge, ein brillantes, hypersensibles Kind, kam so wenig wie Branwell mit der Realität zurecht. Als Junge lebte er in seiner eigenen Traumwelt Ejuxria, aus der er »Briefe« empfing, die er seinem Bruder schilderte. Manisch-depressiv veranlagt, schon mit vierzig Jahren weißhaarig und gebeugt umherschleichend wie ein alter Mann, konnte er es nicht einmal ertragen, wenn in seiner Gegenwart ein Brief geöffnet wurde. Eine kurze Universitätslaufbahn mußte er wegen seiner Trinkerei aufgeben. Anders als Branwell hatte Hartley jedoch einen überaus gnädigen Vater und Freunde, darunter Wordsworth und Southey, die seine Unfähigkeit, das Leben zu bestehen, mit Nachsicht vergalten und keine Forderungen nach Karriere und Erfolg an ihn stellten.

Sei es nun aus Menschenfreundlichkeit oder Überzeugung – an diesem Frühlingstag rät Coleridge Branwell, die Literatur zu seinem Leben zu machen. Leider endet ihre Verbindung zur nämlichen Zeit. Auf den Dankesbrief des jungen Mannes, der, nach Broughton-in-Furness zurückgekehrt, sich wunder welche Erwartungen in den Kopf setzt und Coleridge schreibt, er bestehe darauf, ihn am künftigen Geldsegen seines literarischen Erfolgs teilhaben zu lassen, antwortet der Dichter nicht. Dies ist um so bitterer, da Branwell mit durchaus berechtigten Hoffnungen ein Terrain bestellt hatte, auf dem er kompetent war. Hätte Coleridge seine Beziehungen spielen lassen, wäre Branwell zumindest der erste Brontë gewesen, der sich in der literarischen Szene einen Namen gemacht hätte. Doch so gibt es lediglich den Entwurf eines Schreibens, das Coleridge weder vollendete noch in anderer Form abschickte, und in dem er dem jungen Mann, der vielleicht nicht nach Ruhm, aber endlich nach einem Wort der Ermutigung lechzte, bescheinigte, daß er ein origineller Kopf und ein vielversprechender Dichter sei, daß seine Sprache kraftvoll, sein Versbau oft meisterlich und die Spritzigkeit seiner Übertragung sowohl ein Beweis für profunde Gelehrsamkeit als auch die Beherrschung beider Sprachen sei ...

Der Brief hätte Branwell bei der Familie Postlethwaite nicht mehr erreicht. Aus nicht ganz geklärten Gründen – sei es die Vernachlässigung seiner Pflichten, sei es eine leichtsinnige Zechtour oder, wie man später in Haworth munkelte, weil er ein Hausmädchen der Postlethwaites verführt und schwanger sitzengelassen hatte – verliert Branwell nach sechs Monaten seinen Posten. Im Juni 1840 ist er wieder in Haworth und trifft dort auf die streng blickende Charlotte und die etwas gelassenere Emily.

> Nun, manche mögen hassen und manche mögen höhnen
> Und manche selbst deinen Namen vergessen,
> Aber mein betrübtes Herz wird für immer
> Deine vernichtete Hoffnung,
> deinen zerstörten Ruhm beklagen
> ...

hatte sie im Jahr zuvor ein Gedicht begonnen, und ob es sich nun auf den Versager in der Familie bezieht oder nur eine Facette in Emilys Weltsicht spiegelt – es sieht aus, als ob sie, die ähnlich untüchtig wie ihr Bruder war, jedoch nicht die gleiche Erwartungslast zu tragen hatte, zu dieser Zeit Branwell verstand und mit ihm fühlte.

Wie auch immer die Stimmung ist, den jungen Mann hält es nicht lange zu Hause. Zwei Monate später berichtet Charlotte mit etwas gequälter Lustigkeit von einer neuen Entwicklung: »Ein entfernter Verwandter von mir, ein gewisser Patrick Boanerges*, ist ausgezogen, um in der wilden, schweifenden, abenteuerlichen,

* Jesus nennt seine Jünger Johannes und Jakobus Boanerges, d. h. Söhne des Donners. Brontë bedeutete im Altgriechischen Donner

romantischen Eigenschaft des fahrenden Ritters sein Glück als Angestellter der Leeds-und-Manchester-Eisenbahn zu machen.« Nun hatte die Eisenbahn für Charlotte vielleicht den Hautgout des Profanen; für die Mehrzahl der Engländer war sie das prachtvolle Symbol eines neuen Zeitalters. 1830 hatte der Herzog von Wellington die erste Linie von Liverpool nach Manchester eingeweiht, und die unerhörte Spitzengeschwindigkeit von 40 Meilen in der Stunde ließ manche Zeitgenossen um die geistige Gesundheit der Passagiere fürchten. Um 1840 wurde dann Keighley ans Netz angeschlossen, die nächsterreichbare Station für die Brontës. Ein Posten bei der Eisenbahn konnte auch für einen begeisterungsfähigen jungen Mann ohne technische Vorkenntnisse durchaus seine Reize haben – vergleichbar mit der Stellung eines Stewards bei einer Fluggesellschaft heutzutage –, zumal das Anfangsgehalt als stellvertretender Stationsvorsteher 75 Pfund im Jahr betrug.

Der Nachteil ist jedoch, daß es auf dem Bahnhof von Sowerby Bridge, zweieinhalb Meilen außerhalb von Halifax, herzlich we-

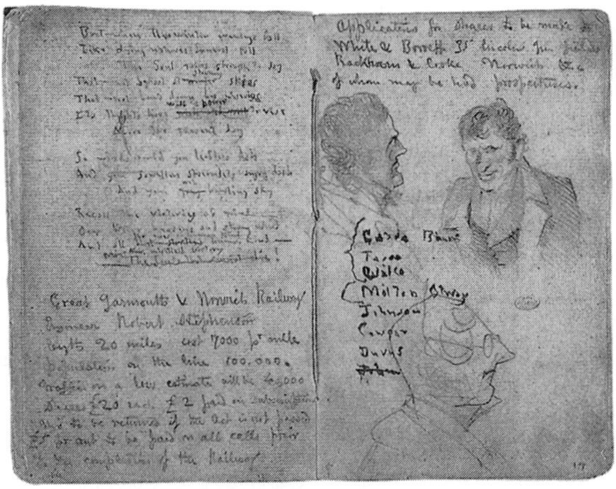

45. Eine Seite aus Branwells Notizbuch,
das er in Luddenden Foot führte

nig zu tun gibt. Fahrkarten müssen verkauft, Züge beim Durchfahren oder Anhalten beobachtet werden. Branwells Vorgesetzter ist ein Herr, der sich rühmt, schon vor Dienstantritt zehn halbe Bier zu heben, und es steht zu befürchten, daß der Stellvertreter ihm nacheifert. In seiner reichlich bemessenen Freizeit wandert er nach Halifax hinüber, um den Bildhauer Leyland und alte Freunde aus Bradford zu besuchen. Ein halbes Jahr später wird Branwell zum Stationsvorsteher ernannt, aber die Beförderung muß auf ihn wie eine Strafversetzung gewirkt haben. Luddenden Foot liegt noch zwei Meilen weiter aufwärts der Strecke, kein Knotenpunkt, sondern nur eine miese kleine Station. Da hilft auch die Gehaltserhöhung nichts. Emily berichtet Charlotte: »Es sieht aus, als ginge es nun doch voran.« Das tut es mitnichten.

In Luddenden Foot gerät Branwell in ziemlich rauhbeinige Gesellschaft. Die Langeweile in seiner Bretterbude, das Vorbeirumpeln der Züge wirken nicht sehr stärkend auf sein Pflichtgefühl. Er ist öfter an der Theke des »Lord Nelson« zu finden als hinter seinem Schreibtisch. In seinem Terminkalender stehen neben flüchtigen Aufzeichnungen über Fahrkartenverkauf und Tonnage, Gedichtfragmente, gezeichnete Vignetten und immer wieder der Ausruf: Heiliger Jesus! Als Ende März 1842 der Kontostand überprüft wird, fehlen elf Pfund in seiner Kasse. Sie sind in der unübersichtlichen Geschäftsführung des Stationsvorstehers von Luddenden Foot verlorengegangen.

Branwell wird entlassen – und trotz der erneuten Schande muß er den Einschnitt auch als Erlösung empfunden haben. An einen Freund, den Eisenbahningenieur Francis Grundy, schreibt er später: »Ich würde lieber meine Hand verlieren, als noch einmal die gemeine Liederlichkeit durchzumachen, die lästerliche, kaltblütige Ausschweifung, die Entschlossenheit herauszufinden, wie weit ein Mensch mit sich Schindluder treiben kann, ehe er zur Hölle fährt. All dies prägte dort nur allzuoft mein Verhalten, verloren, wie ich war, fern von allen, die ich liebte, als ich Erleichterung im Frönen von Gefühlen suchte, die einen dunklen Punkt in meinem Charakter darstellen.«

Anne hatte sich zum Zeitpunkt seiner Rückkehr bereits zu ihrem zweiten Wagnis gesammelt. Im Mai 1840 war sie nach Thorp Green Hall in der Nähe von York zur Familie Robinson aufgebrochen. Edmund Robinson, einundvierzig Jahre alt, war Würdenträger der anglikanischen Kirche, ein Umstand, der Anne zu der Meinung verführte, in seinem Haushalt ginge es weniger weltlich und materialistisch zu als bei den Inghams. Dies war jedoch nicht der Fall.

Wenn wir Annes Roman *Agnes Grey* so lesen, wie sie ihn als Schilderung nach dem Leben hatte verstanden wissen wollen, dann können wir – vorsichtig – in einigen Punkten von den Murrays auf die Robinsons schließen. Mrs. Robinson war demnach »eine hübsche, flotte Dame um die Vierzig, die weder Rouge noch Polster benötigte, um ihre Reize herauszustreichen«. Etwas vage im Kopf, bringt sie keine klare Anweisung an die Gouvernante zustande und – was Anne mit besonderer Mißbilligung vermerkt – kein Bibelzitat korrekt zu Ende. Ihre drei Töchter, fünfzehn, vierzehn und elf Jahre alt, für deren Bildung, oder wohl eher konventionellen Glanz, die Pastorentochter sorgen soll, zeigen ein erschreckendes Maß an Eitelkeit und Herzenskälte und »kennen nicht den Unterschied zwischen Recht und Unrecht«. Die älteste ist nur darauf erpicht, eine gute Partie zu machen, die andere ist ein Wildfang, »voll animalischer guter Lebensgeister«, als denkendes Wesen jedoch im Zustand der Unversehrtheit. Außerdem flucht sie wie ein Soldat. Die beiden machen sie auf ihre schwatzhafte Art zur Vertrauten, was Anne, die sich noch weniger als Charlotte eine Frivolität gestattet, in Kühle und christlicher Demut erduldet. Dennoch lernen die Mädchen in den fünf kommenden Jahren ihre sanfte, unbeugsame Erzieherin zu respektieren und zu lieben. Noch nach ihrem Weggang suchen sie brieflich ihren Rat und umdrängen sie bei einem Besuch in Haworth mit solcher Herzlichkeit, daß Charlotte ein ganz klein wenig angewidert ist von ihrem Enthusiasmus.

Junge Damen der Gesellschaft vom Kaliber der Robinson-Mädchen spielen in den Romanen der beiden Schwestern oft den Kontrast-Part, vor dem die Heldinnen – tapfere Damen mit Namen Grau, Luft oder Schnee – in besonders vorteilhaftem Licht erscheinen. So mancher jungen Miss, die zu ihrer Zeit die Lehrerin verdrossen hatte, wird da retour beschieden. Anne schreibt über den Typ Range in *Agnes Grey*: »Bald nach dem Frühstück begab sich Miss Matilda zu ihren bevorzugten Aufenthaltsorten – den Gehegen, Ställen und Hundezwingern. Zuvor war sie durch ein paar wenig gewinnbringende Übungen hindurchgejagt und -gestolpert und hatte eine Stunde lang sträflich auf dem Klavier gehämmert, in schrecklicher Laune gegen mich und das Instrument, da ihre Mutter ihr den Unterricht nicht erlassen wollte.«

In Charlottes Roman *Villette* ist es die kokette Guinevra Fanshawe, die, wasserdicht gegen alle Ermahnungen, ihr Lebensziel verfolgt: den Herren zu gefallen. »Doktor Brettons Ankunft erweckte Miss Fanshawe, die bisher teilnahmslos dagesessen hatte. Jetzt begann sie zu lächeln und gefällig zu plaudern.« Doch kaum waren die Damen nach dem Dinner wieder unter sich, »da wurde sie wieder matt und verdrossen ... Im Augenblick aber, da wir hörten, wie die Herren die Stühle rückten, brachen ihre Schmähungen ab. Sie fuhr auf, flog zum Piano und hämmerte mit Feuereifer auf die Tasten.«

Charlotte neigte auch im Leben zu Spitzen gegen weniger charakterstarke Vertreterinnen ihres Geschlechts – ein Zug, den sowohl Ellen als auch Mrs. Gaskell als unpassend zu verbergen trachteten. Mary sagte von ihr: »Sie war viel zu geduldig mit dummen Leuten, wenn die nur einen Funken Freundlichkeit in sich hatten.« Deduzierte Charlotte jedoch Dummheit ohne Güte, kannte sie wenig Schonung. Sie verfügte nämlich nicht nur über eine hervorragende Beobachtungsgabe, sondern auch über ein böses

Mundwerk. Über ihre ehemalige Mitschülerin Amelia Walker, eine Verwandte von Mrs. Firth, schrieb sie nach einem Besuch: »Miss Amelia wechselte ihren Charakter alle halbe Stunde; eben noch die süße Sentimentale, nun die heillose Plaudertasche. Mal lautete die Frage: Bin ich am hübschesten, wenn stolz und vornehm? Dann wieder: Würde mir sanfte Vertraulichkeit besser stehen?«

Doch zurück nach Thorp Green. Ganz ohne Vorteile ist Annes Stellung bei den Robinsons nicht. Durch sie und mit ihnen sieht sie in den Sommerferien in Scarborough zum erstenmal das Meer. Es bringt in ihr eine Saite zum Klingen, die niemand bei der scheuen Frau vermutet hat. Sie ist glücklich, wenn sie hinter ihren nach den Männern äugelnden Schützlingen am Strand spazierengehen kann; sie genießt die Farben und den Geruch des Wassers, und je heftiger es rollt und gischtet, um so mehr liebt sie es. Ihr Gedicht *Zeilen, geschrieben im Wald an einem windigen Tag*, offenbart in seinem für Anne ungewöhnlichen, treibenden Versmaß dieses Glücksgefühl angesichts der stürmischen Natur und ihren Drang hinaus aus der geduckten Enge.

Auf fährt mein Geist, und die Seele erwachet,
Getragen davon auf den Flügeln des Winds,
Denn um mich herum heult des Sturms wildes Tosen,
Erweckt zu Entzücken die Erde, das Meer.

Das lang-welke Gras in der Sonne erglänzet,
Hoch werfen die Bäume die Äste empor,
Das Laub auf der Erde, es wirbelt im Tanze,
Schnell über den Himmel die Wolken hinziehn.

Ich wünschte, ich sähe das Meer um mich branden,
Den Schaum seiner Wogen, zerstäubende Gischt,
Ich wünschte, ich sähe die Wellen sich brechen
Und hörte zur Stunde den donnernden Schall.

Im März 1841 – Branwell dient in Sowerby Bridge, Anne auf Thorp Green – begibt sich auch Charlotte wieder in die »alte Tretmühle«. Die Familie von John White, Kaufmann aus Bradford in Upperwood House, Rawdon, kann ihrer neuen Gouvernante nur 16 Pfund im Jahr bieten (einschließlich Besorgung ihrer Wäsche). Charlotte hofft jedoch, auf ihrem zweiten Posten durch ein freundliches Verhältnis zu ihren Arbeitgebern für das knappe Salär entschädigt zu werden; und in der Tat findet sie bald lobende Worte für Mr. White, der zwar von niederer Herkunft ist, dafür aber keine Bücher nach der Gouvernante wirft. Auch ihre Zöglinge, ein achtjähriges Mädchen und ein sechsjähriger Junge, sind selbstverständlich verwöhnt, zeigen aber Anlagen zur Folgsamkeit. Zwischen der spröden Charlotte und dem »dicken Baby«, das sie gelegentlich zu beaufsichtigen hat, spinnt sich sogar eine Zuneigung an, die sie selbst kaum glauben kann. »Es hat sich an mich gewöhnt und mag mich – manchmal vermute ich, daß auch ich es gerne mag – aber dieser Verdacht schwindet sofort, wenn seine Mama es nimmt und einen Narren aus ihm macht. Von dem süßen kleinen rosigen Krümel sinkt es in meiner Achtung zu einem verwöhnten kleinen Plagegeist herab.«

Das Zeitalter der Kindheit war für Charlotte ein barbarisches Stadium auf dem Weg zur Menschwerdung. Als sie später die kleinen Mädchen von Elizabeth Gaskell kennenlernt und in deren Verhalten Anzeichen von Rücksicht auf andere Menschen und Fürsorge für ihre Tiere entdeckt, ist sie überzeugt, außergewöhnliche Spezies vor sich zu haben.

Trotz ihres zuvorkommenden Arbeitgebers wird sie auch in Rawdon nicht glücklich. Es liegt wohl an ihr. »Ich bin eine Närrin«, schreibt sie. »Es fällt mir schwer, die Dienerschaft oder die Herrin um etwas zu bitten, ganz gleich, wie sehr ich es wünsche. Es ist mir weniger schmerzlich, die größten Unannehmlichkeiten zu ertragen, als in die Küche zu gehen und um Abhilfe zu bitten.«

Das Verhältnis zu Mrs. White gestaltet sich entsprechend schwierig. Diese ist noch viel weniger distinguiert als ihr Gatte, nämlich die Tochter eines Steuereinnehmers, rühmt sich jedoch gerne ihrer glänzenden Verbindungen und schaut auf die »Geschäftswelt« herab.

Charlotte, deren Großvater Branwell selbst Kaufmann war und deren Großvater Brunty ein Bauer, in dessen Hütte der Fußboden die blanke Erde war, hatte sich eine Philosophie zurechtgelegt, nach der Herrschaften – adelig oder zumindest reich – eine bessere Sorte Menschen waren. In Angria wandelte sie ausschließlich mit den »Erhabensten der Erhabenen«, und noch in ihren Romanen sind die Heldinnen, selbst wenn sie sich Waisenkinder wähnen, alle von respektabler Herkunft.

Charlotte war gern bereit, »große Leute« zu bewundern; wurde sie durch Trivialität enttäuscht, zog sie sich in einen Dünkel zurück, den sie aus ihren beherrschten Manieren, ihrem tadellosen Sprachgebrauch und ihrem hoch entwickelten Sinn für Schicklichkeit bezog. So hatte sie schon begonnen, von der Dame des Hauses »gut zu denken«, trotz ihrer mangelhaften Grammatik und noch schlechteren Rechtschreibung, als sie in deren Jovialität plötzlich einen derben, völlig undamenhaften Zug entdeckte; und damit darf sich Mrs. White aus der Achtung der Gouvernante verabschieden.

Hinfort vermerkt sie jeden Nadelstich, den sie der anderen versetzen kann, mit kleinlicher Genugtuung. Ellens Bruder George – »ein Gentleman« – bringt sie nach einem Besuch bei den Nusseys mit seinem Wagen nur bis zum Tor, ohne seine Aufwartung im Haus zu machen, ein Lapsus, für den Mrs. White ihre Gouvernante »fast in die Luft gesprengt hätte. Sie wurde vor Ärger ganz rot im Gesicht.« Mr. White möchte den Reverend Brontë zu einem Besuch nach Upperwood House einladen, aber Charlotte winkt ab: Papas Gesundheit – ein voraussehbarer Mangel an Ungezwungenheit – außerdem wäre sie dann den Whites gegenüber zu Dank verpflichtet. Statt dessen bittet sie um einen freien Tag, um nach Brookroyd zu Ellen zu fahren. Sie freut sich, das liebe Gesicht wiederzusehen und, die Füße auf dem Kamingitter, mit Ellen zu plaudern. Aber wie immer läßt sie die Freundin in Unkenntnis über das, was sie wirklich bewegt. Erst muß die Angelegenheit entschieden und auf den Weg gebracht sein, ehe Charlotte sich darüber verbreitet. Sie kennt die Grenzen der guten Seele; ihr Rat ist nicht gefragt.

Charlottes Plan, der in ihrer Korrespondenz mit Emily und Anne langsam Gestalt annimmt, ist das Projekt einer eigenen Schule. Ein kleines Institut mit wenigen Schülerinnen, bescheidene Anfänge, harte Arbeit – all dies scheint erfreulicher als das fortgesetzte Dienen in fremden Familien. Es bedeutete Autorität im eigenen Haus und das Zusammensein der drei. Ihre Schule – das ist der »Polarstern«, nach dem Charlotte und Anne steuern, und mit der gewohnten Energie und Lust am Bestimmen nimmt die Ältere die Sache in die Hand. Privatschulen für Mädchen gibt es im Westen von Yorkshire in allzu großer Zahl. Charlotte findet den Osten weniger konkurrenzträchtig. Wäre Bridlington nicht schön? Miss Wooler bietet Dewsbury Moor an. Gegen die Übernahme der Möbel möchte sie als Pensionärin dort wohnen bleiben. Emily scheint der Plan zuzusagen, aber Charlotte verwirft ihn. Der Ort ist ihr »vergiftet«, und zudem sind in dem Vertrag Emily und Anne nicht mit vorgesehen.

Das Projekt gerät schon ins Wanken, als ein Brief aus Brüssel Charlotte neuen Schwung gibt. Er kommt von ihrer Freundin Mary. Nach dem Tod des Vaters im Jahr zuvor hatte sich die große Taylor-Familie zerstreut. Martha – das »Fräulein Ungestüm« – war nach Brüssel gegangen, um im Château de Koekleberg, einer eleganten Schule für reiche kleine Engländerinnen, kontinentalen Schliff zu erwerben. Mary besucht sie dort mit ihrem Bruder Joe in den Sommerferien. Aus der belgischen Hauptstadt schickt sie Charlotte ein Paar Ziegenlederhandschuhe und einen Bericht über die Wunder der prächtigen Metropole – ihre Kathedralen und Avenuen –, der Unvorhergesehenes in der Seele der Adressatin anrichtet. »Ich weiß gar nicht, was mir plötzlich in die Kehle stieg, als ich ihren Brief las; so eine heftige Ungeduld gegen die Einschränkungen der Routine, solch ein starker Wunsch nach Flügeln, so ein ungestümer Hunger zu schauen, zu wissen, zu lernen. Etwas in meinem Inneren schien sich plötzlich für einen Augenblick auszudehnen. Mich quälte das Bewußtsein meiner ungenutzten Fähigkeiten – dann brach alles zusammen, und ich verzweifelte.«

Doch Marys Brief hat einen Keim der Unruhe gesät, der bald zu einem neuen, noch kühneren Plan reift. Warum sollten zwei von ihnen nicht auch nach Frankreich oder Belgien gehen und gewinnen, was perfekte Gouvernanten auszeichnete? Auslandserfahrung, Sprachen, einen französischen Akzent? Dies würde beim Durchsetzen der eigenen Schule sehr hilfreich sein. Es muß nicht gleich Paris oder ein teures Château sein ... Und wer sollte Charlotte begleiten?

Ihre Wahl fällt ohne zu zögern auf Emily. Warum sie, die offenbar so zufrieden in Haworth haushält? Warum nicht Anne, um deren Gesundheit sie sich in diesem Sommer sorgt? »Sie hat so viel zu erleiden, viel mehr als wir. Wenn ich an sie denke, sehe ich sie immer vor mir als geduldige, drangsalierte Fremde unter Leuten, deren grobe Anmaßung, Stolz und Tyrannei unser Vorstellungsvermögen übersteigt. Ich kenne die verborgene Empfindlichkeit ihrer Natur ... Sie ist einsamer und noch weniger als ich mit der Fähigkeit begabt, Freunde zu finden.«

Aber Anne hatte, wenn auch keine Freunde, einen Job für 40 Pfund im Jahr, und so entscheidet Charlotte: »Ich sage Emily statt Anne, denn Anne wird vielleicht später einmal drankommen, wenn unsere Schule sich etabliert hat.«

Auch Emily hatte den Plan mit überraschender Bereitwilligkeit verfolgt. Ihr Geburtstagsbrief vom 30. Juli 1841, den sie vier Jahre später mit einer ähnlichen Chronik der laufenden und erhofften

46. Mary Taylor in späteren Jahren

Ereignisse aus Annes Feder vergleichen will, bespricht ihren praktischen Sinn – Bares! – und eine Zufriedenheit, die nicht auf den Radius des Pfarrhauses beschränkt ist. Emily, die nach der Legende nur auf ihrem heimatlichen Moor glücklich sein konnte, sehnte sich mit dreiundzwanzig selbst aus seiner langweiligen Öde hinaus. Ein Ortswechsel hatte für sie keine Schrecken. Was sie zuverlässig krank und elend machte, war die Unterordnung ihres Lebensgefühls in fremde Systeme, die keine Muße für ihre poetische Arbeit ließen. »Freiheit war Emilys Atem«, schrieb Charlotte später. Im Jahr 1841 war sie durchaus bereit, sie auch außerhalb von Haworth zu suchen. »Es ist Freitag abend, kurz vor neun Uhr, wildes, regnerisches Wetter. Ich sitze im Wohnzimmer, bin gerade damit fertig geworden, unsere Pulte aufzuräumen, und schreibe diese Zeilen. Papa ist im Salon – Tante ist oben in ihrem Zimmer. Sie hat Papa aus *Blackwood's Magazine* vorgelesen. Victoria und Adelaide haben sich im Torfschuppen niedergelassen, Keeper ist in der Küche – Hero [der Falke] ist in seinem Käfig. Wir sind alle bei Kräften und guter Dinge, und ich hoffe, daß Charlotte, Branwell und Anne es auch sind. Charlotte ist bei John White, Esq., Upperwood House, Rawdon; Branwell ist in Luddenden Foot, und Anne ist, glaube ich, in Scarborough und schreibt dort vielleicht ähnliche Zeilen nieder.

Zur Zeit wird ein Plan erwogen, unsere eigene Schule zu gründen; zwar ist noch nichts entschieden, aber ich hoffe und vertraue darauf, daß er weiterverfolgt wird und gedeiht und unsere schönsten Erwartungen erfüllt. Ich wüßte gern, ob wir heute in vier Jahren noch immer so langweilig dahinleben werden wie jetzt, oder ob wir von Herzen zufrieden sein werden. Die Zeit wird es weisen.

Ich stelle mir vor, daß zu der Zeit, die zur Öffnung dieser Papiere festgesetzt ist, wir (d. h. Charlotte, Anne und ich) alle fröhlich in irgendeiner hübschen, gutgehenden Schule in unserem eigenen Zimmer sitzen werden. Die Sommerferien werden gerade begonnen haben. Unsere Schulden werden bezahlt sein, und wir werden Bares in beträchtlicher Höhe zur Verfügung haben. Papa, Tante und Branwell werden uns gerade besucht haben oder sich ankündigen. Es wird ein schöner, warmer Sommerabend sein, ganz anders als die hiesige Öde, und Anne und ich werden uns vielleicht für ein paar Minuten in den Garten hinausstehlen, um unsere Briefe zu lesen. Ich hoffe, dies oder etwas Besseres wird der Fall sein. Die Gondaländer sind zur Zeit in einer furchtbaren Lage, doch bis jetzt gibt es noch keinen offenen Bruch. Alle Prinzen und Prinzessinnen der Krone befinden sich im Palast der Weisung. Ich habe eine Menge Bücher zur Hand, muß aber leider sagen, daß ich wie üblich mit keinem so recht vorankomme. Jedenfalls habe ich gerade einen neuen Arbeitsplan gemacht! Und das muß ich tun – verb sap –, um große Dinge zu erreichen. Und nun schließe ich und sende aus der Ferne eine Ermunterung: Mut, Jungs, Mut! an die verbannte und gequälte Anne und wünschte, sie wäre hier.«

Anne beschreibt am selben Tag ebenfalls die Familiensituation, aber obwohl sie wie Emily auf das Gelingen ihres Plans hofft, ist sie offenbar zu müde, zu realistisch oder zu bescheiden, um sich die Zukunft in rosigen Farben auszumalen:

»Ich bin Gouvernante in der Familie von Mr. Robinson. Ich verabscheue den Posten und möchte ihn gern für einen anderen eintauschen. Ich bin jetzt in Scarborough. Meine Schüler sind im Bett, und ich beeile mich, dies hier zu beenden, ehe ich ihnen folge ... Wir sind nun alle getrennt, und es ist unwahrscheinlich, daß wir uns vor Ablauf so mancher beschwerlichen Woche wiedersehen, aber soweit ich weiß, ist keiner von uns krank, und wir tun alle etwas für unseren Lebensunterhalt, außer Emily, die jedoch so fleißig wie wir alle ihr Brot verdient. Wie wenig wissen wir, was wir sind. Wieviel weniger noch, was wir sein werden.

... Wir haben Keeper bekommen, haben eine süße kleine Katze bekommen und sie wieder verloren, auch einen Falken haben wir. Haben eine Wildgans bekommen, die fortgeflogen ist, und drei zahme, von denen eine getötet wurde ... Wir selbst haben uns in den letzten vier Jahren kaum verändert. Ich habe noch dieselben Fehler wie damals, lediglich habe ich an Klugheit, Erfahrung und ein wenig an Selbstbeherrschung gewonnen. Was wird sein, wenn wir diesen und Emilys Brief öffnen? Ob die Gondaländer noch immer gedeihen, und in welcher Lage sie wohl sein werden? Ich schreibe gerade am vierten Band von Solala Vernons Leben ...«

Charlotte hat indessen das Auslandsprojekt weiter vorangetrieben. Nach vielen Erkundigungen und Preisvergleichen entscheidet sie für eine Brüsseler Schule, die ihr der englische Kaplan dort empfiehlt: das Pensionat des Demoiselles von Madame Claire Zoë Heger. Und sie hat auch einen Menschen gefunden, der das nötige Geld vorstrecken wird. Elizabeth Branwell hatte bereits bei dem Schul-Vorhaben durchblicken lassen, daß sie möglicherweise einen Kredit gewähren werde. Nun muß Charlotte ihren guten Willen in vorher noch ungedachte Bahnen lenken. Sie tut es auf höchst diplomatische Weise, an Tantes Geschäftssinn ebenso appellierend wie an ihr Faible für feine Lebensart. Hat Tante Branwell nicht auch immer gewünscht, daß die Nichten vorankämen?

»Meine Freunde sagen mir, daß Schulen in England so häufig sind und der Wettbewerb so groß ist, daß ohne einen Schritt in Richtung höhere Bildung unser Vorhaben ... möglicherweise scheitern könnte. Ich würde nach Brüssel gehen ... In einem halben Jahr könnte ich mich gründlich mit Französisch vertraut machen. Ich könnte mein Italienisch sehr verbessern und sogar ein bißchen Deutsch lernen ... Dies sind Vorteile, die von größtem Nutzen sein werden, wenn wir tatsächlich selbst eine Schule gründen wollen. Du hast Dein Geld immer gern profitabel angelegt. Du magst keinen schäbigen Handel. Wenn Du jemandem einen Gefallen tust, geschieht das oft in großherziger Art, und sei versichert, die 50 oder 100 Pfund, die Du gäbst, sind gut angelegt.

Außer Dir, liebe Tante, kenne ich gewiß keinen anderen Freund in der Welt, an den ich mich in dieser Angelegenheit wenden könnte ... Papa wird vielleicht denken, dies sei ein unsinniger und ehrgeiziger Plan; doch wer hat es jemals ohne Ehrgeiz in der Welt zu etwas gebracht?«

Die Reisekosten werden pro Person fünf Pfund betragen, das Schulgeld, inklusive aller »Extras« – Zeichnen, Deutsch und Klavierspiel – 26 Pfund im Jahr. Falls sich die Zöglinge ihr eigenes Bettzeug nicht mitbringen können, wird ein Zuschlag für Kissen und Plumeau berechnet. Der Ernst und die Präzision, mit denen Charlotte sich in ihrem besten Französisch bei Madame und Monsieur Heger nach den Bedingungen erkundigte, überzeugten diese sogleich, daß hier eine strebsame Pastorentochter bei ihnen anklopfte, der man bevorzugte Konditionen gewähren sollte.

Diese ist entschlossen, das Beste daraus zu machen. Und sie entscheidet für Emily gleich mit. Es ist unwahrscheinlich, daß die Schwester der Übersiedlung ins Damenpensionat mit dem glei-

47. Elizabeth Branwell

chen Enthusiasmus entgegensieht. Pflicht und Notwendigkeit heißen auch ihre strengen Meisterinnen. Im Gegensatz zu Charlotte muß sie sich jedoch von einer Umgebung trennen, die ihr lieb ist. »Sei nicht traurig wegen Dewsbury Moor . . .«, hatte Charlotte ihr geschrieben, als die Übernahme gescheitert war.

Nun verplant sie bereits ihr Leben nach dem Schulbesuch. »Du und ich werden uns um eine Stelle im Ausland bemühen«, kündigt sie an, »ich habe nicht vor, kürzer als ein Jahr zu bleiben.« In den Weihnachtsferien sind die drei jungen Frauen wieder zusammen in Haworth. Diesmal beschäftigen sie die eigenen Reisevorbereitungen vollauf. Selbst der Reverend ist mit einbezogen. Er hat beschlossen, seine Töchter persönlich zu begleiten, und fertigt für seine erste Auslandsreise ein 36seitiges Heftchen an, in dem er Redewendungen, Grußworte und zu erwartende Beschwerden in Französisch, Lautschrift und Englisch notiert. (»J'ai mal à l'estomac – Jay mal lestomá – I have a sick stomach.«) Branwell, der eigentlich zu Weihnachten erwartet wurde, taucht nur an einem Januar-Wochenende auf. Charlottes Aufregung und Vorfreude auf Brüssel, »das gelobte Land«, erinnern ihn nur allzu deutlich daran, daß er in Luddenden Foot lebendig begraben ist. Am 8. Februar 1842 ist es dann endlich soweit. In Begleitung von Mary und Joe Taylor bricht die halbe Familie Brontë via London in die Fremde auf.

Anne kehrt nach Thorp Green zurück. Zwei sich fortbildende Damen konnte Tante Branwell finanzieren; eine dritte mußte für sich selbst sorgen. Anne, die vielleicht gern an Emilys Statt zu Hause geblieben wäre, beugt sich den pekuniären Umständen und dem dringenden Wunsch der Robinsons, die ihre Gouvernante nicht ziehen lassen wollen. Sie kehrt zurück, obwohl Papa eine Tochter im Haus haben sollte und Willi Weightman sie in der Kirche anseufzt. Aber da hört man von so vielen anderen jungen Damen . . . Anne war nicht die Frau, die sich riskanten Hoffnungen hingab. Es war wohl besser, zu gehen. Vom Wohnzimmerfenster winkt ihr Tante Branwell nach, als der Gig sie am Gartentor abholt. Zehn Stunden dauert die Reise im offenen Einspänner. Das Wetter? *Agnes Grey* erreicht ihre Arbeitgeber halb totgefroren; der Schnee dringt durch ihren Hutschleier und sammelt sich in ihrem Schoß. Im Pfarrhaus wird es sehr still. Tabby ist zu ihrer Schwester gezogen, um ihr Bein auszukurieren. Die kleine Martha Brown, zwölf Jahre alt, hält in der Küche die Stellung. Vier Jahre später schreibt Anne: »Damals war ich in Thorp Green; von dort bin ich gerade erst entkommen. Damals wünschte ich mich von dort weg, und wenn ich gewußt hätte, daß ich noch vier weitere Jahre würde dortbleiben müssen – wie unglücklich wäre ich gewesen.«

XI

Das Pensionat Heger • Emilys Eigenheiten • William Weightman stirbt • Elizabeth Branwells Tod • Über das Entstehen von Legenden • Hauslehrer bei den Robinsons • Eine Herzensentscheidung

Ich wollte gern glauben, daß Emily eine schwierige Person war; nicht gerade die Sorte Mädel, die man auf den Jahresball der Polizei mitnehmen würde.

Robert Barnard
Emilys Erbe

»Dies ist Belgien, lieber Leser – schau! Und nenne das Bild bitte nicht fade oder stumpfsinnig – als ich es zum erstenmal erblickte, kam es mir weder fade noch stumpfsinnig vor. Als ich Ostende an einem milden Februarmorgen verließ und mich auf der Straße nach Brüssel befand, konnte mir nichts langweilig erscheinen ... Ich war jung; ich war gesund; Vergnügen hatte ich nie kennengelernt, kein Wohlleben hatte einen Bereich meines Wesens ermüdet oder übersättigt. Zum erstenmal atmete ich die Luft der Freiheit, und die Macht ihres Lächelns und ihrer Umarmung gaben meinem Leben neue Kraft wie der Westwind und die Sonne.« So begrüßt William Crimsworth im *Professor* den Kontinent. Die Reisegesellschaft Brontë/Taylor hat, als sie ihn am 15. Februar 1842 betritt, eine vierzehnstündige Überfahrt mit dem Postdampfer hinter sich. Vorausgegangen waren zwei hektische Tage in London, an denen Charlotte jedes berühmte Bild und jedes bedeutende Denkmal besichtigen wollte – schon vor 150 Jahren ein ebenso aufreibendes wie aussichtsloses Unternehmen. Offenbar weil die jungen Frauen längere Zeit auf dem Kontinent zubringen wollten, mußten Pässe besorgt werden (bis 1915 reisten britische Untertanen in der Regel ohne Papiere durch Europa). Patrick notierte ins Büchlein der Redewendungen, daß er im belgischen Konsulat fünf Shilling pro Nase dafür angelegt hatte. Bei den Franzosen hätten die Reisedokumente das Doppelte gekostet.

Einquartiert hatte der Reverend seine Gruppe in dem altmodischen, düsteren Chapter Coffee House, Paternoster Row, im Schatten von St. Paul's Cathedral, das einzige Gasthaus, das er kennt. Zu seiner Studienzeit waren dort die Kleriker abgestiegen. Theodor Fontane schrieb zehn Jahre später über die Örtlichkeit: »Paternoster Row ist eine schmale, finstere und nicht allzu saubere Gasse, die mit Ludgate Street parallel läuft und auf St. Paul's Yard mündet. Die Gasse ist dadurch interessant, daß Buchhandlung ne-

48. Die Rue d'Isabelle in Brüssel, 1909.
Links das Pensionat Heger und der Garten

ben Buchhandlung ist, lauter lichtlose, traurige Gewölbe.« Heute ist das Sträßchen eine Sackgasse mit dem Charme einer Tiefgarage, aber der Blick von ihrem oberen Ende ist noch immer eindrucksvoll, und wie herzerhebend muß er für Charlotte und Emily an diesem Februarmorgen gewesen sein, als sie die kleinen Fenster ihres Fremdenzimmers aufstießen. »Oben, über den Hausgiebeln, fast wolkenhoch, erblickte ich eine erhabene, kreisförmige Masse, dunkelblau und düster – den Dom.« (*Villette*) Es ist die Rückseite von St. Paul's, nach dessen Vorbild sie als kleine Mädchen die Kathedrale von Glasstown errichtet hatten. Das große Babel mit seinen Wundern lag vor ihnen, und die Zeit reichte an keinem Ende, sie alle zu schauen. »Mein Geist schüttelte die immer gefesselten Schwingen halb frei, mir war plötzlich, als ob ich, die noch nie wirklich gelebt hatte, endlich Leben kosten sollte. An diesem Morgen wuchs meine Seele so rasch wie

Jonas Kürbis ... Ich mag den Geist dieses großen London, den ich um mich fühle. Wer anders als ein Feigling würde sein ganzes Leben in winzigen Dörfern zubringen und alles, was an Kraft und Können in ihm steckt, in die Dunkelheit werfen, für immer, daß sie's wie Rost zerfrißt.«

Charlotte war trotz ihrer Scheu und Zurückhaltung nicht für das Landleben prädestiniert. Das Erhabene, das Mondiale weckten ihren Wunsch nach Flügeln. Wie Lucy Snowe in *Villette*, dem Roman, der auf Charlottes Erfahrungen in Belgien gründet, muß sie gefühlt haben: »Es war gut, daß ich herkam«, anstatt sich in Haworth den großen müden Kopf noch länger über ihren Schulplänen zu zerbrechen.

Auch die ersten Monate in Brüssel sollten sie nicht enttäuschen. Von Ostende reisen die fünf mit der Postkutsche in die Hauptstadt – eine Eisenbahn wird erst im kommenden Jahr gebaut. Nur ein Halt in Gent (»gesprochen Gong« notierte der Reverend) unterbricht die 70-Meilen-Strecke. Es ist Abend, als sie in der Rue d'Isabelle vorfahren und die Glocke am Tor des Pensionats Heger ziehen, einem geräumigen, alten Haus, das seine Nachbarn um ein Stockwerk überragt. Weder Straße noch Haus, noch der ummauerte Garten sind heute erhalten. Wir wollen indessen – noch einmal Biographie und Literatur vermengend – dem Reverend mit seinen Töchtern in »einen kalten, funkelnden Salon« folgen, »mit einem ungeheizten Porzellanofen, vergoldetem Zierat und poliertem Fußboden. Eine Pendüle auf dem Kaminsims schlug neun Uhr.« Dort werden sie von Madame Claire Zoë Heger empfangen, einer properen kleinen Person von siebenunddreißig Jahren, keine brillante Pädagogin, aber eine gescheite Geschäftsfrau und Mutter von drei Kindern (zwei weitere sollten noch dazukommen). Sie ist es, die die Zügel im Pensionat in der Hand hält und diskret-aufmerksam Schülerinnen und Personal in ihren »Souliers de silence«, den Schuhen der Heimlichkeit, überwacht. Ihr Mann, Constantin Heger, zweiunddreißig in diesem Jahr, ist

Professor für Rhetorik und Mathematik in der benachbarten Knabenschule, dem Athénée Royal, und gibt nur Gastrollen an Madames Institut.

Dort verabschiedet Mr. Brontë Charlotte und Emily, empfiehlt sie der Obhut der resoluten, höflichen kleinen Dame und dem Beistand des Himmels und begibt sich zur Nacht in das Haus des Kollegen Jenkins, dem Kaplan der englischen Gemeinde. In das Büchlein der Redewendungen notiert er am Ende befriedigt den Gegenwert seiner Reise: nur 23 Pfund 10 Shilling bei einer Dauer von zwei bis drei Wochen. Abzüglich der Fahrtkosten billiger als das Leben zu Hause. Selbstverständlich besucht er in dieser Zeit auch die Stätte von Waterloo – ein großer Tag für den beinharten Verehrer des Herzogs von Wellington!

Seine Töchter bekommen zunächst nur einmal das Pensionat zu sehen: ein langer Schlafsaal mit zehn Betten an jeder Wand, einem Waschlavoir und Spiegel für je zwei. Angesichts ihrer Fremdheit und ihres Alters weist Madame den Engländerinnen die beiden letzten Betten in der Reihe an, die bei zugezogenen Vorhängen fast ein kleines Privatquartier darstellen. Auch in der Klasse mit den langen Bänken und der »Estrade« für die Lehrperson bleiben die beiden dicht beieinander. Sie fühlen sich ein wenig wie zwei graue Raben in einer Schar von munteren Sittichen. Mrs. Gaskell schreibt später, befangen in dem amüsanten Irrtum ›Wo ich bin, ist England‹, daß alle Schülerinnen, bis auf die Brontës und eine weitere junge Dame, Ausländerinnen waren; Belgierinnen höchstwahrscheinlich.

Die Erkenntnis ist auch für Charlotte und Emily ein Schock. »Alle im Haus sind Katholiken außer uns«, informiert sie Ellen, »die Verschiedenheit in Herkunft und Religion zieht eine breite Demarkationslinie zwischen uns und dem Rest. Wir sind vollständig isoliert unter den vielen.« Weder Charlotte noch die einsilbige Emily wagen je einen Schritt über diese Linie. Ausgestattet mit den harzigsten Vorurteilen und einem britisch-protestantischen

49. Eingang zum Pensionat Heger

Dünkel, der aufrecht nennt, was oft nur starr ist, verallgemeinert Charlotte rüstig, was ihr an Singulärem innerhalb und außerhalb der Pensionatsmauern zustößt. »Brüssel ist eine schöne Stadt«, schreibt sie an Ellen, jedoch »die Belgier hassen die Engländer. Ihre äußerliche Moral ist strenger als die unsere. Das Korsett zu schnüren, ohne dabei ein Taschentuch im Ausschnitt zu tragen, gilt als abscheulicher Mangel an Feingefühl.« An innerer Moral sind ihnen die Töchter Albions selbstverständlich überlegen. »Würde man den Nationalcharakter der Belgier am Charakter der meisten Mädchen in dieser Schule messen, würde er sich als außerordentlich kalt, selbstsüchtig und minderwertig darstellen. Sie sind sehr rebellisch, und für ihre Lehrer ist es schwierig, mit ihnen zurechtzukommen. Ihre moralischen Grundsätze sind durch und durch verderbt. Wir meiden sie.« Noch über *Villette* liegt bei aller Energie und Ironie, mit der Lucy Snowe durch die Tücken eines belgischen Damenpensionats steuert, ein Hauch von dieser sauren Schicklichkeit, die sich einen Walzer ebenso versagt wie eine Blume am Kleid und sich mit wertvoller Lektüre in eine Ecke zurückzieht, wenn andere junge Damen in der Vorfreude auf ein Fest umherflattern.

Im Pensionatsgarten zwischen Rosenbüschen und Weinspalieren drehen die beiden ihre exklusiven Runden, Charlotte mit der langen Emily am Arm, die sich auf sie stützt. Ihre Röcke schlappen um sie herum wie seit Kindertagen, als der Reverend ausladende Petticoats in der Nähe der Kaminfeuer verboten hatte, und Emily, die sich vom Beginn der 30er Jahre eine Vorliebe für breitschultrige Keulenärmel bewahrt hat, läßt sich auch auf dem Kontinent nicht von dieser Mode abbringen, da alle anderen jungen Damen längst enge Ärmel mit Spitzenmanschetten tragen. Charlotte hatte sich viel auf ihre Sprachkenntnisse zugute gehalten; nun muß sie feststellen, daß sie im Strom welscher Beredsamkeit wie ausgetrocknet steht. Emily, die ihr bißchen Französisch von Charlotte gelernt hat, kann dem Unterricht noch weniger fol-

50. Familie Heger, Gemälde von Ange François, 1848

gen. Es ist Monsieur Heger, der sich der beiden merkwürdigen Vögel erbarmt und ihnen private Nachhilfestunden gibt.

Über ihn schreibt Charlotte: »Von einer Person habe ich noch nicht gesprochen, von Monsieur Heger, dem Gatten von Madame ... ein Mann von machtvollem Intellekt, aber sehr cholerisch und reizbar, ein kleines, dunkles, häßliches Wesen mit einem Gesicht, dessen Ausdruck wechselt. Manchmal nimmt es die Züge eines verrückten Katers an, manchmal die einer rasenden Hyäne ... Vor einigen Wochen hat er mir in einer hochfliegenden Laune verboten, Wörterbuch und Grammatik zu gebrauchen, wenn ich die schwierigsten englischen Aufsätze ins Französische übersetze. Dies macht die Aufgabe ziemlich mühsam und zwingt mich, hier und da ein englisches Wort zu benutzen, bei dessen Anblick ihm dann die Augen vor den Kopf treten. Emily und er kommen nicht gut miteinander zurecht. Wenn er sehr scharf mit mir spricht, weine ich; das bringt alles wieder ins Lot. Emily arbeitet wie ein Pferd, und sie hat mit größeren Schwierigkeiten zu kämpfen, viel mehr als ich.«

Heger bemerkt offenbar, daß diese beiden nicht mehr ganz jungen Damen von anderem Kaliber sind als ihre weniger strebsamen Klassenkameradinnen, und er schlägt ihnen eine ungewöhnliche Lehrmethode vor: Statt Vokabeln und Regeln zu pauken, will er ihnen die Werke französischer Autoren vorlesen, ihre Vorzüge und Mängel darstellen. Er hoffe, daß seine Schülerinnen die Trefflichkeit des Stils begriffen und in der Lage sein würden, ihre Gedanken mit ähnlicher Sicherheit und Eleganz zu formulieren. Was sie wohl dazu sagten?

Emily lehnt den Vorschlag rundweg ab. Sie sähe keine Vorzüge darin. Indem sie anderer Autoren Stil kopiere, verlöre sie die Originalität ihres eigenen Ausdrucks. Sie hätte die Angelegenheit gerne mit Monsieur le Professeur durchgesprochen, doch der fühlt keine Neigung zu Diskussionen. Auch Charlotte hat ihre Zweifel, ist jedoch willens, seinem Rat zu folgen, da sie ihm als Schülerin nun einmal Gehorsam schulde.

Es ist wohl kein Wunder, daß Heger und die jüngere Brontë-Schwester nicht gut miteinander auskommen. Der Professor, ein höchst gebieterischer Pädagoge, ist Widerspruch nicht gewöhnt. Aus dem allgemeinen Respekt zieht er gerne noch den Honig der Bewunderung. Charlotte, die schon als junges Mädchen einen Mann gesucht hat, »den ich lieben muß und fürchten kann«, hat in ihm ihren Meister gefunden.

»Vorige Woche bin ich sechsundzwanzig geworden«, schreibt sie nach England, »und in diesem reifen Lebensalter bin ich ein Schulmädchen, und alles in allem sehr glücklich dabei. Es war zuerst sehr merkwürdig, mich einer Autorität zu unterwerfen, anstatt sie selbst auszuüben, aber ich mag es so, wie es ist. Ich kehrte in diesen Zustand zurück mit der gleichen Begierde wie eine Kuh, die lange nur trockenes Heu bekommen hat, zu frischem Gras zurückkehrt. Lach nicht über meinen Vergleich. Unterwerfen ist mir gemäßer als kommandieren.«

Beide sind nach Brüssel gegangen, um voranzukommen, und sie verfolgen ihren Weg mit Entschlossenheit und Fleiß. Der Lehrplan umfaßt Französisch, Geschichte, Arithmetik, Geographie, Religion und Handarbeit. Dazu kommen Extrastunden in Zeichnen, Musik, Fremdsprachen – Italienisch und Deutsch – und Literatur, erteilt von Monsieur Heger. Emily zeigt so viel musikalisches Talent, daß sie bald Stunden bei einem führenden belgischen Klavierlehrer nehmen kann. Die Aufsätze, die beide noch in ihrem ersten Halbjahr schreiben, widerlegen das Urteil ihres Lehrers, daß sie »kein Französisch« sprachen, als sie nach Belgien kamen. Nach Hegers Anregung schreiben sie über große historische Gestalten: Charlotte über *Pierre l'Hermite*, den Führer des ersten Kreuzzugs, und Emily über *Le Roi Harold avant la Bataille de Hastings*. Keine der beiden muß mehr ein englisches Wort einfügen. Was Heger an den Rand schreibt, sind Stilkorrekturen.

Seit Charlotte als Captain Tree, Charles Wellesley und Charles Townsend die Feder in die Hand genommen hatte, war sie Autorin, und obwohl Southey so dringend vom Dichten abgeraten, hatte sie ihre »Scribblemania« weiter betrieben. In Heger trifft sie nun nicht nur auf den ersten Mann, der sie zum Schreiben ermutigt; er ist auch ihr erster Kritiker – und ein kompetenter dazu. Er beschneidet ihre Lust an literarischen Schweifzügen – »Sie haben mit der Figur begonnen und sie zu ihrem Thema gemacht, jetzt gehen Sie auch mit ihr bis zum Ziel« –, ihren Hang zu blumiger Redundanz und ihren Sinn für ironische Kehrtwendungen, wenn eine bombastische Entwicklung sich anbahnt. Als Charlotte in ihrem Aufsatz *Athènes Sauvée par la Poésie* den spartanischen Eroberer Lysander seine Schlachtpläne in Suff und Kater einfach vergessen läßt, tadelt Heger dieses glückliche Ende von angrianischem Schmiß als geschmacklos und unpassend.

»Ich glaube, daß das Genie ... niemals zum Nachdenken innehält, ... daß die Inspiration anstelle des Nachdenkens tritt ... Der geniale Mensch erzielt ohne Arbeit und mit einem einzigen Streich Ergebnisse, die Menschen ohne Genie – wie gelehrt, wie beharrlich auch immer – niemals erreichen werden.« Nein, nein, nein, nein, Charlotte! »Genie ohne Fleiß und ohne Fertigkeit, ohne das Wissen, was andere vor uns getan haben, ist wie eine Kraft ohne Hebel ... ist wie der hervorragende Musiker, der nur ein verstimmtes Klavier hat, um der Welt die köstlichen Melodien zu spielen, die er in seinem Innern hört. Gewiß, der Edelsteinschleifer macht nicht den Diamanten, aber ohne ihn ist der schönste Diamant immer nur ein Kieselstein.«

An Sonntagen sind die Schwestern bei Herrn und Frau Kaplan Jenkins eingeladen, die den freundlosen Engländerinnen ein wenig Abwechslung in ihrer Einsamkeit bieten wollen. Die gesellschaftliche Begegnung wächst sich jedoch bald zu einem Alptraum für beide Seiten aus, besonders wenn noch andere, fremde Gesichter am Teetisch präsent sind. Die große spricht so gut wie nie, die ältere erwacht gelegentlich bei einem Thema, das sie interessiert, windet sich jedoch beim Sprechen auf ihrem Stuhl und starrt ihrem Gegenüber auf die Jackenknöpfe, daß Gott erbarm. Zur gegenseitigen Erleichterung stellt Mrs. Jenkins die Einladungen bald ein. Charlotte und Emily sind frei, die Stadt zu erkunden. Das Pensionat liegt in der Nähe der eleganten Rue Royale, der Kirche St. Gudula und dem großen Park, aus dessen Vauxhall-Pavillon an Sommerabenden Musik herüberweht. Es kann ja nun nicht alles schmutzig und verderbt sein. Da ist der prachtvolle Place Royale mit seinen Kolonnaden, die verwinkelte Altstadt; da sind die großen Kunstgalerien. Erfreulich anzusehen sind die Flaminnen in ihren hellen Waschkleidern, und wo sonst gibt es diese köstlichen Brötchen – Brioches und Pistolets und Rosinensemmeln?

Charlotte kommt nicht umhin, die Überlegenheit der belgischen Putzmacherinnen anzuerkennen. »Gütiger Himmel, warum ziehen sie sich nicht besser an!« ruft William Crimsworth angesichts seiner englischen Landsleute, »ich habe ihren Anblick immer noch vor Augen, die hochgekrausten, schlampigen und zerknüllten Kleider aus Seide und kostbarem Satin, die großen unkleidsamen Kragen aus teurer Spitze, die schlecht geschnittenen Gehröcke und Pantalons von zweifelhafter Mode, deren Träger jeden Sonntag den englischen Gottesdienst in der königlichen Kapelle besuchten; und wenn sie danach auf den Platz hinausströmten, standen sie in denkbar ungünstigem Kontrast zu den frischen, adretten ausländischen Gestalten, die zum ›Salut‹ in die Coburger Kirche eilten.« Von den »ausländischen Gestalten« lernt Charlotte, das Beste aus ihrer Erscheinung zu machen; ihre Kleider auf Taille zu schneidern, mit knappsitzendem Oberteil, Knöpfchenleiste, Krägelchen und Manschetten. Frauen dieses Typs – grauseiden und zusammengezurrt – werden in all ihren Romanen den Sieg über pompösere Damen davontragen.

Das erste Halbjahr endet im Pensionat zu Beginn der großen Ferien im August, und es ist Zeit für eine Entscheidung. Charlotte wollte sich nun eigentlich eine Stelle suchen. Was Emily will, ist nicht überliefert; am liebsten wohl nach Hause. Sie hat so viel härter zu kämpfen als ihre Schwester. »Ich leugne nicht, daß ich manchmal wünsche, in England zu sein oder daß mich kurzzeitig Heimweh überfällt«, schreibt diese an ihre Freundin, »doch alles in allem habe ich bis jetzt ein sehr tapferes Herz gezeigt; und ich bin in Brüssel glücklich gewesen, denn ich wurde immer zur Gänze von den Beschäftigungen in Anspruch genommen, die ich mag. Emily macht rasche Fortschritte in Französisch und Deutsch, in Musik und Zeichnen. Monsieur und Madame Heger beginnen unter ihren Eigenheiten die wertvollen Seiten ihres Charakters anzuerkennen.«

Emilys Eigenheiten – das sind wohl ihre Kanten, mit denen sie sich am Schulbetrieb stößt. Lernen um des Lernens willen, wie Charlotte es tut, die stolz ihr Bildungskonto füllt, ist Emily fremd. Sie ist kein Schulmädchen, das zur opportunen Zeit zu weinen versteht, sondern eine autarke Vierundzwanzigjährige, der die aufgezwungene Disziplin und der Mangel an Privatheit verhaßt sind. Doch schließlich ist sie zu einem Zweck hier. »Wieder schien sie (wie vor sieben Jahren in Roe Head) zusammenzubrechen. Doch diesmal sammelte sie sich durch reine Willenskraft; mit Reue und Scham sah sie auf ihr erstes Versagen zurück und beschloß, sich zu überwinden«, schreibt Charlotte. Noch einmal unterwirft sich Emily der Entscheidung der älteren Schwester. Madame Heger hat ihnen ein Angebot unterbreitet. Sie möchte nach den Ferien Charlotte als Englischlehrerin und Emily für Musikstunden einstellen. Als Gegenleistung sollen die beiden weiter Französisch und Deutsch lernen und im Pensionat wohnen bleiben. Von einem Gehalt ist nicht die Rede. »Für eine so selbstsüchtige Stadt und eine so selbstsüchtige Schule ein großzügiges Angebot«, befindet Charlotte. Sie bleiben. Acht Wochen Sommerferien liegen vor ihnen, die sich in ihrer täglichen Routine kaum von den Schultagen unterscheiden. Vielleicht, daß sie ihre Bücher in den Garten getragen haben und dort zwischen Rosenbüschen und alten Obstbäumen ihre Lektionen lernen; unbeobachtet in der Allée défendue wandeln, einem sonst verbotenen Kiesweg entlang der mit wildem Wein und Efeu überwachsenen Mauer, der vom Athénée Royal, der Knabenschule, aus einsehbar ist.

Nur wenige Mädchen sind außer ihnen zurückgeblieben, darunter die Töchter eines englischen Doktors Wheelwright, deren älteste, Laetitia, sich mit Charlotte befreundet. Ihre drei jüngeren Schwestern erhalten Klavierunterricht bei Emily, und Laetitia notiert verärgert, daß sie nach der Stunde oft in Tränen aufgelöst sind. Monsieur Heger erinnert sich ihrer Lehrerin als »egoistisch und anspruchsvoll, verglichen mit Charlotte, die stets selbstlos war, und in ihrem Bestreben, die Schwester zufriedenzustellen, dieser erlaubte, eine unbewußte Tyrannei über sie auszuüben«. Mit Emily, so scheint es, ist in Brüssel nicht gut Kirschen essen. Die Überwindung kostet sie mehr als ihre gute Laune. Vorbei die Zeiten, da sie, zufrieden und ausgeglichen, ein »Mut, Jungs, Mut!« an Anne schicken konnte. Nun gebricht es ihr selbst an Stärke. Auch die Besuche bei Martha und Mary im Château Koekleberg sind kein Trost, schon gar nicht, wenn fremde Taylor-Kusinen mit von der Partie sind. Dann versinkt Emily in steinernes Schweigen.

In dieser lähmenden Zeit erreichen sie schlimme Neuigkeiten aus Haworth. William Weightman – achtundzwanzig Jahre alt – ist an der Cholera gestorben. Branwell hat bei ihm gewacht und mit ihm »einen meiner liebsten Freunde« verloren. Anne erhält die Nachricht von ihm in Thorp Green. Sie reist nicht zur Beerdigung nach Hause. Erst zwei Monate später steht sie allein in der muffigen dunklen Kirche, verborgen von dem hohen Kasten-Gestühl, über seinem Grab. Was sie verloren hat, teilt sie keiner lebenden Seele mit.

Ach, du bist fort! Nie wieder schenkt
Dein strahlendes Lächeln Freude mir.
Die Kirche betret' ich, den Blick gesenkt
Auf den deckenden Boden über dir.

Darf auf eisigem Steine stillestehn
Und denken: Darunter, in Kälte gebannt,
Ruht das reinste Geschöpf, das ich je gesehn,
Das liebreichste Herz, das ich je gekannt.

Selbst wenn meine Augen dich nicht mehr finden,
Ist es doch ein Trost, daß sie dich erlebt;
Und obwohl dein flücht'ges Leben mußt' schwinden,
Ist der Gedanke süß, daß du gelebt;

Zu denken, eine Seele so göttergleich
In einer so engelschönen Gestalt,
Verbunden mit deinem Herzen so weich
Gab uns im irdischen Dasein Halt.

Vier Wochen nach Weightmans Tod wird Charlotte ins Château Koekleberg gerufen – Martha sei sehr krank –, aber als sie sich am nächsten Morgen auf den Weg macht, ist Marys kleine Schwester schon gestorben – an der Cholera. Charlotte hat sie später als Jessy Yorke in *Shirley* beschrieben, »Jessy mit ihrem kleinen pikanten Gesicht« und ihrer reizenden Ungeniertheit. Am 30. Oktober besucht sie mit Emily und Mary ihr Grab auf dem protestantischen Friedhof außerhalb der Porte de Louvain, einen von Zypressen und Weiden überschatteten Ort, den sie im *Professor* zum Schauplatz eines Wiedersehens macht.

Am Tag zuvor, dem 29. Oktober 1842, ist ihre Tante Branwell in Haworth gestorben. Die Nachricht von ihrer schweren Krankheit – sie stirbt an Darmverschluß – erreicht sie kurze Zeit später, aber als Charlotte und Emily sich in aller Hast zur Heimfahrt rüsten, kommt ein zweiter Brief, daß Elizabeth Branwell tot ist. Die Schwestern reisen über Antwerpen und London ohne Halt nach Hause, doch als sie am 8. November in Haworth eintreffen, ist die Beerdigung schon vorbei. »Wir werden sie nicht wiedersehen«, schreibt Charlotte seltsam unbewegt, und etwas später, als sie Ellen zu einem Besuch einlädt: »Hab' keine Angst, uns traurig oder niedergeschlagen vorzufinden. Wir sind alle so ziemlich wie immer. Du wirst keinen Unterschied in unserem Gebaren finden.«

Das mag auf ihren Gemütszustand zutreffen. Branwell, der seine Tante hat sterben sehen, ist bitterlich betroffen. Die kleine alte Dame hat ihn immer ein wenig mehr geliebt als seine Schwestern und war in ihrem Glauben an seine Vorzüglichkeit niemals schwankend geworden. Als Kinder hatten die vier im Spiel der In-

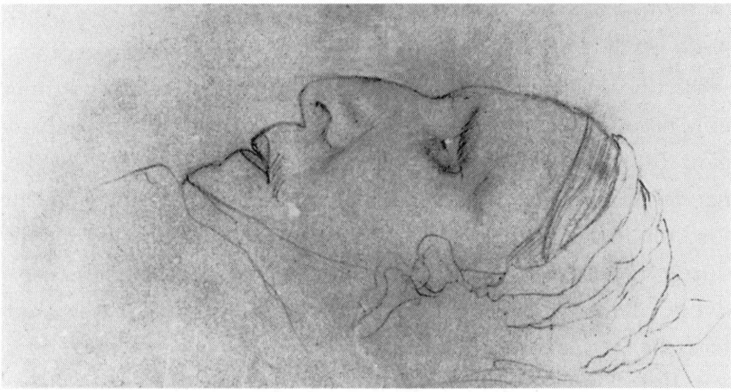

51. Elizabeth Branwell auf dem Totenbett, Zeichnung von Branwell

selbewohner über sie in der Figur der Mrs. Daura Dovelike, der taubengleichen Zänkerin, gelacht, die die drei kleinen Königinnen als Waschfrauen im Haushalt des Herzogs von Wellington anheuert. »Sie saß in einem Lehnstuhl beim Frühstück mit den Füßen auf einem gepolsterten Schemel. Ihre energische Gestalt war in ein altmodisches, rauschendes, dunkles Seidenkleid gehüllt, Haube und Kragen waren brettsteif gestärkt. Wie es das Glück wollte, war sie an diesem Morgen zufällig gut gelaunt ...«

Aber für Branwell war sie mehr als nur Respektsperson. An seinen Freund Grundy schreibt er nach dem Tod Weightmans: »Ich wache nun am Sterbebett meiner Tante, die vierundzwanzig Jahre lang wie eine Mutter zu mir war. Ich erwarte, daß sie in einigen Stunden stirbt ... Verzeih das Gekrakel, meine Augen sind vom Kummer zu trüb, um recht zu sehen.« Und am Tag ihres Todes: »Ich fürchte, ich rede etwas wirr, aber ich habe zwei Nächte hindurch gewacht und bin Zeuge eines so qualvollen Leidens gewesen, wie ich es selbst meinem schlimmsten Feind nicht wünsche; und nun habe ich die Führerin und Leiterin all der glücklichen Tage verloren, die mit meiner Kindheit verbunden sind.« Branwell muß dieses »Wir sind so wie immer« gekränkt haben. Ein Besuch Ellen Nusseys ist wohl das letzte, was er jetzt ersehnt. Auch Anne fühlt den Verlust. Als kleines Mädchen war sie der Tante sehr nahe; sie hatte ihr Schlafzimmer geteilt. Anne war immer eine besonders Liebe, gutherzig und leicht zum Weinen zu bringen. Tante Branwell wird sie nicht mit der gleichen Strenge behandelt haben, mit der sie die beiden großen Mädchen oft zur Ordnung rufen mußte. Als Emily schon alleine lesen und spielen durfte, saß Anne immer noch bei ihr und nähte. Es war nicht ladylike, die Füße dabei aufs Kamingitter zu stellen. Es war sündhaft, die Gedanken von der frommen Lesung abschweifen zu lassen. Es war ungezogen, Widerworte zu geben. »Wo hast du deine Füße, Anne?« – »Auf dem Boden, Tante.« Nein, Anne war nicht so leicht zu lenken gewesen, wie Elizabeth Branwell es sich vorgestellt hatte. In *Die Herrin von Wildfell Hall* erinnert sie sich der gereizten Gespräche und der kalten Dämpfer, die die alte Dame ihrem warmen Herzen aufsetzte. »Ich frage mich, ob sie jemals verliebt war«, wundert sich die Heldin Helen, als sie mit ihrer Tante Maxwell über einen begehrenswerten, aber etwas wilden jungen Mann diskutiert. »›Und denk daran, Helen‹, fuhr sie feierlich fort, ›die Schlechten werden zur Hölle fahren und werden Gott nicht schauen. Und nimm einmal an, er würde dich sogar weiter lieben und du ihn, und ihr kämet ein Leben lang erträglich miteinander aus – wie wird es am Ende sein, wenn ihr für immer voneinander geschieden werdet; du vielleicht in die ewige Seligkeit und er, geworfen in den See, der in unauslöschlichem Feuer brennt, um dort für ewig ...‹ – ›Nein, nicht für ewig‹, rief ich aus« – und Helen vertritt tapfer ihre Sicht von der Errettung der Sünder und der Versöhnung mit Gott. »›Oh, Helen, wo hast du so etwas gelernt?‹ – ›Aus der Bibel, Tante.‹«

Ihren drei Nichten in Haworth und einer vierten in Penzance vererbt Tante Branwell ein Vermögen von 1500 Pfund, Charlotte dazu ihren indischen Handarbeitskasten, Emily ihren Handarbeitskasten mit dem Porzellandeckel und ihren Elfenbeinfächer,

Anne die Taschenuhr mit Kette, ferner zu gleichen Teilen ihren Schmuck, ihre Kleider, Bücher und silbernen Löffel. Branwell, von dem die Tante seit seinem 15. Lebensjahr, als sie ihr Testament verfaßte, annahm, er werde seinen Weg auch ohne ihr Geld erfolgreich machen, erbt ihre japanische Lackschachtel. Das kleine Vermögen ist ein weiterer Schritt zur Unabhängigkeit. Aber noch ist an eine Schulgründung nicht zu denken. Wie sollte es bis dahin angelegt werden? Möglicherweise ist es Emily, die den Wirtschaftsteil der Zeitung zu Rate zieht und die Aktien der York-und-Midland-Eisenbahn empfiehlt – Tendenz steigend, denn sie ist es, die in Zukunft das gemeinsame Geld verwaltet, in die Eisenbahn investiert und dabei bleibt, selbst als die Gesellschaft 1846 in eine Baisse schlittert und Charlotte besorgt aussteigen möchte.

In Haworth ist Emilys verstockte Eigenheit wie weggeblasen. Sie empfängt Ellen Nussey mit soviel Charme, daß diese schon glaubt, die kontinentale Erziehung habe bei dem linkischen Mädchen, das früher ins Wohnzimmer geschossen kam, sein Buch an sich raffte und ohne einen Menschen anzusehen, wieder verschwand, gut angeschlagen. Mary aber, die die ungesellige Schweigerin in Brüssel erlebt hat, belehrt sie eines Besseren. »Ich kann mir nicht vorstellen, wie die neu erworbenen Fähigkeiten in diesen Kopf und in dieses Herz passen sollen, in dem schon die alten wohnen. Ich versuche, mir Emily vorzustellen, wie sie mit irgendeinem Fatzke Drucke durchblättert und ›Wein nimmt‹ und dabei ihre Beherrschung und ihre Höflichkeit wahrt.«

Emily hat sich nicht verändert. Sie streift die letzten neun Monate wie einen Kokon ab und verliert, anders als Charlotte, die zwei ihrer vier Romane in Brüssel spielen läßt, kein weiteres Wort mehr über die Stadt. Monsieur Heger hat den beiden einen huldreichen Brief an den Reverend Brontë mitgegeben; Charlotte übersetzt ihn stolz errötend. Ein neues Angebot in Sachen Klavierunterricht? Für Emily steht fest: Nie wieder zurück nach Belgien. Heger schreibt auch nicht ganz so preisend über sie wie über Charlotte. Beide hätten bemerkenswerte Fortschritte gemacht – kaum je hätte er mit solchen Schülerinnen zu tun gehabt – dieser außerordentliche Fleiß – diese Haltung – er hege eine fast väterliche Zuneigung – noch ein wenig mehr Arbeit, noch ein Jahr vielleicht, und das Ziel wäre erreicht. »Mademoiselle Emily . . . hat jeden Rest von Unwissenheit verloren und – was noch genanter war – ihre Schüchternheit. Mademoiselle Charlotte hat Französisch gelernt und Sicherheit und gewandtes Auftreten darin erreicht.« Das Angebot, sie wie bisher als Schülerinnen und Lehrerinnen zu beschäftigen, ergeht an »eine oder beide«, aber der Familie ist klar, daß nur Charlotte annehmen wird. Der Reverend, dessen Augen durch grauen Star angegriffen sind, braucht nun, da seine Schwägerin nicht mehr um ihn ist, eine Tochter im Pfarrhaus. Es geht nicht an, daß er und Branwell mit einem kleinen Mädchen in der Küche wirtschaften. Anne hat ihre Stelle in Thorp Green. Also wird Emily in Haworth bleiben. Sie nimmt ihre Geschäfte umgehend und souverän auf, holt Tabby als Stütze zurück und versucht, ihre geliebte Menagerie wiederherzustellen – vergeblich; die Tante hatte ihre Abwesenheit genutzt, um sich von allerlei Haustieren zu befreien. In einem späteren Tagebuch schreibt Emily: »Wir haben den Falken Hero verloren, der mit den zahmen Gänsen weggegeben wurde und zweifellos tot ist, denn als ich aus Brüssel zurückkam, fragte ich überall nach ihm, konnte aber nichts in Erfahrung bringen.«

Mit Emily Brontë hat es, wie mit vielen Künstlern, die erst nach ihrem Tod berühmt wurden, eine seltsame Bewandtnis. Ihr Wesen, das den Mitmenschen zu Lebzeiten ganz unauffällig war, gewinnt in der Erinnerung einen nie geschauten Glanz. Sie waren dem Genie nahe und sollten es nicht bemerkt haben? An der jungen Frau, die im Januar 1843 ihre Küchenschürze umbindet, können selbst ihre nächsten Angehörigen nichts Übernatürliches entdecken. Emily hat ihre Eigenheiten, ihre Stimmungen, daran ist man gewöhnt. Anne ahnt, daß sie neben der Gondal-Saga auch persönliche Gedichte schreibt, wird aber nicht eingeweiht. (Emily hatte offenbar größere Freiheiten oder nahm sie sich heraus. In ihrem Tagebuchbrief von 1841 schrieb sie, daß sie ihr und Annes Pult aufgeräumt habe. Ob Anne eine solche Aktion riskiert hätte? Als Charlotte zwei Jahre später auf oder unter dem Deckel ihre Gedichte findet, ist Emily außer sich vor Wut.)

In Brüssel hatte sie den Eindruck einer Schwierigen hinterlassen, unwissend und schüchtern, um mit Monsieur Heger zu sprechen, dem für ihre konfliktgeladene Beziehung keine charmanteren Worte zu Gebote standen. Emily schien »Höflichkeit für Heuchelei zu halten und Grobheit für Aufrichtigkeit« (Edward Chitham). Ellen Nussey kennt sie als das Mädchen mit den klaren Augen, oft verschlossen, doch im ganzen liebenswert. Wie anders, wie gewichtig und zugleich erhaben ist der Eindruck, den Heger und Nussey – als Zeitzeugen befragt – in der Rückschau beschreiben. Die Dame zuerst: »Wenige Menschen haben die Gabe, so zu blicken und zu lächeln wie sie«, besinnt sich Ellen über vierzig Jahre nach Emilys Tod gegenüber Clement Shorter; »einer ihrer seltenen ausdrucksvollen Blicke war etwas, dessen man sich ein Leben lang erinnerte; es lag soviel Seelentiefe und Gefühl darin, und zugleich eine Scheu, sich selbst zu enthüllen, eine Stärke der Innerlichkeit, wie ich sie bei keinem anderen Menschen gefunden habe. Sie trug im strengsten Sinne ihr Gesetz in sich selbst und befolgte es wie eine Heldin.« Auch der Rückblick auf einen Einkaufsbummel mit den Schwestern belegt einmal mehr Ellens phänomenales Gedächtnis und darüber hinaus den Verdacht, daß die wenigen erregenden Stunden ihres Lebens in Gesellschaft von Emily Brontë verliefen. »Sie wählte einen weißen Stoff, der mit lilafarbenen Wolken und Blitzen gemustert war – dies zum kaum verhüllten Entsetzen ihrer gemäßigteren Begleitung. Und er stand ihr: eine große, biegsame Gestalt von halbköniglicher, halb-ungezähmter Anmut, die mit ihren schnellen, geschmeidigen Bewegungen und malerischer Lässigkeit ihre weiten, lilagefleckten Röcke trug; ihr Gesicht klar und blaß, ihr dunkles üppiges Haar am Hinterkopf mit einem spanischen Kamm zusammengesteckt, ihre großen, graubraunen Augen – eben noch voll träger Nachsicht, nun in verborgener Bedeutung funkelnd und, vom Ärger zum Feuer entfacht, ›ein roter Strahl, der den Tau durchdringt.‹«

Ihr Lehrer beschrieb sie Mrs. Gaskell, die 1856 zu Recherchen nach Brüssel gereist war, als »einen logischen Kopf« mit beachtlichen Fähigkeiten zum Argumentieren, wie sie in der Tat ungewöhnlich für einen Mann und überaus selten für eine Frau seien, jedoch gepaart mit Sturheit und Willenskraft. Dies klingt noch ganz nach der aufsässigen Schülerin, doch Monsieur Heger, der sich inzwischen selbst ein wenig als prominente Romanfigur Paul Emanuel zu fühlen begann (Madame H. empfing die Schriftstellerin bezeichnenderweise nicht), gab der umstrittenen Autorin Brontë, was ihrer würdig zu sein schien: »Sie hätte ein Mann sein sollen – ein großer Navigator. Ihr kraftvoller Verstand wäre forschend in neue Wissenssphären eingedrungen, und ihr starker, gebieterischer Wille wäre niemals von Widerständen oder Schwierigkeiten entmutigt worden; er wäre nur dem Tod gewichen.«

Als Emily von Brüssel nach Haworth zurückkehrt, liegt ihr literarischer Ruhm noch ungeboren in der Zukunft, und ihr einziger Roman ist nicht viel mehr als ein Gondal-Samenkorn. Auch Charlotte, die später die Legende um ihre Schwester, das halbwilde Geschöpf, begründet, weiß noch nichts von Emilys nächtlichen Gedankenflügen und wenig von ihrer poetischen Kraft.

Wie klar er scheint! Wie ruhig
Lieg ich in seinem schützend' Licht,
Da Himmel und Erde mir flüstern zu
›Wach morgen, aber träum heut nacht.‹
Ja, Traumgesichte komm, du meine Zauberliebe!

Küß sanft die pochenden Schläfen mir;
Beug über mein einsames Lager dich,
Und bring mir Wonne, und bring mir Frieden.

Nach den Weihnachtsferien, im Januar 1843, zerstreut sich die Familie wieder. Anne kehrt zu den Robinsons zurück, und Branwell geht mit ihr. Er soll in Zukunft den elfjährigen Edmund unterrichten, der bisher der Aufsicht der Gouvernante unterstand. Beide müssen den Posten als ein Geschenk des Schicksals empfunden haben. Anne mag Charlottes Unruhe bezüglich seines schweifenden Tatendrangs und seiner Trinkerei geteilt haben. Sie sieht aber auch das Unglück hinter der bramarbasierenden Fassade. Branwell hatte sich nach dem Fiasko bei der Eisenbahn seiner alten Liebe, der Poesie, zugewandt und eine Reihe Gedichte aus Angria überarbeitet. Mit der Zeit sollten über ein Dutzend Gedichte von »Northangerland« in den größeren Lokalzeitungen der Region erscheinen, aber *Blackwood's Magazine* zeigte sich weiterhin zugeknöpft. Er fühlte noch einmal bei der Eisenbahn vor – erfolglos. Sollte er womöglich studieren, Pfarrer werden – »kein Talent dafür, vielleicht außer Heuchelei – eine schöne Figur wäre ich auf der Kanzel.« Doch nun besteht Aussicht, daß er endlich Ordnung in sein Leben bringt: eine verantwortungsvolle Tätigkeit bei wohlgeborenen Leuten in guter Landluft und fern seiner Kumpane. Und ganz so verrottet wie die Murrays in *Agnes Grey* können die Herrschaften auf Thorp Green nicht gewesen sein, sonst hätte Anne nicht gewagt, ihren anfälligen Bruder dort als Hauslehrer einzuführen.

Branwell ist diesmal nicht nur von guten Vorsätzen, sondern von Begeisterung erfüllt. Die Robinsons sind die feinste Gesellschaft, in der er sich je bewegte, Thorp Green Hall ist ein wirklich »großes Haus«; seine Aufgabe würde ihn nicht überfordern, und er soll eine eigene Klause im Park, das alte »Mönchshaus«, bewohnen, wo er Muße zum Schreiben haben wird. Es sieht aus, als lächle das Glück ihm wieder zu. Charlotte packt Ende Januar ihre Reisekiste und macht sich alleine auf den Weg nach London. Mitten in der Nacht in der großen Stadt gestrandet, wagt sie nicht, an die Tür des Chapter Coffee House zu klopfen, sondern läßt sich gleich zu dem auf der Themse liegenden Schiff rudern. Dort will man sie zunächst nicht an Bord lassen, doch die kleine schattenhafte Figur erhebt sich von ihrem schwankenden Sitz und macht ihr Anliegen deutlich. Nach Brüssel zurück, mit ganzer Kraft! Sie ahnt schon, daß sie für ihr Herz und gegen ihren Verstand entschieden hat.

XII

Charlottes zweites Jahr in Brüssel • »Der schwarze Schwan« • Eine Beichte • Branwell und Mrs. Robinson • Das Etablissement wird aufgegeben

›Ich sage dir, du bringst nie eine Liebesgeschichte zustande.
Oder sie ist nicht wahr.‹
PAUSE
›Weil du das Leben nicht kennst.‹
STILLE
Emily: ›Deine Leute draußen, die das Leben kennen, bringen sie eine Liebesgeschichte zustande?‹

Gerlind Reinshagen
Die Clownin

Im zweiten Jahr in Brüssel ist alles ganz anders. Sie ist nun Lehrerin – Mademoiselle Charlotte – und lernt in dieser Eigenschaft ihre phlegmatischen jungen Damen noch besser hassen. Nein, nicht hassen, das wäre wahrhaftig ein zu warmes, ein verschwendetes Gefühl an diese scheinheiligen, »sinnlichen« und geistesarmen Geschöpfe. »Sie sind nichts.« Aber nun ist sie allein, ein Robinson Crusoe auf einer volkreichen Insel, und niemand teilt ihre wissenden Blicke und zarten Ellenbogenstöße: oh dear, oh dear, diese Belgier! Fischleim fließt in ihren Adern statt Blut! Sie fühlt sich selbst »sauer und misanthropisch«, ohne etwas dagegen unternehmen zu können. Viel Abwechslung winkt nicht und kann von den 16 Pfund Jahresgehalt, von denen sie noch ihre Deutschstunden bei einer Mademoiselle Mühl und die »Blanchisseuse« bezahlen muß, auch nicht geleistet werden. Sogar Briefe nach Hause müssen warten, bis sich eine Mitnahmegelegenheit bietet, denn das Porto – 1 Shilling 6 Pence – ist ein weiterer Posten, der geeignet ist, »Chaos« im Budget zu verursachen. Monsieur Heger nimmt sie und eine Schülerin während des Karnevals mit in die Stadt, um das Maskentreiben anzuschauen. Charlotte findet das Gewühl und die allgemeine Heiterkeit recht animierend, aber die Masken »sind nichts«. Von den anderen Lehrerinnen, die wie die Katzen miteinander schmeicheln und zanken und außerdem für die Direktorin spionieren, hält sie sich fern. Die Hegers bieten ihr an, ihr Wohnzimmer mit zu nutzen, aber tagsüber ist dort zuviel Betrieb mit Musiklehrern, die ein- und ausgehen (offenbar steht auch das Klavier dort), und abends will sie sich nicht aufdrängen. An ihren freien Tagen besucht sie die Wheelwrights und eine andere englische Familie, die Dixons, aber als diese im Sommer ihre Zelte in Brüssel abbrechen, ist sie ganz alleine. Mary, die sich 1843 in Deutschland aufhält, reimt sich aus den Briefen der Freundin zusammen, daß die gleiche Seelenbetrübnis,

52. Constantin Heger in mittleren Jahren

die Charlotte bei Miss Wooler überkommen hatte, sie wieder zu überwältigen droht. Im Pensionat läßt sich Charlotte nichts von ihrer »gedrückten Stimmung« anmerken. Sie ist kühl und beherrscht. Madame Heger bietet ihr an, bei den Englischstunden präsent zu sein, aber die neue Lehrerin zieht es vor, sich ohne »Gendarmin« und mit ihren eigenen Methoden bei den jungen Damen durchzusetzen. Sie ereifert sich nicht, sie gönnt ihnen nicht den Triumph, sich in der fremden Sprache zu verhaspeln.

»Manchmal werde ich rot im Gesicht vor Ungeduld mit ihrer Dummheit«, aber ein Funkeln des braunen Auges, ein schärferer Ton genügen, um die Insubordination zu unterdrücken. Eine rechte Erholung sind dagegen die Privatstunden, die sie Monsieur Heger und seinem Schwager gibt. »Beide, besonders der erste, machen gute Fortschritte.« Heger fange an, sehr ordentlich Englisch zu sprechen. »Wenn Du meine Bemühungen sehen und hören könntest, wie ich versuche, ihnen beizubringen, die Worte wie Engländer auszusprechen, und ihre fruchtlosen Versuche, mich nachzuahmen, Du würdest bis in alle Ewigkeit lachen«, schreibt sie an Ellen.

Sonst gibt es nichts Erfreuliches zu berichten. Sie ist einsam mitten in der großen, glänzenden Stadt. Das Wetter im April ist schauderhaft, im Haus brennt kein Feuer mehr, und sie zittert den ganzen Tag vor Kälte. Ellen will gehört haben, daß die Freundin nach Brüssel zurückgekehrt sei, um einen Ehemann zu angeln. Sie wird mit ungewohnter Barschheit zurechtgewiesen: »Wenn diese barmherzigen Leute meine vollständige Abgeschiedenheit sähen, daß ich niemals ein Wort mit einem Menschen außer mit Monsieur Heger wechsele, und mit ihm selten genug, dann würden sie aufhören, solch grundlose Hirngespinste als Motiv meiner Handlungen zu nähren. Habe ich mich deutlich genug gegen diese dummen Bezichtigungen ausgedrückt? Es ist ja kein Verbrechen, sich zu verheiraten oder den Wunsch danach zu hegen, aber es ist ein Wahnsinn, den ich mit Verachtung zurückweise, wenn es um Frauen geht, die weder Schönheit noch Vermögen besitzen.« Diesen unattraktiven Wesen – Miss Brontë eingeschlossen – rät sie, sich still zu verhalten und an etwas Vernünftigeres zu denken.

Viele harte Worte, um einer Schwäche nicht gewahr zu werden: Constantin Heger. Ihm verdankt sie die lichten Augenblicke in ihrem trüben Alltag – ein ermutigendes Lächeln, ein gutes Wort. Er leiht ihr Bücher und schenkt ihr ein kleines deutsches Testament, auf dessen Vorsatzblatt sie auf deutsch schreibt: »Herr Heger hat mir dieses Buch gegeben, Brüssel 1843.«

Sie wirbt um ihn, »den einzigen Lehrer, den ich je hatte«, in der trügerischen Sicherheit des vertrauten Umgangs und mit Worten, die sie auf englisch sicher nicht ausgesprochen hätte. Die »devoirs«, die sie weiterhin zur Perfektionierung ihres Französisch schreibt, sind das Instrument, das Glas, durch das sie von ihm gesehen – und erkannt werden will. Unter dem fadenscheinigen Mäntelchen eines armen Malers – *»Lettre d'un pauvre Peintre à un grand Seigneur«* – wendet sich Charlotte Brontë an ihren Maître:

»Sie sind mir gleichberechtigt an Intellekt und überlegen an Tugend und Erfahrung ... Milord, ich glaube, daß ich Talent habe. Seien Sie nicht ungehalten über meine Anmaßung oder beschuldigen Sie mich nicht der Einbildung. Dieses schwache Gefühl, Ausgeburt der Eitelkeit, kenne ich nicht. Sehr wohl aber kenne ich ein anderes Gefühl: Achtung vor mir selbst, ein Gefühl, das aus Unabhängigkeit und Rechtschaffenheit geboren ist. Milord, ich glaube, daß ich Genie habe. Diese Erklärung schockiert Sie; Sie finden sie arrogant. Ich finde sie ganz einfach. Ist es nicht eine allgemein anerkannte Tatsache, daß kein Künstler ohne Genie Erfolg haben kann? Wäre es deshalb nicht schiere Dummheit, sich der Kunst zu widmen, wenn man nicht überzeugt wäre, über diese unverzichtbare Gabe zu verfügen?

Für mich war der Unterschied, der meine ganze Jugend hindurch zwischen mir und den meisten Menschen meiner Umgebung bestand, ein peinliches Rätsel, das ich nicht zu lösen verstand. Ich glaubte mich minderwertig im Vergleich zu allen anderen, und das quälte mich. Ich dachte, es sei meine Pflicht, dem Beispiel der Mehrheit meiner Bekannten zu folgen, ein Beispiel, das sich des Beifalls kluger und als rechtens anerkannter Mittelmäßigkeit erfreute, doch immer fühlte ich mich unfähig, so zu fühlen und zu handeln wie sie ... Was immer ich tat, ich tat es im

Übermaß; immer war ich entweder zu erregt oder zu niedergeschlagen; ohne es zu wollen, zeigte ich alles, was in meinem Herzen vorging, und manchmal gingen Stürme darüber her. Vergeblich versuchte ich, die köstliche Fröhlichkeit, die heitere, gelassene Laune, die ich in den Gesichtern meiner Gefährten sah und die mir so bewunderungswürdig schien, nachzuahmen. Alle meine Anstrengungen waren vergebens. Ich konnte Ebbe und Flut in meinen Adern nicht anhalten, und diese Ebbe und Flut waren von meinem Gesicht abzulesen, von meinen harten und unschönen Zügen. Heimlich weinte ich. Doch eines Tages ... erkannte ich, daß ich eine Kraft in mir trug ... Eine Stimme sprach zu mir: Steh auf! Verlaß das Reich der Phantome, tritt ein in die wirkliche Welt, such Arbeit, setz dich jeder Erfahrung aus, kämpfe und siege!«

Monsieur Heger ist stolz auf diese junge Frau, die durch seine Schule gegangen ist; seine kleine Engländerin, seine Klassenbeste, seine Erfolgsgeschichte, sein pädagogischer Eros. Und er scheint gegen eine kleine Verehrung nicht gefeit. Wie nahe kommt die Szene in *Villette* der Realität, als Professor Paul Emanuel die Blumensträuße zu seinem Namenstag wie einen selbstverständlichen Tribut einsammelt und am Ende fragt: »Ist das alles?« Dieser kurze Mann mit seiner kurzen Geduld fordert nicht nur Gehorsam, sondern auch Huldigung – bei allem Respekt. Von den Konsequenzen ist er zutiefst überrascht. In ihr Schulheft schreibt Charlotte ein langes, ungewöhnlich schlechtes Gedicht, das sie *Master and Pupil* nennt und das mit einer Umarmung und einem Glücksversprechen schließt.

Sie ist nicht die einzige, die ihre romantische Phantasie an ihn heftet. In Hegers Korrespondenz mit ehemaligen Schülerinnen klingt ein Ton mit, der zu gewaltigen Mißverständnissen einlädt. »Wenn meine Pflicht getan ist und die Dämmerung hereinbricht, gebe ich mich oft dem Vergnügen hin, das Anzünden der Gaslampe in meiner Bibliothek aufzuschieben, meine Zigarre zu rauchen und Ihr Bild heraufzubeschwören«, schreibt Monsieur le Professeur viele Jahre später an eine andere junge Dame. »Und Sie erscheinen (ohne Ihren Willen, möchte ich sagen), aber ich sehe Sie, ich spreche mit Ihnen – Sie mit Ihren kleinen Launen, zweifellos zärtlich, aber auch unabhängig und resolut ... genau, wie ich Sie gekannt, meine liebe L., und wie ich Sie geschätzt und geliebt habe.«

Ein solcher Ton wird auf seinen Unterricht abgefärbt haben, wenn er – écoutez! – grollend den Dompteur spielt, Bonbons und Bröckchen von seiner Brioche an die Artigen verschenkt. Oh, diese fatale Mischung von Zuckerwerk und gezielten Peitschenschmitzen! Diese Krümel, die eine falsche Hoffnung nähren!

Für seine englische Lehrerin/Schülerin hat Monsieur ein ganz besonderes Präsent, ein Stück von Napoleons Sarg. Sie gibt ihm etwas dafür, das er nicht recht zu schätzen weiß: drei in Packpapier eingebundene Heftchen, von denen er nur die Titel lesen kann – *The Spell – Highlife in Verdopolis – The Scrapbook*. Als viele Jahre später der Ruhm der Autorin auch über den Kanal dringt, läßt Heger die Papiere in Saffianleder binden und einen Titel in Gold prägen: *»Manuscrits de Miss Charlotte Brontë (Currer Bell)«*. Schon kurz nach seinem Tod finden sie sich in einem Brüsseler Trödelladen wieder. Unter der Tarnkappe ihrer lupenkleinen Schrift war Angria, das göttliche, stille Land der Gedanken, unentdeckt geblieben.

Was immer Charlotte in Brüssel für ihren »maître« zu empfinden glaubt, ihre Phantasie, die sie drei, vier Jahre zuvor »einem kühleren Bezirk« zuwenden wollte, findet in seiner stimulierenden Gegenwart neue Nahrung. Am 1. Mai schreibt sie an Branwell, nachdem sie sich über ihr ereignisloses Leben beklagt hat – »es ist so ermüdend, wenn man sich Tag für Tag um nichts sorgt, nichts fürchtet, nichts mag, nichts haßt, nichts ist, nichts tut« – »es ist eine merkwürdige metaphysische Tatsache, daß ich immer in den Abendstunden, wenn ich allein in dem großen Schlafsaal bin und zur Gesellschaft nur eine Reihe Betten mit weißen Vorhängen habe, so fanatisch wie eh und je zu den alten Gedanken, den alten Gesichtern, den alten Bildern aus der Welt dort unten zurückkehre.«

Ein Mensch im Pensionat scheint jedoch schon in diesem Frühsommer eine unziemliche Wärme im Verhalten der englischen Lehrerin entdeckt zu haben. Madame, die von Charlotte im Jahr zuvor noch so hochgeschätzt wurde, die ihr nach Haworth einen so herzlichen Brief geschrieben hatte und ihren Unterricht immer als vorbildlich lobte, zeigt sich zunehmend kühl und rechthaberisch. Charlotte möchte gerne glauben, ihre Entfremdung sei einer Diskussion über den Katholizismus, diesem »papistischen Unfug, der alles schlägt«, zuzurechnen, aber Madame wird mit den wachen Instinkten einer Ehefrau eine Neigung entdeckt haben, die es schon mit Rücksicht auf einen skandalfreien Schulbetrieb zu unterbinden gilt. Monsieur, »der schwarze Schwan«, steht »in erstaunlichem Maße unter ihrem Einfluß« und entzieht ihr bald das Licht seiner Gegenwart. Die Englischstunden hören auf, Charlotte, die selbst nichts zum Gelingen eines guten Verhältnisses beiträgt, fühlt sich bespitzelt; die Temperaturen sinken.

Die Figur einer intriganten Direktrice tritt sowohl im *Professor* als auch in *Villette* als Nebenbuhlerin der Heldin auf, und selbstverständlich ist Madame Heger in den Verdacht des lebenden Vorbildes geraten. »Ich gestatte der Realität vorzuschlagen, aber nicht zu diktieren«, sagte Charlotte später zu dem Thema Realität und Imagination. Aus diesem Angebot des Lebens, das in der Rückschau eine Souveränität und Komik gewinnt, an denen es Charlotte zur Tatzeit so bedauerlich mangelte, werden Monsieur Paul und die Dame Reuter/Beck entstanden sein. Gleichwohl trug die Autorin Sorge, daß *Villette* in Brüssel nicht lieferbar war und nicht ins Französische übersetzt wurde, eine Absprache, an die sich der Verleger nach ihrem Tod nicht mehr gebunden fühlte. Madame Heger las *Villette*, und sie war verständlicherweise not amused.

»Abends, nachdem sie den ganzen Tag damit zugebracht hatte, Ränke und Gegenränke zu spinnen, zu spionieren und die Berichte ihrer Spione zu empfangen, abends kam sie oft in mein Zimmer herauf, eine Spur echten Überdrusses auf der Stirn. Dann pflegte sie sich hinzusetzen und zu lauschen, während ihre Kinder mir auf englisch ihre kleinen Gebete vorsprachen ... Oft zeigte sie sehr viel gesunden Menschenverstand; oft brachte sie höchst vernünftige Ansichten vor. Sie schien zu wissen, daß es, um Mädchen zu rechtschaffenen und ehrbaren Frauen aufzuziehen, nicht die beste Methode war, wenn man sie in mißtrauischer Abgeschlossenheit hielt, in blinder Unwissenheit und unter einer Aufsicht, die ihnen keinen Augenblick und keinen Winkel der Zurückgezogenheit ließ... Und nachdem sie mir so – oft mit Würde und Zartgefühl – einen Vortrag gehalten hatte, schlich sie sich dann in ihren ›souliers de silence‹ davon und glitt geistergleich durchs Haus, überall spionierend, durch jedes Schlüsselloch spähend, lauschend hinter jeder Tür.«

Im August muß Charlotte es wieder mit den Sommerferien aufnehmen. »Ach, ich kann kaum schreiben, ich habe so eine beklemmende Last auf meinem Herzen, ich wünschte mir so sehr, nach Hause zu fahren. Ist das nicht kindisch?« Die acht Wochen, die sie mit einer verhaßten Kollegin allein in der Schule zubringen muß, brechen ihr fast das Herz. Sie fiebert und kann nicht essen. Tagsüber läuft sie sich in den heißen, staubigen Straßen müde und findet, zurückgekehrt, in dem gespenstischen Saal mit den weißen Betten doch keinen Schlaf. »Mein Lebensmut war seit langem immer mehr gesunken. Nun, da ihm die Stütze der Beschäftigung entzogen war, fiel er rasch in sich zusammen.« Wie in ihrem ersten Jahr in Roe Head, als sie von ihren toten Schwestern Maria und Elizabeth geträumt hatte, »die so verändert waren«, ängstigen sie Gesichte. »Unbeschreiblich wurde mir die Seele zerrissen, gefoltert und niedergedrückt. Unter allen Schrecknissen jenes Traums waren diese, glaube ich, die ärgsten. Mir schien, die geliebten Toten, die mich als Lebende geliebt hatten, begegneten mir als Fremde. Die Seele war mir im Innersten von einer unaussprechlichen Verzweiflung über die Zukunft zerrissen ... Wünschen zu leben, wozu?« (*Villette*)

An Emily schreibt sie Anfang September sorgsam gedämpft von einer merkwürdigen Laune, die sie befallen habe, die aber wohl nur die äußerste Verlassenheit diktiert haben kann. Auf einem ihrer Spaziergänge habe sie sich gegenüber der Kirche St. Gudula wiedergefunden, »und die Glocke, deren Klang Du kennst, läutete zur Abendandacht ... Ich fand plötzlich Gefallen daran, mich in eine Katholikin zu verwandeln, hinzugehen und eine richtige Beichte abzulegen, um zu sehen, was es damit auf sich hat. So, wie Du mich kennst, wirst Du das verrückt finden, doch wenn Menschen allein sind, haben sie eigentümliche Einfälle ... Nachdem ich zwei, drei von ihnen hingehen und zurückkommen gesehen hatte, näherte ich mich schließlich und kniete in einer Nische nieder, die gerade verlassen worden war. Ich mußte zehn Minuten knien und warten, denn auf der anderen Seite war – unsichtbar für mich – ein anderer Büßer. Schließlich ging er, und eine kleine Holztür hinter dem Gitter öffnete sich, und ich sah einen Priester, der mir das Ohr zuneigte. Ich mußte anfangen und wußte doch kein Wort von der Formel, mit der sie immer ihre Beichte beginnen. Es war eine merkwürdige Lage. Ich fühlte mich genau wie damals allein auf der Themse um Mitternacht. Ich begann damit, daß ich sagte, ich sei fremd hier und protestantisch erzogen. Der Priester fragte, ob ich immer noch Protestantin sei. Aus irgendeinem Grunde konnte ich nicht lügen und sagte: ›Ja.‹ Er erwiderte, daß ich in diesem Fall nicht ›jouir du bonheur de la confesse‹, aber ich war entschlossen zu beichten, und schließlich sagte er, er wolle es erlauben, weil es der erste Schritt zur Rückkehr zur wahren Kirche sein könne. Ich beichtete wirklich, es war eine ehrliche Beichte. Als ich fertig war, gab er mir seine Adresse und sagte, daß ich jeden Morgen in die Rue du Parc in sein Haus kommen solle, und er würde versuchen, mich von den Fehlern und Ungeheuerlichkeiten des Protestantismus zu überzeugen!!! Ich versprach getreulich zu kommen. Gleichwohl, natürlich endet das Abenteuer hier, und ich hoffe, den Priester nie wiederzusehen. Ich denke, Papa erzählst Du besser nichts davon. Er wird nicht verstehen, daß es nur eine Grille war, und vielleicht glauben, ich wolle zum Katholizismus übertreten.«

Das »Abenteuer« hilft Charlotte zwar nicht, ihren Frieden, aber doch ihre Fassung wiederzugewinnen. Ein fremder Mensch hatte in schwärzester Einsamkeit freundlich mit ihr gesprochen. Was aber hatte sie ihm gebeichtet? War sie sich über ihre Gefühle für Heger und die Natur dieser »jämmerlichen Sehnsucht«, die sie zerriß, klargeworden? Auch Ellen empfängt eine Andeutung (von der Sorte, mit der sie sich auch in Zukunft begnügen muß): »Ich habe Dir viel zu sagen, viele kleine merkwürdige Dinge, verquer und rätselhaft, die ich keinem Brief anvertrauen möchte, die ich Dir aber eines Tages oder besser noch eines Abends, wenn wir wieder am Kamin in Haworth oder Brookroyd sitzen, mit den Füßen auf dem Gitter, und uns die Haare eindrehen, vielleicht erzählen werde.« Am nächsten Tag – es ist Oktober – schreibt sie auf ein leeres Blatt in ihrem Atlas: »Mir ist sehr kalt – und es ist kein Feuer an – ich wünschte, ich wäre zu Hause bei Papa, Branwell, Emily, Anne und Tabby – ich bin es müde, unter Fremden zu sein – es ist ein trübsinniges Leben – besonders weil es im ganzen Haus nur einen Menschen gibt, der es wert ist, gemocht zu werden – und noch einen gibt es, der aussieht wie eine rosa Zuckerpflaume, aber ich weiß, es ist nur angemalter Gips.«

Sie ist mit ihrer Kraft am Ende und kündigt. Madame hätte ohne Umstände angenommen, aber Monsieur redet ihr »vehement« zu. »Ich konnte nicht auf meinem Entschluß bestehen, ohne ihn ärgerlich zu machen. Also versprach ich, noch ein wenig länger zu bleiben.«

Doch weder seine Vehemenz noch ihr Entschluß ist weise. Die folgenden Wochen können das Elend nur vergrößern. Sie sehnt sich fort. Am 1. Dezember schreibt sie an Emily: »Es ist Sonntag morgen. Sie sind alle bei ihrem Götzendienst, und ich bin hier im Refektorium. Wieviel lieber wäre ich zu Hause im Eßzimmer oder in der Küche oder in der hinteren Küche. Ich würde sogar gern das Fleisch kleinschneiden ... mit Dir am Küchentisch, wie Du aufpaßt, daß ich genug Mehl und nicht zuviel Pfeffer drangebe und vor allem daß ich das beste Stück der Hammelkeule für Tiger und Keeper reserviere; der erste dieser beiden Herrschaften würde um Teller und Messer herumspringen, und der zweite stünde wie eine alles verschlingende Flamme mitten in der Küche. Um das Bild zu vervollständigen: Tabby facht das Feuer an, um die Kartoffeln zu einer Art Gemüseleim zu verkochen. Wie köstlich sind mir diese Erinnerungen ...« Dennoch will sie nicht aufgeben. Es gibt so viele Gründe: Sie möchte erst noch gut Deutsch lernen; sie braucht einen festen Zukunftsplan, denn was könnte sie, eine ältliche Person, die sich zu Hause lästig macht, in Haworth tun? Eine neue Gouvernanten-Stelle aber will sie nicht. »Das hieße, aus der Pfanne ins Feuer zu springen.«

Schließlich aber springt sie doch ins Ungewisse. Anlaß ist die Nachricht von zu Hause, daß ihr Vater nahezu erblindet sei und ihrer bedürfe. Die Kündigung wird angenommen. Ihre Schülerinnen bedauern, die kleine Englischlehrerin zu verlieren, was Charlotte, die ihnen »bei diesem Phlegma« keine freundliche Regung zugetraut hat, höchlichst verwundert. Monsieur Heger verleiht ihr ein Diplom des Athénée Royal, das ihre Fähigkeit, Französisch zu unterrichten, bescheinigt. Von neuem Wohlwollen beseelt, verspricht Madame, eine ihrer Töchter nach Yorkshire zu schicken, wenn sich die Schule der Demoiselles Brontë etabliert habe; und, wie um sicherzustellen, daß ihre Englischlehrerin auch wirklich außer Landes geht, begleitet sie sie zum Schiff nach Ostende.

Am 2. Januar 1844 ist Charlotte wieder in Haworth. »Ich war in letzter Zeit sehr deprimiert«, hatte sie an Emily geschrieben, »aber ich hoffe, daß alles gut werden wird, wenn ich wieder zu Hause bin.« Haworth ist der Hafen, in den sie ihr angeschlagenes Schiff zurücklenkt. Die alte Vertrautheit, die ersehnte Heimeligkeit am Herd, die ihr in der Fremde so köstlich erschienen, trösten sie in ihrem Abschiedsschmerz. »Ich habe sehr gelitten, ehe ich Brüssel verließ«, teilt sie Ellen mit, »ich glaube, solange ich lebe, werde ich niemals vergessen, was mich der Abschied von Monsieur Heger gekostet hat. Es hat mich so bekümmert, ihn zu bekümmern, der mir so ein treuer, gütiger und selbstloser Freund war.« Doch erst in den kommenden Jahren lernt sie, den Abschied und die Trennung ganz zu ermessen, als der treue Freund nicht mehr antwortet und sie, die »gegen mein Gewissen, einem scheinbar unwiderstehlichen Impuls folgend« nach Brüssel gegangen war, »für meine selbstsüchtige Dummheit ... mit dem Entzug von Glück und Frieden bestraft wird«.

In Haworth warten auch Anne und Branwell auf sie, die für die Weihnachtsferien von Thorp Green gekommen sind. In welcher Gemütslage trifft sie ihre Geschwister an, und was war inzwischen geschehen? Die Antwort lautet: Das wissen wir nicht. Die Chronistin der Familie war in Brüssel. Ihre Schwestern haben in ihrer Abwesenheit kaum Indizien hinterlassen, die auf ihre Taten und Gedanken schließen ließen – ein Briefchen von Emily, eine Liste der Schulbücher, die Anne gekauft hat, Gedichte. Das Lebensgebäude, das einige Biographen für die Jahre 1843 bis 1845 errichtet haben, besteht vorwiegend aus Luftziegeln. In Ermangelung von festeren Stoffen werden als Zeitzeugen so unwahrscheinliche Figuren wie der Schreibwarenhändler von Haworth, John Greenwood, angerufen, der seine Augen und Ohren offenbar überall zugleich hatte, denn er beschreibt in seinem Tagebuch – zweifellos mit Liebe und Gusto –, wie Emily sich in der Küche die bemehlten Hände an der Schürze abwischt, um in den

53. Die Hauptstraße von Haworth

Vorgarten hinauszulaufen, wo der Vater sie das Pistolenschießen lehrt, und wie dieser bei jedem Treffer ausruft: »Gut gemacht, mein Mädchen!« John Greenwood hätte besser daran getan, in Deckung zu gehen, denn der Reverend Brontë war zu dieser Zeit fast gänzlich erblindet.

Ein weiterer Chronist, auf den wir uns nicht verlassen können, ist Branwell, dessen phantastisches Gehirn in der Rückschau auf diese Jahre eine Version des Geschehens webt, die er selbst kaum glauben kann. Es bleibt uns also nur übrig, die wenigen gesicherten Puzzlesteine aufzulegen und uns vorzustellen, was sich außerhalb ihrer Zacken und Vertiefungen zugetragen haben könnte.

Emily scheint von ihren Geschwistern das beste Los gezogen zu haben. Sie ist Herrin im Haus und Vermögensverwalterin, so zufrieden mit sich selbst, daß sie beinahe leutselig wirkt. »Liebe Miss Nussey«, schreibt sie, eine Anrede, die auch Anne bei wachsender Vertrautheit beibehält, »es würde mir sehr an Höflichkeit gebrechen, wenn ich Ihnen nicht für Ihr freundliches Angebot dankte und die Gelegenheit nutzte, einen portofreien Brief zu schikken ... Charlotte hat kein Wort davon gesagt, daß sie heimkommen wolle. Sollten Sie für ein halbes Jahr hinüberfahren, könnten Sie sie vielleicht mit zurückbringen, andernfalls sehe ich sie schon bis zu einem methusalemischen Alter dort dahinvegetieren, nur weil sie nicht den Mut für die Reise aufbringt. Alle hier sind gesund, auch Anne, nach ihrem letzten Brief zu schließen. Die Ferien beginnen in ein, zwei Wochen, und dann, wenn sie will, bringe ich sie dazu, Ihnen einen richtigen Brief zu schreiben, ein Kunststück, das ich noch nie fertiggebracht habe.«

Dies ist zweifellos der Brief einer rührigen, ausgefüllten Person. Charlottes Sorge, daß Emily in Haworth einsam sein könnte, ist gegenstandslos. Gondal blüht mit unverminderter Kraft – nicht als eskapistisches Traumgebilde wie bei Charlotte, nicht als Trost, den Anne sich in Gedichten erschreibt, sondern als das schwebende Bild einer immer präsenten Nebenwelt zu ihrem Alltag, zu Kartoffelschälen, Brotbacken, Mit-den-Hunden-Laufen, Schreiben.

Doch immer in der stillen Abendstunde
Mit nie ermattender Dankbarkeit
Begrüße ich dich, du gütige Macht.

Im Februar 1844 beginnt sie, ihr poetisches Werk zu ordnen, die als vollendet betrachteten Gedichte in zwei Hefte zu übertragen, von denen das eine den Titel *Gondal Poems Emily Jane Brontë* trägt;

das andere lediglich *E. J. B.* überschrieben ist. (Allerdings beobachtet Emily keine scharfe Trennung. Auf Gondal beziehen sich die meisten Gedichte in beiden Heften; wobei das E.-J.-B.-Manuskript eine Weiterentwicklung und Abstrahierung ihrer »gotischen« Saga zu sein scheint, Gondals poetische Essenz.) Gewiß sind ihre Tage ereignislos, aber anders als Charlotte, die bald nach ihrer Rückkehr vor Sehnsucht und Einsamkeit krank wird, gefällt Emily das Ambiente von Haworth. Die Tage verbringt sie mit Papa, spielt für ihn auf dem kleinen Piano oder liest ihm vor, wenn er seine tellergroße Lupe und den Psalter mit den Buchstaben wie aus der Kinderfibel müde aus der Hand gelegt hat. Niemand ist mehr da, der sie mit kleinlichem Benimm vom Kaminteppich aufscheuchte, wenn sie dort, mit einer Hand Keeper gedankenverloren kraulend, sitzt und liest. Charlotte hat ihr häusliches Glück später so in *Shirley* beschrieben und ihren begeisterten autodidaktischen Fleiß in *Jane Eyre*. Im 28. Kapitel studieren die Schwestern Mary und Diana Rivers Deutsch, indem sie Schillers Räuber übersetzen. »Wir können nicht Deutsch sprechen, und wir können es nur mit Hilfe eines Wörterbuchs lesen«, erklären sie dem grummelnden Hausmädchen, das sich fragt, wie ein Mensch sich in dieser unmöglichen Sprache verständlich machen kann. »Den ganzen Tag habe ich hart gearbeitet, doch ohne Pein – im Goldbergwerk des Lernens«, schreibt Emily einmal in einem Gedicht, und so, mit dem Wörterbuch auf dem Tisch, spürt sie auch dem Geist Schillers nach. »Ich wäge die Gedanken in der Schale meines Zorns und die Werke mit dem Gewicht meines Grimms! Das gefällt mir«, sagt Diana Rivers. Schließlich war es nicht das äußere Getriebe, das Emilys Literatur prägte; sie vertraute auf die kreative Kraft ihrer Innenwelt – und auf die Wahlverwandtschaft mit Dichtern, deren Kunst sie verstand: Byron, Scott, Wordsworth, Cowper, Coleridge und Schiller. In ihren Gedichten finden sich Anspielungen auf einen »geliebten Schatten«, einen geistigen Führer ihrer Jugendjahre, die auf Percy Bysshe

Shelley hinweisen, der Emilys Haltung zur Gottheit – er selbst nannte sich einen atheistischen Idealisten –, zur unsterblichen Seele und zur Beziehung der Geschlechter geprägt haben könnte. »Dem Einfluß eines anderen Intellekts war sie nicht zugänglich«, schrieb Charlotte später, aber damit war ihr eigener schwesterlicher Wille gemeint, dem Emily sich zunehmend verschloß.

Weniger beschaulich als das Leben in Haworth ist die Existenz, die Anne und Branwell in Thorp Green führen. Im April 1843 wird der Reverend von den Robinsons eingeladen und überzeugt sich an Ort und Stelle, daß die beiden von ihren Arbeitgebern geschätzt werden und daß Branwell sich ordentlich führt.

Der Schüler seines Sohnes ist der elfjährige Edmund Robinson, ein Knabe, von dem Anne nicht viel Günstiges zu sagen weiß. Sie hat ihn bereits zwei Jahre lang in Latein unterrichtet, um ihn auf den Besuch einer Privatschule vorzubereiten, aber seine Eltern ziehen es schließlich vor, einen Tutor ins Haus zu holen. Anne ist damit einen »verdrießlichen, feigen, launischen, selbstsüchtigen kleinen Kerl« los, »rege nur im Unheilanrichten, findig nur im Ersinnen von Lügen – nicht um seine Fehler zu verbergen, sondern auch aus schierer hämischer Böswilligkeit, um andere verhaßt zu machen«.

Einmal bedenkend, daß es sich bei diesem Zitat um ein Stück Literatur (aus *Agnes Grey*) handelt, daß Annes Erwartungen an Fleiß und Artigkeit von den wenigsten Kindern erfüllt werden konnten und daß Branwell sogleich und dauerhaft gut mit ihm auskommt, so bleibt doch der verbürgte, zwiespältige Eindruck des geistlichen Herrn, dem Edmund nach Branwells Abgang unterstellt wird. Zwar sei Master Edmund voll »Unschuld und Reinheit«, urteilt dieser, aber eben doch ein verteufelt faules Kind. »Daß seine geistigen Errungenschaften so überaus gering sind, ist eher sein Unglück als sein Fehler.« Branwell hatte sich offenbar ohne Gewissensnot der von den Eltern gewünschten Lehrmethode anbequemt. »Mit zehn Jahren konnte er nicht den leichtesten Satz im einfachsten Buche richtig lesen, und da man ihm, den Grundsätzen seiner Mutter gemäß, jedes Wort sagen mußte, ehe er Zeit hatte, zu überlegen oder zu prüfen, wie es geschrieben wurde, und ich ihn nicht einmal als Ansporn zu größeren Anstrengungen darüber aufklären durfte, ist es nicht erstaunlich, daß er in den zwei Jahren, in denen ich mit seiner Erziehung betraut war, nur wenig vorankam. Das winzigste Pensum lateinischer Grammatik etc. mußte man mit ihm wiederholen, bis er zu sagen beliebte, er wisse nun Bescheid. Wenn er bei seinen kleinen, simplen Rechenaufgaben Fehler machte, mußte man sie ihm sogleich zeigen und die Aufgabe für ihn lösen.« (*Agnes Grey*)

Immerhin hält Branwell sich drei Jahre lang auf diesem Posten. Noch im Januar 1844 bemerkt Charlotte, daß Anne und Branwell »erstaunlich hoch geschätzt werden in ihrer Stellung«. Anne aber hüllt sich mit der Zeit in Schweigen. Selbst in ihrem Tagebuchbrief, der nur für Emilys Augen bestimmt ist, erklärt sie nicht die Ursachen ihrer Mutlosigkeit. Auf einer leeren Seite ihres Gebetbuches steht hauchfein mit Bleistift und in winziger Schrift: »Genug von der Menschheit und ihrem widerwärtigen Treiben.« Es klingt wie ein erstickter Aufschrei. Aber was hat Anne gekränkt und angewidert? Sind es ihr Bruder und Mrs. Robinson?

Über die Affaire Branwells mit der siebzehn Jahre älteren Lady ist viel geschrieben und spekuliert worden. Mrs. Gaskell, die sich ganz auf Charlottes Aussagen verlassen hatte und in heiligem Zorn über die Verführerin des armen Jungen hergezogen war, mußte nach der Veröffentlichung ihrer Biographie einen Rückzieher machen und in der *Times* Abbitte leisten. Die Tatsache, daß Lydia Robinson – 1857 war sie Lady Scott – drohte, Verlag und Autorin mit einem Prozeß wegen übler Nachrede zu überziehen, scheint dafür zu sprechen, daß es sich bei der clandestinen Liebesgeschichte und ihrem Auffliegen um eine von Branwells kühnen Kopfgeburten handelte. Allerdings versäumte Lady Scott, einen anderen Grund für die Beendigung des Dienstverhältnisses zu nennen, was wohl das naheliegendste gewesen wäre, wenn der Hauslehrer sich etwas hätte zuschulden kommen lassen.

Mrs. Robinson, soviel wird man ihr nachreden dürfen, war eine leichtfertige Dame. Sie fühlte sich von ihrem kränklichen Ehemann vernachlässigt und sicher geschmeichelt von den zierlichen Reden des so viel jüngeren Herrn. Daß eine ihrer Töchter mit einem höchst unpassenden Mann durchbrannte und die beiden anderen öfter die Verlobten wechselten, läßt trotz des Einwirkens der Gouvernante auf ein eher frivoles Klima im Hause Robinson schließen.

Branwell wiederum, so hören wir von seinem Freund Grundy, war mit sechsundzwanzig eine etwas koboldhafte, aber nicht reizlose Figur. »Er hatte einen Schopf roter Haare, die er hoch aus der Stirn gebürstet trug, wahrscheinlich um größer zu erscheinen; eine mächtige, gewölbte, intellektuelle Stirn, die fast die Hälfte seines Gesichts ausmachte, kleine tiefliegende Wieselaugen, die hinter der unvermeidlichen Brille versteckt waren; eine ausgeprägte Nase, aber schwache Züge darunter.« Sein Freund Francis Leyland sah ihn weniger als Freak denn als Gentleman, »schlank und beweglich, gut gestaltet. Seine Haut war klar und frisch, der Ausdruck seines Gesichts hell und fröhlich. Seine Stimme war von großem Wohlklang, und er setzte seine Worte vollendet.«

Was immer zwischen dem Hauslehrer und Mrs. Robinson vorging: In den Sommerferien in Haworth zeigte Branwell sich unleidlich, abwechselnd von unerklärlicher Lustigkeit und düsteren Vorahnungen beseelt, vor allem aber darauf versessen, so schnell wie möglich nach Thorp Green zurückzukehren. »Ständig krank«, seufzt Charlotte und meint damit »ständig betrunken«. Auch ohne Branwell hat sie Kummer genug. Monsieur Heger antwortet nicht mehr auf ihre Briefe, und das Schulprojekt, für das sie nun so lange gespart und gelernt hatten und auf das Anne sich immer noch mit Latein- und Musikstudien vorbereitet, droht endgültig zu scheitern. Nach Charlottes Heimkehr war den Schwestern klargeworden, daß sie den sechsundsechzigjährigen Reverend nicht alleine in Haworth würden lassen können. Die einzige Lösung, der auch Papa zustimmte, bestand in der Einrichtung ihrer Schule im Pfarrhaus. Charlotte und Anne würden die Bildung übernehmen, die Ältere darüber hinaus für »Ordnung, Ökonomie, peinliche Genauigkeit und fleißige Arbeit« sorgen. Emily, die »sich nichts aus Unterrichten macht«, sollte den Haushalt führen. Sie verspürt offenbar keine Neigung, »ihr hart errungenes Wissen« in die Köpfe kleiner Mädchen zu trichtern. Obwohl »eher eine Einsiedlerin«, wäre sie dennoch gutherzig genug, um alles für das Wohl der Kinder zu tun – hofft Charlotte. Sie beschreibt Monsieur Heger ihr Heim als »recht geräumig«; wo aber fünf, sechs zusätzliche junge Damen selbst nach Umbauarbeiten Platz finden sollten, bleibt ihr Geheimnis

Bevor jedoch die Bauarbeiter anfangen, wollen die drei ihre Klientel sichern. Wieder beginnt landauf, landab eine Korrespondenz, werden Prospekte verschickt und alle Freunde eingespannt, denen man sich aufzudrängen wagt. »The Misses Brontë's Establishment« offeriert für 35 Pfund im Jahr eine solide englische Ausbildung in Aufsatz, Arithmetik, Geschichte, Grammatik, Geographie und Handarbeit. Die »Extras« Französisch, Deutsch, Latein, Musik und Zeichnen schlagen mit 1,10 Pfund pro Vierteljahr zu Buche. Der Gebrauch des Pianoforte kostet noch einmal 50 Shilling, und für die Wäsche berechnen sie 15 Shilling. Mitzubringen hat die künftige Schülerin vier Paar Bettücher, vier Kopfkissenbezüge, vier Handtücher, einen Löffel und einen Teelöffel. Das übrige Besteck ist offenbar in ausreichender Zahl vorhanden. Charlotte hofft, das günstige Schulgeld und die begrenzte Zahl der Schülerinnen, die erlauben wird, sich jeder mit besonderer Aufmerksamkeit zu widmen, wögen die Abgeschiedenheit hinter den sieben Bergen auf – aber ihre Mühe ist umsonst. Selbst wohlgesonnene Freunde winken ab: Haworth? Keine gesunde Lage für zarte Töchter. Ein Haus auf dem Friedhof, gütiger Himmel – und immer dieses Wetter! Das Etablissement der Fräulein Brontë sieht keine einzige Pensionärin.

Emilys Erleichterung darüber ist unverhohlen. Der Gedanke, einen Rattenschwanz von Gören über das Moor auszuführen, an ihre fortwährende summende Anwesenheit im Haus, muß ihr von Tag zu Tag unheimlicher geworden sein. Auch ihre Schwestern schicken sich endlich in den Fehlschlag; Anne mit schwerem Herzen, Charlotte schließlich dem ungünstigen Geschick dankend. Denn das Pfarrhaus ist inzwischen kein geeigneter Ort mehr für die Heranbildung junger Damen. Branwell ist heimgekehrt und macht sich und seiner Familie das Leben zur Hölle.

XIII

Branwell entdeckt • Briefe an Monsieur Heger • Die Literatur als Trösterin • Krank an der Liebe • Vier-Jahres-Chroniken • Fleißig und unverzagt • Ein hoffnungsloses Wesen

Eine männliche Stimme rief: »Fuß, Heathcliff. Fuß, Heathcliff.« Schritte waren auf einem harten Boden zu hören. »Das ist Heathcliff«, sagte der Chauffeur säuerlich. »Heathcliff?« »Zum Teufel, so nennen die den Hund, Mann.« »›Wuthering Heights‹?« fragte ich. »Jetzt sprechen Sie schon wieder in Rätseln«, zischte er.

Raymond Chandler
Das hohe Fenster

Im Juli 1845 kehrt Charlotte von einem Besuch bei ihrer Freundin zurück. Es ist zehn Uhr abends, und die Familie befindet sich in heller Aufregung. Branwell ist stockbetrunken und nicht ansprechbar. Charlotte, zunächst nicht sonderlich bestürzt – man hat sich an den Zustand gewöhnt –, wird von Anne über die Begleitumstände in Kenntnis gesetzt. »Letzten Donnerstag hat er einen Brief von Mr. Robinson erhalten, der ihn fristlos entlassen hat und ihn bezichtigt, daß er sein Vorgehen entdeckt habe, das so schlecht sei, daß es sich mit Worten nicht ausdrücken lasse; und er droht ihm mit Enthüllungen, wenn er nicht sofort und für immer den Umgang mit jedem Mitglied seiner Familie abbreche. Seitdem haben wir schlimme Mühe mit Branwell gehabt. Er hat an nichts anderes gedacht, als seinen Kummer zu betäuben und zu ertränken. Keiner im Haus findet mehr Frieden.«

Charlotte ist wie die übrigen zutiefst schockiert. Was für ein Vorgehen? Welche Enthüllungen? Was ist geschehen, das sich mit Worten nicht beschreiben läßt? Branwell kann auf diese Fragen nur seine heimliche Liebe zu Mrs. Robinson herausstammeln. Sie, diese von ihrem grämlichen Gatten geknechtete reine Seele, liebe ihn bis zur Verzweiflung. Sie habe ihm ihre Hand versprochen, wenn Mr. Robinson sie einmal – bald – zur Witwe gemacht habe. Selbst jetzt, da der Ehemann drohe, ihn zu erschießen, habe sie sein, Branwells, Heil über das ihre gestellt und dem Tobenden seine Grenzen gewiesen. Was immer sie von seiner Hand zu erleiden habe, ihm, Branwell, dürfe kein Leid geschehen ... Es klingt alles überaus schrecklich und widerwärtig, aber schließlich kennen die Schwestern ja die Sorte Herrschaften, und Branwells Verzweiflung ist maßlos, unbeherrscht. Er wird erst einmal in Begleitung John Browns nach Liverpool und Wales verfrachtet, um wieder zu sich zu kommen.

Was war nun tatsächlich geschehen? Anne und Branwell hatten

Thorp Green zusammen am 11. Juni verlassen, Anne für immer, sie hatte gekündigt, Branwell für die Sommerferien. Eine Woche später war Branwell allein nach Thorp Green zurückgekehrt. Die Robinsons waren bereits an ihrem Ferienort Scarborough an der Ostküste, und nur Edmund war zurückgeblieben. Er traf erst um den 17. Juli in dem Badestädtchen ein, dem Tag, an dem sein Tutor, inzwischen wieder in Haworth, entlassen wurde. Das Datum lädt zu allerlei Spekulationen ein. Hatte Lydia die Kündigung der Gouvernante und die Abwesenheit Branwells genutzt, sich eines lästig gewordenen Verehrers zu entledigen? Wenn dem so war, hatte sie ihre Karten gut ausgespielt, denn Mr. Robinsons Haushaltsbuch, das schon vorher Präsente wie Broschen und Tücher auflistet, verzeichnet auch nach dem Bruch mit Branwell allerlei nette Kleinigkeiten »für Lydia«, darunter einen Hund im

54. Lydia Robinson

Wert von zwei Pfund. Warum war Anne in diesem Sommer heimgekehrt, obwohl das Schulprojekt keine Zukunft mehr hatte? Konnte sie Branwells »Vorgehen« nicht länger mit ansehen, oder lag es eher an dem Treiben der ältesten Tochter, die vier Monate nach Annes Kündigung mit einem Schauspieler nach Gretna Green durchbrannte, das ihre verantwortungsbewußte Erzieherin vor die Wahl stellte, entweder ihr Schweigen zu brechen oder zu gehen? In der kurzen Zeit, in der Anne mit ihren Schwestern in Haworth war, scheint sie keinerlei Andeutungen gemacht zu haben, denn der Blitz traf sie mitten im schönsten Frieden. Emily und Anne unternahmen in dieser Zeit ihre erste Reise zu zweit, Charlotte weilte bei Ellen. Wie konnte Mr. Robinson mit »Enthüllungen« drohen, ohne auch seiner Frau zu schaden? In seinem Brief an Branwell verbietet er ihm den Umgang mit jedem Mitglied seiner Familie. Und wie fügt es sich, daß Branwell just zu der Zeit entlassen wird, als Jung Edmund, aus Thorp Green kommend, wieder zu seiner Familie stößt? War er die kleine Kröte, die Anne beschreibt, oder das Unschuldslamm, an das sein nächster Hauslehrer sich erinnert?

Je nachdem, wieviel Geduld Brontë-Biographen mit Branwell aufbringen, neigen sie dazu, die ganze Affaire für eine Kopfgeburt Branwells zu halten und Lydia Robinsons Anteil herunterzuspielen – wofür spricht, daß sie von Mr. Robinsons Hand tatsächlich keine Folgen zu erleiden hatte – oder ihn noch finsterer Übergriffe zu verdächtigen. Daphne du Maurier glaubt, daß das »Mitglied der Familie«, mit dem Mr. Robinson Branwell den Umgang verbot, nicht die Mutter, sondern der vierzehnjährige Edmund war, und daß sich das »unbeschreibliche Vorgehen« zwischen ihm und dem Jungen abgespielt habe. War es so schlimm, daß auch Branwell für sich selbst und andere eine Geschichte brauchte, die sie glauben konnten? Aber hätte er seiner Familie dann nicht etwas Verzeihlicheres als ausgerechnet Ehebruch aufgetischt? Und warum trafen in den folgenden Monaten Geldsendungen und

Briefe von Mrs. Robinson in Haworth ein, wie der Reverend Brontë sich zu erinnern glaubte, Briefe, die »die Kinder« nach Branwells Tod verbrannten.

Auch John Brown, der Küster, hatte es schriftlich, und zwar schon wenige Monate nach Branwells Antritt in Thorp Green. Juliet Barker zitiert als »eines der aufregendsten neuen Beweisstücke« Branwells Briefe an den alten Kumpanen, in die der Literat und Freund Mrs. Gaskells, Richard Moncktown Milnes, 1859 bei einem Besuch in Haworth Einblick nahm und aus denen er Passagen in sein Notizbuch abschrieb: »Mai 1843, ›ich drehe mir Locken und parfümiere mein Taschentuch wie ein Junker – ich bin der Liebling des Hauses – mein Herr ist großzügig – aber meine Herrin hat mich verdammt allzu gerne. (Eine hübsche Frau um die 37 mit dunklem Teint und hellen, glänzenden Augen.)‹ Er bittet seinen Freund dringend um Rat«, faßt Moncktown Milnes zusammen, »ob er bis zum äußersten gehen solle, was sie offenbar wünscht – der Ehemann krank und abgezehrt – sie mache ihm ständig Geschenke, spräche mit der Schwester (der Gouvernante) über ihn – sage ihm, daß sie sich keinen Pfifferling um ihn schere – wolle wissen, ob er sie liebe undsoweiter ...« Aus einem Brief vom November desselben Jahres notierte Moncktown Milnes: »›Ich weiß, Du glaubst, daß ich zuviel trinke, aber die Zeit ist vorbei, in der ich mit Euch allen mithalten konnte. Ich trinke keinen Wein und keinen Brandy mit Wasser außer einmal am Tag – vor dem Frühstück, damit ich diese Hölle hier durchstehe. Meine kleine Lady wird täglich dünner; sie ist voller Energie und Mut, außer wenn sie an die Trennung von mir denkt.‹ Die Zofe habe ihn beobachtet und ›sah genug, daß man mich hängt.‹ Er schickte seinem Freund ›eine Locke ihres Haars, das auf seiner Brust gelegen hat – wolle Gott, daß es dort rechtmäßig liegen könne.‹«

Was immer auf Thorp Green geschah, Branwell ist sein einziger Zeuge, sein Verteidiger und sein Richter. In den kommenden Jahren wird sich sein ganzes Leben um die Bewältigung dieser Demütigung drehen, so weit, daß er in hysterischer Lustigkeit über den Friedhof tanzt, als ihn die Nachricht von Mr. Robinsons Tod erreicht.

Der Niedergang ihres Bruders trifft Charlotte und Anne in einer Zeit, in der Trauer aus anderen Quellen ihren Lebensmut untergräbt. Aber wie immer in dieser Familie ist es nur Branwell, der seine Qual herausschreit. Bei seinem Freund Leyland beschwert er sich über die Unfähigkeit seiner Familie, die Natur seiner Leiden zu erkennen. Mit den Auswirkungen – Trunkenheit und Schulden, durchdöste Tage und Randale in der Nacht – macht er sie allerdings gründlich bekannt. Hat er jemals gefragt, was die Ursache ihres Jammers sein könnte? In diesem Sommer 1845 ist nur Emily unverzagt und wünscht sich herzlich, die anderen möchten es auch sein. Zwischen Mitleid und Sarkasmus schreibt sie über die ihr ehemals so Vertrauten, deren »Morgen in Tränen schwand« – »Arme Knechte, von Leidenschaften unterjocht/ihre schwache und hilflose Beute.« Aus Annes Gedichten spricht die unüberwundene Liebe zu William Weightman:

> Im kalten Grab seit Jahren liegt
> Die Gestalt, die ich so glücklich war zu seh'n,
> Und nur die Träume können mir zurückbringen
> Den Liebling meines Herzens.

Anne verschließt sich in ihrem Schneckenhaus; auch Charlotte verbietet sich, über das zu sprechen, was ihr das Herz bricht. Sie ist kränklich und wird mit jedem Tag noch ein bißchen schmaler. Migräne zermartert ihr den Kopf und greift ihre Augen so sehr an, daß sie kaum lesen und schreiben kann. Im Januar hatte sie sich von Mary Taylor verabschiedet, die nach Neuseeland auswanderte, und ihr war, »als fiele ein großer Stern aus dem Himmel«. Die patente Freundin, die sich erfüllte, was auch Charlotte wünschte – »zu reisen, zu arbeiten, ein tätiges Leben zu führen« –, versuchte vergeblich, ihr Mut für einen Wechsel zu machen. »Ich sagte ihr sehr ausdrücklich, daß sie nicht zu Hause bleiben sollte; wenn sie die nächsten fünf, sechs Jahre in Einsamkeit und schlechter Gesundheit zubrächte, wäre sie so am Boden, daß sie sich nicht mehr erholte. Als ich sagte: ›Denk daran, was du in fünf Jahren sein wirst‹, glitt ein so dunkler Schatten über ihr Gesicht, daß ich innehielt und sagte: ›Weine nicht, Charlotte.‹ Sie weinte nicht, sondern fuhr fort, im Zimmer auf und ab zu gehen, und nach einer Weile sagte sie: ›Aber ich habe mich entschlossen zu bleiben, Polly.‹«

Ellen klagt sie im März: »Ich vermag Dir kaum zu beschreiben, wie langsam hier in Haworth die Zeit vergeht. Es gibt nicht das geringste Ereignis, das den Ablauf unterbricht – ein Tag gleicht dem anderen – und alle haben stumpfsinnige, leblose Gesichter – Sonntag, Samstag und der Backtag sind die einzigen, die sich um einen Hauch von den anderen unterscheiden – dazwischen schleppt die Zeit sich dahin. Bald werde ich 30 sein – und ich habe noch nichts geleistet – manchmal werde ich schwermütig – angesichts dessen, was hinter und was vor mir liegt ... Es gab eine Zeit, da Haworth mir als ein sehr angenehmer Ort vorkam, jetzt ist es nicht mehr so. Ich habe das Gefühl, als seien wir alle hier begraben.«

Ellens Briefe und die französischen Zeitungen, die sie mitschickt, sind die einzigen Boten der Außenwelt, denn ihre sehnsüchtigen Rufe nach Brüssel verhallen ungehört. Monsieur Heger ist kein Mr. Rochester. Mit welcher Erwartung hat sie seit dem Mai 1844 dem Briefträger entgegengesehen, der die lange Gasse zwischen Friedhof und Sonntagsschule heraufgestiegen kommt. Beim Abschied hatte sie ihrem Lehrer das Versprechen abgerungen, ihm alle sechs Monate ein Brieflein schicken zu dürfen, aber die sparsamen Antworten, die Monsieur sendet, tadeln ihre »schwarzen Gedanken«, und bald stellt er die Korrespondenz ganz ein. Ist ihm inzwischen aufgegangen, daß er in seiner unverbindlichen Freundlichkeit eine Obsession genährt hat, die »diese arme kranke Seele«, wie er Charlotte später nennt, ausbrennt und demütigt? Ihre Briefe sind ihm lästig und ärgerlich; sie wandern zerrissen in den Papierkorb (nachdem er auf den Rand des einen die Adresse eines Schusters notiert hat). Madame klaubt sie wieder heraus, näht die Schnipsel zusammen und bewahrt sie in ihrer Schmuckschatulle auf.

Und Charlotte? Mit welchen Empfindungen steht sie da am Wohnzimmerfenster, die Brille in der Hand, dann wieder hindurchspähend? Auch heute keine Post. Sie malt sich eine Intrige aus. Fängt Madame ihre Schreiben ab? Aber auch was sie durch reisende Boten – Joe und Mary Taylor – aushändigen läßt, bleibt unbeantwortet. Sie fragt und drängt, erkundigt sich mit bemühter Leichtigkeit nach allen Demoiselles, die sie in Brüssel nicht ausstehen konnte, nach seiner Familie und den Kindern. Sie versucht, sein Interesse und sein Mitleid zu wecken, übertreibt verzeihlicherweise den Zustand ihrer kranken Augen und den Beifall, den die literarische Welt ihren Versuchen gezollt habe. »Southey sandte mir seine Zustimmung« – tat er das? Auf der Rückreise von ihrem Besuch bei Ellen trifft sie in einem Eisenbahnabteil einen Herrn, dessen Gesicht und Anzug den Franzosen verraten, und Charlotte, der im Angesicht von Fremden oft die Stimme versagt, spricht diesen Herrn an. Die Versuchung, Französisch zu hören, ist unwiderstehlich. An Heger schreibt sie, sie lerne jeden Tag eine halbe Seite aus einem französischen Buch auswendig, »denn ich bin überzeugt, Sie eines Tages wiederzusehen – ich weiß weder wie noch wann – doch es muß sein, da ich es so sehr wünsche, und dann möchte ich nicht stumm vor Ihnen stehen . . . Wenn ich die französischen Wörter ausspreche, meine ich, mit Ihnen zu reden . . . Diese Sehschwäche ist für mich ein schreckliches Ungemach – gäbe es sie nicht, wissen Sie, was ich tun würde, Monsieur? Ich würde ein Buch schreiben und es meinem Literaturlehrer wid-

55. Charlottes letzter Brief an Monsieur Heger vom 8. Januar 1845. Madame nähte die Schnipsel zusammen

men, dem einzigen Lehrer, den ich jemals hatte, Ihnen, Monsieur.«

Ein halbes Jahr später und offenbar nach einem Rüffel bekennt sie ihm: »Tag und Nacht finde ich weder Ruhe noch Frieden. Im Schlaf werde ich von quälenden Träumen heimgesucht, in denen ich Sie erblicke, immer streng, immer düster, immer über mich erzürnt. Vergeben Sie mir also, Monsieur, wenn ich Ihnen doch wieder schreiben muß. Wie kann ich das Leben ertragen, wenn ich keinen Versuch mache, seine Leiden zu lindern? Ich weiß, daß Sie ungehalten sein werden, wenn Sie diesen Brief lesen. Sie werden aufs neue sagen, ich sei exaltiert, ich hätte schwarze Gedanken etc. Nun, Monsieur: ich versuche nicht, mich zu rechtfertigen; ich beuge mich allen Vorwürfen. Alles, was ich weiß, ist, daß ich nicht die Freundschaft meines Lehrers gänzlich verlieren kann, will – lieber will ich die größten physischen Schmerzen erleiden, als daß mein Herz ewig von bitterer Reue zerrissen wird. Wenn mein Lehrer mir seine Freundschaft gänzlich entzieht, werde ich völlig hoffnungslos sein – wenn er mir davon ein wenig – nur ein klein wenig – gibt – werde ich zufrieden glücklich sein; ich werde einen Grund zum Leben –, zum Arbeiten haben. Monsieur, es ist nicht viel, dessen die Armen bedürfen, um sich zu ernähren – sie bitten nur um die Brosamen, die von des Reichen Tafel fallen – doch wenn man ihnen diese verweigert, sterben sie Hungers. Auch ich benötige nicht viel Zuneigung von denen, die ich liebe, eine rückhaltlose und vollständige Freundschaft würde mich verwirren – daran bin ich nicht gewöhnt. Aber Sie haben mir vorzeiten ein kleines Interesse entgegengebracht, als ich in Brüssel Ihre Schülerin war – und an das Fortdauern dieses kleinen Interesses klammere ich mich – ich hänge daran, als wäre es mein Leben.«

Die Zeit kann ihre Wunde nicht heilen. Am 18. November schreibt sie ihm zum letzten Mal: »Ich muß Ihnen offen sagen, daß ich in der Zwischenzeit versucht habe, Sie zu vergessen ... Ich habe alles getan, ich habe mir Beschäftigungen gesucht, ich habe mir strikt das Vergnügen verboten, von Ihnen zu sprechen, auch gegenüber Emily – doch ich habe weder meine Betrübnis noch meine Ungeduld besiegen können – das ist etwas Demütigendes ... Sklavin einer beherrschenden und obsessiven Idee zu sein, die den Geist tyrannisiert. Hätte ich bloß für Sie genauso viel Freundschaft, wie Sie für mich – nicht mehr und nicht weniger! – Ich wäre dann so ruhig, so frei – ich könnte zehn Jahre lang mühelos schweigen. ... Doch wenn ein tristes und andauerndes Schweigen mir anzeigt, daß mein Lehrer sich von mir zurückzieht – wenn ich Tag für Tag auf einen Brief warte und wenn Tag für Tag die Enttäuschung mich in eine schmerzliche Niedergeschlagenheit zurückwirft und diese süße Freude, Ihre Handschrift zu sehen und Ihre Ratschläge zu lesen, wie eine leere Vision von mir flieht, dann wird mir fiebrig – ich verliere den Appetit und den Schlaf – ich schwinde dahin.«

Wie konnte diese beherrschte Person es wagen, solche Briefe zu schreiben? Sie, eine erwachsene Frau, mit einem stürmischen Herzen und einer wachen Sinnlichkeit begabt, täuscht sich wohl kaum noch über die Natur der »Freundschaft« hinweg, die sie ersehnte. Die Tatsache, daß Heger ein verheirateter, ein unerreichbarer Mann war, muß diese »amour fou« noch befeuert haben. Keinem Junggesellen hätte Charlotte mit solch kaum verhüllter Glut schreiben, von keinem so hemmungslos träumen können. Daß sie es tut, entschlüpft ihr in einem Brief an Ellen, in dem sie Klage über Branwell führt. Der Bruder, so glaubt sie, hat seine verbotene Neigung ausgelebt, während sie nur Ablehnung und Schweigen gekostet hatte. »Es ist so kränkend, daß diejenigen, die nicht gesündigt haben, so schwer leiden müssen.«

Sie sucht die einzige Linderung, die ihr zu Gebote steht, ihre Literatur. Noch immer mit vielen Fäden an die »Welt dort unten« geknüpft, entwickelte sie aus einem alten Stoff Branwells, *The Wool is rising*, zunächst ihre umständliche Geschichte *Ashworth* um einen entmenschten Landjunker – bad old Alexander Percy – und seine beiden verstoßenen, miteinander verfeindeten Söhne William und Edward. Dieselben Namen tauchen in der Eingangssequenz ihres Romans *Der Professor* auf, in der William Crimsworth der Tyrannei seines Bruders Edward entflieht und auf dem Kontinent Freiheit und Auskommen als Lehrer sucht. Das Werk ist nun eine Hommage an ihren Maître, dem sie ihr Erwachsenwerden verdankt, und als habe sie es unter dem strengen Auge Hegers geschrieben, enthält sie sich eines »ausschmückenden und weitschweifigen« Stils, befleißigt sich statt dessen einer Einstellung, die »schlicht und häuslich« ist.

Diese erworbene Nüchternheit gereicht dem Roman nicht

zum Vorteil. Ihr Held Crimsworth – noch immer schreibt Charlotte hinter der Maske eines Mannes – ist ein wenig überzeugender Ich-Erzähler und eine farblose literarische Figur; ein selbstgerechter Snob, der in allen Frauen eine bedrohliche Sinnlichkeit wittert – außer in seiner fleißigen, bescheidenen, taubengrauen Schülerin Frances (eine Ausländerin, unvermeidlicherweise, jedoch aus einem honorigen Land, der Schweiz, und mit englischem Blut in den Adern). Die Liebesgeschichte zwischen Meister und Schülerin – Charlottes bevorzugte Konstellation – gehört zu den fadesten, die je eine Brontë ersonnen hat. Sie mündet in einer Ehe, die auf Erden geschlossen wird. Ihr Glücksversprechen heißt Partnerschaft – eine ganz neue Perspektive im 19. Jahrhundert, aber kein Garant für erregende Literatur.

»›Also gut, Monsieur‹«, sagt Frances nach dem Heiratsantrag des Professors, »›ich wollte nur sagen, daß ich natürlich gerne meine Unterrichtstätigkeit beibehalten möchte. Sie werden ebenfalls weiterunterrichten, vermute ich, Monsieur? ... Damit werden wir beide den gleichen Beruf haben. Das gefällt mir, und meine Bemühungen, vorwärts zu kommen, werden ebenso uneingeschränkt sein wie die Ihren, nicht wahr, Monsieur?‹ ›Du machst Pläne, um von mir unabhängig zu werden‹, sagte ich« ... »Sich vorzustellen, daß ich Sie heirate, um von Ihnen ausgehalten zu werden, Monsieur! Das könnte ich nicht machen. Und wie langweilig wären dann meine Tage ... Ich muß etwas zu tun haben, und ich muß es mit Ihnen zusammen tun. Ich habe die Beobachtung gemacht, Monsieur, daß Menschen, die sich nur um des Vergnügens willen in die Gesellschaft des anderen begeben, sich nie so gerne mögen oder sich gegenseitig so achten wie die, welche zusammen arbeiten und vielleicht auch zusammen leiden.‹ ›Die Wahrheit Gottes spricht aus dir‹, sagte ich schließlich. ›Du sollst es so haben, wie du es willst, denn so ist es am besten.‹«

Und so legt Frances bald nach der Hochzeitszeremonie ihr Brautkleid ab und zieht »ein hübsches lilafarbenes Gewand aus wärmerem Stoff an, dazu eine aparte Seidenschürze und einen Spitzenkragen, der mit lilafarbenen Bändern abgesetzt war. Sie kniete auf dem Teppich eines geschmackvoll möblierten, wenn auch nicht geräumigen Wohnzimmers und ordnete in die Regale einer Chiffonniere ein paar Bücher ein, die ich ihr vom Tisch reichte.«

Zum Tagesausklang bringt der Professor seiner jungen Frau bei, wie man einen anständigen englischen Tee braut.

Wahrscheinlich mußte Charlotte durch diese Katharsis der Nüchternheit gehen, um zu verstehen, daß die Kunst dem Leben überlegen ist. Erst in *Jane Eyre* sollte es ihr gelingen, ihre Erfahrungen und das fruchtbare, phantastische Erbe aus Angria glücklich miteinander zu vereinen, »die Realität durch die Imagination neu zu erschaffen« (Charlotte). In den beiden Jahren nach Brüssel aber steht sie noch ganz im Schatten der Erinnerung.

Ungeliebt lieb' ich, unbeweint wein' ich,
Kummer bezähm' ich, Hoffnung erstick' ich;
Eitel die Qualen, so fest und tief,
Eitler die Wünsche und Träume vom Glück.

Mein Lieben bringt kein Lieben mir zurück,
Die Tränen fließen, doch er fühlt sie nicht;
Verschlossen meinem Unglück ist sein Herz,
Ins Nichts die kleine Hoffnung mir zerrann.

Erst sehr viel später ist sie bereit einzusehen: Er war kein Freund; und sie erlaubt sich, Zorn auf ihren steinernen Götzen und Geduld mit ihrem armen Herzen zu fühlen, das sie lange glaubte bestrafen zu müssen.

Er sah meines Herzens Weh, entdeckte meiner Seele Qual,
Wie in Fieber, Durst und Gram sie sich verzehrte,

Wußte, er konnte heilen, doch schaute und ließ sie schmachten,
Taub sein Geist gegen ihre Klagen – blind sein Geist gegen
ihre Pein.
. . .

Er war stumm wie das Grab, stand reglos wie ein Turm;
Endlich schaute ich auf und sah, ich betete zu Stein;
Ich bat um Hilfe den, der Hilfe mir nicht gewähren konnte,
Ich suchte Liebe, wo Liebe gänzlich unbekannt war.
Ich, Götzendienerin, kniete vor einem Bild aus Fels!
Mein Fleisch hätte ich zerfetzen, mein Herzblut vergießen
können:
Der Gott aus Granit empfand keine Milde, keine Erschütterung;
Mein Baal hatte nicht gesehen, gehört, verstanden.
. . .

Nun, Himmel, heil die Wunde, die tief ich immer noch fühle;
Deine strahlenden Heerscharen schauen ohne Hohn
auf unser armes Geschlecht;
Dein ewiger König hält kein eisern' Gericht
Über leidende Erdenwürmer, die Vergeben suchen,
Trost und Gnade.

Er schuf unsere Herzen zur Liebe – Er wird Liebe nicht verachten,
Selbst wenn die Gabe verschmäht wird, wie die meine vor
langer Zeit;
Er wird die Schuld vergeben, wird den Sünder sich erheben
heißen,
Wäscht ab mit des Segens Tau das Feuermal des Leids.
. . .

In dieser Zeit nach Branwells Desaster schließen Emily und Anne sich wieder enger zusammen. Doch Anne hat inzwischen ein wenig mehr von der Welt gesehen. Fern von Emily vernachlässigt sie ihr gemeinsames Gedankenspiel. Das Manuskript *Passages in the Life of an Individual*, das sie in dem Geburtstagsbrief vom 31. Juli 1845 erwähnt und das sie schon in Thorp Green begonnen hat, ist möglicherweise kein Gondal-Stück mehr, sondern der Entwurf ihres Romans *Agnes Grey*, das erste Werk einer Brontë, das alle Eierschalen der Traumwelten abgestreift hat und nach der Natur entstanden ist. Emily aber, in der luxuriösen Einsamkeit von Haworth, erfreut sich noch immer an Gondal, zugleich Spielleiterin und Subjekt ihrer Phantasien.

Anne schreibt: »Gestern war Emilys Geburtstag und der Tag, an dem wir unsere Aufzeichnungen aus dem Jahr 1841 hätten öffnen sollen, aber durch ein Versehen haben wir das erst heute getan. Seitdem hat sich viel ereignet – einige erfreuliche und einige weniger erfreuliche Dinge. Damals war ich in Thorp Green, von dort bin ich gerade erst entkommen. Damals wünschte ich mich von dort weg, und wenn ich gewußt hätte, daß ich noch vier weitere Jahre würde dortbleiben müssen – wie unglücklich wäre ich gewesen; während meines dortigen Aufenthalts habe ich einige sehr unangenehme Erfahrungen mit der menschlichen Natur gemacht, die ich mir nicht hätte träumen lassen ... Branwell hat Luddenden Foot verlassen, war Hauslehrer in Thorp Green und hatte mit vielen Widerwärtigkeiten und schlechter Gesundheit zu kämpfen. Er war am Donnerstag sehr krank, doch er ist mit John Brown nach Liverpool gegangen, wo er sich, wie ich vermute, jetzt aufhält; und wir hoffen, daß er gesund wird und in Zukunft mehr Erfolg hat. Dies ist ein trostloser, wolkenverhangener, nasser Abend ... Ich bin im Wohnzimmer und sitze im Schaukelstuhl vor dem Feuer mit den Füßen auf dem Kaminvorsatz. Papa ist im Salon, Tabby und Martha sind, glaube ich, in der Küche. Keeper und Flossy sind, ich weiß nicht wo. Little Dick hüpft in seinem Käfig umher ... Charlotte erwägt, wieder in Stellung zu gehen; sie möchte nach Paris. Wird sie's tun? Sie hat übrigens

56. Martha Brown

Flossy hereingelassen, und er liegt jetzt auf dem Sofa. Emily ist damit beschäftigt, das Leben des Kaisers Julius aufzuschreiben. Sie hat einiges davon vorgelesen, und ich bin sehr begierig, das übrige zu hören. Sie schreibt auch Gedichte. Ich möchte wissen, wie sie sind. Ich habe den dritten Band der *Passages in the Life of an Individual* angefangen. Ich wünschte, ich wäre damit fertig. Heute mittag habe ich mir mein graues, gemustertes Seidenkleid vorgenommen, das in Keighley gefärbt worden ist. Ob ich die Änderung wohl hinbekommen werde? E. und ich haben eine Menge Arbeit zu tun. Wann werden wir sie spürbar verringern? Ich will mir angewöhnen, früh aufzustehen. Werde ich das schaffen? Wir haben unsere Gondal-Chronicles, die wir vor dreieinhalb Jahren angefangen haben, noch immer nicht beendet. Wann werden sie abgeschlossen sein? Die Gondals sind zur Zeit in einer traurigen Lage. Die Republikaner sind ganz oben, doch die Königlichen sind nicht ganz besiegt. Die jungen Monarchen sind mit ihren Brüdern und Schwestern noch im Palast der Weisung. Die Einzigartige Gesellschaft hat vor etwa einem halben Jahr auf einer verlassenen Insel Schiffbruch erlitten, als sie von Gaul zurückkehrten. Sie sind noch immer dort, doch wir haben nicht viel mit ihnen gespielt. Die Gondals sind sowieso nicht in einem Zustand, in dem sich gut mit ihnen spielen ließe ... Ich für meinen Teil könnte mich (in vier Jahren) kaum älter und mutloser fühlen als heute. Auf das Beste hoffend, schließe ich.«

Emily sieht die Lage ganz anders. Sie schreibt: »Mein Geburtstag – regnerisch, windig, kühl. Heute bin ich 27 Jahre alt geworden ... Anne und ich machten zusammen unsere erste selbständige lange Reise, brachen am Montag, dem 30. Juni, von zu Hause auf, schliefen in York, kehrten Dienstagabend nach Keighley zurück, schliefen dort und gingen am Mittwochmorgen nach Hause zurück. Obgleich das Wetter unbeständig war, hatten wir sehr viel Spaß miteinander, ein paar Stunden in Bradford ausgenommen. Im Laufe unseres Ausflugs waren wir Ronald Macalgin,

Henry Angora, Juliet Augusteena, Rosabella Esmaldan, Ella und Julian Egremont, Catharine Navarre und Cordelia Fitzaphnold, die aus dem Palast der Weisung entfliehen, um sich den Königlichen anzuschließen, die von den siegreichen Republikanern gerade hart bedrängt werden. Die Gondals sind wie eh und je noch auf dem Höhepunkt ihres Ruhms. Im Augenblick schreibe ich an einem Werk über den Ersten Krieg. Anne hat ein paar Artikel darüber und ein Buch von Henry Sophona geschrieben. Wir haben vor, so lange an den Schurken festzuhalten, wie sie uns Spaß machen, was sie zum Glück im Augenblick gerade tun. Ich sollte erwähnen, daß im letzten Sommer der Plan mit der Schule wieder mit großem Nachdruck vorangetrieben wurde. Wir hatten gedruckte Prospekte, schickten Briefe an alle Bekannten, teilten unsere Pläne mit und taten, was wir konnten, doch die Sache nahm keinen Fortgang. Jetzt habe ich überhaupt kein Verlangen nach einer Schule, und keine von uns verspürt große Sehnsucht danach. Wir haben Geld genug für unsere augenblicklichen Bedürfnisse und die Aussicht auf weiteren Verdienst. Wir sind alle ziemlich gesund, nur Papa hat ein Augenleiden; B. ist ausgenommen, dem es, wie ich hoffe, bald besser gehen und der danach mehr Erfolg haben wird. Mit mir selbst bin ich ganz zufrieden: Ich bin nicht mehr so träge wie früher, im ganzen genommen tüchtig, habe gelernt, das Beste aus der Gegenwart zu machen, und sehne mich nach der Zukunft mit der Unruhe, daß ich nicht alles tun kann, was ich will; selten oder nie plagt mich Langeweile; ich wünschte bloß, jedermann wäre so zufrieden und unverzagt wie ich; dann hätten wir ein sehr angenehmes Leben ... Tabby, die zur Zeit unserer letzten Aufzeichnungen gegangen war, ist zurückgekommen, hat zweieinhalb Jahre bei uns gelebt und ist bei guter Gesundheit. Martha, die ebenfalls weggegangen war, ist auch hier. Wir haben Flossy bekommen; Tiger bekommen und verloren; den Falken Hero haben wir verloren ... Keeper und Flossy sind wohlauf, auch der Kanarienvogel, den wir vor vier Jahren angeschafft haben. Wir sind nun alle zu Hause und werden wahrscheinlich einige Zeit hierbleiben. Tabby hat mich gerade wie früher geneckt und gesagt, ich solle lieber Kartoffeln pellen. Wäre schönes Wetter und Sonnenschein gewesen, hätten Anne und ich die schwarzen Johannisbeeren gepflückt. Jetzt muß ich mich beeilen und die Wäsche zusammenlegen und bügeln. Ich habe eine Menge zu arbeiten und zu schreiben und den Kopf voller Geschäfte. Mit den besten Wünschen für das ganze Haus bis zum 30. Juli 1848 und vielleicht für viel länger – schließe ich.«

Die Skizze, die Emily ihrer Chronik beigefügt hat, zeigt sie in ihrem Schlafzimmer sitzend, dem ehemaligen Arbeitszimmer der Kinder, mit dem Pult auf den Knien. Außer einem Bett unter dem Fenster, einer Kommode und der Andeutung eines Teppichs ist kein Meublement zu erkennen. Im Vordergrund lagert Keeper, den Kopf auf den Pfoten, und unbehelligt auf dem Bett zusammengerollt Annes schwarzweißer Spaniel Flossy, den sie aus

FACSIMILE OF TWO PAGES OF EMILY BRONTË'S DIARY

57. Emilys Aufzeichnung an ihrem 27. Geburtstag

Thorp Green mitgebracht hat. Was Emily außer Gondal schreibt, erwähnt sie nicht, nur, daß es »eine Menge« ist. Aus den Daten in ihren Gedichtheften wissen wir, daß sie in den Jahren 1844 und 1845 zu einigen ihrer kraftvollsten poetischen Werke inspiriert wurde. Sie schreibt *To Imagination* und das *Bekenntnis an ihren Gott der Gesichte*, für den sie die Wirklichkeit beiseite wirft. Im Rahmen der Gondal-Saga entsteht die Ballade *Julian M. und A. G. Rochelle*, deren schönste Strophen vom Nahen ihrer Traumgesichte, ihres »Boten der Hoffnung« handeln:

Er kommt mit westlichen Winden, wenn die Abendlüfte gehn,
Wenn in des klaren Himmels Dunkel die Sterne dichter stehn;
Wehmütig tönen die Winde, der Sterne Heer sich feurig vermehrt,
Traumbilder steigen und ziehen, deren Sehnsucht mich verzehrt.

Emilys berühmtestes Liebesgedicht, das sie am 3. März 1845 vollendet, ist *R. Alcona an J. Brenzaida*, Rosinas Klage um Julius, der seit fünfzehn Jahren begraben liegt:

> In kalter Erd', und ein Grabhügel aus Schnee, dir zugemessen!
> Weit, weit entrückt, kalt in der düstren Gruft!
> Hab ich, mein einzig Geliebter, zu lieben dich vergessen,
> Getrennt durch der Zeit alles verschlingende Kluft?

Das Thema – die unsterbliche Liebe zu einem toten Menschen – ist die Grundnote, die auch ihren Roman *Sturmhöhe* durchzieht. Möglicherweise hat Emily in diesen Wochen die ersten Kapitel niedergeschrieben, den Weg Lockwoods über das tiefverschneite Moor, seine unfreiwillige Übernachtung auf Sturmhöhe und das Erscheinen von Catherines ruhelosem Geist vor dem Fenster, der Heathcliffs wilde Trauer weckt:

»Er stieg auf das Bett, riß den Fensterflügel mit Gewalt auf und brach, noch während er daran zerrte, in hemmungsloses Weinen aus. ›Komm herein! Komm herein!‹ schluchzte er, ›Cathy komm doch. Oh, bitte, nur einmal noch! Oh, mein Herzallerliebstes! erhör mich dieses eine Mal, Catherine, bitte!‹«

Auch Branwell, allein gelassen in seinem »Studio« im ersten Stock, müht sich um ein Stück Literatur. An Joseph B. Leyland schreibt er am 10. September 1845, daß er einen Roman begonnen habe, der schon seit Jahren seine Gedanken bewege. Dieses Werk – *And the Weary are at Rest* –, das über achtundfünfzig Manuskriptseiten nicht hinausgedeiht, behandelt die alte Geschichte von Alexander Percy, der samt seinen angrianischen Kumpanen nach Yorkshire versetzt wird. Angeregt durch seine jüngsten Erfahrungen, verführt Branwells Alter ego darin die vernachlässigte Frau des grimmigen Landbesitzers Thurston auf Darkwall. Ähnlich wie bei seiner großen Schwester nährt die Ferne der geliebten Person seine Obsession auch im prosaischen Leben. Jeder Kontrolle durch die Realität entzogen, wird Branwell immer kühner. »Sie war alles, was ich mir von einer Frau wünschen konnte; ihr Rang war dem meinen weit überlegen, und sie liebte mich sogar mehr als ich sie.« In langen Briefen sucht er seine Freunde mit seinem Kummer heim, der niemals zu welken scheint – im Gegenteil: Wie ein Kind, dessen fortgesetztes Jammern auf ertaubende Ohren stößt, verschärft Branwell allmählich die Tonlage: »Neun Wochen habe ich gebrochen an Leib und Seele darniedergelegen. Die Möglichkeit, daß sie frei werden könnte, um sich und ihren Besitz mir anheimzugeben, wollte sich nie erheben, um das Bild ihres Dahinsiechens unter ihrem gegenwärtigen Kummer zu verscheuchen ... Elf Nächte, die ich in schlaflosem Grauen zugebracht habe, haben mich nahezu erblinden lassen.«

Dennoch ist Branwell in der Lage zu denken – nicht nur an Lydia Robinsons Besitz, der ihm gestatten würde, »behaglich zu leben, so daß ich versuchen könnte, mir einen Namen für die Nachwelt zu machen«, sondern auch an ein Berufsleben. Er bewirbt sich noch einmal – vergeblich – bei der Eisenbahn. Er schickt unter dem Pseudonym Northangerland weiterhin Gedichte an den *Halifax Guardian*, die auch gedruckt werden, und er korrespondiert mit Leyland über Hintergrundmaterial zu einem Epos, das er *Morley Hall* nennen will. Aber seine Energie ist aufgezehrt, sein Talent ausgebrannt. »Mit 28 bin ich ein alter Mann.« Laudanum gibt ihm für Stunden das alte Selbstvertrauen zurück. In einer hellsichtigen Stunde aber bekennt er dem Freund: »Edle Dichtung, Kunstwerke, Musik oder Poesie – statt meine Phantasie zu beleben, verursachen sie einen Wirbelwind vernichtenden Leidens, der mit unaussprechlicher Gewalt durch meinen Sinn fährt, und wenn ich mich niedersetze und zu schreiben versuche, umstehen mich die Gedanken, die einst in Sonnenschein gekleidet waren, in trauerndem Schwarz ... Früher dachte ich, wenn ich für eine Woche die freie Verfügung über das Britische Museum samt der Bibliothek hätte, würde ich mich wie sieben Tage im Paradies fühlen, aber jetzt ... würden meine Augen über die Elgin Marbles, durch die ägyptische Abteilung und über die kostbarsten Bücherschätze wandern wie die Augen eines toten Kabeljaus.« Und an Grundy im Oktober 1845: »Ich war bestrebt, etwas zu schreiben, das wert ist, gelesen zu werden, aber ich habe es nicht gekonnt.«

Seine Familie erlebt ihn weniger poetisch. Die Überlieferung will uns glauben machen, daß Anne und Emily ihrem Bruder barmherziger begegneten als Charlotte, die den gefallenen Großschutzgeist mit Schweigen strafte. Wir kennen die guten Wünsche und Hoffnungen der beiden Jüngeren aus ihren Geburtstagsbriefen, aber diese wurden nur wenige Wochen nach Branwells Entlassung geschrieben. Wie Emily auf die anhaltende massive Störung ihres häuslichen Friedens reagierte, können wir nur vermuten. Mit christlicher Demut? Mit dem Entzug des Wortes? Sie war die Sorte Frau, die einen großen Hund mit bloßen Fäusten durchprügelte; die sich, gebissen von einem tollwütigen Köter, in der Küche die Wunde mit dem heißen Schüreisen ausbrannte. Sollte sie Nachsicht mit diesem haltlosen Mitbewohner, diesem »hoffnungslosen Wesen« (Emily) geübt haben? Es heißt, sie habe den Bruder eines Nachts aus dem brennenden Bett gerettet, das er im Rausch mit seiner Kerze angezündet habe. Sie habe die Vorhänge heruntergezerrt und den Waschkrug über dem Betäubten ausgeschüttet. Die Episode spricht für Emilys Entschlossenheit, jedoch nicht ausdrücklich für eine milde Gesinnung. Geäußert hat sie sich nicht darüber.

Es ist wie üblich Charlotte, die der allgemeinen Misere Worte verleiht. Am 4. November schreibt sie an Ellen: »Branwell ist noch immer zu Hause, und solange er da ist, sollst Du nicht kommen. Ich bin um so fester entschlossen, je besser ich ihn kennenlerne. Ich wünschte, ich könnte ein Wort zu seinen Gunsten sagen, aber da ich es nicht kann, halte ich lieber meinen Mund.« Und ein halbes Jahr später: »Du fragst, ob es uns bessergeht. Ich wünschte, ich könnte etwas Günstiges berichten, aber wie könnte es uns bessergehen, solange Branwell zu Hause ist und es mit ihm schlimmer statt besser wird ... Er will nicht arbeiten – und zu Hause laugt er alle Kräfte aus – ein Hindernis für jedes Glück. Aber was nutzen die Klagen.«

Branwell ist jedoch noch nicht am Ende seines Jammertals angelangt. Aus Thorp Green erhält er Nachrichten vom Hausarzt: Mrs. Robinson sei bei der Erwähnung von Branwells Namen in Ohnmacht gefallen und habe nach ihrem Erwachen von ihrer unauslöschlichen Liebe zu ihm, aber auch von ihrer furchtbaren Schuld gesprochen. Sie erwäge nun, in ein Kloster einzutreten. Kurze Zeit darauf, im Mai 1846, stirbt Mr. Robinson, vierundsechzigjährig, an der Schwindsucht. Lydia ist frei. Doch statt des Boten der Hoffnung, erscheint der Kutscher der Robinsons in Haworth, der den Hochgestimmten in ein Separée des Black Bull bestellt und ihm ausrichtet, die Lady wünsche ihn nicht zu sehen. Nachdem der Mann wieder abgefahren ist, hören die Wirtsleute die verzweifelten Schreie von Pastors Sohn, die wie das hilflose

Blöken eines Kalbs klingen. Sie finden ihn bewußtlos und in Krämpfen auf dem Fußboden.

Wie erklärt sich der grausame Sinneswandel der Geliebten? Mr. Robinson, so heißt es nun, habe ein Testament mit der Bestimmung hinterlassen, daß seine Witwe jeglichen Besitzes beraubt werde, falls sie mit Branwell in Verbindung trete. Eine derartige Bestimmung – die Witwe erfreute sich des ehelichen Vermögens und Wohnsitzes nur bis zu einer eventuellen Wiederverheiratung – war bis zur Verabschiedung des Married Women Property Act 1893 die Regel und sollte den Besitz des Erben vor den Machinationen eines Stiefvaters schützen. Die einzige jedoch, die Mr. Robinson aus seinem neuen Testament streicht, ist seine älteste Tochter, die gewagt hatte, ihm einen Schauspieler als Schwiegersohn zuzumuten. Unabhängig vom ehelichen Nachlaß verfügt Mrs. Robinson über eigenes Kapital, das sie auch ohne testamentarische Finten behaglich leben läßt. Eine Klausel, die Branwell zum Gegenstand hätte, sucht man in dem Dokument vergebens. Ihr »Engel Edmund« hat ihr, wie sie selbst notiert, kein Hindernis für eine neue Ehe in den Weg gelegt.

Wie heftig Lydia Robinson auf Thorp Green auch mit dem Hauslehrer getändelt haben mag, sie verspürt keinen Drang, sich nun an ihn wegzuwerfen. Das scheint Branwell nie gedämmert zu sein. Er glaubt, was ihm der Kutscher erzählt – daß Mrs. R. völlig zerrüttet, ja wahnsinnig von Schuldgefühlen sei, da die Entdekkung der Affaire das Ende von Mr. R. beschleunigt habe. Der Abgesandte seiner Lady war sehr weit vorgedrungen: »Es sei ein solcher Jammer gewesen, sie zu sehen, denn sie kniete betend in ihrem Schlafzimmer, in bittere Tränen aufgelöst.« 1848 heiratete die Witwe Robinson einen Sir Edward Scott. Das Schicksal hatte die Güte, es zwei Monate nach Branwells Tod geschehen zu lassen.

In diesem Mai 1846 aber sieht es aus, als sei sein Los schon besiegelt. »Mein Vater hat vielleicht nicht mehr lange zu leben, und wenn er stirbt, wird mein Abend, der schon im Zwielicht liegt, Nacht sein«, schreibt er. Tatsächlich denkt der alte Brontë nicht daran, zu sterben oder seinen Sohn aufzugeben. (Er sollte ihn um dreizehn Jahre überleben.) Obwohl der Reverend nur noch die Schatten der ihm Vertrauten ausmachen und sich mühsam im Haus herumtasten kann, hält er sonntags seine – auch ohne Taschenuhr – exakt einstündige Predigt. Und er ordnet an, daß Branwell in sein Schlafzimmer zieht, selbst als dieser droht, einer von ihnen werde den Morgen nicht erleben. Wenn der Sohn dann irgendwann um die Mittagszeit die Treppe herunterkommt, sagt er wohl: »Der arme alte Mann und ich hatten eine schreckliche Nacht zusammen, er tut sein Bestes, der arme alte Mann, aber ich bin fertig, es ist alles ihre Schuld, ihre Schuld.« Charlotte schreibt an Ellen: »Er ist unerträglich geworden – Papa hat weder Tag noch Nacht eine Minute Ruhe – dauernd versucht er, ihm Geld aus der Tasche zu ziehen, droht, daß er sich umbringe, wenn man es ihm vorenthielte.« Und an andrer Stelle: »Branwell erklärt, daß er für sich selbst weder etwas tun kann noch will; mehr als einmal sind ihm gute Stellungen angeboten worden, für die er sich durch vierzehntägiges Büffeln hätte als geeignet erweisen können, aber er will nichts tun, außer trinken und uns alle unglücklich machen.«

Wenn das Geld ausgegeben ist, kehrt eine Art Frieden ein, aber sobald er etwas ergattert hat, möglicherweise aus der Tasche von Mrs. Robinson, »fällt er wieder zurück in seine liederlichen Angewohnheiten«. Mit Leyland und Brown zieht er durch die Kneipen. Wenn er spät abends dann Church Lane hinauftapert und die Gartenpforte aufstößt, sieht er aus dem Fenster links von der Tür den Lampenschein auf den Kiesweg und die Treppenstufen fallen. »Zu stark zum Sterben und zu elend, um zu leben«, ist er doch klaren Sinnes. Selbstverständlich hat er bemerkt, was seine Schwestern dort im Wohnzimmer treiben. Aber der Großschutzgeist Brannii ist nicht mehr eingeladen, daran teilzunehmen.

XIV

Die Gedichte • *Currer, Ellis und Acton Bell* • *Mr. Nicholls* • *Die Kuraten* • Jane Eyre • Sturmhöhe • Agnes Grey • *Der Geist des Stolzes* • *Entfremdung*

Aber es war wirklich ein wunderschöner Mantel, und H. bekam nichts weiter heraus als ›Oh, Mr. Rochester!‹ – zum Scherz, was eine Anspielung auf Jane Eyre sein sollte, die sich für meinen Geschmack so undankbar gegenüber dem armen Mann benommen hat – es muß schon bedrückend sein, wenn die Braut, und sei sie auch nur zur linken Hand, immer grauen Alpaka oder Merinowolle oder dergleichen verlangt –, da kann einem Mann die Liebe schon vergehen.

Dorothy Sayers
Hochzeit kommt vor dem Fall

»An einem Tag im Herbst des Jahres 1845 fiel mir zufällig ein Manuskript in die Hände, das Gedichte in der Handschrift meiner Schwester Emily enthielt. Bei der Durchsicht war ich mehr als überrascht – ich war vielmehr zutiefst überzeugt, daß es sich bei ihren Gedichten weder um landläufige lyrische Ergüsse handelte, geschweige denn um Lyrik, wie sie Frauen im allgemeinen schreiben. Ich hielt sie für dicht und bündig, kraftvoll und eigenständig. In meinen Ohren hatten sie einen besonderen Klang, wild und melancholisch und erhebend. Meine Schwester Emily war kein Mensch, der seine Gefühle zur Schau trug, noch jemand, in dessen geheimes Inneres selbst die ihr Nächsten und Liebsten ungestraft eindringen durften. Ich brauchte Stunden, um sie damit zu versöhnen, daß ich ihr Geheimnis entdeckt hatte, und Tage, um sie davon zu überzeugen, daß solche Gedichte es verdienten, veröffentlicht zu werden. Ich wußte jedoch, daß ein Sinn wie der ihre nicht ohne einen versteckten Funken redlichen Ehrgeizes war, und ich weigerte mich, in meinem Bemühen, diesen Funken anzufachen, nachzulassen.

Inzwischen hatte meine jüngere Schwester in aller Stille einige ihrer Gedichte hervorgeholt und gab mir zu verstehen, daß ich, da Emilys Gedichte mir Freude machten, auch die ihren ansehen möchte. Ich konnte nur ein parteiischer Richter sein, doch ich fand, daß auch ihre Verse ein eigenes, liebliches und unverfälschtes Pathos besaßen. Wir hatten sehr früh den Traum gehegt, eines Tages Schriftstellerinnen zu werden. Dieser Traum ... bekam den Charakter einer Entscheidung.«

Welch kühne, gleichwohl voraussehbare Wende, die die Chronistin der Familie fünf Jahre später dem englischen Publikum mitteilt. War es nicht das Natürlichste von der Welt – Schreiben? War das fleißige Spinnen und Kritzeln seit Kindertagen nicht wie eine lange Lehrzeit gewesen, in der sie ihre Federn erprobt hatten?

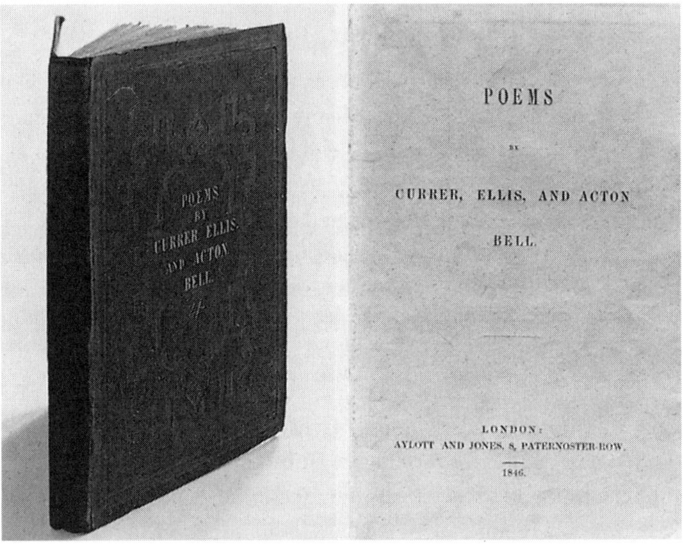

58. Erstausgabe der Poems. London: Aylott & Jones 1846.
Einunddreißig Pfund und zehn Shilling
zahlten die Schwestern für den Druck ihrer Gedichte

Hatte Charlotte Monsieur Heger nicht angedeutet, daß sie ihm ein Buch widmen möchte? Und hat Anne nicht bereits in Thorp Green mit der Niederschrift eines autobiographischen Romans begonnen? Warum also nicht auch publizieren? Der Funken Ehrgeiz, den Charlotte in der gekränkten Emily anzufachen hofft, die der Älteren das Herumstöbern in ihrem Pult nicht vergeben kann, brennt bei ihr schon lichterloh. Auch Anne ist nicht feuerfest. Ellen hatte sie beim Durchblättern von *Chamber's Journal* lächeln sehen. Was gibt's? »Oh, sie haben nur eins meiner Gedichte eingerückt.«

Und Branwell? Wenn er auf dem Damm ist, teilt er wohl abends das Wohnzimmer mit den Schwestern. Sie sitzen um den Tisch und nähen; Branwell hält Vorträge: Einen Roman zu schreiben – kein Kunststück – wenn er nur wollte, könnte er mit einem Mordssprung aus dem ganzen gedruckten Plunder, der den Markt überschwemmte, auf dem Felsen landen, auf den bereits Smollet und Fielding ihren Fuß gesetzt – aber einen Verleger zu finden – die Manuskripte unbekannter Autoren flögen doch nur ins Kaminfeuer . . . Hat er ihnen seine neuen Gedichte aus dem *Halifax Guardian* vorgelesen? »Ich seh' ein' Leichnam auf dem Wasser liegen« (*Real Rest*) und »Ich schreib' Dir Worte, die Du nicht wirst lesen/denn Du schläfst weiter, wenn das Herz auch blutet« (*Letter from a Father on Earth to his Child in her Grave*) – Ach, Branwell, nicht schon wieder Gräber! Der Co-Autor von früher wäre sicher würdig gewesen, etwas beizusteuern, das Emilys wildem, melancholischem Klang nahekam – aber nun? Sie beschließen, allein in die Welt der Druckerzeugnisse vorzudringen. »Mein unglücklicher Bruder hat nie erfahren, was seine Schwestern in der Literatur unternommen hatten; er wußte nichts von einer einzigen veröffentlichten Zeile.«

Hier irrt Charlotte. Branwell hätte nur einen Blick in ein Autorenexemplar der *Poems* werfen müssen, um die alten Angria- und Gondal-Motive zu erkennen. Ein Jahr später diskutierte er

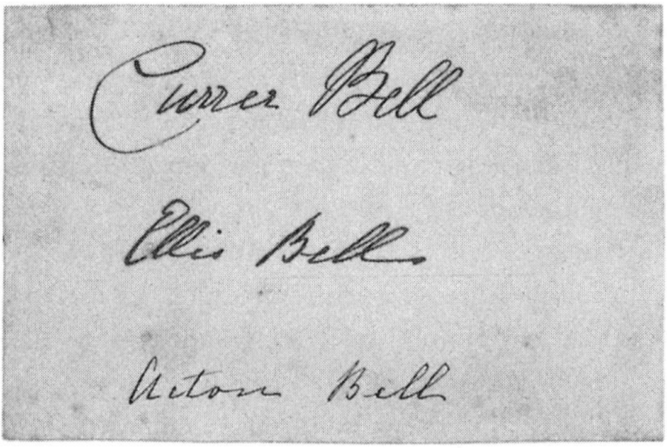

59. Das einzige Autogramm von Currer, Ellis und Acton Bell

mit dem Journalisten George Searle Philipps, der *Jane Eyre* im *Mirror* verrissen hatte, über das Buch seiner Schwester. Der Zeitungsmann, den Branwell aus Bradford kannte, war eigens nach Haworth gereist, um die Autorin zu sehen, und Branwell, der ihn im Black Bull traf, entfaltete noch einmal seine ganze Eloquenz, als er vom Herbeiströmen der ersten Literaturtouristen sprach (was nicht stimmen konnte) und Philipps eine Einführung zu Hause verweigerte. Niemals wäre der Kritiker auf den Gedanken verfallen, dieser enthusiastische junge Mann könne in die Schriftstellerei nicht eingeweiht gewesen sein. Doch nicht nur Branwells wegen, bei dem kein Geheimnis sicher ist, beschließen die drei, einen Nom de plume anzunehmen. Besonders Emily, der ihre »Reime« merkwürdig abhanden gekommen sind und die nun dabei ist, sie für den Druck von allen Anspielungen auf Gondal zu reinigen, besteht auf strengstem Inkognito.

»Da wir unsere Identität nicht öffentlich preisgeben wollten, verbargen wir unsere Namen unter denen von Currer, Ellis und Acton Bell; die doppeldeutige Wahl wurde durch eine Art von Gewissensskrupel bestimmt, Vornamen anzunehmen, die eindeutig männlich waren, weil – ohne, daß wir es damals ahnten, unsere Art zu schreiben und zu denken, nicht die war, die man ›feminin‹ nennt – und wir eine schwache Ahnung hatten, daß man bei Autorinnen dazu neigt, ihnen mit Vorurteilen zu begegnen.«

In der Tat hielt die viktorianische Literaturkritik für Schriftstellerinnen gesonderte Standards bereits. Sobald sie »das Zittern einer feinen, melodischen Stimme« oder »die zarte Hand einer Dame« in einem Werk ausfindig gemacht hatte, durfte sich die Verfasserin aus der Kategorie ernstzunehmende Kunst verabschieden. 1850 ermittelte zum Beispiel der liberale *Leader* – dessen Herausgeber George Henry Lewes zwei Jahre später ein eminentes weibliches Talent entdecken sollte, das unter dem Pseudonym George Eliot seine Zeitgenossen überstrahlte – eine Übermacht weiblicher Literaturschaffender und riet: »Kommt es diesen köstlichen Wesen nie in den Sinn, daß ihre kleinen Finger geschaffen wurden, damit sie geküßt und nicht mit Tinte beschmiert werden? ... Gibt es da keine Ehemänner, Liebhaber, Brüder, Freunde, sie zu herzen und zu trösten? Gibt es da keine Strümpfe zu stopfen, keine Beutel zu nähen, keine Hosenträger zu besticken? Meine Vorstellung von einer perfekten Frau ist die: Sie kann schreiben, aber sie tut es nicht.«

Der Rat kommt in jedem Fall zu spät. Charlotte ist bereits dabei, Verlage anzuschreiben und ein Handbuch der Drucktechnik zu befragen. Am 28. Januar 1846 wendet sie sich an die Herren Aylott & Jones in London, Paternoster Row, Buch- und Schreibwarenhändler mit einem kleinen Verlag für religiöse Lyrik. Von ihnen erfährt »C. Brontë Esq.«, daß der Verlag willens ist, die Gedichte der drei Bells auf deren Kosten zu drucken und zu vertreiben. Ihre finanzielle Beteiligung an dem 165 Seiten schmalen Büchlein in dunkelgrünem Leinen beträgt 31 Pfund, 10 Shilling; ein Vermögen, für das wohl Festgeld aus Tante Branwells Erbe lockergemacht werden mußte. Es erscheint im Mai 1846; die Auflage ist enorm: tausend Exemplare. Charlotte investiert noch einmal zögernd fünf Pfund für Anzeigen. Verkauft werden zwei Stück, Preis 4 Shilling.

Dennoch gehen die *Poems by Currer, Ellis and Acton Bell* nicht unbemerkt im Literaturbetrieb unter. Der *Critic* schreibt, das Bändchen sei ein Sonnenstrahl auf dem Schreibtisch des Feuilletonredakteurs, der von zeitgenössischem Schund und Ramsch übersät sei. *Athanaeum* rezensiert Acton Bells Anteil zwar mit »gerührter Nachsicht«, bescheinigt Ellis aber einen »feinen, anziehenden Geist« und eine ungewöhnliche »Kraft des Höhenflugs«, und sieht die Muse Currers auf halbem Wege zwischen der Ebene Actons und der Höhe, die Ellis erreicht, wandeln.

Charlotte, die so rückhaltlos Emilys Poesie bewundert, gibt sich, was ihre eigenen Verse betrifft, die ihr ebenso mühe- wie kraftlos aus der Feder fließen, keinem Fehlurteil hin: »unreif und überschwenglich«, Produkte eines rastlos überquellenden, jugendlichen Sinns. »In jenen Tagen war das Meer zu oft zu stürmisch, und Algen, Sand und Kies wurden in dem Sturm mit aufgewühlt«, gesteht sie Mrs. Gaskell.

Ihre Stärke ist die Prosa, die, anders als die Gedichte, keinen Vergleich mit Größeren scheuen muß; und ihre poetischsten Passagen finden sich nicht in den schwerfüßigen, sentimentalen Balladen, sondern in den Romanen, wenn Gefühle und Elemente aufeinanderprallen oder lieblich miteinander dahinziehen wie die Wölkchen aus Mr. Rochesters Zigarre mit dem Duft von Heckenrosen und Jasmin.

Die Verkaufszahlen des Gedichtbandes sind natürlich eine Enttäuschung. In einer ironischen Laune schicken die Bells im Jahr darauf einen Teil ihrer Belegexemplare an die Dichter Tennyson, Wordsworth, Lockhart und de Quincey, und Charlotte schreibt dazu: »Meine Verwandten Ellis und Acton Bell und ich haben, ungeachtet der wiederholten Warnungen angesehener Verleger, den unbesonnenen Akt begangen, einen Versband drucken zu lassen. Die vorausgesagten Folgen haben uns natürlich überrascht; unser Buch erweist sich als ein Ladenhüter; kein Mensch braucht oder beachtet es. Im Zeitraum von einem Jahr hat unser Verleger lediglich zwei Exemplare abgesetzt, und durch welch mühsame Anstrengungen es ihm gelang, sich ihrer zu entledigen, weiß nur er selbst. Bevor wir die Ausgabe dem Trödler überlassen, haben wir uns entschlossen, einige der unverkäuflichen Exemplare als Geschenke zu verteilen; wir erlauben uns, Ihnen eines davon zu übersenden als Dank für das Vergnügen und den Gewinn, den wir oft und über lange Zeit aus Ihren Werken geschöpft haben.«

Der Mißerfolg kann jedoch nicht den literarischen Ehrgeiz der drei irritieren. Weiteres ist bereits in Arbeit – keine Gedichte; die machen die Autorinnen nur ärmer, sondern drei Romane, für die sie schon lange die Samen mit sich herumgetragen haben. Wenn Papa abends im Bett ist und Branwell Gottweißwo, beginnen ihre

Wanderungen um den Wohnzimmertisch; fünf Schritte vom Fenster und zurück zum Sofa, Emily den Arm um Anne gelegt, daneben Charlotte, vorlesend, diskutierend, beratend. Was Emily vorträgt, erschreckt die beiden anderen manchmal; ihre unbarmherzigen und unversöhnlichen Naturen, die lebhaften und schrecklichen Szenen verscheuchten den nächtlichen Schlaf und störten den geistigen Frieden bei Tag, erinnert Charlotte sich später. Doch Emily versteht die Aufregung nicht: Ihr seid es, die übertreibt!

Aber bevor wir ihren weiteren Weg um den Tisch und in die Welt verfolgen, wollen wir einen Blick auf die andere Straßenseite, auf das Haus des Küsters und seinen Untermieter werfen. Der geneigte Leser hat bereits von ihm gehört. Es handelt sich einmal wieder um den Kuraten von Mr. Brontë, einen ernsten Herrn von 26 Jahren mit einem Pferdegesicht, das von einem schwarzen Backenbart eingerahmt wird. Er stammt, wie der Pastor, aus dem Norden Irlands, gehört aber, anders als dieser, den eine gewisse keltische Exzentrik auszeichnet, zu den Ulster-Leuten schottischer Herkunft, denen man Zuverlässigkeit, Solidität und Nüchternheit nachsagt, Eigenschaften, die leicht ins Langweilige, Sture und einen Mangel an Humor hinüberchangieren, die ihn aber gleichwohl zu einer wertvollen Stütze für den fast 70jährigen Pfarrherrn machen. Sein Name ist Arthur Bell Nicholls, und er wäre in keiner Weise bemerkenswert, wenn er nicht acht Jahre später Charlotte Brontë heiraten würde.

Als er im Mai 1845 sein Amt in Haworth antrat, vermittelte er den Eindruck eines ordentlichen jungen Mannes – »er liest gut vor und wird hoffentlich zu aller Zufriedenheit wirken.« Das sollte Mr. Nicholls nicht gelingen; vielmehr machte er sich sehr unbeliebt, als er mit einer alten Sitte aufzuräumen begann: Die Waschfrauen von Haworth pflegten seit jeher ihre Wäsche auf dem Kirchhof über den Grabsteinen ausgebreitet zu trocknen – nirgends gab es Bäume, zwischen denen man eine Leine hätte spannen können. Der Kurat war entrüstet über diese Entweihung und ruhte nicht, bis der letzte Fetzen verschwunden war. Patrick, der viele Jahre mit dieser Beflaggung gelebt hatte, fand den Vorgang so köstlich, daß er ein Gedicht schrieb, über dessen Pointe er sieben Jahre später allerdings nicht mehr lachen konnte.

Die Frauen, vernichtet, mit der Wäsche geflohen,
Auf Höfe und Plätze, kein Mensch weiß, wohinnen,
Und laut bei der Waschbrühe hört man sie drohen,
Ihm den Hals zuzuwringen für den Krieg gegen's Linnen.
Ihre Männer in Rache und Zorn sich verbünden;
Sie schrei'n, Mr. Lynch soll den Schuldigen richten.
Doch am traurigsten ist, was die Mädchen verkünden:
Auf Liebe und Ehe muß der Mann nun verzichten.

60. Arthur Bell Nicholls

Als Mr. Nicholls in den Ferien nach Irland fährt, scheint ihn keiner zu vermissen. »Ich kann beim besten Willen nicht jene interessanten Ansätze zur Gutherzigkeit an ihm erkennen, die Du entdeckt hast«, schreibt Charlotte an Ellen, »seine Engstirnigkeit berührt mich äußerst unangenehm. Seine verborgenen Schätze verdankt er, fürchte ich, Deiner Einbildung.« Ellen hat wohl schon wieder einmal Cupidos Pfeile fliegen sehen, und offenbar war sie nicht die einzige, der Nicholls' Blicke aufgefallen waren, die immer einen Augenblick zu lange auf der kleinen Frau ruhten, ehe sie hastig abgezogen wurden.

»Wer war das, der Dich ernsthaft gefragt hat, ob Miss Brontë nicht den Kuraten ihres Papas heiraten wird?« fragt Charlotte streng im Juli 1846. »Ich muß ja wohl kaum erwähnen, daß kein Gerücht jemals unbegründeter war. Eine kalte, ferne Art von Höflichkeit ist die einzige Umgangsform, die ich je mit Mr. Nicholls pflegte. Unter keinen Umständen könnte ich ihm gegenüber dieses Gerücht erwähnen, nicht einmal als einen Scherz. Das würde mich für das nächste halbe Jahr zur Zielscheibe seines Witzes und des der anderen Kuraten machen. Sie betrachten mich als eine alte Jungfer, und ich betrachte sie alle zusammen als höchst uninteressante, engstirnige und unattraktive Vertreter des derberen Geschlechts.«

Mr. Nicholls hat das Pech, zu jener verachteten Spezies von »selbstsüchtigen und aufgeblasenen Menschen« zu gehören, die Charlotte auch beim besten Willen nicht ertragen kann: den Kuraten. »In diesen gesegneten Tagen haben wir nicht weniger als drei in der Pfarre von Haworth – und einer übertrifft den anderen. Kürzlich haben sie alle drei bei uns vorgesprochen – vielmehr kamen sie unerwartet zur Teezeit hereingestürzt. Es war Montag, Backtag, und ich war verschwitzt und müde; dennoch, wenn sie sich ruhig und ordentlich verhalten hätten, wäre ihnen der Tee in Frieden serviert worden, aber sie begannen einander großartig zu feiern und die Dissidenten in einer solchen Weise zu beleidigen, daß ich die Beherrschung verlor und ein paar schnelle, scharfe Sätze äußerte, die sie umgehend verstummen ließen. Papa war ebenfalls zutiefst entsetzt, aber ich bereue es nicht.«

Ein ähnlich unberatenes Trio, das sich gegenseitig rastlos besucht, Schnee, Hagel, Wind und Regen, Schmutz und Staub trotzt, um miteinander zu frühstücken, Tee zu trinken, zu Abend zu essen, zu zanken und ihren Zimmerwirtinnen auf die Nerven zu fallen, hat Charlotte in *Shirley* wiederbelebt. »›Schneiden Sie Brot ab, Frau‹, sagte ihr Gast; und die ›Frau‹ tat wie ihr geheißen. Wäre sie der Stimme ihres Herzens gefolgt, würde sie den Geistlichen ebenfalls entzweigeschnitten haben.« Mr. Nicholls wurde übrigens gehört, wie er bei der Lektüre des Romans in seiner Stube laut lachte und vor Vergnügen auf den Boden stampfte. Er las dem Reverend die saftigsten Stellen vor und war offenbar froh, in der Figur des sittsamen Kuraten Macarthey, »den der Umstand, daß er mit einem Dissidenten zum Tee geladen war, immer für eine ganze Woche aus der Ordnung brachte«, glimpflich davongekommen zu sein. Charlotte aber hatte nicht im Traum daran gedacht, ihn zu belobigen, und ärgerte sich über sein Wiedererkennen: »Na, wohl bekomm' es ihm!«

Indessen sind die drei im abendlichen Wohnzimmer erst bei der Niederschrift von *Der Professor*, *Sturmhöhe* und *Agnes Grey*, drei voneinander unabhängigen Werken der Bells, die Charlotte im April, noch vor Erscheinen der Gedichte, Aylott & Jones anbietet – aber diesmal wollen sie nicht dafür bezahlen. Die Herren lehnen ab, und im Juli des Jahres 1846 beginnt das Manuskriptpaket seine lange Reise durch die englischen Verlagshäuser. Gut eineinhalb Jahre ist es über sechs Stationen unterwegs; Charlotte kreuzt die Adressen aus, wendet und beschriftet das Packpapier erneut, ein Vorgehen, das von sparsamem Sinn und fehlender weltlicher Weisheit zeugt. Schon viermal abgelehnt? Das kann wohl nichts Gescheites sein. Zurück damit, zwei Zeilen, hochachtungsvoll etc.

Gerichtet ist das Paket nun an Miss Brontë, nachdem die

Adresse Currer Bell c/o C. Brontë Esquire für »ein kleines Mißgeschick« und beinahe das Auffliegen ihres Geheimnisses gesorgt hatte. »Currer Bell? – wohnt hier nicht«, hatte der Reverend den Postboten wieder weggeschickt. In Zukunft legt Charlotte sicherheitshalber einen frankierten Umschlag an Miss Brontë bei, die Agentin, die im Namen der Herren Bell die Geschäfte führt.

Im August treibt die Schwestern wieder die Sorge um Papa um. Er ist nun blind und gänzlich auf ihre Hilfe angewiesen, doch »nie verdrießlich, nie ungeduldig, nur bekümmert und niedergeschlagen«. Im Dorf wird gemunkelt, der Reverend spreche in seiner Dunkelheit und in der Einsamkeit des Studierzimmers dem Whisky zu, eine Verleumdung, die er, der Vorsitzende der Temperenzler, mit alttestamentarischem Zorn zurückweist. Bei der besagten Flasche handele es sich um seine Augenlotion, deren Geruch dem einer Flüssigkeit von »anstößigem Charakter« ähnele. Wie auch immer, Charlotte und Emily reisen nach Manchester, um die Ferndiagnose eines bekannten Augenarztes einzuholen. Dieser bestellt Patrick zu sich, und innerhalb kurzer Zeit ist die Star-Operation beschlossene Sache. Charlotte und Mr. Brontë beziehen am 19. August eine kleine Mietwohnung in Manchester, und fünf Tage später ist der Reverend bereit.

Die Operation wird ohne Narkose vorgenommen. Im Oktober 1846, zwei Monate später, sollte William Morton, ein junger Zahnarzt aus Boston, als erster einen Patienten mit Äther narkotisieren. Bis dahin mußte das Grauen bei vollem Bewußtsein erduldet werden. Später notiert der Patient: »Belladonna, ein tödliches Gift aus dem schwarzen Nachtschatten, wurde zunächst zweimal aufgetragen, um die Pupille zu erweitern. Das verursachte große Schmerzen für etwa fünf Sekunden. Das Gefühl bei der Operation, die fünfzehn Minuten dauerte, war ein brennendes, aber nicht unerträglich, wie es bei Operationen sonst der Fall ist, wie ich gelesen habe. Die Linse eines Auges wurde entfernt, so daß der Star nicht wieder auftreten kann.«

Charlotte bleibt auf seinen Wunsch bei ihm. »Papa zeigte außerordentliche Geduld und Festigkeit; die Ärzte schienen überrascht.« Als sie ihren Brief an Ellen schreibt, liegt Papa mit verbundenen Augen zum Stillschweigen verurteilt nebenan im dunklen Zimmer. Seine Tochter versucht, in dem fremden Haushalt zurechtzukommen, und macht sich Sorgen um die Pflegerin, die möglicherweise mit der schlichten Diät der Brontës aus Rindfleisch, Butterbrot und Tee nicht zufrieden sein könnte. Ihre »Beflissenheit« ist Charlotte verdächtig. Es ist die Zeit, bevor Florence Nightingale den Stand der Krankenschwester zu einer Profession machte, und Pflegepersonal war oft von der dubiosesten und derbsten Sorte in der Art der Mrs. Horsefall aus *Shirley*, die dreimal am Tag ihr Quantum Schnaps und viermal am Tag ihr Pfeifchen brauchte.

Am Morgen der Operation ist der *Professor* schon wieder einmal zu seiner Autorin zurückgekehrt; aber ungeachtet der Enttäuschung, der Sorgen um Papa und andauernder Zahnschmerzen, die ihr den Schlaf rauben, beginnt Charlotte in Manchester ein neues Buch: *Jane Eyre*. Ihr scheint, als habe sie an diesem gemieteten Tisch eine besonders kreative Strähne zu packen bekommen, und als sie vier Wochen später mit dem Reverend nach Haworth zurückkehrt, ist das Manuskript schon weit gediehen. Die Arbeit sollte in diesem Winter ihre einzige Freude darstellen. Branwell führt sich übler auf als zuvor. Eines Tages klopft ein Gerichtsvollzieher im Pfarrhaus an und stellt ihn vor die Wahl, augenblicklich seine Schulden zu zahlen oder ihn ins Gefängnis nach York zu begleiten. Es ist nicht das Vergehen allein, das die Familie beschämt, sondern seine »Schäbigkeit«, die Ausflüchte, die Schuldzuweisungen an andere. Branwell hat nicht mehr viel zu verlieren.

Das Wetter im Dezember ist bitterlich, »der Himmel sieht aus wie Eis; die Erde ist gefroren; der Wind scharf wie ein Messer mit zwei Schneiden. Mir wird nicht mehr warm. Wir sind alle sehr erkältet.« Anne leidet unter Asthma, wird immer dünner und stiller. »Ich würde gerne hoffen, daß ihre Gesundheit sich ein wenig kräftigt ... aber sie macht sich viel zu wenig Bewegung, sitzt unaufhörlich über einem Buch oder ihrem Pult. Nur mit Mühe kann man sie dazu überreden, einen Spaziergang zu machen, oder sie in ein Gespräch ziehen.«

Der Reverend ist inzwischen wieder auf dem Posten. Sonntags liest er die Gebete in der Kirche, und Mr. Nicholls fährt in die wohlverdienten Ferien. Im Januar wird der Pfarrhausbrunnen im Hinterhof gesäubert. Seit zwanzig Jahren hatte man das gelbliche Wasser getrunken. Nun kommen acht Blecheimer in jedem Zustand der Verrottung zum Vorschein. Das Manuskriptpaket kehrt mit der Zuverlässigkeit eines schlechten Groschens an den Absender zurück. Der ständige Ostwind macht sie alle nervös. Nur Emily, die noch immer als »der Major« grüßen läßt, widersteht ihm. Für sie zählt er zu den »sehr uninteressanten Winden«, aber »ihr Nervensystem ist auch nicht wie das unsere«. Selbst die gute Ellen bekommt die gereizte Stimmung zu kosten. »Natürlich vergesse ich Dich nicht, doch ich glaube, daß ich manchmal Feuer spucken und explodieren würde, wenn wir ständig zusammenlebten.« Ein andermal gesteht ihr Charlotte: »An meinem nächsten Geburtstag werde ich 31. Meine Jugend ist wie ein Traum verflogen, und ich habe so wenig Gebrauch davon gemacht. Was habe ich in den letzten 30 Jahren zustande gebracht? Herzlich wenig.« Und doch schreibt sie unermüdlich an ihrem neuen Buch.

Endlich, im Juli 1847 zeichnet sich ein Erfolg ab – aber nur für Emily und Anne. Der Londoner Verleger Thomas Cautley Newby erklärt sich bereit, die *Sturmhöhe* und *Agnes Grey* in einem Band zu veröffentlichen. Allerdings verlangt er einen Zuschuß von 50 Pfund, den er nach den ersten 250 verkauften Exemplaren zurückerstatten will. (Er tut es nie.) Die Autorinnen sind einverstanden. Noch einmal muß Tante Branwells Legat geschmälert werden; und nun macht sich der *Professor* allein auf den Weg. Charlotte weiß um seine Unzulänglichkeiten, aber wie »eine in ihr blödsinniges Kind vernarrte Mutter« hofft sie, daß auch andere darüber hinwegsehen möchten. Seine nächste Station ist der Verlag Smith & Elder. Von dort kehrt er mit ungewöhnlicher Promptheit zurück, doch statt der bekannten ablehnenden zwei Zeilen erhält Charlotte einen langen Brief des Lektors William Smith Williams, in dem er die Mängel des Manuskripts klug und verständnisvoll darlegt. Ein neues, erfolgversprechendes Werk von Currer Bell werde der Verlag mit dem größten Wohlwollen prüfen, fügt er hinzu. Charlotte ist entzückt. *Jane Eyre* steht kurz vor der Vollendung, und sie expediert es am 24. August an Smith & Elder, 65 Cornhill, London. Williams liest es in einem Zuge durch und drückt es seinem Verleger George Smith in die Hand, ehe dieser ins Wochenende verschwindet. Smith, ein wenig amüsiert von dem Enthusiasmus des würdigen Lektors, beginnt am Sonntag morgen in dem Manuskript zu blättern. Zur Mittagszeit ist er mit einem Freund zum Ausreiten verabredet. »Kurz vor 12 wurde mein Pferd vor die Tür gebracht, aber ich konnte das Manuskript nicht aus der Hand legen. Ich schrieb hastig zwei, drei Zeilen an meinen Freund, entschuldigte mich mit unvorhergesehenen Umständen, die mich verhinderten, ihn zu treffen, schickte die Nachricht mit meinem Pferdeknecht fort und las weiter. Irgendwann kam der Diener, um mir zu sagen, daß das Mittagessen auf dem Tisch stünde. Ich bat ihn, mir ein Sandwich und ein Glas Wein zu bringen, und fuhr fort mit *Jane Eyre*. Die Zeit fürs Abendessen kam; für mich war es nur eine hastige Mahlzeit, und bevor ich zu Bett ging, hatte ich das Manuskript ausgelesen.« (Gedruckt sind es 918 Seiten in drei Bänden; er muß geflogen sein.)

Von nun an geht es mit der vorgegebenen Schnelligkeit weiter. Vier Wochen später treffen bereits die ersten Korrekturfahnen in Haworth ein (während Emilys und Annes Manuskripte wie Blei liegen). Charlotte nimmt die Arbeit mit auf einen Besuch bei El-

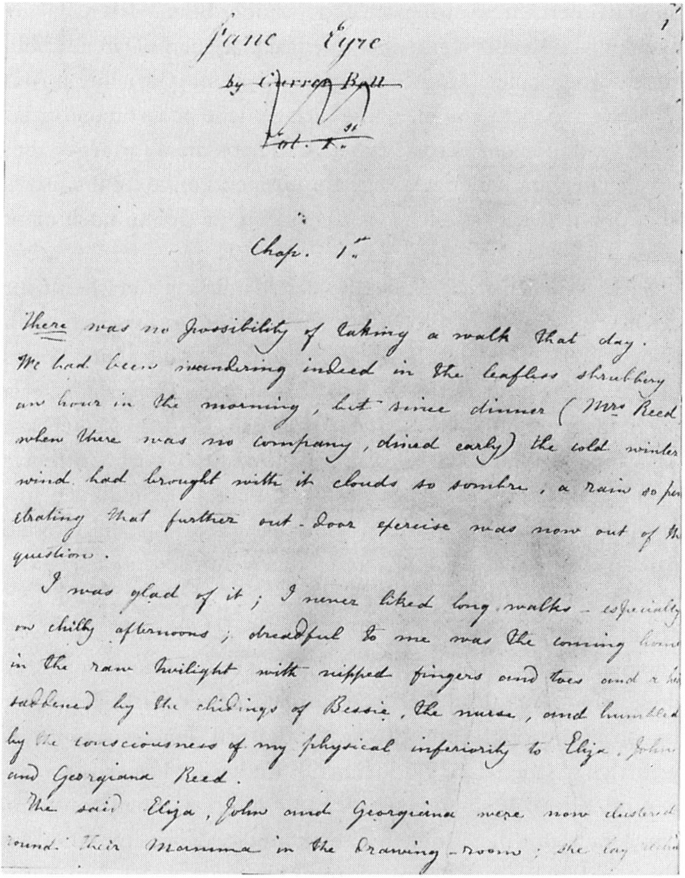
Jane Eyre
by Currer Bell
Vol. I.

Chap. 1st

There was no possibility of taking a walk that day. We had been wandering indeed in the leafless shrubbery an hour in the morning, but since dinner (Mrs Reed when there was no company, dined early) the cold winter wind had brought with it clouds so sombre, a rain so pen-etrating that further out-door exercise was now out of the question.

I was glad of it; I never liked long walks – especially on chilly afternoons; dreadful to me was the coming home in the raw twilight with nipped fingers and toes and a heart saddened by the chidings of Bessie, the nurse, and humbled by the consciousness of my physical inferiority to Eliza, John and Georgiana Reed.

The said Eliza, John and Georgiana were now clustered round their Mamma in the drawing-room; she lay

61. Erste Manuskriptseite von *Jane Eyre*

len. Beim Schein der Lampe sitzen sich die beiden Frauen am Tisch gegenüber, die eine mit dem Stickrahmen, die andere mit der Feder, und in bester viktorianischer Manier fällt kein Wort über Charlottes ungewöhnliche Beschäftigung. Noch ein halbes Jahr nach Erscheinen von *Jane Eyre* dementiert Charlotte heftig und raffiniert ihre Autorenschaft gegenüber Ellen: »Ich habe niemandem das Recht erteilt, über mich zu klatschen.« Daß sie publiziere, sei der reine Unfug. Sie trägt Ellen auf, alle Gerüchte auf das schärfste zurückzuweisen. Schließlich genieße sie als Freundin das volle Vertrauen der Verdächtigten, und habe diese ihr gegenüber jemals ein Wort fallengelassen? Im übrigen könne sie ihr nichts über den neuen Bestseller *Jane Eyre* sagen, da sie ihn noch nicht gelesen habe.

Sechs Wochen nach Annahme des Manuskripts erscheint ihr Buch und sorgt vom Fleck weg für Aufregung. Das Publikum ist begeistert, und noch ehe die Rezensenten sich des neuen Werks bemächtigen, wird in den Kreisen der Londoner Kulturschickeria schon heftig gemunkelt. Wer ist Currer Bell? William Makepeace Thackeray, literarischer Gesellschaftslöwe und hochberühmter Autor, teilt Lektor Williams mit: »Ich wünschte, Sie hätten mir *Jane Eyre* nicht zugesandt. Das Buch hat mich so sehr gefesselt, daß ich einen ganzen Tag verloren (oder, wenn Sie wollen, gewonnen) habe ... Ich habe keine Vorstellung, wer der Autor sein könnte; wenn es freilich eine Frau ist, versteht sie ihr Handwerk besser als die meisten Damen, oder sie hat eine ›klassische‹ Ausbildung genossen. Gleichviel, es ist ein prächtiges Buch, der Autor ist, ob Mann oder Frau, großartig, der Stil sehr souverän und, wenn ich so sagen darf, gradheraus ... Einige der Liebesszenen haben mich zum Weinen gebracht, sehr zum Erstaunen von John, der gerade mit den Kohlen hereinkam ... Wenn eine Frau das Buch verfaßt hat, wer könnte sie sein? Übermitteln Sie dem Autor meinen Respekt und meinen Dank.«

Zwei Monate nach der ersten Auflage – vermutlich 2500 Exemplare – ist schon die zweite da (Thackeray gewidmet), ein viertel Jahr darauf, im Januar, die dritte, im April 1848 die vierte.

Was ist so erregend an *Jane Eyre*, der Geschichte einer kleinen, unscheinbaren Gouvernante, die den Platz, den Gott und die Gesellschaft ihr angewiesen haben, verläßt, um ihren adeligen Arbeitgeber zu beeindrucken und zu begehren? Die Kritik schwankt zwischen Jubel und Verriß: »Ein Buch, das den Puls rasen läßt ... die Augen mit Tränen füllt« (*Atlas*). Eine Freundin der Familie Smith ist schockiert, daß es offen für Kinderaugen im Haushalt des Verlegers herumliegt. Auch Miss Wooler kann den Schreck über das Produkt der alten Freundin nicht verbergen. Trotz allem, was die Autorin gesagt und getan hätte, würde sie den Platz in ihrer Achtung nicht verlieren, beteuert sie tapfer, als Charlottes Geheimnis publik wird. Selbst Mrs. Gaskell möchte von ihrer zwanzigjährigen Tochter um Erlaubnis gefragt werden, ob sie *Jane Eyre* lesen dürfe.

Die viktorianische Kritik beurteilte Literatur weitgehend nach der Moral, die sie transportierte, und folglich nach den Manieren der Protagonisten. Formen, die den Wunsch einer Frau nach emotionaler und sexueller Selbstbestimmung durchblicken ließen, waren im Leben wie im Roman unerwünscht, ja, ungehörig. Charlotte hatte nun – eher in aufrichtiger Unschuld als in kühnem Trotz – eine Heldin geschaffen, die sich in vieler Hinsicht danebenbenahm – und dazu war sie noch nicht einmal hübsch. Schon die erste Begegnung des Paares deutete Übergriffe an: Er stürzt und muß von ihr wiederaufgerichtet werden. – Es ist die Quintessenz des Romans. Ungehörig, ja unweiblich war es, wie Jane die Initiative zu ergreifen und Mr. Rochester ihre Liebe zu gestehen. Ebenso unmöglich war es, sich laut über ein gebrochenes Herz zu beklagen. Hier aber trat nun eine Figur auf, die behauptete, daß Frauen ebenso wie Männer empfänden und daß es außerdem ein Unrecht sei, sie zu Hause einzusperren und ihren Tätigkeitsbereich aufs Puddingkochen, Klavierspielen und Beutelbesticken zu beschränken.

»Glauben Sie, ich könne bleiben, um in Ihren Augen zu einem Nichts zu werden? Glauben Sie, ich sei ein Automat – eine Maschine ohne Gefühle? Daß ich es ertragen könnte, wenn man mir das Brot aus dem Munde und das Wasser von den Lippen nimmt? Glauben Sie, ich hätte weder Seele noch Herz, nur weil ich arm, unbedeutend, häßlich und klein bin? Da irren Sie sich! Ich habe genausoviel Seele wie Sie – und ebensoviel Herz! Und wenn Gott mich mit einiger Schönheit und Reichtum begabt hätte, so hätte ich es Ihnen genauso schwergemacht, mich zu verlassen, wie es mir jetzt schwerfällt, von Ihnen zu gehen. Ich rede jetzt nicht mit Ihnen, wie meine Stellung, mein Rang und die Konventionen es verlangen, ja nicht einmal, wie es meinem irdischen Leib zustände. Jetzt spricht mein Geist zu ihrem, gerade als seien wir gestorben und stünden vor Gottes Thron – nämlich gleichberechtigt – wie wir es sind.«

Elizabeth Rigby (Lady Eastlake) rüffelte im *Quarterly* das »antichristliche Werk, das von derber Sprache und lockerem Ton« gekennzeichnet sei und in dem ein ständiges Gemurre gegen das Wohlleben der Reichen und gegen die Entbehrungen der Armen zu vernehmen sei, eine »arrogante, fortwährende Behauptung der Menschenrechte, für die wir weder in Gottes Wort noch in Gottes Vorsehung einen Beleg finden«. Was Lady Eastlake wohl speziell nesselte, war die Selbstverständlichkeit, mit der sich dieses gesellschaftliche Nichts, Jane Eyre, als die bessere, die gescheitere und die empfindsamere Frau über die aufgeblasene Aristokratin Miss Ingram stellte. Charlotte war in der Regel hart im Nehmen, wenn es um schlechte Kritiken ging; daß ihr aber eine Lady unterstellte, *Jane Eyre* sei das Machwerk einer Frau, die »aus gutem Grund die Gesellschaft ihres eigenen Geschlechts verwirkt habe«, kränkte sie. In *Shirley* hat sie es Lady Eastlake heimgezahlt, als sie deren Zitate vom ständigen Gemurre, von der Gouvernante als Zumutung und ihrer tunlichen Isolation der schüchternen Mrs. Pryor in den Mund legt, als diese von ihren monströsen adeligen Arbeitgebern berichtet.

Auch der *Christian Remembrancer* rügt »die ziemlich ehrgeizige Beschreibung der Sitten und des sozialen Lebens«. Der Rezensent, der nicht daran zweifelt, daß das Buch von einer Frau geschrieben wurde, gesteht ihr »männliche Kraft, Weitblick und Scharfsinn« zu, gepaart mit »Härte, Derbheit und Freiheit der Sprache« – Talente, die einem Autor zur Ehre gereichten, die eine Dame gleichwohl nicht besitzen und kennen durfte. So sind es wohl auch weniger die zarten Küsse des Paares als Janes Ringen um eine gleichberechtigte Liebe, was ihn schreiben läßt: »Die Liebesszenen glühen mit einem Feuer – greller als das der Sappho und irgendwie noch rußiger.«

Wie den meisten Zeitschriften fällt auch dem *Spectator* die »grobe Sprache« unangenehm auf, ohne daß der prüde Kritiker die Steine des Anstoßes benennt. Was schockiert ihn? Die Beschreibung ordinärer Zustände? Die Flüche? Der freie Gebrauch biblischer Zitate? Die Andeutung von Promiskuität? Oder die lieber nicht weiter verfolgte Ahnung, daß hinter den Bildern der reifen, tropfenden Natur noch Unsäglicheres lauern könnte?

Schon in Angria hatte Charlotte in einer metaphernreichen, sinnlichen Sprache geschwelgt, wenn der Herzog von Zamorna im abendlich betauten Garten seine Damen verzauberte oder mit seinem Rauchwerkzeug zwischen den Rabatten spazierte. Nun ist es Mr. Rochester, der mit dicken Zigarren hantiert, und zur Erfüllung ihrer Liebe wandert Jane durch ein enges Tor und unter sich neigenden Bäumen zu seinem Landsitz Ferndean in einem dunklen, moosigen Grund.

Niemand außer ihren Mitspielerinnen erkennt jedoch in der Gestalt des kantigen Aristokraten Charlottes romantisch-zynischen Helden aus Kindertagen; noch immer gebieterisch und den Kopf voll schwarzer Locken, jedoch gereift zu einem verwundbaren liebebedürftigen Wesen. Niemand außer ihnen erkennt wohl auch in den märchenhaften Zügen des Romans, die die Kritik als »Unwahrscheinlichkeiten« rügt, das späte Wirken der allmächtigen Großschutzgeister, ihr Strafgericht an dem übermütigen Sünder und seine Wiederherstellung, die Errettung Janes auf der dafür vorgesehenen Türschwelle und endlich die Stimmen und Visionen, die die Liebenden wieder zusammenführen.

Das melodramatische Potential von *Jane Eyre* regt einen sehr fixen Kopf zu einer Bühnenfassung an, und bereits Ende Januar 1848 hat *Jane Eyre oder das Geheimnis von Thornfield Manor* im Victoria-Theater Premiere. Charlotte, die trotz des zu erwartenden Geschreis und Gewinsels gerne Zeugin des Spektakels geworden wäre, bittet ihren Lektor, sich das Stück anzusehen, und Mr. Williams, der eher zur kontemplativen Sorte gehört, unterzieht sich seufzend einem Abend im Vic. Theater gehörte wie Hahnenkampf und Hinrichtung zu den großen Volksbelustigungen, und auf der Galerie, die, dicht gepackt, 2000 Zuschauer faßte, ging es hoch her. Orangenschalen flogen auf die distinguierteren Besucher im Parkett, man kämpfte, grölte, pfiff, schrie den Schauspielern Bemerkungen zu und amüsierte sich prächtig. Mr. Williams Report ist leider nicht erhalten, dafür im British Museum das Manuskript dieses »herrlichen, spaßhaften Melodrams, das in Slapstick-Manier von komischen Dienern, die Currer Bell völlig unbekannt waren, aufgemischt wurde« (Margaret Smith). Sie »bedrohen Mr. Brocklehurst mit einem Besenstiel und einem Tauchbad in der Waschbütte, werfen einen Pedell und einen Schutzmann durchs Fenster in einen Brunnen, entkommen schließlich unter lauten Rufen ›Zu Hilfe, Mord, Raub, Ertrinken‹ mit Jane aus der Schule.« Zum Happy End gewinnt Mr. Rochester sein Augenlicht wieder, Mr. Mason wird wahnsinnig, überfällt die Liebenden, Jane streckt ihn nieder, Mason strauchelt und wird von dem Diener endgültig niedergemacht. »Huzza!« von der Galerie. »Sie müssen nun bitte alles gründlich vergessen, was Sie gesehen haben«, schreibt die Autorin ihrem Lektor auf dessen Brief.

Während *Jane Eyre* von London aus ihren Siegeszug antritt, sitzen Emily und Anne in Haworth über den Korrekturbögen von *Sturmhöhe* und *Agnes Grey*. Ihr Verleger Newby wittert im Erfolg von Currer Bell ein auch für ihn profitables Geschäft und beeilt sich nun mit der Auflage. Allerdings druckt er, der weder so »businesslike« noch so »gentlemanlike« wie die Herren von Smith

& Elder ist, nur 350 Stück in einem Band und berücksichtigt keine der Korrekturen, die die Autorinnen so mühsam an den Rand geschrieben haben. Am 14. Dezember treffen ihre Belegexemplare ein, und trotz der vielen vorausgegangenen Mißlichkeiten muß es für Emily und Anne ein weihnachtliches Gefühl gewesen sein, ihr Buch endlich in den Händen zu halten.

Nun ist wohl auch der Zeitpunkt gekommen, einen Zipfel des Geheimnisses für den Reverend zu lüften. Charlotte klopft bei ihm an, mit einem Exemplar von *Jane Eyre* unter dem Arm und einigen Rezensionen. Später hat sie die Szene Mrs. Gaskell beschrieben:

»Papa, ich habe ein Buch geschrieben.«

»Tatsächlich, mein Liebes.« (Liest weiter)

»Ja, und ich möchte, daß du hineinschaust.«

»Ich fürchte, ein Manuskript zu lesen ist für meine Augen zu anstrengend.«

»Aber es ist gedruckt.«

»Ich hoffe, du hast dich nicht in irgendwelche närrischen Ausgaben gestürzt.«

»Ich glaube, ich werde sogar Geld damit verdienen. Darf ich dir ein paar Kritiken vorlesen ...«

Zum Tee erscheint der Reverend dann im Wohnzimmer und verkündet seinen Töchtern: »Mädchen, wißt ihr, daß Charlotte ein Buch geschrieben hat und es außerordentlich vielversprechend ist?«

Jane Eyre war natürlich kein Verlustgeschäft, aber auch kein überwältigender finanzieller Erfolg. Als Debütantin mußte Charlotte Klauseln akzeptieren, die hart an der Grenze zum Knebelvertrag lagen. Smith & Elder boten 100 Pfund für das Copyright unter der Bedingung, damit auch das Vorkaufsrecht auf die nächsten beiden Romane zu erwerben, die sie ebenfalls mit je 100 Pfund zu honorieren gedachten. Erfolgsprämien bis zu 500 Pfund für weitere Auflagen und Auslands-Lizenzen wurden in Aussicht gestellt, aber im Vergleich zu den 800 Pfund, die George Smith Mrs. Gaskell zehn Jahre später für *The Life of Charlotte Brontë* zu zahlen bereit war oder den 10 000 Pfund, die er in George Eliots *Romola* (ein Flop) investierte, war Currer Bells Einstieg äußerst karg. Charlotte vertraute auf die »Ehre und Großzügigkeit« des Hauses und darauf, daß man in Zukunft zu angemesseneren Regelungen finden werde, aber obwohl sie später mit den Herren des Verlags auf freundschaftlichem Fuß stand, blieb die Frage des Honorars ein wunder Punkt. Ellis und Acton Bell, die keinen großzügigen, nicht einmal einen korrekten Verleger gefunden hatten, hielten wider Charlottes besseres Wissen an dem »Drückeberger und Halunken« fest, selbst als ihre Agentin ihnen den Weg zu Smith & Elder ebnen wollte.

Jane Eyre durfte gefallen. Was hätte Mr. Brontë wohl zur *Sturmhöhe* gesagt? Vielleicht hätte er darin einige seiner wüsten Geschichten aus alten Zeiten wiedererkannt, an die Ellen Nussey sich zu erinnern meinte. Vielleicht hätte er bei den Zerstörungen, die eine egomane Liebe in zwei Familien anrichtet, an seinen Sohn denken müssen. Wahrscheinlich aber hätte ihn das Buch wie den Großteil seiner Zeitgenossen, seine Töchter Charlotte und Anne eingeschlossen, abgestoßen und verstört. Noch drei Jahre später meinte die Älteste, sich in einer *Biographical Notice* zur Neuausgabe der Werke ihrer Schwestern für Emily entschuldigen zu müssen: »Als sie in ihrem Sinn, der eher düster als sonnig, eher kraftvoll als spielerisch war, Wesen wie Catherine und Heathcliff formte, wußte sie nicht, was sie tat ... Hätte sie nur gelebt, wäre ihr Geist wie ein starker Baum gewachsen – höher, aufrechter und ausladender, und seine Früchte wären zu satter Milde und sonnigerem Schmelz gereift; aber an einem solchen Sinn konnten nur Zeit und Erfahrung arbeiten. Dem Einfluß eines anderen Intellekts war sie nicht zugänglich.« Und ihrem Lektor W. S. Williams hatte sie im Winter 1847, als alle noch das Inkognito wahrten, gestanden: »Ellis hat einen kraftvollen, unabhängigen Kopf.

Wenn er Gedichte schreibt, spricht diese Kraft eine zugleich direkte, kunstvolle und geläuterte Sprache; doch in seiner Prosa bricht sie in Bildern hervor, die eher abstoßen als anziehen. Ellis wird sich jedoch vervollkommnen, denn er kennt seine Fehler.«

War dies nicht eher Wunschdenken? Die ein wenig »eigenartige« Emily begann ihren Schwestern beunruhigende Seiten zu zeigen, Gedanken zu formulieren, die Charlotte »eher kühn und originell als praktikabel« erschienen. Aus Gondal, ihrem archaischen Tagtraum, hatte sie einen modernen Roman gemacht, in dem die konventionellen Beziehungen in Fetzen fliegen – mit Figuren, die zu erschaffen Charlotte weder richtig noch ratsam fand. Aber »Emilys Wille war nicht sehr anpassungsfähig ... ihr Temperament war großmütig, aber lebhaft und jäh, ihr Geist unbeugsam«. Mit Anne hatte sie seit Monaten nicht mehr in Gondal herumphantasiert. Ihr letzter glücklicher Ausflug lag über zwei Jahre zurück. Die Geburtstagsbriefe, die sie sich für Juli 1848 vorgenommen hatten, wurden nicht mehr geschrieben. Und obwohl alle drei so heftig miteinander kommunizieren, Charlotte so drängend um ihre Mitteilsamkeit wirbt, muß nach manchem Wortwechsel ein befremdliches Schweigen eingekehrt sein. Emily ist nicht nur querköpfig, sie scheint sich selbst in eines ihrer einsamen, undurchdringlichen Geschöpfe verwandeln zu wollen. Anne überschreibt ein Gedicht aus dieser Zeit bitter mit *Häuslicher Friede* und beklagt die Abwesenheit von Heiterkeit und Liebe an ihrem Herd:

»Eine jede fühlte das Glück aller zerstört
Und beklagte den Wandel – aber jede für sich.«

Die Welt empfängt Emilys Buch mit Ratlosigkeit. Es ist sonderbar, kraftvoll, unwahrscheinlich, aber ohne ersichtliche Moral und voll wilder Grausamkeit. Ein düsterer Mann, offenbar ein Abkömmling der Hölle, reißt aus enttäuschter Liebe zwei Generatio-

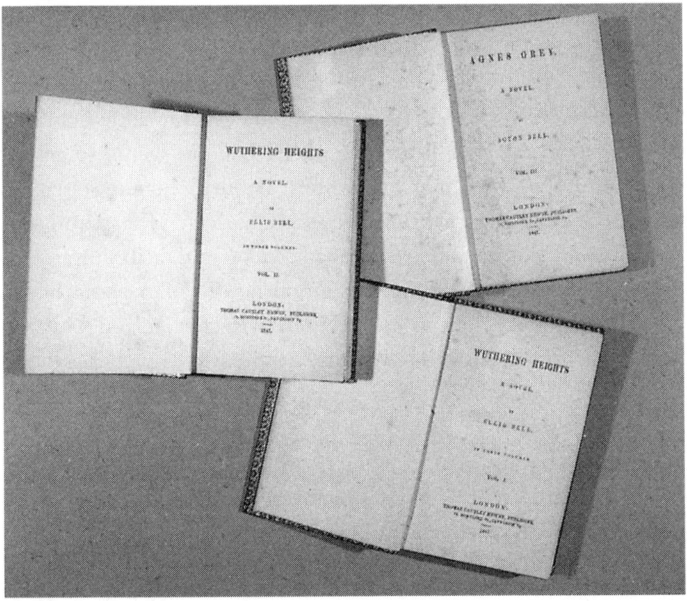

62. Die Erstausgaben von »Sturmhöhe« und »Agnes Grey«

nen ins Unglück. So ein zielstrebig Verrückter war den Viktorianern noch nicht begegnet, und auch keine Frau wie Catherine, die sich, da sie aus ihrer Ehe nicht ausbrechen kann, zu Tode kränkt. Es ist eine bewegende, psychologisch stimmige Geschichte, erzählt mit der begrenzten Vernunft der Haushälterin Nelly und von dem notorisch irrenden Pächter Lockwood, die zu durchschauen Emily Brontë ihre Leser alsbald lehrt. (Der Wechsel der Perspektive war eine ganz neue Technik, die die Autorin des Moralisierens enthob.) Sie handelt von dem aufsässigen kleinen Mädchen Catherine und ihrem Findelbruder Heathcliff, der, vernachlässigt und herumgestoßen, zu dem rauhen jungen Mann und schließlich zu dem »wilden, unbarmherzigen, wölfischen Menschen« heranwächst, als der er dem Phantom seiner verlorenen

Liebe nachjagt. Es sind zwei sonderbare, destruktive, wenig anziehende Geschöpfe, die sich in einem selbstverliebten Egoismus zu zweit umeinander drehen und denen der Leser dennoch seine Sympathie nicht versagen kann.

»Meine Liebe zu Heathcliff gleicht den die Zeiten überdauernden Felsen dort unten – eine Quelle kaum sichtbarer Freude, aber notwendig. Nelly, ich bin Heathcliff! Er ist immer, immer in meinen Gedanken, nicht zum Vergnügen, genausowenig, wie ich mir selbst stets ein Vergnügen bin, sondern als mein eigenes Ich.« Die lodernde Wut, mit der Heathcliff Unschuldige zu den Instrumenten seiner Rache macht, erschreckt den Leser zuverlässig bis auf den heutigen Tag. Die Autorin selbst spart nicht mit Hinweisen auf das Teuflische in seinem Charakter und nimmt dennoch mit ihrem grimmen Humor den gewaltsamen Szenen oft die Spitze; wenn Heathcliff z. B. droht, Nelly das Messer in die Kehle zu rammen, und sie antwortet, sie zöge es vor, erschossen zu werden, da – pfui Deibel – mit dem Messer gerade die Heringe zerkleinert worden wären. Es sind die Szenen unangemessenen Tobens, die als Eindruck der *Sturmhöhe* zurückbleiben. Daneben gibt es Passagen von wunderbarer Glaubwürdigkeit; Kinder, die mit einer Einsicht beschrieben werden, wie sie Charlotte nie geschenkt war. Unter der Anrichte bauen sie sich mit ihren Schürzen ein Zelt gegen die Erwachsenen; und keck antwortet das kleine Mädchen auf die Frage: »Warum kannst du nicht immer ein braves Mädchen sein, Cathy?« – »Warum kannst du nicht immer ein guter Mann sein, Vater?« Neben Szenen, in denen sie das Böse bis auf den Grund auslotet, schreibt Emily Vignetten von pastoralem Charme: Jung-Catherine, die Hareton das Lesen lehrt und ihm Schlüsselblumen in den Porridge steckt.

Die zeitgenössische Literaturkritik ist entsprechend beeindruckt. Nicht alle schießen so scharf wie *Graham's Magazine*, in dem der Rezensent wähnt, Ellis Bell habe das Werk unter dem Einfluß von Schnaps und Pulver im Leib verfaßt. »Wie ein menschliches Wesen ... das zwölfte Kapitel abschließen konnte, ohne Selbstmord zu begehen, ist ein Geheimnis.« Emily schneidet sich fünf Kritiken vom Januar 1848 aus, die später in ihrem Pult gefunden werden, in denen Tadel und Ermutigung einander durchaus die Waage halten. Der *Examiner* schreibt, das Werk zeuge von »beträchtlicher Kraft«, weist den Autor aber darauf hin, daß es »die Aufgabe des Künstlers ist, das, was er in der Welt sieht, zu mäßigen, ja zu läutern«. *Britannia* nennt das Buch »merkwürdig eigenständig« und vergleicht die Geschichte mit der »Kraft eines dunklen, tückischen Gießbachs, der zwischen hohen, schroffen Felsen strömt«, rügt jedoch die Szenen der Gewalt als zu wild und zu häufig. Douglas Jerrold's *Weekly Newspaper* verspricht seinen Abonnenten: »So etwas haben Sie noch nicht gelesen«, und ein ungenannter Rezensent lobt: »Es ist nicht alltäglich, daß ein so guter Roman herauskommt, und seinen Inhalt hier zu erzählen würde so manchen Leser des Vergnügens der Eigenlektüre berauben.«

Nahezu geschlossen entsetzen sich die Kritiker über »den Helden Heathcliff – wenn er denn ein Held sein soll« (*Examiner*), der »einen düsteren Schatten über das Ganze wirft« (*Atlas*). Noch Dante Gabriel Rossetti schwankt 1854 zwischen Grauen und Bewunderung, als er die *Sturmhöhe* »ein Teufel von einem Buch« nennt, »ein unglaubliches Monster – es spielt in der Hölle – nur daß die Orte und Personen dort englische Namen tragen«. Die Hoffnung der *American Review*, daß das Werk nach »einem kurzen, brillanten Leben sterben und dem Vergessen anheimfallen« werde, erfüllte sich jedenfalls nicht. Zwei Jahre später setzte die Neuausgabe erst recht einen *Sturmhöhe*-Kult in Gang. Der Dichter Sydney Dobell spürte in dem Werk »die nicht ausgeformte Handschrift eines Riesen, die mächtige Äußerung eines kindlichen Gottes«; und George Henry Lewes, den sein literarisches Gespür nur gelegentlich trog, lobte Ellis Bells »wahre Meisterschaft«, die sich in der Behandlung dieser Liebe zeige, »die Kultur und Bildung und der ganzen Welt Trotz bietet«. Schöpferische Kraft sei so selten, fügte er hinzu, daß wir selbst ihre Capricen mit Dankbarkeit aufnehmen sollten, wie dieses Buch, in dem mehr Genie stecke als in tausend anderen Romanen.

Erst als posthum klar wurde, daß hinter Ellis und Acton »zwei zurückgezogene, einsame, schwindsüchtige Mädchen« (Lewes) stecken, sah sich die Kritik zu einer Neubewertung aufgerufen. Hatte man die drei Bells vorher gern für einen einzigen gehalten oder es mit der Zuordnung ihrer Werke nicht so genau genommen, entzündete sich das Interesse nun an der reizvoll-schauerlichen biographischen Situation, eine Fracht, deren sich kein Werk der Brontës seither hat entledigen können. Charlotte schrieb 1850: »Die Kritik tat ihnen unrecht. Die unausgereifte, aber sehr präsente Kraft, die sich in der *Sturmhöhe* offenbarte, wurde kaum erkannt. Ihre Bedeutung und Natur wurden mißverstanden, die Identität des Autors falsch gedeutet. Es hieß, daß es sich dabei um einen frühen und unvollkommenen Versuch aus der gleichen Feder, die *Jane Eyre* geschrieben habe, handele ... Ungerechter, schmerzlicher Fehler! Zuerst lachten wir darüber, aber nun beklage ich ihn bitterlich.« Auch Anne wird 1848 das Opfer der allgemeinen Konfusion. Ohne das umfangreichere Manuskript der *Sturmhöhe* hätte sie für *Agnes Grey* wohl kaum einen Verleger gefunden, da Romane nun einmal ein bestimmtes dreibändiges Format einzuhalten hatten. (*Der Professor* war ebenfalls zu schmal – mit ein Grund für seine wiederholte Ablehnung.) Nun aber droht ihre Geschichte, »der Spiegel ihrer Gedanken« (Charlotte), in der Aufregung um die beiden anderen Bücher unterzugehen. Für Acton Bell fallen in den Kritiken meist nur die Krumen der Vollständigkeit ab, wenn etwa der *Atlas* schreibt, daß »auch in *Agnes Grey* einige abscheuliche junge Damen« vorkämen, der Roman ausgeglichener und heiterer als die beiden anderen sei, wenn auch nur »eine irgendwie unbeholfenere Nachahmung von Miss Austins (sic) entzückenden Geschichten ... Er hinterläßt keinen schmerzlichen Eindruck; einige mögen sagen, er hinterläßt überhaupt keinen Eindruck.« Douglas Jerrold's *Weekly Newspaper* verdächtigt den Autor darüber hinaus, eine Gouvernante reichlich mit Liebe oder Geld bestochen zu haben, damit sie ihm die Geheimnisse ihres Zuchthauses enthülle.

Gewiß stand Anne in der Tradition – sowohl in der von Jane Austen, die so erhellend die ihr bekannte Welt beschrieben hat, als auch in der des didaktischen Romans, wie er um die Mitte des 19. Jahrhunderts Mode war. Allerdings ging sie mit ihrer präzisen, manchmal leis-ironischen Prosa über dessen simples Moralisieren hinaus. Die fast zwanzig Jahre ältere Harriet Martineau war zu dieser Zeit die hervorragende Vertreterin dieser Gattung, die man heute schwerlich Literatur nennen würde. Ihre »Romane« waren Lektionen in politischer Ökonomie, Justiz, Besteuerungswesen oder über die Barbarei der Sklaverei in Buchgestalt, wobei es selbstverständlich an Verbesserungsvorschlägen nicht fehlte. Man lebte in einer sehr »machbaren« Zeit. Für den Leser, der über der spannenden Lektüre das Thema vergessen haben sollte, faßte die Autorin zum Schluß die wichtigsten Grundsätze noch einmal zusammen.

Annes Kunst war von solchem Schaffen weit entfernt. Sie war Realistin – nach Austen die nächste in der englischen Literatur, und wenn sie die Ökonomie, Ironie, Eleganz und Vielschichtigkeit von »England's Jane« auch nicht erreichte, so schrieb sie doch hart an ihren Erfahrungen als Gouvernante entlang und schuf mit Agnes Grey (vor Jane Eyre) die erste Heldin, die ohne Rang und Schönheit ihren schmalen Pfad geht.

Auch ihre Geschichte sollte eine Lehre enthalten, wie Anne zum Auftakt schreibt, aber Miss Grey ist kein Medium, durch das den Frauen einmal mehr ihre Unterordnung anempfohlen wird, sondern ein unruhiger, auch wehleidiger Geist, der in der vollständigen intellektuellen und psychischen Isolation zu verkümmern droht. Agnes kämpft – stumm – gegen dieses Abgleiten.

Sie leidet, aber sie zieht nicht wie z. B. die Heldin in Martineaus *Deerbrook* in schafsmäßiger Demut aus jeder Erniedrigung noch eine Läuterung des Herzens.

Durch ihre eigene Bescheidenheit und Charlottes Herablassung, die offenbar nichts wirklich zu schätzen wußte, was Anne schrieb, ist ein Bild der jüngsten Brontë auf uns gekommen, das ihrem Format als Autorin nicht entspricht. »Annes Charakter war sanfter und bezähmter, ihr fehlten die Kraft, das Feuer, die Selbständigkeit ihrer Schwester, aber sie war mit eigenen stillen Tugenden hoch begabt. Langmütig und sich selbst verleugnend, nachdenklich und klug, blieb sie durch eine angeborene Reserviertheit und Schweigsamkeit im Schatten; Eigenschaften, die ihren Sinn und besonders ihre Gefühle mit einer Art Nonnenschleier bedeckten, der nur selten gehoben wurde«, schreibt Charlotte.

Hinter diesem Schleier hatte Anne ihre Liebe zu William Weightman und ihren Abscheu vor dem, was sie auf Thorp Green zu sehen bekam, verborgen. In aller Stille hatte sie auch Abschied von Gondal genommen, in das sie wohl nur Emily zu Gefallen gelegentlich zurückkehrte. Sie war zu sehr mit den Nöten ihres Herzens, der Aussöhnung mit ihrem Gott befaßt, um an den »Schurken« noch Freude zu haben. Emily jedoch verwarf den Gedanken an Harmonie. Sie stand »in der Glorie des Himmels und im Glanz der Hölle«, und sie wollte oder konnte die widerstreitenden Elemente ihrer Natur nicht miteinander versöhnen. Und sie ließ Anne ihre Verachtung spüren. »Feigling und Narr« – sind das ihre Worte, die Anne in dem Gedicht *The Three Guides* zitiert? »Feige ist meine Seele nicht«, hatte Emily im Jahr zuvor geschworen, aber der »Gott in meiner Brust« war kein christlicher, sondern eine in allen Menschen und Dingen webende Allmacht. Nun setzt Anne ihr Strophen entgegen, in denen sie ihre Angst und ihren Glauben vor der Überheblichkeit der Schwester in Schutz nimmt.

Geist des Stolzes, deine Schwingen sind stark,
Deine Augen glänzen wie Blitze,
Voll begeisternder Freude bist du
Und nahezu göttlicher Kraft;
Aber es ist ein falscher, zerstörerischer Glanz,
Den ich in deinen Augen sehe.
Wende deinen fesselnden Blick ab,
Ich werde dir nicht folgen.

Anne folgt dem letzten ihrer drei Führer, dem Glauben, aber »was meine Seele liebte, begehrte und hochhielt, wurde verachtet, angezweifelt und geringgeschätzt«. Im November 1847, einen Monat vor Erscheinen ihrer beider Romane und über ihr Pult gebeugt, in Klausur mit einem neuen Buch, in dem sie mit schmerzhafter Genauigkeit die Verwüstungen beschreibt, die der »Geist des Stolzes« in einer Beziehung anrichtet, beginnt Anne ihr langes Gedicht *Self Communion* – Selbstbefragung, in dem sie den Schleier von ihrem Sinn und ihren Gefühlen hebt. Sie beschreibt sich selbst in ihrer frühen Jugend, ein sanftes Herz, das nur allzu leicht in Tränen überfloß; bereit, zu bewundern, zu folgen und gequält von grundlosen Ängsten. Schon ihre Kinderfrömmigkeit und ihre wachsende Überzeugung von der universellen Erlösung durch Gottes Güte verbirgt sie vor den anderen. Sie beschwört das ungetrübte Glück einer frühen Freundschaft und ihren Kummer, als sie fühlt, daß ihre Zuneigung kaum zur Hälfte erwidert wird, bis sie schließlich lernt:

Ein kälteres Herz in meiner Brust zu tragen;
Die Gedanken, die ich teilen konnte, zu teilen
Und alles andere still für mich behielt.
Ich sah, daß sie nun auseinandergebrochen,
Die Bäume, die eins an der Wurzel waren.
Sie mochten Laub und Zweige noch verschränken,
Doch ihre Stämme stehen allein.

XV

Die Herrin von Wildfell Hall • *Termin in London* • *Branwell stirbt* • *Emily stirbt* • *Anne stirbt*

Sleep O cluster of friends,
Sleep! – or only when May,
Brought by the west-wind, returns
Back to your native heaths,
And the plover is heard on the moors,
Yearly awake, to behold
The opening summer, the sky,
The shining moorland – to hear
The drowsy bee, as of old,
Hum over the thyme, the grouse
Call from the heather in bloom:
Sleep, or only for this
Break your united repose.

Matthew Arnold
Haworth Churchyard, April 1855

Die Geschichte der Pächterin von Wildfell Hall ist sicher das erstaunlichste Produkt einer viktorianischen Pfarrerstochter und für Charlotte das letzte, was sie aus der Feder von »dear, gentle Anne« erwartet hatte. Im Sommer 1847, als *Agnes Grey* noch zusammen mit den Manuskripten ihrer Schwestern durch die englischen Verlagshäuser reiste, hatte Anne bereits mit *Die Herrin von Wildfell Hall* begonnen, und sie ließ sich weder von der spöttischen Emily noch von der konsternierten Charlotte beirren. Sie fühlte, es war ihre Pflicht, mit der Wahrheit herauszurücken, und sollte durch ihr Buch auch nur ein junger Mensch vor den Fallstricken der Sünde bewahrt, ein junges Mädchen, durch das Beispiel der Helen Huntingdon gewarnt, vor einer ähnlich gedankenlosen Verbindung zurückschrecken, dann fühlte Anne sich für die Pein, die ihr die Niederschrift selbst bereitet hatte, entschädigt. Damit verfiel die Autorin allerdings in den gleichen Irrtum wie ihre Heldin: daß ein Mann, der zum Abstieg entschlossen ist, durch gutes Zureden oder das leuchtende Beispiel einer Frau aufgehalten werden könnte.

In ihrem zweiten Roman erzählt Anne die Geschichte der alleinstehenden Helen Huntingdon, die sich mit ihrem kleinen Sohn in dem halbverfallenen Herrenhaus Wildfell Hall einmietet. Die junge Frau, die durch eigenwillige Erziehungsmaßnahmen in der Nachbarschaft auffällt – z. B. erlaubt sie nicht, daß ihrem fünfjährigen Jungen ein Glas Wein aufgedrängt wird –, erregt das Interesse des Gentleman-Farmers Gilbert Markham, der sie mit kleinlicher Eifersucht verfolgt und einen vermeintlichen Mitbewerber um ihr Herz mit der Reitpeitsche niederschlägt. Helen gibt Markham schließlich ihr Tagebuch, in dem die lange Leidensgeschichte ihrer Ehe mit Arthur Huntingdon aufgeschrieben ist, der sich vom sorglosen Draufgänger zum brutalen Säufer entwikkelt und seiner Herrengesellschaft die eigene Frau zur freien Ver-

63. Pfarrhaus und Friedhof. Die Frauenfigur an der Stirnseite des Hauses ist möglicherweise Charlotte

fügung anbietet. Helen flieht, eine ebenso mutige wie gesetzlose Tat, denn zu ihrer Zeit waren die Ehefrau, ihr Besitz und die gemeinsamen Kinder unangefochtenes Eigentum des Mannes. (Erst zehn Jahre später gab es in England die erste bürgerliche Scheidung.) Und noch einen ungewöhnlichen Schritt wagt Helen Huntingdon, der sie in die erste Reihe feministischer Bestrebungen führt: Sie verdient ihren Lebensunterhalt als freischaffende Künstlerin, die ihre Bilder an einen Londoner Galeristen verkauft. »Die Fähigkeit zu verdienen ist wesentlich für die Würde der Frau«, sollte John Stuart Mill erst 30 Jahre später schreiben.

Als Huntingdon durch einen Sturz vom Pferd schwer verletzt wird, kehrt Helen zu ihm zurück, um ihn pflichtschuldig zu pflegen. Er stirbt – trotz ihrer eindringlichen Bußempfehlung – unversöhnt mit Gott: »Ich kann nicht bereuen, ich fürchte mich nur.« Ihrer Vereinigung mit Gilbert Markham steht danach niemand mehr im Wege.

Wildfell Hall ist ein couragiertes Buch mit »fortschrittlichen Ansichten«, eine scharfe Attacke gegen die Doppelmoral und das Unrecht, das sich Männer Frauen gegenüber herausnehmen. Huntingdon meint: »Es liegt in der Natur der Frau, treu zu sein, aber mit uns mußt du schon ein wenig Mitleid haben, Helen, du mußt uns ein wenig mehr Freiheit geben.« Anne gesteht ihnen diese Freiheit nicht zu. Als erste Autorin in ihrem Jahrhundert räumt sie mit dem Glauben auf, daß eine Frau sich unter keinen Umständen ihrem Mann verweigern dürfe. Das Knallen von Helens Schlafzimmertür »hallte durch das ganze viktorianische England«, schrieb Mae Sinclair später.

Anne wäre nicht der logische Geist und die gewissenhafte Verwalterin ihres Talents gewesen, wenn sie nicht die Wurzeln dieser Doppelmoral bloßgelegt hätte: die unterschiedliche Erziehung von Jungen und Mädchen. Die ersteren würden auf die Welt losgelassen, als seien sie die vernünftigsten Wesen, die nie auf Abwege geraten könnten, während man ihre Schwestern für unheilbar schwach und dumm hielt. Und darüber hinaus meint Mutter Markham: »Weißt du, Rose, in allen Angelegenheiten des Haushalts müssen wir zwei Dinge beachten: Erstens, was ist schicklich, zweitens, was ist den Herren des Hauses genehm – alles andere ist gut genug für die Damen.«

Anne kann am Ende weder ihrer Heldin noch ihren Leserinnen ein Glücksversprechen geben. Aus ihrer Ehe geht Helen um vieles trauriger, aber um weniges klüger hervor. Sie heiratet Gilbert Markham, der zwar kein Wüstling, aber fast ein ebenso verwöhntes, kindisches Mannsbild wie Arthur Huntingdon ist. Von der

Malerei ist danach nicht mehr die Rede. In der Beziehung von Helen und Arthur, den raschen, vehementen Dialogen, liegt die Stärke des Romans: das unkommentierte Auseinanderdriften zweier Welten. Sie führen aber auch an eine Schmerzgrenze, wo der Leser mit Huntingdon ausrufen möchte: »Oh, verflucht, verschone mich mit deinen Predigten!« Denn Helen, das lebhafte, intelligente junge Mädchen, hat den nicht uncharmanten, jedoch leichtfertigen Arthur mit dem Vorsatz geheiratet, ihn zu einer sittlicheren Lebensführung zu bekehren – heiter, aber unbeirrt. In der Ehe verlernt sie nicht nur das Lächeln, sondern auch ihr »instinktives Entsetzen« vor allem, was niedrig und unrecht ist. Sie wappnet sich gegen seine Demütigungen mit eherner christlicher Stirn, was ihn zu immer wüsteren Repliken provoziert. Als Helen den verrotteten Huntingdon auf seinem Sterbelager pflegt, scheint der alte Teufel ihre engelhafte Aufopferung zu durchschauen; und Helens Beherrschtheit kann nicht darüber hinwegtäuschen, daß er der Wahrheit zumindest nahe gekommen ist: Ha, welch eine Gelegenheit, glühende Kohlen auf mein Haupt zu häufen und dir einen Logenplatz im Himmel zu verdienen! Ihre Haltung ist für die Moral des Buches, nach der die Sünder für Übermut und Stolz bezahlen müssen, unverzichtbar, aber weniger bibelfeste Leser werden unter der Wucht des theologischen Zitatenschatzes möglicherweise zu seufzen beginnen. Es weht ein jenseitiger, kühler, wenig trostreicher Hauch aus den alten methodistischen Traktaten durch *Wildfell Hall*, ein Echo aus den Liebesbriefen, die Annes Mutter vor fast dreißig Jahren an ihren Pat geschrieben hatte: »Oh, welch eine heilige Freude liegt in dem Gedanken, die Ewigkeit zusammen in vollkommenem und ununterbrochenem Glück zu verbringen.« Wie aber das Glück zu zweit auf dieser Erde zu bewerkstelligen sei, darauf weiß auch Anne keine Antwort.

Charlotte hielt das Thema für einen kompletten Mißgriff. Drei Jahre später, als Annes Nachlaßverwalterin, redete sie W. S. Williams sogar zu, es nicht wieder aufzulegen: »nicht des Bewahrens wert.« Was sie über den Naturalismus der Szenen aus dem Landadel hinaus schockierte, war wohl die Deutlichkeit, mit der Anne sich ihren gemeinsamen Bruder vornahm, seine Blasphemie, seine Weinerlichkeit, seine freudlose Krakeelerei.

Charlotte: »Sie mußte in ihrem Leben aus nächster Nähe und für lange Zeit die furchtbaren Folgen eines mißbrauchten Talents ... sehen und bedenken. Was sie sah, prägte sich ihr tief ein; es verletzte sie. Sie brütete darüber, bis sie glaubte, es sei ihre Pflicht, jede Einzelheit (selbstverständlich mit fiktiven Charakteren, Ereignissen und Szenen) wiederzugeben. Sie haßte ihre Arbeit und führte sie doch aus. Wenn man das Thema mit ihr erörterte, betrachtete sie solches Argumentieren als Versuchung, Nachsicht mit sich selbst zu üben. Sie mußte aufrichtig sein, sie durfte nichts übertünchen, abmildern oder verbergen. Dieser gut gemeinte Entschluß brachte ihr Fehldeutungen und Schmähungen ein, die sie in ihrer Art, alles Unangenehme zu ertragen, mit sanfter, ausdauernder Geduld hinnahm. Sie war eine sehr ernsthafte, ausübende Christin, aber der Hauch religiöser Melancholie warf einen traurigen Schatten über ihr kurzes, untadeliges Leben.«

Wie konnte eine so unerfahrene Person wie Anne Brontë überhaupt ein so wüstes Buch schreiben? Ist sie solchen Herren von Welt auf Thorp Green begegnet? Oder gaben ihr die Robinson-Mädchen, die in den Monaten des Entstehens von Annes Buch manchmal täglich mit ihrer ehemaligen Gouvernante korrespondierten, Einblick in die Gepflogenheiten des Heiratsmarktes? Ihr Briefwechsel ist nicht erhalten, doch die Annahme ist wohl gestattet, daß Annes Rat in Liebesdingen gefragt war. Über nichts schreiben junge Damen so viel, so flüssig und so ausdauernd wie über junge Männer; und die Schwestern Robinson verloben sich oft, wenn auch nicht immer freiwillig. Ihr Schatten fällt in *Wildfell Hall* auf die Familie Hargrave und die selbstsüchtige Mrs. H., deren Lebensziel die Erbeutung eines reichen Schwiegersohns ist und deren Jüngste ihrem Drängen nur unter Aufbieten aller Kräfte und mit dem Beistand von Helen Huntingdon trotzen kann.

Die Herrin von Wildfell Hall erscheint im Juni 1848 und ist sogleich ein Skandal-Erfolg. (In seiner Zeit nach *Jane Eyre* das bestverkaufte Buch der Brontës.) Verleger Newby speist seinen Autor Acton Bell mit 25 Pfund Honorar ab und druckt vier Wochen später eine zweite Auflage. Anne, der bereits die Fetzen der Kritik um die Ohren geflogen sind, begleitet sie mit einem kämpferischen Vorwort:

»Ich wollte die Wahrheit erzählen, denn für jene, die fähig sind, sie zu empfangen, trägt sie immer ihre eigene Moral in sich. Aber weil der kostbare Schatz sich allzu oft auf dem Grund eines Brunnens verbirgt, braucht man einigen Mut, danach zu tauchen, zumal derjenige, der das tut, wahrscheinlich weniger Dank für den Edelstein erntet, den er zutage gefördert hat, als Hohn und Spott über den Schmutz, in den er hinabzutauchen wagte ... Eine schlimme Sache in möglichst angenehmem Licht darzustellen ist zweifellos der am leichtesten zu verfolgende Kurs für einen Romanschriftsteller, aber ist es auch der ehrenvollste oder der sicherste? ... Lieber Leser, würden die Tatsachen nicht immer empfindsam verhüllt und würde nicht immer ›Frieden, Frieden!‹ geflüstert, wo es keinen Frieden gibt, gäbe es auch weniger Sünde und Elend unter jungen Männern und Frauen, die allein gelassen werden, um ihre bitteren Erkenntnisse aus eigener Erfahrung zu gewinnen ... Wenn es mir gelingt, daß das Publikum mir ein Ohr leiht, flüstere ich ihm lieber ein paar gesunde Wahrheiten hinein, als eine Menge angenehmen Unsinns ... Acton Bell ist nicht Currer oder Ellis Bell, deshalb lastet ihm nicht seine Fehler an.«

Auch die liebe, sanfte Anne hatte ihre Kanten und durchaus eigene Vorstellungen von Literatur. »Unsinn« – ist das ihre Antwort auf ein Werk mit denselben Initialen wie *Wildfell Hall*? Seine Abwesenheit von moralischer Zeichensetzung, seine unchristliche Gespenstererweckung?

Ihr Roman macht schon bald nach Erscheinen auch in Amerika Furore; der schlaue Newby verkauft ihn seinen Lizenznehmern als neues Werk des Autors von *Jane Eyre* und preist ihn darüber hinaus als den besten, den Currer Bell je geschrieben habe. Inzwischen hatte jedoch auch der Verlag Smith & Elder Verhandlungen mit amerikanischen Partnern über das nächste Buch von Currer Bell geführt, *Shirley*, das Charlotte gerade beginnt. Da kein Copyright-Abkommen zwischen England und den USA besteht, ist man auf Treu und Glauben angewiesen. Smith & Elders' amerikanische Partner fühlen sich düpiert, und auch das Londoner Haus wittert ein Doppelspiel seines geheimnisvollen Autors. Unter der Höflichkeit, mit der Smith in Haworth um Aufklärung bittet, schimmert leise Verärgerung durch.

Seine Post schlägt im Pfarrhaus wie der Blitz ein und führt zu einer erregten Dreierkonferenz im Wohnzimmer. Daß man sie einer Tücke verdächtigt, ist ein unerträglicher Gedanke. Er muß sofort aus der Welt geräumt werden. Aber wie? Einer schriftlichen Gegendarstellung mangelte es vielleicht an Überzeugungskraft. Sie sollten sich schon in persona ihren Verlegern zeigen. Sieht Emily das auch ein? Emily ist von der Intrige nicht direkt betroffen und fühlt keinen Drang, sich irgend jemandem vorzustellen. Also müssen Charlotte und Anne reisen. Noch am selben Nachmittag wird ein Portmanteau gepackt und von einem Jungen aus dem Dorf zur Station nach Keighley befördert. Nach dem Tee machen sich die beiden zu Fuß auf den Weg. Unterwegs werden sie von einem Gewitter überrascht, haben jedoch keine Zeit, sich unterzustellen, und erreichen in letzter Minute die Bahn nach Leeds. Dort steigen sie in den Nachtzug nach London um. Vielleicht ist es die Einmaligkeit des Unternehmens, vielleicht auch die lockende Exklusivität des Abteils, die ihnen erlaubt, die nassen Hauben auszuschütteln und sogar aus den durchgeweichten Stiefeletten zu schlüpfen, die Charlotte bewegen, zwei Erster-Klasse-Billetts zu je 2 Pfund 5 Shilling zu lösen. In aller Frühe laufen sie in Euston Station ein – derangiert, in feuchten Kleidern und mit Augen, die keine Minute Schlaf gesehen haben. Sie mieten einen Wagen, der sie zum Chapter Coffee House in der Paternoster Row bringt (ein anderes Hotel kennen sie nicht). Sie wechseln die Garderobe, richten die aufgelösten Stirnlocken und bestellen ein kleines Frühstück. Es ist Samstag, der 8. Juli, gegen acht Uhr, und sie haben einen wichtigen Termin.

65 Cornhill ist von ihrer Bleibe nur ungefähr 800 Meter entfernt, aber der morgendliche Londoner Auftrieb bringt sie ganz aus dem Gleis, und sie kreuzen eine Stunde lang durch die Straßen, ehe sie das Verlagshaus Smith & Elder erreicht haben. George Smith, ein schmucker junger Herr, damals vierundzwanzig Jahre alt, erinnerte sich später an das erste Treffen mit seinem Bestseller-Autor:

»Ich war in meinem Büro an der Arbeit, als ein Angestellter mich davon unterrichtete, daß zwei Damen mich zu sprechen wünschten. Ich war sehr beschäftigt und ließ um ihre Namen bitten. Der Angestellte kehrte zurück und sagte, daß die Damen es ablehnten, ihre Namen zu nennen, mich jedoch in einer privaten Angelegenheit zu sprechen wünschten. Nach einem Augenblick des Zögerns bedeutete ich ihm, die Damen hereinzubitten. Ich war mit meinen Gedanken mitten in meiner Korrespondenz und weit entfernt von Currer Bell und *Jane Eyre*. Zwei ziemlich altmodisch gekleidete Damen, blaßgesichtig und ängstlich blikkend, betraten mein Zimmer. – Sie wollten mich sprechen, Ma'am? – Sie sind Mr. Smith? – Eine der beiden blickte durch ihre Brille zu mir auf. – So ist es. Sie trat vor und überreichte mir einen Brief, der in meiner eigenen Handschrift die Aufschrift trug: ›An Currer Bell Esq.‹ Ich bemerkte, daß der Brief geöffnet worden war, und sagte mit einiger Schärfe: ›Woher haben Sie diesen Brief?‹ ›Vom Postamt‹, war die Antwort, ›er war an mich adressiert. Wir sind zu zweit gekommen, damit Sie sich durch den Augenschein davon überzeugen können, daß es mindestens zwei von uns wirklich gibt.‹ Das also war ›Currer Bell‹ in Person.«

William Smith Williams, »ein sanfter, gebeugter Mann um die fünfzig«, macht ebenfalls die Bekanntschaft der beiden – langes, nervöses Händeschütteln – und Charlotte, der in seiner Gegenwart der Satz »wir sind drei Schwestern« entschlüpft, muß ihn später eindringlich bitten, in seinen Briefen von Emily nur als Ellis Bell zu sprechen, da ihr unbedachter Geheimnisverrat zu Hause mit schwerer Verärgerung aufgenommen worden ist.

Der Verleger ist sofort voller Pläne: »Erlauben Sie mir, Sie meiner Mutter und meinen Schwestern vorzustellen – Wie lange beabsichtigen Sie zu bleiben? – Sie müssen die Zeit ausnutzen – Heute abend die italienische Oper – eine Ausstellung – Mr. Thackeray wäre entzückt, Sie zu treffen – Wenn Mr. Lewes erfährt, daß Currer Bell in der Stadt ist, wird man ihn einsperren müssen – Ah, ich werde beide einfach zum Dinner bitten ...« Charlotte hat Mühe, diesen begeisterten, redegewandten Herrn zu bremsen. Niemand soll sie kennenlernen, weder als Bell noch als Brontë. Mr. Williams versteht sie sofort; Mr. Smith, der sich in literarischer Gesellschaft gern mit seinem Stern geschmückt hätte, braucht etwas länger. Den Misses Brontë wiederum entgeht in der Aufregung eine Verabredung, die George Smith zu ihrer Unterhaltung getroffen hat. Als er am Abend mit seinen beiden Schwestern im Chapter Coffee House vorspricht, um sie in die Oper zu führen, hat Charlotte ihre »donnernden Kopfschmerzen und andauernde Übelkeit« gerade mit einer großen Portion Riechsalz bekämpft, trägt aber immer noch ihr Vormittagskleid. Im Anblick des eleganten Herrn mit den weißen Handschuhen und der tiefdekolletierten Damen beschließt Charlotte tapfer, ihr »Kopfweh in die Tasche zu stecken« und sich umzuziehen. Beider Gewand ist hochgeschlossen und dem Ereignis modisch in keiner Weise angemessen, aber sie entscheiden, den Mangel einfach zu ignorieren. Anne ist wie gewohnt freundlich-schweigsam, als sie im guten Perlgrauen am Arm von Mr. Williams den roten Treppenläufer zu den Rängen emporsteigt. Charlotte genießt den Auftritt an der Seite von George Smith, trotz der erhobenen Lorgnons, die sich aus der Versammlung, die vor den Logentüren wartet, auf die beiden Provinzlerinnen richten.

Smith hat Anne später beschrieben als »eine sanfte, ruhige, eher unterwürfige Person, keineswegs hübsch, aber von angenehmer Erscheinung. Ihre ganze Art drückte den Wunsch nach Schutz und Ermutigung aus.« Auch Charlotte erschien ihm »eher interessant als attraktiv. Sie war sehr klein und sah ein wenig wunderlich und altmodisch aus. Ihr Kopf schien für ihren Körper zu groß. Sie hatte schöne Augen, aber ihr Gesicht war von der Form ihres Mundes und ihrem schlechten Teint entstellt. Sie hatte wenig weibliche Reize und war sich dieser Tatsache ständig mit Unbehagen bewußt.«

Dieser Abend aber gehört ihr in einem ungewohnten Gefühl der Souveränität. Sie lächelt innerlich über den Kontrast ihrer und Annes Erscheinung mit dem glänzenden Publikum. Selbst die Aufführung – Rossinis *Barbier von Sevilla* und der Star Jenny Lind – bringen sie nicht aus der Fassung: »glänzend, aber ich kann mir Dinge vorstellen, die ich schöner finde«, berichtet sie Freundin Mary nach Neuseeland.

Am nächsten Morgen holt Williams sie zum Kirchgang ab, danach speisen sie bei der Familie Smith. Am Montag besuchen sie die National Gallery und die Gemäldeausstellung in der Royal Academy. (Fliegt sie dort die Erinnerung an das unglückliche Gespenst zu Hause an, das vor dreizehn Jahren ausziehen wollte, London zu erobern?) Sie sehen die Kensington Gardens und können sich nicht genug über deren grüne Üppigkeit wundern. Der weiche Cockney-Slang auf den Straßen klingt Charlotte befremdlich und amüsant. Zum Dinner sind sie bei Smith, zum Tee bei Williams geladen, und am nächsten Morgen fahren sie, zweiter Klasse und reich beschenkt mit Büchern, wieder gen Norden. »Ein abgehetzteres Häufchen Elend als mich hast Du noch nicht zu Gesicht bekommen«, schreibt Charlotte an Mary. »Ich war dünn, als ich wegfuhr, aber ich war mager, als ich wieder zurückkam. Mein Gesicht sah grau und alt aus, mit merkwürdigen tiefen Linien, die sich eingegraben hatten. Meine Augen hatten ein unnatürliches Starren. Ich war erschöpft und ruhelos zugleich.«

Dieser Brief Charlottes ist der einzige, den Mary aufbewahrt hat. Später, als Mrs. Gaskell sie nach ihren Erinnerungen fragte, tat es ihr leid, alle anderen »aus Sicherheitsgründen« verbrannt zu haben. Mary war in das Geheimnis der Bells eingeweiht und empfing Exemplare ihrer Romane, als sie selbst gerade an einem Buch, ihrem »Baby« saß. Sie lobte *Jane Eyre* als »perfektes Kunstwerk«, vermißte darin allerdings ein maßvolles Wüten gegen »die Absurditäten dieser Welt«, was die Stellung und die Rechte der Frauen betraf.

Nur aus Charlottes Brief an Mary kennen wir die Stationen ihres Abenteuers in London und die Tatsache, daß auch Acton Bell ihren Verleger T. C. Newby aufsuchte und ihn mit seiner »Lüge« konfrontierte. Darüber hinaus ist nichts über ihr Gespräch bekannt, nicht einmal, ob es zum Bruch kam. Emily schien in bewußter Opposition zu Charlottes Management an dem Schurken festgehalten zu haben, obwohl sein Geschäftsgebaren so schäbig war wie seine Honorare. (George Smith nannte Mr. Newby »die nubische Wüste – bringt nichts hervor«). Jedenfalls annoncierte dieser trickreiche Mann im Herbst, daß er in einem neuen Programm wieder Romane von Acton und Ellis Bell vorlegen werde.

Haben Anne und Emily an neuen Werken gearbeitet? Auch in dieser Sache sind wir auf wenige Trittsteine in einem Meer von Spekulationen angewiesen. Einer davon ist ein Brief Newbys vom 15. Februar 1848, der in Emilys Pult gefunden wurde, in dem er versichert, er werde mit Vergnügen Vorbereitungen für den nächsten Roman treffen. »Sie sollten seine Fertigstellung nicht forcieren, und ich glaube, Sie haben ganz recht, ihn den Augen der Welt erst dann zu zeigen, wenn Sie ganz zufrieden damit sind; denn sehr viel hängt von Ihrem nächsten Werk ab ...«

Ein anderer Hinweis findet sich in einem Brief Charlottes an W. S. Williams vom Dezember desselben Jahres: »Ellis ist nicht in der Lage, sich mit Gedanken ans Schreiben oder Publizieren zu belasten. Sollte es dem Himmel gefallen, seine Kraft und Gesundheit wiederherzustellen, steht ihm allein das Recht zu, zu entscheiden, ob es Mr. Newby zukommt, sein zweites Werk zu veröffentlichen, oder ob er dieses Recht verwirkt hat.« Und in ihrer *Biographical Notice* schreibt sie: »Weder Ellis noch Acton gestatteten sich, sinkendem Mut auch nur einen Augenblick nachzugeben. Kraft ermutigte die eine, Ausdauer hielt die andere aufrecht. Sie waren beide bereit, sich wieder zu versuchen ... die Arbeiter versagten über ihrem Werk.«

Anne teilte noch wenige Wochen vor ihrem Tod mit, sie habe den Kopf voller Pläne und wolle in dieser Welt noch etwas Gutes bewirken. Für eine Autorin mit ihrem Anspruch konnte das nur bedeuten, daß sie an ein neues Buch dachte. Aber was immer die beiden planten – nicht eine Zeile Prosa ist nach der *Sturmhöhe* und der *Herrin von Wildfell Hall* auf die Nachwelt gekommen. Anne vollendete ihr Gedicht *Last Lines* am 28. Januar 1849. Emily hinterließ aus ihren letzten Lebensjahren nur eine lange Gondal-Ballade, die sie bereits 1846 begonnen hatte: *Why ask to know the date – the clime.* Es ist ein düsteres Stück Poesie, in dem ein erbarmungsloser Söldner etwas von Emilys eigener Schuld auszusprechen scheint:

Das Blut, das ich vergossen, reut mich nicht;
Es ist mein Gewissen, das mich quält:
Es sagt mir, wie oft aus meinem Mund Galle geflossen
Über viele, die zu schwach waren,
Um selbst in Gedanken mein Feind zu sein.

Nach den ersten hundertfünfzig Zeilen, die die Autorin in Reinschrift in ihr Gondal-Heft eingetragen hatte, dichtete sie ohne Entwurf weiter – nahezu unleserlich – mit Streichungen, Änderungen und einem Tintenklecks, aus dem sie das letzte Wort »go« formte. Der Söldner, der seinem Gefangenen einen gnädigen Tod verweigert hat, nimmt sich dessen Kind an; aber das Mädchen haßt ihn, und »in einer mondlosen Nacht ließ ich sie gehen«. Im Mai 1848 hat Emily das Gedicht noch einmal überarbeitet, aber nach fünf Strophen bricht es ab. Sollte sie wirklich ganz verstummt sein? Oder hat sie ihr Manuskript vernichtet? So, wie sie vielleicht die Gondal-Chroniken verbrannte, als sie spürte, daß Anne und sie getrennte Wege eingeschlagen hatten? Hat Charlotte, immer ängstlich bemüht, den guten Ruf ihrer Schwestern zu wahren, verschwinden lassen, was ihr nicht geheuer war? Noch immer treibt Brontë-Schatzgräber die Phantasie um, ihnen könne wie Clement Shorter im Jahr 1895, als Arthur Bell Nicholls in Irland seine alten Schubladen aufzog, ein Packen zusammengerollter, eng beschriebener Seiten in die Hände fallen, oder sie möchten unter dem eingesunkenen Steindach eines verlassenen Hauses auf die Blechschachtel mit den »Papieren« stoßen, den Artikeln über den ersten Gondal-Krieg, das Buch von Henry Sophona, Gedichte von Solala Vernon oder die ersten Kapitel eines Prosawerks, das Ellis Bell noch nicht bereit war der Welt zu zeigen ...

Im September 1848 aber ist an Schreiben nicht zu denken. Branwell hatte die letzten Monate im immer gleichen Zustand verbracht: Getrunken, wenn er Geld hatte, die Tage verdöst, die Nächte durchwacht; und immer wieder hatte er von seinem nahen Tod gesprochen, daß keiner, nicht einmal er selbst sieht, wie nahe er ihm wirklich ist. Er erleidet Anfälle »von unbeschreiblichem Horror und Herzrasen«, und der Reverend schlägt in seiner *Modern Domestic Medicine* unter dem Stichwort »Wahnsinn/ Geistige Zerrüttung« die Symptome nach: Reizbarkeit, fixe Ideen, schließlich Gewalttätigkeit. Er schreibt dazu: »Auch Deli-

64. Selbstbildnis Branwells als eines vom Tod heimgesuchten Mannes

rium tremens, manchmal hervorgerufen durch Rausch, der Patient fühlt sich von Dämonen verfolgt ...«

An einem Sonntag, als die Familie in der Kirche ist, kritzelt Branwell seinen letzten Brief auf einen Zettel, eine Botschaft an den Küster: »Lieber John, ich wäre Dir sehr dankbar, wenn Du mir für fünf Pence Gin besorgen könntest. Wenn es schnell geht, könnte ich ihn vielleicht von Dir oben an der Gasse entgegennehmen oder danach schicken. Ich bitte Dich dringend um diesen Gefallen, denn ich weiß, wie gut es mir tun wird ...«

Sein Freund, der Eisenbahningenieur Grundy, reist im September nach Haworth und schickt ihm eine Einladung aus dem Black Bull. Branwell kommt, wenn auch zögerlich. »Jetzt öffnete sich behutsam die Türe und ein Kopf erschien. Es war eine Fülle von rotem, ungekämmtem, ungeschnittenen Haar, das wild um eine hohe knochige Stirn flutete; die gelben, hohlen Wangen, der eingesunkene Mund, die dünnen weißen Lippen, die nicht zitterten, sondern krampfhaft bebten, die tiefliegenden Augen, einst klein, jetzt vom Licht des Wahnsinns funkelnd – das alles erzählte nur allzu eindeutig die traurige Geschichte.«

Grundy läuft so heiter wie möglich auf den Freund zu, begrüßt ihn und bestellt heißen Brandy. Branwell sieht aus, als fürchte er sich vor sich selbst. »Er murmelte etwas wie, daß er ein warmes Bett verlassen habe, um in die kalte Nacht hinauszugehen. Noch ein Glas Brandy und die wiederkehrende Wärme machten ihn nach und nach zu etwas, das dem Brontë der früheren Zeiten glich. Er aß sogar ein wenig Abendbrot, etwas, das er schon lange nicht mehr getan hatte ... Ich habe seinen Sinn nie klarer erlebt. Er sagte von sich, daß er begierig auf den Tod warte, daß er ihn ersehne und in klaren Momenten glücklich sei, ihn so nahe zu wissen.«

Beim Abschied zeigt Branwell dem Freund ein Küchenmesser, das er in seinem Ärmel verborgen hielt. Er hatte geglaubt, Grundys Nachricht sei von Satan persönlich gekommen, und »als er sich ankleidete, steckte er das Messer ein, das er sich schon vor langer Zeit besorgt hatte – alles mit dem festen Entschluß, in die Wirtsstube zu stürzen und den Gast zu erstechen. In seinem erregten Zustand erkannte er mich nicht, als er die Tür öffnete; erst meine Stimme und mein Verhalten brachten ihn wieder zu sich.«

Als Grundy geht, steht Branwell mit hängendem Kopf, barhäuptig und weinend auf der Gasse. »Ein Mensch könnte einfach deshalb sterben, weil er es in seinem Körper nicht mehr aushält«, schreibt William S. Burroughs, der die Vorhölle der Drogenabhängigkeit durchschritten hatte, ein gutes Jahrhundert später. Vielleicht hat auch Branwell, von Schnaps, Opium und Wahn verbraucht, in diesem Sommer einfach aufgegeben. Am 22. September geht er ins Dorf, und es heißt, John Brown habe ihn hilflos irgendwo in Church Lane aufgesammelt und nach Hause gebracht. »Oh John, ich sterbe, und ich habe nichts Großes und nichts Gutes getan.«

In diesen letzten beiden Tagen seines Lebens kommt ein unerwarteter Wandel über ihn. Aus der schrecklichen Konfusion der vergangenen drei Jahre scheint noch einmal der alte, liebenswerte, gläubige Branwell aufzutauchen. In das Gebet seines Vaters, der an seinem Bett kniet, stimmt er mit »Amen« ein, ein Wort, das man aus seinem Mund schon lange nicht mehr gehört hatte. Er stirbt am 24. September 1848, gerade einunddreißig Jahre alt. Der Arzt schreibt in den Totenschein: »Chronische Bronchitis und Auszehrung.« Als Charlotte auf den Bruder herunterschaut, überkommt sie »mehr schmerzliche Qual, als ich dachte«. Sie hatte nicht mehr geglaubt, daß sie um ihn trauern könnte, und es ist auch nicht der liebe Gefährte, den sie beweint, sondern das früh erloschene Talent, die ruinierten Hoffnungen, sein ganzes vergeudetes Leben.

In einer Bitterkeit, die noch einmal von den vielen kleinen verlorenen Wettbewerben um Papas Gunst spricht, schreibt sie: »Mein armer Vater hielt natürlich mehr von seinem einzigen Sohn als von seinen Töchtern, und obwohl er so viel und lange um ihn gelitten hatte, weinte er um seinen Verlust wie David um Absalom – mein Sohn, mein Sohn – und wollte sich zuerst nicht trösten lassen.« Noch zu Mrs. Gaskell sprach der alte Reverend von seinem »brillanten, unglücklichen« Jungen. Kein Stolz auf seine Töchter, kein literarischer Ruhm konnten je die Erinnerung an Branwells vielversprechende Talente überglänzen.

An dem Sonntag, an dem Branwell in der Gruft bestattet wird, muß Charlotte sich mit Gelbsucht ins Bett legen. Sie erholt sich nach kurzer Zeit, aber nun ist es Emily, die plötzlich sehr krank wird. Die Zäheste in der Familie, die auch der schneidende Ostwind nicht von einem Gang über die Heide abhielt, verläßt nach Branwells Beerdigung das Haus nicht mehr. Charlotte schreibt

65. Patrick Branwell Brontës Todesanzeige, 24. September 1848

am 29. Oktober: »Emilys Erkältung und Husten sind sehr hartnäckig. Ich fürchte, sie hat Schmerzen in der Brust, und manchmal bemerke ich eine Kurzatmigkeit, wenn sie sich schnell bewegt hat. Sie sieht sehr dünn und blaß aus. Ihre Zurückhaltung bereitet mir große Sorgen. Es ist sinnlos, sie zu fragen, du bekommst keine Antwort. Es ist noch sinnloser, eine Medizin zu empfehlen, sie wird doch nicht genommen ... Ich versuche, alles in Gottes Hände zu legen und auf seine Güte zu vertrauen, aber unter manchen Umständen sind Glaube und Sichdreinschicken nur schwer zu vollbringen.« Und in schrecklicher Vorahnung fügt sie hinzu: »Wir sollten menschliche Bindungen nicht zu eng knüpfen ... eines Tages müssen wir sie doch lösen.« Emily ist ihr das Liebste auf der Welt, und je weiter sich diese ihr entzieht, um so verzweifelter versucht Charlotte, sie zu halten. Da sie sich entschieden weigert, einen Arzt zu konsultieren, beschreibt die Schwester ihre Symptome einem Spezialisten in London, aber die Medizin, die er schickt, will Emily nicht nehmen. Mr. Williams empfiehlt Homöopathie, »sehr gut und freundlich von ihm«, aber auch die ist nur »eine andere Sorte Quacksalberei«. Nur einmal erlaubt sie der Älteren, ihren jagenden Puls zu fühlen. In der Nacht hört Charlotte ihre Anfälle in dem kleinen ungeheizten Zimmer nebenan, »ein rasendes, hohles Keuchen«. Doch wie immer steht Emily jeden Morgen um sieben Uhr auf; kleidet sich alleine an und macht sich an den Treppenabstieg. Sie besteht darauf, die Hunde zu füttern, am Fenster zu sitzen und zu tun, als nähte sie. Ellen Nussey schickt ein Päckchen mit Apfelmarmelade, der eine heilsame Wirkung zugeschrieben wurde, aber Emily ist zu krank, um sie zu essen, und sie möchte das liebe Mädchen jetzt auch nicht um sich haben.

»Nie in ihrem Leben hatte sie lange über einer Aufgabe verweilt, die vor ihr lag, und auch nun verweilte sie nicht lange. Es ging rasch mit ihr zu Ende. Sie eilte, uns zu verlassen. Dennoch: Während sie körperlich verfiel, wuchs ihr Geist zu einer Stärke, die wir an ihr nicht gekannt hatten. Tag für Tag, wenn ich sah, mit welcher Stirn sie den Leiden begegnete, blickte ich zu ihr hinüber, erfüllt von Qual, Bewunderung und Liebe. Nie wieder sah ich dergleichen; denn in der Tat, nie wieder sah ich einen anderen ihr gleichen. Stärker als ein Mann, einfacher als ein Kind, stand ihre Natur für sich. Das Schrecklichste war, daß sie, die voller Erbarmen für andere war, für sich selbst kein Mitleid kannte; der Geist war unerbittlich gegen das Fleisch. Von den zitternden Händen, den entkräfteten Gliedern, den versagenden Augen wurden dieselben Dienste verlangt wie in gesunden Tagen. Dabeizustehen und all dessen Zeuge zu sein und nicht wagen einzuschreiten, war ein Schmerz, den Worte nicht beschreiben können.«

Emily besteht darauf, »der Natur ihren Lauf zu lassen«. Doch offenbar meint sie damit nicht, sich der verheerenden Krankheit kampflos anheimzugeben, sondern glaubt, daß sie, die so sehr eins mit der Natur ist, sich selbst helfen und sie mit der Kraft ihres Geistes bannen könne. So als ließe die Schwindsucht von ihr ab, wenn sie ihr keinen Zugang gewährte und ihre Symptome ignorierte. Deshalb wohl verfolgt sie stur und streitbar ihre tägliche Routine und verbietet den Schwestern, auf ihren Zustand anzuspielen oder einen Arzt zu rufen. »Kein Giftmischer kommt mir ins Haus.« Deshalb wohl »Lococks Hustenoblaten« als einzige Medizin gegen eine Krankheit, die zu ihrer Zeit immer den Tod bedeutete. »Hoffnung und Furcht wechseln von Tag zu Tag«, schreibt Charlotte, und es entgeht ihr nicht, daß auch Anne so bleich ist und Schmerzen in der Seite hat.

Im Oktober kauft Smith & Elder die noch nicht aufgebundene Auflage der *Poems by Currer, Ellis and Acton Bell* von Aylott & Jones. Es sind, abzüglich der Rezensionsexemplare, noch 961 Stück, und Charlotte erhält aus der Vorauszahlung 24 Pfund zurück. Der Umschlag ist nun rot statt flaschengrün und trägt eine geprägte Harfe, aber die Kritik weiß noch immer nicht die Perlen darunter zu finden. Die *Sturmhöhe* hat inzwischen ihren Weg nach Amerika gefunden. Die Rezension aus der *North American Review*, die Charlotte eines Tages ihrer Schwester vorliest, um sie zu erheitern, findet sich später in Emilys Pult. Charlotte, bis zum Aberwitz am männlichen Pseudonym festhaltend, beschreibt die Szene ihrem Lektor: »Ellis, der Mann von ungewöhnlichem Talent, aber verbissen, brutal und mürrisch, sitzt, vorsichtig seinen rasselnden Atem einziehend, im Sessel und lächelt halb spöttisch, halb belustigt. Acton näht still vor sich hin. Es gibt keine Gefühlsregung, die ihn zur Schwatzhaftigkeit verführte.« Ach, seufzt sie, wenn der Herr Feuilletonredakteur aus Amerika »die Bells, diesen üblen Verein« nur sehen könnte!

Es kommt die Zeit, da Emily nicht mehr zuhört, wenn Charlotte vorliest, die Näharbeit im Schoß nicht mehr sieht, nicht einmal den Zweig Heidekraut erkennt, den die Schwester für sie draußen auf dem geliebten Moor gepflückt hat. Am Morgen des 19. Dezember ist sie wie immer aufgestanden, hat sich vor dem Kaminfeuer angezogen und gekämmt. Der Kamm fällt ihr aus der Hand, und sie ist zu schwach, sich danach zu bücken. Martha Brown findet ihn später halb verkohlt in der Asche. Unten im Wohnzimmer leistet Charlotte ihr Gesellschaft, und da sie mit Emily nicht sprechen kann, schickt sie einen letzten Hilferuf an Ellen: »Ich hätte Dir schon früher geschrieben, wenn ich ein Wort der Hoffnung hätte sagen können, aber ich kann nicht. Sie wird täglich schwächer ... So dunkle Augenblicke wie diese habe ich nie zuvor erlebt. Ich bete um Gottes Beistand für uns alle; bisher hat er ihn gewährt.« Als Emily auf ihrem Stuhl am Fenster in sich zusammensinkt, bringen die anderen sie zum Sofa. Sie flüstert: »Wenn ihr jetzt einen Arzt holen wollt, soll es mir recht sein.« Gegen zwei Uhr stirbt sie. »Emily leidet nun nicht länger Schmerzen oder Schwäche. Sie wird nie wieder in dieser Welt leiden. Sie ist gegangen, nach einem kurzen, harten Kampf. Sie starb an dem Dienstag, demselben Tag, an dem ich Dir schrieb. Ich hielt es für möglich, daß sie noch Wochen mit uns sein könnte, und ein paar Stunden später war sie in der Ewigkeit. Ja, es gibt keine Emily mehr in dieser Zeit und auf dieser Erde hier. Gestern legten wir ihre arme, abgezehrte, irdische Hülle unter die Steinplatten in der Kirche.«

Dem kleinen Trauerzug, der sich durch das Gartenpförtchen über den Friedhof in die Kirche bewegt, folgt auch Emilys Hund Keeper, der während des Gottesdienstes mit in der Familienbank sitzt. Arthur Bell Nicholls hält die Predigt; ihr Motto ist nicht überliefert. Was könnte er dieser sonderbaren jungen Frau, die in ihrem dreißigsten Lebensjahr gestorben war, wohl nachgerufen haben? Er hatte sie kaum gekannt. Sie redete kaum mit den Leuten im Dorf. Wenn er in den letzten drei Monaten im Pfarrhaus vorgesprochen hatte, um die Hunde auszuführen, dann sah er wohl diese arme, abgezehrte Hülle, die der kalte Windzug, der durch die Haustür hereinfuhr, gegen das Treppengeländer stolpern ließ, aber weder schenkte sie ihm Beachtung, noch teilte sonst jemand in der Familie Furcht und Hoffnung mit ihm. Wer

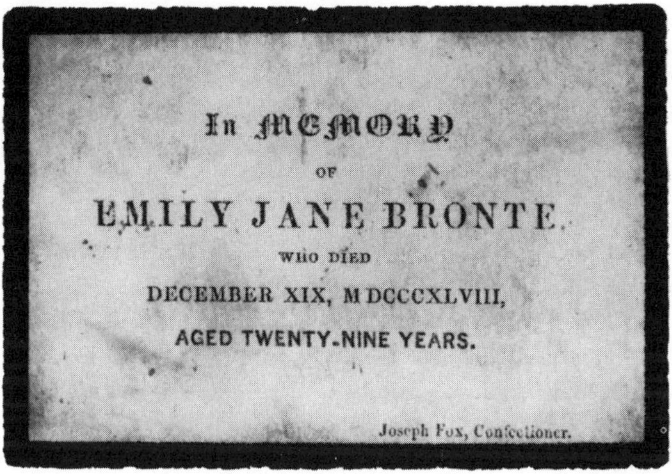

66. Emily Jane Brontës Todesanzeige, 19. Dezember 1848.
Am 30. Juli war sie 30 geworden

könnte schon zuverlässig etwas über Emilys Religion sagen? Nicht einmal ihre Schwestern wollten glauben, daß sie keinen Eingang in eine christliche Ewigkeit ersehnte. »Ein Bote der Hoffnung kommt jede Nacht zu mir, / Verheißt mir ewige Freiheit für kurzes Leben hier«, hatte sie in einer Gondal-Ballade drei Jahre zuvor geschrieben. Er war der Künder ihres »göttlichen Traums«, den sie bedingungslos umarmte, »und sei es gar der Todesbote«. Nun hatte ihre Seele den letzten Sprung gewagt; aber starb Emily, wie ihre Schwester schrieb, wirklich »in der Blüte ihres Lebens«, oder war sie in ihrer geistigen Einsamkeit ähnlich wie Branwell, zerrissen, verstummt, von ihren Visionen verlassen und am Rand eines Abgrunds angelangt, als sie ihre menschliche Kraft überschätzte und glaubte, ihn überfliegen zu können?

Charlotte sagte noch viele Monate später, Emilys »furchtbarer Tod« habe ihr das Herz gebrochen, und sie stilisierte sie zu einem Wesen hoch, in dem sich »die Extreme von Kraft und Schlichtheit«

trafen. »Unter einer natürlichen Kultur, einem ungekünstelten Geschmack und einem unauffälligen Äußeren lagen eine geheime Macht und ein Feuer, die den Kopf eines Helden beseelt und sein Blut entflammt haben könnten ... Zwischen ihr und der Welt hätte immer ein Vermittler stehen sollen.« Dies klingt eher nach dem Bild einer Gondal-Kriegerin, die Charlotte sich zum Trost geschaffen hatte, als nach einem lebenden Wesen, das sie nicht mehr erreichen konnte. »Ich bin schon fast in meinem Himmel angelangt, und der von anderen bedeutet mir nichts, und es gelüstet mich auch nicht im geringsten danach«, läßt Emily Heathcliff in der *Sturmhöhe* sagen. In einem Gedicht spricht sie noch deutlicher von ihrem persönlichen Himmel – der Erde:

Oft getadelt, kehre ich doch immer wieder zurück
Zu jenen ersten Gefühlen, die mit mir geboren sind,
Und überlasse die eifrige Jagd nach Reichtum und Wissen
den müßigen Träumen von Dingen, die nicht sein können.

Ich werde gehen, wohin meine eigene Natur mich gehen heißt,
Einen anderen Führer zu wählen, ist mir Verdruß,
Wo die grauen Herden in den farnigen Tälern weiden,
Wo der wilde Wind über die Berge weht.

Was können diese einsamen Berge enthüllen?
Mehr Herrlichkeit, mehr Schmerzen, als ich sagen kann;
Die Erde, die nur ein menschliches Herz zum Fühlen erweckt,
Schließt beide Welten, Himmel und Hölle, in sich ein.

Was Charlotte in der Furcht um Emily fast verdrängt hatte, war Annes Zustand. Zwei Tage nach Emilys Tod schreibt sie nun an Ellen: »Ich schaue auf Anne und wünschte, sie wäre gesund und stark, aber sie ist es nicht.« Auch Anne ist bereits unheilbar an Tuberkulose erkrankt. Der Arzt, dessen Hausbesuch die Jüngste willig über sich ergehen läßt, macht der Familie keine Hoffnung, und auch sie weiß, was es bedeutet, als der Reverend sie in den Arm nimmt: »Meine liebe, kleine Anne!« Ellen, die in Haworth weilt, erinnert sich des Tages, an dem Anne ihre Diagnose erfährt. Die beiden wandern um den Wohnzimmertisch, während Dr. Teale im Salon mit dem Vater und Charlotte spricht. Annes klares, hübsches Gesicht ist von einer trügerischen Frische rosig überhaucht, und obwohl sie sich auf Ellens Arm stützen muß, strahlt sie »in prachtvoller Laune für eine Kranke«. Ach, Fräulein Nussey ...

Anne empfängt ihr Todesurteil scheinbar gelassen. Ihre Verzweiflung, ihr Aufbegehren und ihr Dreinschicken in Gottes Willen trägt sie später und allein mit sich aus. »Eine furchtbare Dunkelheit senkt sich auf mein verwirrtes Gemüt ...« beginnt sie in diesem Januar ihre *Last Lines*. Ihr Leben gleicht von nun an einem unsinnigen Wettlauf mit der Zeit. Sie hofft, wenn sie den Winter in dem kalten, feuchten Haus überstünde und den Sommer erreichte, könnte sie, wenigstens für eine Zeit, gerettet sein. Sie spricht offen mit Charlotte über ihre Chancen, was beiden ein Trost ist; sie trägt die Einlegesohlen aus Kork, die Ellen geschickt hat, und unterzieht sich all den Teerpflastern, den heißen Essig-Kompressen, dem Übelkeit erregenden Lebertran und dem Gemüsebalsam, die uns Besserwissern entbehrlich erscheinen und auf die das 19. Jahrhundert in Abwesenheit eines Heilmittels für die Schwindsucht seine Hoffnungen auf Verlängerung des Lebens setzte. Wo die Weisheit der Medizin endete, begann der Trost des Glaubens; eine Grenze, die 1849 etwas anders verlief als heute. Anne möchte nicht sterben, sie ist weit entfernt von heiterer Gelassenheit, aber sie rüstet sich tapfer für ihren Weg zu Gott.

Auch Charlotte leidet in diesem Winter unter Brust- und Rükkenschmerzen. Auf ärztlichen Rat hin teilt sie nun nicht mehr das Bett mit Anne. Trotzdem ist es ein Wunder, daß sie sich nicht ansteckt. »Die Tage vergehen in einem langsamen, dunklen Zug. Die Nächte sind die schwersten Prüfungen; das plötzliche Erwachen aus ruhelosem Schlaf, die wiederkehrende Erinnerung, daß die eine in ihrem Grab liegt und die andere nicht an meiner Seite, sondern auf ihrem Krankenlager.«

Im März schlägt Anne vor, ans Meer zu fahren oder zu einer Badekur. Wenn Charlotte es wegen Papa nicht einrichten kann, würde Ellen sich vielleicht bereit erklären, aber Charlotte interveniert hinter ihrem Rücken und bittet die Freundin abzusagen. Sie fürchtet, daß Anne fern von zu Hause und ohne einen Verwandten sterben könne. Die Kranke hat jedoch gute Gründe, auf ihrem Plan zu beharren. Sie schreibt an die »liebe Miss Nussey« und bittet sie, sie nicht als Pflegerin, sondern als Gefährtin zu begleiten, und hofft, sie werde ihr nicht zu viele Umstände bereiten. »Die Ärzte sagen, daß in Fällen von Auszehrung eine Luftveränderung oder ein Wechsel in ein besseres Klima wohl kaum ohne Erfolg bleiben würden, wenn man rechtzeitig zu diesem Mittel greift; aber der Grund, warum es so viele Fehlschläge gibt, liegt darin, daß man im allgemeinen so lange damit wartet, bis es zu spät ist. Diesen Fehler will ich nicht begehen; und um ehrlich zu sein: Obwohl ich weniger unter Schmerzen und Fieber zu leiden habe ... bin ich entschieden schwächer und dünner geworden. Mein Husten ist mir eine große Last, besonders in der Nacht, und was am schlimmsten ist, ich leide unter arger Kurzatmigkeit, wenn ich Treppen steige oder bei der kleinsten Anstrengung. Unter diesen Umständen ist, glaube ich, keine Zeit zu verlieren. Ich habe keine Furcht vor dem Tod; wenn ich wüßte, daß er unvermeidlich wäre, würde ich mich ruhig in die Aussicht ergeben, in der Hoffnung, daß Sie, liebe Miss Nussey ... Charlotte eine Schwester an meiner Statt sein könnten. Aber ich wünsche, es würde Gott gefallen, mich zu verschonen, nicht nur Papas und Charlottes wegen, sondern weil mich danach verlangt, etwas Gutes in der Welt zu tun, ehe ich sie verlasse. Ich habe viele Pläne für künftige Tätigkeiten im Kopf, bescheiden und begrenzt zwar, doch es täte mir leid, wenn nichts daraus werden würde und ich in meinem Leben so wenig bewirkt hätte. Aber Gottes Wille geschehe.«

Auch Charlotte weiß, daß keine Zeit zu verlieren ist, wenn Anne das angestrebte Ziel – Scarborough – noch erreichen soll. »Ihre Arme sind nicht dicker als die eines kleinen Kindes ... Sie geht jeden Tag ein wenig spazieren, aber wir kriechen eher, als daß wir gehen.« Im Mai erklärt Ellen sich bereit, die beiden auf ihrer Fahrt zu begleiten, und schweren Herzens trifft Charlotte die Reisevorbereitungen. »Ich fürchte, Du wirst entsetzt sein, wenn Du Anne siehst, aber sei auf der Hut, liebe Ellen, Deinen Schrecken nicht zu verraten. Ich rechne auf Deine Freundlichkeit und Selbstbeherrschung.«

Am 24. Mai trifft Ellen in Haworth ein und ist Zeugin, wie Anne sich von Papa, Tabby, Martha und den Hunden verabschiedet und in den Wagen gehoben wird. Jeder scheint zu wissen, daß man sich nicht mehr wiedersehen wird. Die erste Reisestation ist York, wo sie das Münster besichtigen und einen kleinen Einkaufsbummel wagen – Anne in einem Tragestuhl. Für die Sommerfrische am Meer werden Hauben und Handschuhe besorgt. Am 25. Mai treffen sie in Scarborough ein und beziehen Zimmer mit Seeblick in bester, teurer Lage. (Anne hatte von ihrer Patin Fanny Outhwaite aus Thornton kurz zuvor 200 Pfund geerbt; man kann sich ein wenig Eleganz leisten.) Sie hatte sich so sehr gewünscht, das Meer zu sehen. Nun liegt es ihr zu Füßen, »so glatt wie Glas«. Wenn sie nur freier atmen könnte! Da sie zu schwach zum Laufen ist, wird sie in einen kleinen Eselskarren gesetzt, und sie übernimmt selbst die Zügel, als sie sieht, daß der jugendliche Treiber grob mit seinem Tier umgeht. Welch ein Anblick: der über den Strand davontippelnde Esel mit seiner Last, die er kaum spüren kann.

»Ich wünschte, ich sähe das Meer um mich branden«, hatte sie an einem windigen Tag geschrieben. Nun weckt die leichte Brise »kleine Wellen, die den Strand hinaufspringen, schäumend und sprühend wie in wilder Fröhlichkeit«. An einem solchen Tag war Agnes Grey ihrem Mr. Weston auf den Klippen begegnet.

Es war der Beginn eines glücklichen Endes. Am 28. Mai fühlt Anne plötzlich einen Wechsel, ein Gefühl, daß sie nicht mehr lange zu leben habe. Sie läßt einen Arzt kommen, fragt, ob sie die Heimreise noch durchhielte. Er verneint, und sie dankt ihm für seine Aufrichtigkeit. Gefaßt erwartet sie ihr Ende – mit ihren letzten Worten noch die Schwester tröstend: »Mut, Charlotte!«

Die jüngste Brontë ist an dem Ort, wo sie starb, auch beerdigt. Charlotte glaubt, ihrem Vater innerhalb von neun Monaten nicht noch ein Begräbnis zumuten zu können. Als einzige der Familie liegt Anne nicht in der Kirche von Haworth. Ihr Grabstein auf dem St.-Mary's-Friedhof über den Klippen trägt bis auf den heutigen Tag eine falsche Inschrift. Nicht achtundzwanzig, sondern neunundzwanzig Jahre alt wurde Anne Brontë, die kleine Schwester, »das literarische Aschenputtel«, dem es dennoch weder an Glut noch an Stärke gefehlt hatte. Sie schien »von Kindheit an für einen frühen Tod bestimmt«, sagt Charlotte. Anders als Emily, die sie mit allen Fasern halten wollte, läßt sie Anne »in Frieden zu Gott gehen«, der ein Anrecht auf sie zu haben scheint.

Unfähig, nach weniger als einer Woche Haworth wiederzusehen, reist Charlotte mit Ellen die Küste entlang, über Filey nach Bridlington, wo sie als junge Mädchen glücklich, fast übermütig

67. Anne Brontë, Selbstportrait, 1842

waren. Dann kehrt sie nach Hause zurück. »Papa hat nun nur noch mich – das schwächste, kümmerlichste und am wenigsten vielversprechende seiner sechs Kinder.« In der Tat steht dieses Kind vor einer großen Karriere in der Welt – und langen Jahren, in denen »Einsamkeit, Erinnerung und Sehnsucht die einzigen Gefährten« einer gefeierten Frau sein sollten.

XVI

Shirley • *Freundschaften in der literarischen Welt* • *George Smith* • *William M. Thackeray* • *Harriet Martineau* • *Elizabeth Gaskell* • *George Henry Lewes* • *Die Emanzipation* • *Londoner Freuden und Peinlichkeiten*

›Es geht nicht, daß Damen Geld verdienen wie gewöhnliche Leute‹ sagte die Frau … ›Nur Dienstmädchen denken an solche Sachen.‹ ›Und wie kann ich mehr als ein Dienstmädchen verdienen?‹ ›Nun, da gibt's Gouvernanten.‹ ›Dafür bin ich nicht gebildet genug.‹ ›Also, wissen Sie, meine Liebe, der Platz einer Frau ist auch zu Hause.‹ ›Ich habe kein Zuhause‹, sagte Dora bitter. ›Wenn Frauen kein Zuhause haben, was machen sie dann?‹ ›Nun, sie warten. Eines Tages werden Sie vielleicht eins haben.‹

Mary Taylor
Miss Miles

Als Emily im September 1848 krank geworden war, hatte Charlotte ihr neues Werk aus der Hand gelegt. Nun nimmt sie die Feder wieder auf. Das Schreiben hilft ihr, in Verlassenheit und Trauer, »den Kopf über Wasser zu halten«. Am schlimmsten sind die Abende, wenn sie mit ihren schwachen Augen beim Licht der Petroleumlampe nicht mehr arbeiten kann. Es war die Zeit, in der sie zusammen im Eßzimmer geplaudert hatten. Nun sitzt sie allein da und schweigt.

»Tagsüber sind mir Arbeit und Beschäftigung eine Hilfe – aber wenn der Abend dämmert, rebelliert etwas in meinem Herzen gegen die Last der Einsamkeit – das Gefühl ihres Verlusts und ihres Fehlens ist manchmal fast zu viel für mich. Ich bin nicht gut oder verbindlich in solchen Augenblicken – ich hadere – und es ist nur der Gedanke an meinen lieben Vater nebenan oder die freundlichen Hausmädchen in der Küche – oder ein Schmeicheln der armen Hunde, die mir die Fassung, mildere Gefühle und vernünftigere Gedanken zurückgeben. Was die Nächte angeht – wenn ich kein Bett bräuchte, würde ich es nie aufsuchen – im Wachen denke ich an sie, im Schlaf träume ich von ihnen – und ich erinnere mich ihrer nicht, wie sie gesund waren – immer erscheinen sie mir krank und elend.«

Die Krankheit verläßt das Pfarrhaus auch in diesem Herbst nicht. Papa leidet ständig unter Bronchitis, Charlotte hat Schmerzen in der Brust. In berechtigter Sorge bewachen diese beiden Überlebenden einander, und wenigstens Charlotte versucht, vor den anderen ihre Panik zu verbergen: Könnte es nicht wieder Schwindsucht sein? Nur wenn alles über ihr zusammenzubrechen droht – Tabby krank, Martha krank, Papa unfähig, sich zu erheben –, setzt sie sich zehn Minuten lang in den Salon und weint.

Shirley erscheint am 26. Oktober 1849. Im September hatte James Taylor, Geschäftsführer bei Smith & Elder, ein kleiner, ener-

68. George Smith

gischer Schotte, das Manuskript auf einer Reise mit nach London genommen, und Charlotte hatte unruhig auf eine Reaktion ihres Verlegers gewartet. Auf *Shirley* hatte sie mehr Mühe, mehr Recherche und mehr Nachdenken verwandt als auf *Jane Eyre*, und doch ist ihr bewußt, daß das neue Buch nicht den großen Schwung hat, mit dem ihr erstes Werk das Publikum hingerissen hatte. In *Shirley* tritt sie aus der Ich-Form zurück in die Rolle des omnipotenten Erzählers, und sie verlegt die Handlung in die Zeit, als die Weber in Yorkshire und Lancashire gegen die Mechanisierung ihrer Arbeitsplätze rebellierten.

Aus dem Zeitungsarchiv in Leeds hatte sie sich die Jahrgänge 1812 bis 1814 des *Mercury* schicken lassen. Mit ähnlich »photographischer« Genauigkeit – wie den historischen Hintergrund – nimmt sie auch einige Figuren von mehr oder weniger flüchtiger Bekanntschaft aufs Korn, und niemals war ihr der Verdacht gekommen, daß etwa die unseligen Kuraten erkannt werden könnten. »Wahrheit ist besser als Kunst«, antwortete sie W. S. Williams auf seine Bedenken, daß diese Herrenrunde im ersten Kapitel zu kraß geraten sei. Und mit demselben, wenig überzeugenden Argument verteidigte sie auch den tollwütigen Hund, der ihre Heldin anfällt, und das Ausbrennen der Wunde mit dem glühenden Schüreisen. Das war auch Emily zugestoßen, und obwohl sie zugab, daß die Passage nicht gut konstruiert wäre, stemmte sie sich doch entschieden gegen die Änderungswünsche ihres Lektors. Sie sei unermüdlich beim Überarbeiten ihres Manuskripts, aber sobald sie es vollendet und aus der Hand gegeben habe, sei es ihr nachgerade unmöglich, etwas zu korrigieren. Absurd? Vielleicht, aber nicht zu ändern.

Der Preis für die Realitätsnähe ist ein sonderbarer Stimmungsumschwung im Bekanntenkreis. Ehemalige Schulkameradinnen melden sich lächelnd und hochachtungsvoll, »klerikale Augenbrauen ziehen sich bei meinem Anblick grollend zusammen«. Martha Brown kommt rot und schnaufend angelaufen – »Also, was ich da gehört habe!« – »Was denn?« – »Bitte, Madam, daß Sie zwei Bücher geschrieben hätten, die großartigsten Bücher, die es je gegeben hat ...« – »Halt Deine Zunge im Zaum, Martha, und geh!« Der Autorin bricht der kalte Schweiß aus; »Gott steh' mir bei!« Aber Mary Taylors Bruder Joe hat den Klatsch schon durch die ganze Nachbarschaft getragen. Es dauert nicht lange, bis in der *Leeds Times* eine kleine Meldung erscheint, daß es nunmehr als ziemlich sicher gelte, »daß Miss Bronti, die Tochter des ehrwürdigen Pfarrers von Haworth bei Keighley«, die Verfasserin der berühmten Werke *Jane Eyre* und *Shirley* sei. »Der Schauplatz von Shirley liegt in der Nähe von Dewsbury und Bradford, und die Personen des Romans werden von vielen Einwohnern dieser und der angrenzenden Bezirke wiedererkannt werden.«

In der Folge kann sich die Bibliothek des »Mechanic Instituts« in Keighley vor Bestellungen kaum retten. Das Los wird geworfen, und jeder Ausleiher darf bei Strafe nicht mehr als zwei Tage auf die Lektüre verwenden. Auch die ersten Neugierigen scheuen nicht die umständliche Reise nach Haworth, um einen Blick auf diese Miss Bronti zu werfen. John Brown verdient nicht schlecht, wenn er sonntags beim Gottesdienst den Fremden die kleine Gestalt in der Familienbank zeigt.

Das Aufsehen verstört Charlotte eher, als daß es ihr schmeichelt. Und noch einen Preis der Popularität muß sie zahlen: Erfolglosere Autoren schicken ihr Manuskripte mit der Bitte um Weiterempfehlung, durchweg »beklagenswerte Erzeugnisse«, die ihr die Zeit stehlen. Wichtig allein ist, was der Verleger zu *Shirley* sagt. Smith äußert sich nicht enthusiastisch, aber befriedigt, und auch die Presse nimmt den neuen Roman weitgehend als würdigen Nachfolger auf.

Dennoch ist *Shirley* ein Schritt zurück hinter *Jane Eyre*. Begonnen in einer Zeit der Pläne und Hoffnungen, beendet nach qualvollen Monaten, in denen Branwell, Emily und Anne sterben, verliert das Buch in der zweiten Hälfte seine Sicherheit, wirkt zerfahren und gebrochen. Charlotte versucht, in *Shirley* viele Inhalte und viele Anliegen miteinander zu verknüpfen – der Kampf der Weber gegen die Maschinen, der Kampf der Frauen für ein selbstbestimmtes Leben –, und sie wagt sich mit diesen Themen so weit vor wie kaum ein anderer zeitgenössischer Autor, nur um am Ende die Blütenträume der Freiheit im Privaten, in einem huldreichen Patriarchat welken zu lassen.

Die Sache der Arbeiter blieb ihr im Grunde unheimlich. Sie griff auf 30 Jahre alte Zeitungen zurück, obwohl sich in diesem Frühjahr Ausbeutung, Hungersnot und Revolte ganz frisch vor ihrer Tür abspielten. Im Februar 1848 war in Frankreich der »Bürgerkönig« Louis Philippe gestürzt worden; die Iren verlangten nach einer Auflösung der »Act of Union« mit England, die Deutschen in Frankfurt nach einer Verfassung, radikale Elemente sogar nach einer Republik. In London marschierten die Chartisten und versuchten, ihre »People's Charter«, die eine Ausweitung des Wahlrechts auf alle volljährigen Männer forderte, dem Parlament zu überreichen. Auch in Keighley und Bradford gab es Demonstrationen; Militär wurde zusammengezogen, um drohende Aufstände niederzuschlagen. Aber Charlotte, die angeregt mit dem »Republikaner« Smith Williams über das Rumoren der Revolution korrespondierte, weigerte sich, den Roman zur Tagespolitik zu schreiben. In *Shirley* geht sie keinen Schritt weiter als ihr Tory-Gewissen erlaubt. Die Regierung möge »Gerechtigkeit und Menschlichkeit« walten lassen, damit »gegenseitige Freundlichkeit« an die Stelle der häßlichen Gefühle trete, schrieb sie.

Ohne unschöne Szenen sollten sich auch die Frauen aus ihrem Joch verabschieden. Shirley (nie zuvor wurde ein Mädchen so genannt) versucht, mit dem überkommenen Frauenbild aufzuräumen: »Die Männer glauben, Frauen wären so etwas Ähnliches wie Kinder. Wenn sie uns sehen könnten, wie wir wirklich sind, wären sie wohl ziemlich erstaunt, aber selbst die klügsten und scharfsinnigsten Männer hängen oft einem Irrglauben an, was

Frauen betrifft ... Die gute Frau ist für sie ein seltsames Ding, halb Puppe, halb Engel, die schlechte Frau fast immer eine Teufelin.« Shirley darf sprechen und handeln wie eine neue Frau oder eher wie ein junger Herr – ohne daß auch nur ein Mann ihre burschikosen Spielereien ernst nähme. Zur Verteidigung ihrer Fabrik sind sie dann wieder unter sich, und die Besitzerin fügt sich widerstrebend, aber besiegt der Hand eines Meisters. »Schöne, in Freiheit geborene Leopardin! Unüberlistbares, ungezähmtes, unvergleichliches Geschöpf! Sie nagt an ihrer Kette: Ich sehe, wie sie ihre weißen Zähne in den Stahl schlägt! Sie träumt von ihren Urwäldern und verzehrt sich nach jungfräulicher Freiheit.« »Du bist ein Feigling und eine Verräterin«, kommentierte Mary Taylor aus Neuseeland Charlottes Unentschlossenheit.

Shirley, biegsam und grauäugig, »zu unschuldig für die Hölle, zu rebellisch für den Himmel«, der Stirn ihrer Muttergöttin Eva entsprungen, ist – so vertraute Charlotte Mrs. Gaskell an – nach Emily in ihren glücklichen Tagen geformt. Doch dieses Bild kommt einer Idealisierung gleich – und einer Reduzierung auf den netten Wildfang. Dieses muntere Pfeifen nach ihrem großen Hund, dieser Spitzname »Captain«, diese liebenswerte Schusseligkeit sind nicht mehr als äußerliche Attribute. Hätte Emily sich in der reichen Erbin wiedererkannt, der stolzen Miss in adeliger Damengesellschaft, »ein Reiher unter Hühnern«? Und wollte Charlotte, daß sie wie Shirley gezähmt und gebrochen würde – von einem solch unwesentlichen Mann? »Wenn ich heiratete, wäre ich nicht mehr meine eigene Herrin. Ein schrecklicher Gedanke, er erstickt mich.«

Auch die Freundschaft Shirleys zu der sanften Caroline hebt mit feministischer Verve an und scheitert an den Konventionen – oder ist es die Egozentrik Shirleys? Die beiden sind sich wunderbar einig, was die Unzulänglichkeit der Männer angeht, ihre Unfähigkeit zu fühlen und sich mitzuteilen. Sie planen eine exklusive Frauenwanderung zu einem verfallenen Nonnenkloster. Doch als Caroline krank vor unerwiderter Liebe im »Tal der Todesschatten« liegt, wird sie von ihrer Freundin nicht besucht – von der ein Wort genügt hätte, die Schimären zu vertreiben. Es bleibt ungesagt. Am Ende verheiratet die Autorin die beiden an das Brüderpaar Moore: Caroline mit dem Fabrikbesitzer Robert, der ihr wie einem Kind zur Spielwiese eine Sonntagsschule einrichtet; Shirley an ihren ehemaligen Hauslehrer Louis. Beide finden ihren Meister – Shirley mit Worten, die eher an einen Dompteur als einen Ehemann denken lassen – und obwohl Charlotte diese Konstellation beständig kritisch umkreist, kann sie ihren Frauenfiguren doch keine andere anbieten, die ihnen mehr Glück verhieße.

Als das Werk beendet, Korrektur gelesen und ausgeliefert ist, gibt es für Charlotte nichts Wichtiges mehr zu tun. Ihre Tage verlaufen gleichförmig einsam, gramvoll, von Sorgen um sich und Papa begleitet. Sie wartet wieder einmal auf den Postboten und geht mit sich selbst hart ins Gericht über diese Abhängigkeit und Schwäche, mit der sie auf einen Brief von Ellen, von Miss Wooler oder Mr. Williams wartet. Die Briefe aus London sind wie eine Rettungsleine, ein Fenster zur Welt; »sie bringen so viel Licht und Leben in unsere erstarrte Abgeschiedenheit, in der wir wie die Siebenschläfer hausen.« Jede schlechte Kritik in der Zeitung gewinnt unverdientes Gewicht. Da ist niemand mehr bei ihr, mit dem sie Kränkungen weglachen könnte. »Ich fühle eine solche Sehnsucht nach Unterstützung und Gesellschaft.« Ihr Lektor schickt regelmäßig Bücher – Leihgaben –, und »diese Pakete aus Cornhill haben etwas von dem Zauber eines Feen-Geschenks an sich.« Williams wählt mit sicherer Hand Neuerscheinungen des Verlags, die sie interessieren könnten. Sie packt Southeys Biographie aus, George Borrows Reiseberichte aus Spanien und Harriet Martineaus aus Ägypten und Palästina, Eckermanns Gespräche mit Goethe, Ruskins *Modern Painters*, Werke von Julia Kavanagh und Frederika Bremer, Thackerays *Notes of a Journey from Cornhill to Grand Cairo* (das sie bittet, behalten zu dürfen), religiöse und philosophische Werke – viel Erbauliches, wenig Erheiterndes, aber gerade so ist es ihr recht.

Im November folgt sie einer Einladung der Familie Smith nach London. Was sie sich bei ihrem ersten Besuch aus Rücksicht auf das gemeinsame Inkognito versagt hatte – die Begegnung mit anderen Autoren –, arrangiert George Smith nun für sie an seiner Tafel. Sie trifft Thackeray, dem sie die zweite Auflage von *Jane Eyre* gewidmet hatte (und ihm damit in aller Unschuld einige Peinlichkeit bereitete, denn Thackerays Frau war, wie Mrs. Rochester, geistesgestört, und man verdächtigte eine ehemalige Gouvernante aus dem Dichter-Haushalt der Urheberschaft). Smith hatte den Autor von *Jahrmarkt der Eitelkeit* vor der Begegnung informiert, daß Miss Brontë nach wie vor unerkannt bleiben wollte, und Thackeray hatte geantwortet: »Aha! Selbstverständlich. Das geht in Ordnung. Sie sprechen mit einem Mann von Welt.« Mit ebensolcher Selbstverständlichkeit vergaß er nach dem Dinner sein Versprechen zugunsten eines kleinen Scherzes. Nachdem Smith ihm eine Zigarre angeboten hatte, näherte er sich schmauchend den Damen und fragte Charlotte, aus *Jane Eyre* zitierend, ob sie den Duft erkenne (Mr. Rochester's cigar!). Die Autorin wies nach einem Moment der Verwirrung die Anspielung kühl zurück und bedachte ihren Verleger mit einem vernichtenden Blick. »Thackeray jedoch fühlte weder Peinlichkeit noch Schuld. Von meinem Haus ging er in den Garrick Club und sagte: ›Jungs, ich habe gerade mit Jane Eyre diniert.‹ Daß ihre Identität im Rauchzimmer des Garrick Clubs offengelegt würde, war gewiß die letzte Erfahrung, die diese fast krankhaft schüchterne und empfindliche kleine Dame gewählt haben würde.«

Charlotte lernt nun auch die Familie und die Herren des Verlags kennen. »Mrs. Smith und ihre Töchter sind mir zuerst mit einer Mischung aus Respekt und Unruhe begegnet – das hat sich geändert; die Aufmerksamkeit und Höflichkeit sind so ausgedehnt wie zuvor, aber der Schrecken und die Fremdheit sind fast ganz gewichen. Mrs. Smith behandelt mich, als könne sie mich gut leiden, und ich fange an, sie sehr zu mögen ... Von ihrem Sohn habe ich zunächst nicht viel gehalten; er gefällt mir nun sehr. Ich mag ihn sogar lieber in der Rolle des Sohns und Bruders als in der des Geschäftsmanns ... Mr. Taylor – der kleine Mann – hat sich von allen seinen Seiten gezeigt; ich habe den Verdacht, daß er von der Helstone*-Sorte ist – streng, despotisch und eigenwillig. Er versucht, sehr freundlich zu sein und manchmal sogar Mitgefühl zu zeigen, aber es gelingt ihm nicht. Er hat eine entschlossene, schreckliche Nase mitten im Gesicht, und wenn er sie in das meine streckt, schneidet mir das wie Eisen ins Herz. Trotzdem, er ist schrecklich intelligent, helle, gründlich, scharfsinnig und mit einem gnadenlos hartnäckigen Gedächtnis. Nach ihm sich Williams oder Smith zuzuwenden, ist, als kehre man von Granit zu leichten Daunen oder warmem Pelz zurück.«

Sie trifft auch, auf eigene Initiative, eine der umstrittensten Frauen ihrer Zeit, der sie ein Exemplar von *Shirley* zugeeignet hatte, Harriet Martineau. In dem Begleitschreiben hatte Currer Bell ihr für den Gewinn und das Vergnügen gedankt, das sie (›sie‹ durchgestrichen) aus ihren Werken, besonders aus *Deerbrook* gezogen habe, ein Buch, das »seinen geistigen Horizont erweitert und seine Ansicht vom Leben bestätigt« habe. Offenbar ist es die wundervolle Selbstverleugnung, mit der man sich in diesem wortreichen Roman die geistige Gesundheit zermartert, die Charlotte an ihren eigenen Herzensfall denken ließ. Nicht unerwiderte Liebe ist der grausamste Schmerz, sondern ihre Entdeckung und damit der Verlust der »Selbstachtung«. »Du strecktest die Hand nach einem Ei aus, und das Schicksal legte dir einen Skorpion hinein. Zeig keine Bestürzung, schließ die Finger fest um die Gabe«, schreibt Charlotte in *Shirley*. Martineau treibt diese Haltung bis zum Irrwitz. Naturgemäß gerät sie mit Charlotte über Kreuz, als diese in ihrem nächsten Buch einer weniger masochistischen Art der Liebe den Vorzug gibt.

* ein Pfarrer in *Shirley*

An diesem Dezembertag aber im Haus ihres Vetters am Hyde Park Square wartet Harriet Martineau gespannt, wen sie sich da für sechs Uhr zum Tee eingeladen hat: Herrn oder Dame? Das Billett von Currer Bell hatte die Empfängerin im unklaren gelassen. Doch Harriet Martineau, die nach der Lektüre von *Jane Eyre* geschlossen hatte, so wie in dem Buch Vorhangringe angenäht würden, könnte das nur ein Polsterer oder eine Frau geschrieben haben, adressierte ihre Einladung darauf an »dear Madam«.

Im Salon sind an dem fraglichen Abend besonders viele Kerzen entzündet, und Harriet – fast taub – gibt Kusine Lucy Anweisung, ihr den Namen des Gastes, den sie aus dem Mund des Butlers nicht würde erhaschen können, sofort in ihr Hörrohr zu trompeten. Um Punkt sechs Uhr fliegen die Türen auf, der Diener murmelt, und herein kommt »die kleinste Gestalt, die ich je gesehen hatte (außer auf Jahrmärkten)... Sie sah sich eilig um, und da mein Hörrohr mich deutlich genug hervorhob, streckte sie mir ihre Hand auf offene, gewinnende Art entgegen«. Harriet, durch deren Instrument das Gemunkel um »Miss Bronti« auch schon gedrungen war, stellt sie der Familie vor, »und dann kam ein Augenblick, den ich nicht vorhergesehen hatte. Als sie neben mir auf dem Sofa Platz nahm, schaute sie mit einem solchen Blick zu mir herauf – so liebreich, so flehentlich –, daß ich in Verbindung mit ihrem Trauerkleid und im Bewußtsein, daß sie die einzige Überlebende ihrer Familie war, nur mit Mühe ihr Lächeln erwidern und meine Fassung bewahren konnte. Viel lieber hätte ich geweint.«

Miss Martineau war eigentlich nicht der Typ, der nahe am Wasser gebaut hatte. Sie war eine robuste, großrahmige Dame Ende Vierzig, eine überaus populäre, weitgereiste Schriftstellerin, eine wackere Streiterin gegen die Sklaverei und für die Rechte der Frauen. Sie war eine Person »mit Ansichten«, die sehr viel sprach, gelegentlich Zigaretten rauchte und sich später »Mrs.« nannte, obwohl sie nie verheiratet war, worüber sie sich glücklich schätzte. Ihren Freunden war sie nicht immer eine Bereicherung. Der Phi-

69. Harriet Martineau, zeitgenössische Karikatur

losoph Thomas Carlyle, der ebenfalls sehr viel sprach, fand sie zu laut und wünschte, daß die liebe Harriet doch in einem anderen als in seinem Hause glücklich werden wolle. In Ambleside, wo sie eine kleine Künstlerkolonie beherrschte, fürchtete man ihr loses Mundwerk, mit dem sie über die Coleridges, die Arnolds, de Quincey, Wordsworth und Southey herzog.

An diesem Abend in London aber sind die beiden Schriftstellerinnen sehr voneinander angetan. Auch Kusine Lucy äußert sich entzückt in einem Brief über »den kleinen Elf von einer Frau ... Sie war so nett und naiv, das heißt, so unschuldig und unlondonerisch ...«

Charlotte hat immer die Gesellschaft kongenialer Geister gesucht – auch wenn sie eigenartig waren, ihre Ansichten über Politik, Religion und Philosophie nicht teilten. Schon mit Mary hatte sie leidenschaftlich gestritten, ohne daß dies ihrer Freundschaft je Abbruch tat. Vulgäre, oberflächliche Menschen waren ihr zuwider, und es stellte einen Kummer ihrer Ruhmesjahre dar, daß sie ihnen nicht immer aus dem Weg gehen konnte. So wie sie in Männern immer den Meister suchte, so wollte sie auch zu ihren Freundinnen aufschauen können. (Ellen war ein Sonderfall. Zwar mußte sie ihr das Buch aus der Hand nehmen, wenn sie Gedichte vorlas – »sie hat so gar kein Gefühl dafür« –, aber bei ihr zählte, daß sie »ein ruhiges, zuverlässiges Mädchen« war, »nicht glänzend, aber gütig und treu ... Ich mag sie in ihrem Phlegma, ihrer Vernunft und Ernsthaftigkeit lieber als eine noch so Begabte ohne diese Qualitäten.«)

In Harriet Martineau glaubt sie, »eine große und gutherzige Frau« gefunden zu haben, deren Mangel an Schönheit – sie hat einen deutlichen Unterbiß – das Vertrauen nur fördert. Charlotte läßt sie gleich beim ersten Treffen versprechen, mit ihrer literarischen Kritik nicht zurückzuhalten. Zwar sei sie für Härte empfindlich, aber »ich liebe, ich ehre die Wahrheit, ich knie nieder vor ihr. Laß sie mich auf die eine Wange schlagen – gut! Die Tränen mögen in die Augen steigen, aber Mut! Hier ist die andere Seite – schlag noch einmal – recht fest!«

Martineau schlug zu – recht fest –, als sie zwei Jahre später in der *Daily News* Charlottes Roman *Villette* rezensierte, und die Freundin, die ihre Leidensfähigkeit überschätzt hatte, oder die Wahrheit in diesem Verriß nicht zu sehen vermochte, dankte ihr für die pünktliche Erfüllung ihres Versprechens und brach die Beziehung ab. »Sie und ich sollten lieber nicht versuchen, gute Freundinnen zu sein; mein Wunsch ist, daß Sie mich in aller Ruhe vergessen.«

Ihre Freundschaft war schon vorher hart geprüft worden, als Martineau sie 1851 bat, bei der Vermittlung eines neuen Romans an Smith & Elder behilflich zu sein. Charlotte war zu Diensten, riet Smith jedoch zu gedämpften Erwartungen. Das fertige Manuskript rechtfertigte dann auch in keiner Weise Harriets »schwer zu unterdrückende Munterkeit«. Es war für Agentin wie Verleger »ein Schock«, eine vollendete Pleite. Charlotte versuchte zu trösten: »Ruhen Sie eine Weile aus«, aber die Autorin antwortete mit beleidigtem Schweigen.

Als im selben Jahr ihre *Letters on the Laws of Man's Nature and Development* erschienen, in denen Martineau ihre atheistische Grundhaltung deutlich machte, war die Reihe an Charlotte, ein »instinktives Grauen« zu unterdrücken. Sie versuchte, »das Abstreiten einer Existenz Gottes und eines Lebens nach dem Tode« in unparteiischem Geist und in »gesammelter Stimmung« zu bedenken. »Das fällt mir schwer«, gestand sie. »Das merkwürdigste ist, daß wir aufgerufen sind, uns dieser hoffnungslosen Öde zu erfreuen – diesen bitteren Verlust als großen Gewinn zu schätzen –, diese unaussprechliche Trostlosigkeit als einen Zustand von Freiheit zu betrachten.« Sie verteidigte die Autorin gegen engstirnige Kritik; gleichwohl wankte auch sie: »Wer kann dem Wort einer erklärten Atheistin glauben oder ihrer Urteilskraft vertrauen?«

Eine beständigere Freundin gewinnt sie in dem Sommer nach

ihrem London-Aufenthalt; und obwohl sie die neue Bekannte bedauerlicherweise eine Demokratin nennen und ein Übermaß an Verehrung für den Dichter Tennyson feststellen muß, fühlt sie sich schon bei der ersten Begegnung von ihrem heiteren Naturell, ihrem Talent und freundlichen Herzen angezogen. Elizabeth Gaskell, die Frau eines unitarischen Geistlichen – eine Dissidentin – und Mittelpunkt eines aufgeschlossenen, reformfreudigen Zirkels, ist eine stattliche, noch immer schöne Dame von zweiundvierzig, charmant und gewandt, vollauf beschäftigt mit ihrem großen, gastfreundlichen Haushalt, vier Töchtern, guten Werken und der Schriftstellerei – in allem das Gegenteil der verschlossenen, einsamen Charlotte, dem Star, der oft ein unsichtbarer Elf sein möchte. Man ist bald miteinander vertraut, obwohl man sich nie mit Vornamen ansprechen sollte. Nach aufreibenden Londonreisen macht sie gerne bei ihr in Manchester Station. Das Haus der Gaskells liegt in einem südlichen Vorort, fern der Fabrikschwaden, und die beiden sitzen bei geöffneten Flügeltüren in der leichten Sommerbrise und verplaudern die Nachmittage beim Nähen. (Eine viktorianische Dame hatte immer ihren Handarbeitsbeutel bei sich; da gab es kein müßiges Greifen in die Gebäckschale.) Charlotte wagt sogar, schüchterne Bande zu den Gaskell-Kindern zu knüpfen. Die fünfjährige Julia, die eines Tages ihre Hand in die des Gastes schmeichelt, trägt einen überraschenden Preis davon. »Können Sie es einrichten, einen kleinen Kuß an diese liebe, aber gefährliche kleine Person Julia weiterzuleiten?« schreibt sie aus Haworth, »sie hat sich unerlaubterweise eines winzigen Teils meines Herzens bemächtigt, der mir fehlt, seit ich sie sah.«

Elizabeth Gaskell war eine der ersten Literaten, die sich mit den sozialen Folgen der industriellen Revolution auseinandersetzten. 1845 hatte Benjamin Disreali, »der gute Tory«, in seinem Roman *Sybil* den Chartisten Stimme verliehen. 1847 gab Friedrich Engels die Devise »Proletarier aller Länder vereinigt euch« aus. 1850 schrieb Charles Kingsley *Alton Locke* (»I am a Cockney«), und

70. Elizabeth Gaskell, Portrait von George Richmond

im Jahr 1848 erschienen sowohl Gaskells *Mary Barton – A Tale of Manchester Life* als auch *Das Kommunistische Manifest* von Marx und Engels. Mrs. Gaskell versteht zwar mehr von Barmherzigkeit als von Ökonomie, aber die Folgen des Manchester-Liberalismus empören sie jeden Tag, wenn sie in die Stadt fährt: Die abgearbeiteten Gestalten, die nach einem Zehn-Stunden-Tag aus den Fabriken und Spinnereien in ihre Quartiere ziehen; die Keller und Verschläge, in denen Typhus und Cholera ausbrechen; Hunger, Prostitution, Suppenküchen und die Kinder, die an Erschöpfung und Überarbeitung sterben.

Für die gute Christin Gaskell kann das Elend nur durch Versöhnung und nicht durch Revolution abgewendet werden. Darin ist sie sich mit der Autorin von *Shirley* einig, der sie im übrigen nicht in allen gesellschaftlichen Fragen – z. B. zur Stellung der Frau – zustimmen kann; dazu sind wohl auch ihre Lebensumstände und Erfahrungen zu verschieden. Mrs. Gaskell nahm ihre Arbeit gebührend ernst, aber sie schrieb zeit ihres Lebens am Wohnzimmertisch und war froh, daß das Zimmer drei Türen hatte, weil sie auf diese Weise gleichzeitig ihren Haushalt überwachen konnte. »Niemand kann die Aufgaben von Tochter, Gattin oder Mutter so gut erfüllen wie die, die Gott beauftragt hat, diesen Platz einzunehmen. Eine Frau kann die häuslichen Pflichten nicht vernachlässigen . . . um sich in Talenten zu üben, und seien es die glänzendsten, die ihr verliehen wurden.« Gaskells erstes Honorar knöpfte denn auch Gatte William mit größter Selbstverständlichkeit in seine Tasche ein.

Miss Brontë, die inzwischen auf eine lange Praxis als alleinstehende Frau zurückblickt und der, nachdem ihre Eisenbahnaktien 1849 in den Keller gefallen waren, als Verdienstquelle nur die Ausbeutung ihres glänzenden Talents geblieben war, urteilt ein wenig nüchterner über die Lage der arbeitenden Frau: »Ich glaube, es gibt auf dieser Welt keinen ehrbareren Menschen als eine unverheiratete Frau, die ihren eigenen Weg durchs Leben geht, ruhig und standhaft und ohne die Unterstützung von Ehemann oder Bruder.« Unter diesem Gesichtspunkt war sie sogar bereit, ihre Erfahrungen als Gouvernante als »ebenso schmerzlich wie unbezahlbar« einzuschätzen.

»Das größte Übel im Leben einer alleinstehenden Frau ist die Abhängigkeit . . . Lehrerinnen mögen überarbeitet, schlecht bezahlt und verachtet sein, aber das Mädchen, das zu Hause bleibt und nichts tut, ist schlimmer dran, als das am ärgsten bedrückte und am schlechtesten bezahlte Aschenbrödel in einer Schule. Wo immer ich, nicht nur in bescheidenen, sondern in reichen Häusern, Familien mit Töchtern gesehen habe, die herumsaßen und warteten, daß sie geheiratet würden, habe ich sie von Herzen bemitleidet. Zweifellos ist es gut – sehr gut –, wenn das Schicksal ihnen eine glückliche Ehe zumißt – aber wenn es nicht dazu kommt: Gib ihrem Dasein einen Zweck – ihrer Zeit eine Beschäftigung – oder die Verdrießlichkeit der Enttäuschung und die Rastlosigkeit des Müßiggangs werden unweigerlich ihren Charakter verderben.«

Die Gespräche am Fenster setzen die beiden Frauen in langen Briefen fort, in denen die Emanzipation, diese sich leise rührende Bewegung, von allen Seiten behandelt wird. Sollten Männerberufe auch Frauen offenstehen? »Gibt es wirklich Raum für weibliche Rechtsanwälte, Ärzte, Graveure, für mehr weibliche Künstler, mehr Autorinnen?« fragt Charlotte. In ihrer Kunst hatte sie sich jede Klassifikation als Frau und Autorin verbeten. Ihre Heldinnen hatten das Recht auf Bildung, auf Partnerschaft, auf ein authentisches Leben gefordert. In der Realität aber verzagt Charlotte vor der überwältigenden Macht der viktorianischen Konventionen, die sie sich selbst herzlich zu eigen gemacht hat. Diejenigen, die Gleichberechtigung forderten, vergäßen, daß es so etwas wie »aufopferungsvolle Liebe und selbstlose Hingabe« gäbe. Wie »hart, trocken und elend« sähe die Welt ohne diese weiblichen Tugenden aus. Dennoch: »Öffnet ihnen alle Laufbahnen, laßt sie sich versuchen. Diejenigen, die Erfolg haben sollen, werden ihn erlangen oder jedenfalls eine faire Chance bekommen – und die Unfähigen werden auf den ihnen zugemessenen Platz zurückfallen.« Dies war ihre optimistische Seite. Zu anderer Gelegenheit schreibt sie an Mrs. Gaskell: »Es gibt gewiß Übel, die wir durch eigene Anstrengung beseitigen können; aber ebenso gewiß gibt es andere, die tief verwurzelt in den Fundamenten des sozialen Systems liegen, die keine unserer Anstrengungen berühren kann – worüber wir uns nicht beklagen können, worüber wir nicht einmal allzu oft nachdenken sollten.«

Gegenüber Mr. Williams äußert sie sich erfreut, daß doch mittlerweile eine ganze Reihe vernünftiger, wohlwollender Männer heranwüchsen. Doch die überwältigende Mehrheit erfüllt noch immer ihre schlimmsten Erwartungen.

Da ist z. B. George Henry Lewes, ein hochgeschätzter, gefürchteter Rezensent und Verfasser überaus seichter Romane. Seit seiner Besprechung von *Jane Eyre* steht er im Briefwechsel mit der Autorin, und obwohl sie ihr Pseudonym wahrt und die Korrespondenz über den Verlag laufen läßt, scheint er ihre Identität ausfindig gemacht zu haben. Als *Shirley* erscheint, bittet sie ihn ausdrücklich, das Werk unabhängig von der Frage der Autorenschaft zu besprechen. Mr. Lewes aber nutzt die offene Vorgartentür und trampelt in der *Edinburgh Review* nieder, was ihm an Vertrauensvorschuß gewährt worden war. »Geistige Gleichheit der Geschlechter? – Weibliche Literatur« betitelt er seine grundsätzliche Abhandlung, und bevor er sich über *Shirley* hermacht (»nicht genießbar«), belehrt er Currer Bell in großer Ausführlichkeit, indem er durchblicken läßt, daß er entdeckt habe, daß sie eine Frau und eine kinderlose dazu sei: »Die große Aufgabe der Frau . . . ist und bleibt auf immer die Mutterschaft.« Ein paar Tage später erhält G. H. Lewes Esquire eine Note von Currer Bell: »Ich kann mich vor meinen Feinden hüten, aber Gott bewahre mich vor meinen Freunden.« Lewes, unbeeindruckt, antwortet, erklärt, und C. B., »mit einem gewissen Respekt und einer Portion Ärger«, ist bereit, ihm zu vergeben.

Ein halbes Jahr später steht Mr. Lewes schon wieder im Fettnapf. Er, der Currer Bell gerüffelt hatte, bis es Charlotte ganz »kalt und schlecht« geworden war – »Sie muß lernen, ein wenig von ihrer Yorkshire-Ungehobeltheit den Erfordernissen des guten Geschmacks zu opfern ... und zu beachten, daß sie sich nicht zu stilistischen Vulgaritäten versteigt, die unverzeihlich sind – selbst bei einem Mann«, reicht im täglichen Leben nicht immer an die eigenen Maßstäbe heran. Bei einem Dinner, das Smith für literarische Freunde gibt, verkündet er ihr quer über den Tisch: »Zwischen uns sollte es Bande der Freundschaft geben, Miss Brontë, denn wir haben beide ein ungezogenes Buch geschrieben«, wobei er neben *Jane Eyre* auf *Rose, Blanche and Violet* anspielt, ein Werk, das inzwischen verdientermaßen in den Orkus des Vergessens gerauscht ist. Charlotte läßt ihm die Sottise nicht durchgehen und schießt sofort scharf zurück. Verleger Smith, zwischen Schrecken und Bewunderung, erlebt nicht zum erstenmal, wie diese »unscheinbare, kleine provinzielle, kränklich aussehende alte Jungfer« (Lewes) zu großer Eloquenz aufläuft, wenn jemand ihren innersten Kreis verletzt. Und Lewes ist prädestiniert, sie zu verletzen. Nach der *Shirley*-Kritik hatte sie ihm vorgeworfen: »Sie wissen so viel und entdecken so viel, aber Sie sind in einer solchen Eile, alles mitzuteilen, daß Sie keine Zeit und keinen Gedanken darauf verschwenden, wie Ihre heillose Beredsamkeit auf andere wirken könnte, und selbst wenn Sie um diese Wirkung wüßten, kümmerte es Sie nicht sehr.« Als sie ihn aber zum erstenmal in London sieht, ist sie fast zu Tränen gerührt und kann sich eines »halb traurigen, halb zärtlichen Gefühls« nicht erwehren, denn Lewes' Gesicht ähnelt dem Emilys »auf wunderbare Weise – ihre Augen, ihre Gesichtszüge, die gleiche Nase, ja manchmal sogar das Mienenspiel ... Was immer er sagt oder tut, ich kann ihn nicht hassen.«

In Zukunft aber ist sie vor ihm und seiner »flippancy«, dem vorlauten, frivolen Geschwätz auf der Hut. In ihrer Geradlinigkeit, die alles wörtlich nimmt und nichts vergißt, schätzt sie keine rhetorischen Seifenblasen – bei Thackeray nicht und bei Lewes schon gar nicht. »Seine nicht zu unterdrückende übersprudelnde Art, mit der er Sarkasmen und Possen, komischen Ernst und vieldeutigen Witz verband« (Anthony Trollope über den Kollegen), ist ihr

71. George Henry Lewes, 1858

fremd und verdächtig. Spottlust und Gefunkel waren Charlotte in der Bemeisterung von Trauer und Verlust abhanden gekommen. Sie suchte eine Stütze und glaubte, sie nur bei ernsten, gebieterischen Männern finden zu können.

Mit Lewes bleibt sie trotzdem in Verbindung. Er schickt ihr Bücher, macht sie mit den Werken von Austen, Balzac und George Sand bekannt. Jane Austen ist ihr zu leidenschaftslos, »eine vollkommene und vernünftige Dame, aber eine sehr unvollkommene und eher unempfindliche (nicht empfindungslose) Frau. Und wenn das Ketzerei ist«, fügt sie hinzu, »kann ich es nicht ändern.« Von Sand ist sie hingegen begeistert, »phantastische, verrückte, unpraktische Schwärmerin, die sie ist«. Sie dankt Mr. Lewes für die Anregung, aber vergeben hat sie diesem unbedenklichen Herrn wohl nie. »Wir sind nun Freunde, nicht wahr?« hatte sie sich gegen seine Tücke versichert, als er ihr nach dem Dinner bei George Smith die Hand reichte. »Waren wir das nicht immer?« – »Nein, nicht immer.«

Ein anderer Trabant in der literarischen Welt läßt sie dagegen verstummen. Es ist Sir James Kay Shuttleworth, ein Landbesitzer aus Lancashire, der prominente Künstler-Bekanntschaften sammelt wie bescheidenere Leute Autogramme, ohne selbst auch nur einen Hauch von Inspiration zu besitzen. Er spricht eines Tages mit Lady Janet Kay Shuttleworth in Haworth vor und lädt Charlotte zu einem Gegenbesuch in Gawthorpe Hall ein. Charlotte fühlt nicht die mindeste Neigung, sich in Sir James Trophäensammlung einzureihen, aber der Reverend ist offenbar geschmeichelt und drängt so lange, bis sie endlich fährt. Die Tage in Gawthorpe sind, wie erwartet, kein großer Genuß, führen aber zu einer Einladung im August 1850 in den Lake District, wo Charlotte eine weitere Errungenschaft der Kay Shuttleworths kennenlernt, die dem Leser bereits vorgestellte Elizabeth Gaskell. Mit fliegender Begeisterung schildert diese einer Freundin die erste Begegnung mit der kleinen Lady in schwarzer Seide, die trotz ihres roten Gesichts, der wuchtigen Stirn und dem zu großen Mund eine solch faszinierende Erscheinung sei. Ihr Blick sei offen, ihre Stimme sehr lieblich, etwas zögerlich im Ausdruck, aber wenn sie eine Formulierung gefunden habe, sei diese von wunderbarer Treffsicherheit.

Sir James fährt die beiden prominenten Damen spazieren. Charlotte kann sich Schöneres vorstellen. Vergebens versucht sie, diesen dröhnenden Mann an ihrer Seite, der entschieden zu oft sein weißes Gebiß bleckt, zu vergessen und sich der Aussicht aus dem Fenster zu widmen. »Wenn ich nur unbemerkt hätte aus der Kutsche springen können!« So wagt sie nicht einmal, ihre Begeisterung über die Landschaft zu zeigen, weil sie als der »Star« keine Aufmerksamkeit erregen will. »Sir James war die ganze Zeit so liebenswürdig, wie er kann ... gewöhnlich ist er hart wie Feuerstein ... Er droht beständig, Haworth zu besuchen. Möge der Himmel das verhindern!«

Einer geplanten Reise nach London mit Sir James und Lady Janet entgeht Charlotte nur, weil ihr Vater von einer schweren Bronchitis heimgesucht wird, und auch sie selbst fühlt sich keineswegs stabil genug für ein solches Unternehmen. Kaum aber sind die Kay Shuttleworths außer Sicht, bessert sich auch ihre Gesundheit, und sie nimmt für den Juni 1850 eine Einladung ihres Verlegers an, bei seiner Familie in Gloucester Terrace, Hyde Park Gardens, zu wohnen. Eigentlich hatte sie gehofft, ihre Kopfschmerzen in Haworth gelassen zu haben, »aber wie es scheint, habe ich sie sorgsam eingewickelt in meiner Kiste mit nach London gebracht«. Dennoch genießt sie das Ereignis nach Kräften und berichtet Papa gewissenhaft, was sie gesehen hat: den Zoo, in dem es »Löwen, Tiger, Leoparden, Elefanten, zahllose Affen, Kamele, fünf oder sechs Giraffen, ein junges Nilpferd mit seinem ägyptischen Wärter, Vögel aller Art« gibt, von denen besonders die amerikanischen unglaubliche Geräusche von sich gäben. »Kröten aus Ceylon, nicht viel kleiner als Flossy und exotische Ratten.« Auf Papas

Wunsch besucht sie auch diverse Waffensammlungen, und in der Royal Academy erblickt sie zum erstenmal ein Ölbild des Malers John Martin in seiner ganzen düsteren Pracht: Schlachtfeld im Sonnenuntergang mit Knochen und Schädeln im Vordergrund. Martins Monumentalszenarien – die *Sintflut*, das *Jüngste Gericht*, *Belsazars Fest* – die als Kupferstiche in Papas Studierstube hängen, hatten vor vielen Jahren die kleinen Brontës zu den pompösen Ausmaßen ihrer Glasstown-Architektur inspiriert.

An einem Vormittag stattet William M. Thackeray ihr in Gloucester Terrace einen Besuch ab. Der Dichter hatte Charlotte schon bei ihrem ersten Treffen in Erstaunen gesetzt. Sie verstand nie so ganz, ob er im Ernst oder im Spaß sprach und kam sich in seiner Gegenwart »schrecklich dumm« vor. Nun also sitzt der »Gigant des Geistes« vor ihr. »Ich ließ mich hinreißen, über einige seiner Mängel (literarische, natürlich) zu sprechen; einer nach dem anderen kamen mir seine Fehler in den Sinn, und ebenso brachte ich sie vor und erhoffte Erklärungen oder Widerrede. Er verteidigte sich wie ein großer Türke und Heide, mit anderen Worten: Die Entschuldigungen waren oft schlimmer als die Vergehen selbst. Die Sache endete in bestem Einvernehmen. Wenn alles gut geht, soll ich heute bei ihm zu Abend essen.«

Smith, der zwei Stunden lang Zeuge dieses Gedankenaustausches war, wertete ihn später als »eine merkwürdige Szene«. Thackeray machte es Spaß, diese ernsthafte Person mit den großen, ehrlichen Augen zu provozieren. Ihre Verehrung stachelte seinen Widerspruchsgeist an. »Er bestand darauf, über seine Bücher zu diskutieren wie ein Bankangestellter über seine Bilanzen ... Miss Brontë wollte ihn davon überzeugen, daß er ein großer Mann mit einer ›Mission‹ sei, und Thackeray weigerte sich mit boshaftem Witz, seine ›Mission‹ zu erkennen.« Als literarischer Gesellschaftslöwe genießt er es, entzückte Damen um sich zu scharen. Es inkommodiert ihn durchaus nicht, einen Vortrag zu verschieben, wenn der Termin mit den Rennen in Ascot zusammenfällt und seine adeligen Bewunderinnen deshalb verhindert sein werden. Bedeutend schwerer fällt Mr. Thackeray das Einvernehmen mit kritischen Frauen, und Charlotte, die nicht mit sich flirten läßt, wenn sie sich nicht ernst genommen fühlt, ist im stillen verärgert.

Nichts geht gut bei ihrem nächsten Treffen. Thackerays Tochter Anne, damals ein kleines Mädchen, erinnert sich, wie die berühmte Autorin, deren wunderbare Bücher alle Herzen hatten schneller schlagen lassen, begleitet von der hochgewachsenen Gestalt des George Smith, an einem warmen Sommerabend ihren Salon betritt, »eine winzige, zierliche, ernste Dame, blaß, mit hellem, glattem Haar und festen Augen ... in einem kleinen, moosgrün gemusterten Barege*-Kleid. Sie kommt in Halbhandschuhen, Schweigen und Ernst.«

Beim Essen sitzt sie dem Hausherrn gegenüber, antwortet ihm mit blitzenden Augen, während er den Braten tranchiert. Für die Abendunterhaltung hat Thackeray Freunde aus seinem vornehmen Bekanntenkreis geladen, einige Hobbyschriftstellerinnen, aber auch die Carlyles, und als sich alle nun im Salon versammeln, herrscht gespannte Erwartung auf die funkelnde Konversation zwischen diesen Menschen, die nicht beginnen will. Miss Brontë zieht sich auf das Sofa im Studierzimmer zurück, neben die Gouvernante, mit der sie ab und zu ein gemurmeltes Wort wechselt. Die Gespräche verebben, die Lampe beginnt ein wenig zu qualmen, die Ladys sitzen noch immer erwartungsvoll herum, Thackeray denkt an Flucht. Eine Mrs. Brookfield beugt sich schließlich zu dem Ehrengast herunter: »Gefällt Ihnen London, Miss Brontë?« Und Miss Brontë sagt nach einer Pause, sehr gewissenhaft: »Ja und nein.« Und danach nichts mehr.

Charlottes schreckliche Schüchternheit entsprang ja nicht dem Gefühl, unbedeutend, sondern einfach nur »anders« zu sein. Aber weder Intellekt noch Bildung taugten als Stütze, wenn sie sich in

* dünner Stoff aus Kammgarn mit Seide oder Baumwolle

Gesellschaft glänzender Londoner Schwäne bewegte, die selbst nicht viel Gescheites zu sagen fanden. Auf Thackerays Party mußte sie außerdem zu ihrer Pein entdecken, daß einige der Gäste Verwandte der Sidgwicks waren, bei denen sie als Gouvernante gedient hatte. »Ich habe bemerkt, daß ein Fremder, der einmal in mein Gesicht gesehen hat, sorgsam vermeidet, seine Augen ein zweitesmal in meine Richtung schweifen zu lassen«, schreibt sie – überempfindlich und vielleicht nicht einmal zutreffend. George Smith glaubte später, sie hätte willig ihr ganzes Genie dafür hergegeben, wenn sie hätte schön sein dürfen. Er selbst ist klug genug, hinter der verknöcherten Fassade ihren Charme und ihr sanftes, stürmisches Herz zu erkennen.

»Ich für meinen Teil fand das Gespräch mit ihr höchst interessant; ihre schnelle, wache Intelligenz war ein Vergnügen. Wenn sie sich über ein Thema erregte, sprach sie mit großer Eloquenz, und es war ein Genuß, ihr zuzuhören.« Smith ist der einzige ihrer literarischen Korrespondenten, dem gegenüber Charlotte ihr Pseudonym beibehält. In der alten Tagtraumwelt hatte sie als Captain Tree und Charles Townsend vom Leder gezogen; als Currer Bell fühlt sie sich nun gleichermaßen befreit von dem förmlichen Ton, den eine Miss Brontë gegenüber einem Mr. Smith zu beachten hätte. »Sie bleiben mein Freund, nicht wahr? Einen Bruchteil Ihrer Person müssen Sie für Currer Bell aufheben, und sei es nur die Spitze Ihres kleinen Fingers ... auf diesen Bruchteil wird er nicht verzichten, weder zugunsten irgendwelcher Herren noch Damen.« Die Tatsache, daß sie ihn Ellen gegenüber George nennt, läßt nicht nur bei der Freundin die Alarmglocken läuten. Bahnt sich da etwas an? Das wüßte Charlotte vermutlich selbst nicht zu sagen. In diesen drei Londoner Sommerwochen wächst eine Sympathie zwischen Autorin und Verleger, ein gegenseitiges Verstehen, halb kameradschaftlich und halb kokett, wenn Charlotte in Gesellschaft ihre Augen über die schön drapierten Damen auf dem Diwan wandern läßt – Die wäre die richtige Frau für Sie –

72. Charlotte Brontë, Kreidezeichnung
von George Richmond

Von wem sprechen Sie? – Das wissen Sie genau, George ... Und sie legt ihm in der ratternden Kutsche die Hand aufs Knie.

Er läßt ihr Portrait von George Richmond in Kreide zeichnen. Der Society-Maler schmeichelt seinem Modell. Er betont ihre schönen, nußbraunen Augen, gibt ihren dünnen Haaren, die sie in der Mitte gescheitelt und im Genick zu einem Knoten geschlungen trägt, ein wenig mehr Fülle und ihren ausgeprägten Zügen mehr Feinheit. Mary Taylor, um deutliche Worte nie verlegen, sah das

Portrait später als Frontispiz in Gaskells Biographie und erkannte die Freundin kaum wieder: »Aber sie war eine häßliche Frau!« Mrs. Gaskell glaubt sie jedoch gut getroffen, und der Reverend, dem Smith das Bild als Geschenk zuschickt, meint gar, sie sähe zu alt aus. Charlotte selbst bricht in Tränen aus, als sie das fertige Werk sieht – nicht, weil sie sich wieder einmal nicht schön genug findet, sondern weil es so sehr ihrer Schwester Anne gleicht.

Smith führt sie in die Chapel Royal, wo sie den Herzog von Wellington erblickt – »ein wahrhaft großer alter Mann« – und ins Unterhaus. Er plaziert sie dort auf der Ladies Gallery und bittet sie, ihn anzublicken, wenn sie zu gehen wünsche. Von seinem Platz aus kann er aber die vielen Augenpaare über dem Rand der Galerie nicht mehr auseinanderhalten. Schließlich glaubt er, ein Signal aufgefangen zu haben, und holt seine Dame ab. Charlotte aber wollte noch gar nicht gehen. »Ich habe kein Zeichen gegeben«, lächelt sie, »da gab es wohl andere Winke von der Galerie.«

Ihr Gastgeber plant mit ihr auch eine Reise nach Edinburgh, wo er, zusammen mit seiner Schwester, den jüngsten Bruder für die Ferien von der Schule abholen will. Sie winkt lachend ab. Auch Mrs. Smith ist von dem Gedanken nicht erbaut, doch ihr Sohn setzt sich durch. »Seine Mutter regiert das Haus, aber er regiert seine Mutter.« Am Morgen darauf drängt auch sie ihren Gast zu der Reise. »George wünscht es so sehr.« »Nun«, formuliert Charlotte bedächtig, »ich glaube, daß George und ich uns sehr gut verstehen und einander zutiefst respektieren. Wir wissen beide um die tiefe Kluft, die die Zeit zwischen uns gezogen hat; wir bringen einander nicht in Ungelegenheiten, oder höchst selten nur. Meine sechs oder acht Jahre Altersvorsprung, von meinem fehlenden Anspruch auf Schönheit ganz zu schweigen etc., sind ein perfekter Schutz. Ich hätte nicht die geringsten Bedenken, mit ihm bis nach China zu reisen ... Seine Munterkeit und jugendliche Energie werden höchste Ansprüche an meine Muskeln und Nerven stellen, aber ich denke, irgendwie werde ich schon durchkommen.«

Sie treffen sich also en famille in Edinburgh, und Charlotte, die Schottland schon immer »als Idee« liebte, ist begeistert. Seine Hauptstadt ist London weit überlegen, »wie eine spannende Seite aus einem Geschichtsbuch verglichen mit einer langen, stumpfsinnigen Abhandlung über politische Ökonomie«. Offenbar sind es aber auch die Munterkeit und die Energie ihres Reisegefährten, die sie noch lange von Schottland schwärmen lassen. »Es hat mich mit einigen Stunden beschenkt, die zu den glücklichsten meines Lebens gehören.« Charlotte hatte offenbar begonnen, ihren jungen Verleger mit denselben Augen zu taxieren, wie später Lucy Snowe Dr. John Graham Bretton in *Villette*, ehe sie sich in ihn verliebt: »Graham war hübsch, er hatte schöne Augen ...« Ellen vertraut sie an: »Wäre da nicht diese große Barriere Alter, Vermögen etc., gäbe es vielleicht genug persönliche Zuneigung, um Dinge möglich zu machen, die jetzt unmöglich sind. Ich bin zufrieden, ihn als Freund zu haben, und gebe Gott mir den gesunden Menschenverstand, einen, der so jung, so aufstrebend, so hoffnungsfroh ist, in keinem anderen Licht zu sehen.«

George Smith hat – über vierzig Jahre nach Charlottes Tod – bestritten, jemals in sie verliebt gewesen zu sein. Er habe sie lediglich sehr bewundert. Aus ihren Briefen geht jedoch hervor, daß da manchmal ein sehnsüchtigeres Ziehen zwischen den beiden webte, als die Bewunderung diktierte. An einem warmen Londoner Septembertag 1851, als alle Welt an der See und nur der fleißige George im Verlag war, muß er nahe daran gewesen sein, Charlotte seine Neigung zu gestehen. Nur ihre Antwort ist erhalten: »Nein (dreimal unterstrichen), in der Tat, Ihr Brief hat mich nicht gekränkt – wie könnte er ... Sie glauben doch nicht, daß ich so ein kleinlicher, stacheliger Mensch bin, daß ich Kränkung in dem wittere, was wahr, natürlich und freundlich im Geist ist. Sie erwähnen die Worte ›Leichtfertigkeit und unverschämtes

Herausnehmen von Freiheiten‹. Gestatten Sie mir zu sagen, daß Sie diese Worte nie aussprechen sollten, denn Ihr Charakter, scheint mir, hat nichts mit diesen Eigenschaften zu tun – im ganzen Leben nicht. Ich glaube nicht, daß Sie außer gegenüber Menschen, die eine gute Portion Härte und Unverschämtheit besitzen, jemals anders als freundlich und entgegenkommend sein könnten. Sie sind und waren es immer gegenüber Currer Bell – und das ist einer der Gründe, warum er Freundschaft für Sie empfindet. Sicher müssen Sie andere Verhaltensweisen gegen andersgesonnene Menschen verfolgen – solchen von der Mr.-Lewes-Sorte zum Beispiel. Aber Sie sind nicht wie Mr. Lewes, nicht wahr? ... nicht frech und anmaßend, nicht grob und vertrauensunwürdig – ganz im Gegenteil.«

Mehr kann sie nicht sagen; und so bleibt ihre Freundschaft in der Schwebe. Die Reise an den Rhein, die Smith für den nächsten Sommer plant, sagt sie schweren Herzens ab. »Ich bin nicht aus Stein, und was ihm nur Anregung bedeutet, ist für mich Fieber ... Ich glaube kaum, daß seine Mutter und seine Schwestern den Plan schätzen ... außerdem würde sich ganz London bald das Maul darüber zerreißen.«

Nach dem Ausflug nach Edinburgh macht sie Station bei Ellen in Brookroyd und kehrt danach für lange Monate nach Haworth zurück. Das Pfarrhaus-Dach ist in ihrer Abwesenheit neu gedeckt worden, und der Reverend erfreut sich moderater Gesundheit. Über ihrem langen Ausbleiben und offenbar befeuert von Ellens besorgten kleinen Schreien, hatte er sich in den Gedanken verrannt, sie sei krank oder habe sich verheiratet. Nun wird »die frische, freie Luft von Haworth den Rauch und Staub und den unreinen Pesthauch Londons aus ihrem Kopf und Herzen blasen«, hofft er. Für Charlotte aber bedeutet jedes neue Heimkommen den Abstieg in »Totenstille und Einsamkeit«.

Für Smith & Elder bereitet sie eine Neuausgabe der *Sturmhöhe* und *Agnes Grey* vor, das heißt, sie liest noch einmal Korrektur und fügt sowohl ein Vorwort mit einer *Biographical Notice* bei – der erste Hinweis auf die wahre Identität und die Lebensumstände von Ellis und Acton Bell – als auch eine Auswahl ihrer Gedichte, die sie offenbar ohne viel Skrupel redigiert, kürzt oder mit eigenen Zeilen ergänzt; entweder um ihre Gondal-Herkunft zu verwischen, oder, wie in Annes Fall, um ihnen einen gefaßteren Ton zu geben. Noch einmal spielte sie Currer Bell Esquire, die vermittelnde Kraft zwischen der Welt und diesen beiden »unauffälligen Frauen, denen ein völlig abgeschirmtes Leben scheue Formen und Gewohnheiten verliehen hatte«. Damit lüftete sie zwar das Gebrüder-Bell-Geheimnis, schuf aber zugleich einen neuen Mythos – die Brontës als Wolfskinder in der Zivilisation des 19. Jahrhunderts: »Weder Emily noch Anne waren gebildet, keine von beiden dachte daran, ihren Krug an der Quelle eines anderen Intellekts zu füllen; sie schrieben aus dem Drang ihrer Natur, nach dem Diktat ihrer Intuition und schöpften aus dem Vorrat ihrer Beobachtungen, den begrenzte Erfahrung für sie angelegt hatte.« Weder Emily noch Anne wären wohl mit diesem Satz einverstanden gewesen.

Seit dem Tod der Schwestern hatte sie deren Werke nicht wieder aufgeschlagen. Im Frühling konnte sie nicht einmal über das Moor gehen, ohne nicht von jedem frischen Heidelbeergrün, jedem sprießenden Farnblatt und den aufsteigenden Lerchen an Emily erinnert zu werden. »Die weiten Ausblicke waren Annes ganzes Entzücken, und wenn ich mich umschaue, ist sie in den blauen Tönen, dem hellen Dunst, den Wellen und Schatten des Horizonts.« Nun, da der Herbst sich nähert, überfällt sie wieder die Erinnerung an ihr langes Sterben. Manchmal weiß sie nicht, wie sie die Nächte durchstehen soll. Doch es ist ihre »heilige Pflicht, den Staub von ihren Grabsteinen zu wischen und ihre lieben Namen unbeschmutzt zu hinterlassen«.

Im Dezember 1850 besucht sie eine Woche lang Harriet Martineau in ihrem Haus »The Knoll« am Ufer von Lake Windermere und ist aufs neue von deren Robustheit und unkonventioneller Lebensweise beeindruckt: »Ihre Besucher genießen die vollkommenste Freiheit; was sie für sich selbst in Anspruch nimmt, gesteht sie auch ihnen zu. Ich stehe auf, wann ich will und frühstücke allein (sie ist um fünf Uhr früh auf den Beinen, nimmt ein kaltes Bad, macht einen Spaziergang, hat gegen sechs ihr Frühstück beendet und ist an die Arbeit gegangen)... Sie ist eine große und gutherzige Frau; natürlich hat sie ihre Eigenheiten, doch bis jetzt habe ich noch keine gefunden, die mich gestört hätte ... Ich glaube, sie ist sich ihrer Selbstherrlichkeit überhaupt nicht bewußt. Wenn ich zu ihr davon spreche, weist sie diese Unterstellung lebhaft zurück, und dann muß ich über sie lachen.«

Miss Martineau, die einst von einer schweren Krankheit durch Mesmerismus – eine Art Hypnose – geheilt worden war, ist überzeugte Anhängerin dieser Lehre, und Charlotte dringt in sie, einen Versuch bei ihr zu wagen und sie in Trance zu versetzen. Die Dame traut jedoch ihren schütteren Nerven nicht und bricht das Experiment ab, als Charlotte angibt, daß sie »unter dem Einfluß« stehe.

Zurück in Haworth, zu den langen Abenden und den einsamen Wanderungen um den Wohnzimmertisch, sucht Charlotte ein neues Thema. Vertraglich ist sie mit drei Romanen an Smith & Elder gebunden; seit dem Erscheinen von *Shirley* ist ein ganzes Jahr vergangen, und sie hat keine einzige Zeile geschrieben. »Oh, Nell, es geht nicht voran – ich fühle mich so gelähmt – unfähig – manchmal so furchtbar niedergeschlagen.« Zum neunten Mal bietet sie den *Professor* an, aber Smith bleibt unverbindlich. Nein, in seinen »Gewahrsam« will sie das Manuskript dann lieber doch nicht geben. Die Gefahr bestünde, daß er sich irgendwann einmal seine Zigarre damit anzündete. Lieber schließt sie ihn wieder »allein für sich« in seine Schublade ein. Er sollte erst zwei Jahre nach ihrem Tod erscheinen.

Im April wird sie von James Taylor, »dem kleinen Mann« aus

London, besucht. Die beiden hatten in den zurückliegenden Monaten in geschäftlichen und literarischen Angelegenheiten korrespondiert, und es scheint, als habe Taylor ihr irgendwann einen Heiratsantrag gemacht, den sie halbherzig zurückgewiesen hatte. Inzwischen hat sich die Geschäftsleitung entschlossen, Taylor zur Gründung eines Verlagszweigs nach Bombay zu schicken. In bestem Einvernehmen scheint dies nicht geschehen zu sein. Möglicherweise nährt George Smith eine kleine Eifersucht, und auch Taylor ist nicht gut auf ihn zu sprechen. Als er seinen Abschiedsbesuch in Haworth macht – offenbar um sein Anliegen unter dem Druck der Ereignisse zu erneuern –, vermeidet er, seinen Namen zu nennen, und spricht nur von der »Firma«. Charlotte betrachtet den kleinen, rothaarigen Schotten mit der schrecklichen Nase aus nächster Nähe, »einmal auch durch mein Augenglas«. Sie stellt eine erschreckende Ähnlichkeit mit Branwell fest, und obwohl sie seine Klugheit bewundert, flößt er ihr doch mehr Schrecken als Respekt ein. »Freundschaft, Dankbarkeit, Achtung – die habe ich für ihn. Aber jedesmal, wenn er mir nahe kam und ich sah, wie er seine Augen auf mich heftete, rann es mir eiskalt durch die Adern.« Ellen erklärt sie: Er ist kein Gentleman, »er ist zweitklassig, durch und durch zweitklassig. Wenn ich ihn heiratete, würde mir das Herz vor Qual und Demütigung bluten. Ich kann nicht, kann einfach nicht zu ihm aufsehen ... Nein, sollte Mr. Taylor der einzige Ehemann sein, den das Schicksal mir anbietet, dann muß ich allein bleiben.« Und doch, als er abgereist ist, bleibt eine »schmerzhafte Leere«, und sie neigt dazu, ein wenig sanfter über ihn zu denken. Aber der Schritt ist nicht rückgängig zu machen. »Nicht, daß ich eine alleinstehende Frau bin und dies wahrscheinlich auch bleiben werde, sondern daß ich eine einsame Frau bin und das auch bleiben werde«, ist der Grund für eine Traurigkeit, aus der sie sich kaum befreien kann. Doch der Sommer rückt heran und mit ihm eine neue Einladung nach London. Die Korrespondenz mit der Freundin dreht sich nun um Fragen der Garderobe. Ob Ellen ihr in Leeds Leibchen besorgen könne? – »die kleinen; Frauengröße paßt mir nicht«. Die Haube mit der rosa Paspel, die im Geschäft in Keighley zwischen all den Prachthüten so nett und bescheiden aussah, entpuppt sich zu Hause als zu auffallend und frivol. Der schwarze Spitzenüberwurf hingegen wirkt verschossen und wird für einen weißen umgetauscht, der sich neben größerer Kleidsamkeit auch durch einen niedrigeren Preis auszeichnet. Die Tatsache, daß sie Bestsellerautorin ist, macht sie im Umgang mit Geld nicht leichtsinniger. Das *Shirley*-Honorar (500 Pfund) ist fest angelegt. Nun denkt sie dreimal darüber nach, ob sie fünf Shilling pro Yard für einen Kleiderstoff ausgeben soll, und entscheidet dagegen. »Papa hätte mir einen Sovereign geliehen, wenn er davon gewußt hätte«, aber nun hat sie bereits vom billigeren Material abschneiden lassen.

Am 28. Mai reist sie wieder südwärts ins »große Babylon«, und obwohl sich Mrs. Smith wegen ihres Sohnes beunruhigt, wird Charlotte herzlich wie immer aufgenommen. Und doch wandern da beim abendlichen Plaudern und Scherzen zwei aufmerksame Augen zwischen ihrem lieben Jungen und dem Gast hin und her: George wird doch nicht diese Person ohne Charme und Vermögen, kränklich und noch dazu acht Jahr älter als er ... wie einträglich ihre Bücher auch für die Firma sein mögen ...

Aber George bleibt ritterlich-besonnen. Man erklärt sich nicht. Statt dessen besucht man die Weltausstellung im kürzlich eröffneten Kristallpalast, das Theater, ein Frühstück des Dichters Samuel Rogers, und konsultiert in konspirativer Laune als Mister und Miss Frazer einen Phrenologen. Die Vermessung des Schädels und die Deutung seiner Höcker auf das Darunterliegende war eine ganz neue Wissenschaft – dem viktorianischen Zeitalter, in dem alles so erklärbar und praktikabel erschien, durchaus angemessen. Dr. Brown ertastet unter dem Schädeldach und der »großen, wohlgeformten Stirn« der Dame geistige Kraft und moralische Stärke, Pessimismus und mangelndes Selbstvertrauen, die

Fähigkeit zu lieben und Großes zu leisten, einen gewissen Hang zum Perfektionismus und ein hoch entwickeltes Sprachgefühl. Was er nicht ermittelt, ist literarisches Genie.

Der 1. Juni ist in Charlottes Erinnerung mit einem »weißen Stein« markiert. Sie ist »sehr glücklich«. Vielleicht liegt es daran, daß sie einen französischen katholischen Gottesdienst besucht hat und es »angenehm – bittersüß – und irgendwie verführerisch« fand, die französische Sprache wieder einmal zu hören. Vielleicht hatte auch George wieder einmal tief Luft geholt – um dann doch nichts zu sagen. Den Kristallpalast – »eine Mischung aus dem Palast der Dschinnen und einem riesigen Bazaar« – besucht Charlotte in Gesellschaft von Sir David Brewster, dem Erfinder des Kaleidoskops, der ihr die staunenswerte Technik, diese Eisenbahnen, Spinnmaschinen und Druckpressen näherzubringen versucht. »Es war sehr schön, großartig, anregend und verwirrend, doch ich mochte Thackerays Vortrag lieber.«

Die Begegnung mit Thackeray ist – wie könnte es anders sein – auch diesmal von entzückender Peinlichkeit begleitet, wie sie notwendigerweise aus der Unverträglichkeit dieser beiden Charaktere entspringt. Charlotte verfolgt seinen Vortrag *Englische Humoristen des 18. Jahrhunderts* an der Seite von Mrs. Smith und inmitten eines glänzenden Publikums. Sie ist durchaus geschmeichelt, als sich der Dichterfürst nach der Lesung einen Weg durch die adeligen Ladys bahnt, um sie durch seine Begrüßung auszuzeichnen und nach ihrer Meinung zu fragen; mehr noch, er stellt sie seiner Mutter vor, und selbstverständlich geschieht dies in bemerkenswerter Lautstärke: »Mutter, darf ich dich mit Jane Eyre bekannt machen?« Mrs. Smith fühlt, daß es höchste Zeit ist, sich zu verabschieden, als sich zwischen ihnen und dem Ausgang zwei Reihen lächelnder, neugieriger Gesichter formieren, durch die sie die zitternde, halb ohnmächtige Charlotte Brontë wie durch glühende Pflugscharen zieht.

»Thackeray«, so schreibt George Smith in seinen Erinnerungen,

»verbrannte sich übel an dem Feuer des Zorns, das er entfacht hatte.« Als er am Nachmittag darauf im Haus des Verlegers vorspricht, stellt Charlotte ihn im Salon zur Rede. Der eintretende Hausherr erlebt sie bereits »in voller Fahrt«: Thackeray vor dem Kamin, äußerst unbehaglich, und vor ihm »diese kleine Frau, die ihm kaum bis zum Ellenbogen reichte, aber stärker und wilder aussah als der große Mann, und die ihm ihre scharfen Worte an den Kopf warf – sie wirkten auf mich wie Bomben, die in eine Festung fallen«. – »Nein, Sir, wenn Sie nach Yorkshire gekommen wären und ich hätte Sie vor fremden Menschen meinem Vater als Mr. Warrington vorgestellt, was hätten Sie davon wohl gehalten?« Thackeray versucht richtigzustellen: »Sie meinen Arthur Pendennis« – »Nein, ich meine nicht Arthur Pendennis, ich meine Mr. Warrington, und Mr. Warrington hätte sich nicht so benommen wie Sie gestern abend.« Unheilbare Idealistin! Noch im Streit versucht sie, ihren Helden auf seinem Sockel festzubinden. Nicht der autobiographisch inspirierte Snob Pendennis, sondern sein edler Berater Warrington stehen für das Bild, nach dem Charlotte ihren Mr. Thackeray formt. Die Ferien in London sind in diesem Sommer ein zwiespältiges Vergnügen; mit Tagen, an denen vieles möglich scheint, und Nächten voll »schrecklicher Traurigkeit«. Als sie sich in Euston Station von Mr. und Mrs. Smith verabschiedet, weiß sie, daß sie von solchen Früchten so bald nicht wieder kosten sollte. »Der Schmerz über dieses letzte Auf-Wiedersehen-Sagen, dieses hoffnungslose Händeschütteln, ist ungelindert und unvergessen. Ich mag so etwas nicht. Ich kann die ständige Wiederholung nicht ertragen.«

XVII

Villette • *Eine Werbung* • *Neue Manuskripte* • *Ratgeberinnen* • *Charlotte B. Nicholls* • *Der Tod* • *Die Nachwelt*

Hier zu sein, allein mit diesem brillanten Mann, zu einer solchen Stunde, und ein solches Thema zu diskutieren: welch eine Ehre, welch ein Glück! Doch war ihr auch mit tiefer Sorge bewußt, daß man für einen solchen Moment bezahlen mußte; das Leben präsentierte seine Rechnungen stets mit erbarmungsloser Promptheit. So in der Tat auch bei dieser Gelegenheit. Denn in der Tür stand Madame Bosschère, mit unheilverkündend mißbilligendem Gesicht.

Joan Aiken
Das Mädchen aus Paris

Im November 1851 beginnt Charlotte ein neues Buch. Es ist ihre alte Geschichte, durch Zeit und Abstand geklärt, aber noch immer so präsent wie vor sieben Jahren, als sie aus Brüssel zurückkehrte: *Villette*. Darin zieht die junge Lucy Snowe auf den Kontinent, landet als Lehrerin in der Schule von Madame Beck und macht die Bekanntschaft zweier sehr unterschiedlicher Männer: des liebenswürdigen Arztes Dr. John Graham Bretton und des cholerischen kleinen Finsterlings Professor Paul Emanuel. Die unscheinbare, nach außen kühle Miss Snowe verliebt sich in den Doktor, verzichtet aber auf dieses »Goldkind des Schicksals« und erringt die Achtung und das Herz des Professors. In einer Zeit geheimnisvoller, schmerzhafter Trennung richtet er ihr eine eigene Schule ein. Nach der Schlüsselübergabe und dem Versprechen auf künftige Gemeinsamkeit segelt er in die Welt hinaus. Die Jahre seiner Abwesenheit sind die glücklichsten in Lucys Leben, wie sie dem erstaunten Leser mitteilt: Sie ist erfolgreich, sie weiß sich geliebt und ist doch seinem Herrschaftsbereich entzogen. Der Heimkehrer gerät auf See in einen schweren Sturm, und obwohl die Autorin auf Drängen ihres Vaters, der sich ein Happy-End wünscht, den Ausgang offenläßt, dürfen wir annehmen, daß Professor Paul Emanuel darin umkommt. »Ertrinken oder heiraten sind die fürchterlichen Alternativen für den Schluß«, scherzt Charlotte in einem Brief an Smith. Die Beseitigung des Helden scheint ihr die sicherste Lösung. Vielleicht ist es der Akt, in dem sie endgültig ihre Liebe zu Monsieur Heger begräbt.

Die ersten sechs Kapitel gehen ihr nicht leicht von der Hand. Die »Stimmung«, die sie einmal so glücklich durch *Jane Eyre* getragen hatte, verläßt sie wieder. Sie ist schwach und appetitlos, in der Nacht von einem »teuflischen Tick«, einem nervösen Zukken in der Wange gepeinigt, und wenn sie sich über ihr Pult beugt, wird ihr die Brust eng vor Schmerzen. Der Arzt beruhigt sie über

73. Arthur Bell Nicholls

den Zustand ihrer Lunge, stellt aber ein Leberleiden fest. Die Roßkur, die er verschreibt – Quecksilber –, macht Charlotte erst recht krank. Ein entzündeter Mund, lose Zähne, geschwollene Augen sind Anzeichen für eine schwere Vergiftung. Und die Schmerzen in der Brust hören nicht auf. Der alte Keeper, Emilys großer Hund, stirbt im Dezember und wird im Vorgarten begraben. Flossy, dick und wollig, vermißt ihn. Komm mich besuchen, bittet sie Ellen Nussey, ehe die schwarzen Wellen über ihr zusammenschlagen.

Ende Januar fährt sie dann nach Brookroyd zu der Freundin, elend blaß und schmal, auf eine selbstverordnete Diät gesetzt: keine Butter, kein Tee, nur Milch und Zuckerwasser, trockenes Brot und ab und zu ein Lammkotelett. Der März bringt, wie jedes Jahr befürchtet, Papas »Frühjahrs-Bronchitis« mit sich. Charlotte, die noch immer von ihrer Quecksilber-Kur gezeichnet ist, pflegt und bedient ihn aufopferungsvoll. Papa ist nun ihr letzter Anker. Was soll geschehen, wenn er stirbt?

Im Mai kehrt mit dem linden Südwestwind auch die Inspiration zurück. Charlotte packt ihr Manuskript ein und fährt nach Filey an die Ostküste. Das Meer ist eigentlich noch viel zu kalt zum Baden, aber sie steigt doch einmal hinein. »Ich glaube, es hat mir gutgetan.« Die Saison hat noch nicht begonnen. Der glatte Strand gehört ihr, den Seevögeln und ein paar Fischerbooten. An stürmischen Tagen steht sie lange auf den Klippen und schaut »dem Stürzen der großen fahlbraunen, trüben Wellen« zu, »die die ganze Küste mit ihrem weißen Schaum bedecken und die Luft mit hohl-dröhnendem Donner erfüllen. Gestern sah ich einen großen Hund ins Wasser springen. Er schwamm und behauptete sich gegen die Wellen wie ein Seehund. Was Flossy wohl dazu gesagt hätte?« – Auf dem Rückweg besucht sie Annes Grab in Scarborough und kehrt »sonnenverbrannt und wettergegerbt wie ein Fischer« nach Hause.

In diesem Sommer gestattet sie sich keine Reise nach London –

74. Mutmaßliches Foto von Charlotte um 1848

»ich habe sie nicht verdient ... im Gegenteil, man sollte mich bei Wasser und Brot in Einzelhaft und ohne einen Brief aus Cornhill einschließen«, bis sie ihr Buch geschrieben habe. Papas Zustand nach einem Schlaganfall erlaubte auch keine weiteren Exkursionen. Er scheint jede Andeutung von Veränderung oder Ausbruch mit einer neuen Krankheit zu beantworten. Wenn sie heirate, werde er irgendwo in Untermiete gehen, läßt er sie wissen. Aber der letzte Kandidat, James Taylor, der ihm wegen der Entfernung Yorkshire – Indien sogar angenehm war (er hatte ihn überaus kordial mit den Worten verabschiedet, er möge »treu zu sich selbst, seinem Land und seinem Gott stehen«), schreibt schon lange nicht mehr aus Bombay.

Patrick wollte selbstverständlich nur das Beste für Charlotte. Aber selbst der beste aller Männer hätte sie ihm nicht widerstandslos entreißen können. Sie war sein Stolz und seine Stütze. Er war alt, halb blind, traurig und allein. Seine Auflehnung gegen Veränderungen ist verständlich. Unwidersprochen bleiben aber auch Mary Taylors Zornesworte, daß Charlotte diesem alten Egozentriker ihr Leben aufgeopfert habe. Es sollte nicht lange dauern, bis er noch einmal zu großer Form auflief.

Im November schickt Charlotte den letzten Teil von *Villette* an George Smith. Sie hatte ihn drei Wochen vorher schon gewarnt, daß es sich um ein sehr persönliches Buch handele und er vergeblich seine Brille aufsetzen werde, um darin nach einer »Moral« zu fahnden. »Sie werden sehen, daß *Villette* keine Angelegenheit von öffentlichem Interesse berührt.« Sie könne nicht wie Martineau, Gaskell oder Beecher-Stowe über ein soziales Thema schreiben oder eine »Lehre« vermitteln. Ihre Heldin sei auch kein strahlendes, siegreiches Geschöpf, sondern schwach, einsam, depressiv, »morbide«. Als sie nichts von ihm hört, weiß sie, »der dritte Band steckt ihm irgendwo quer«. Ein Scheck über 500 Pfund trifft ein – sie hatte mit 700 gerechnet – kein Kärtchen begleitet ihn. Charlotte ist drauf und dran, nach London zu fahren, um herauszufinden, »was meinen Verleger mit Stummheit geschlagen hat.«

George Smith hatte sein Unwohlsein selbst angestiftet. Als seine Autorin sich schwertat, ein Thema zu finden, hatte er seine Firma zur Ausbeute vorgeschlagen, und Charlotte hatte ihm für dieses weite Feld gedankt, dem sie sich aus eigenem Antrieb nur wie die Schlange dem Paradies genähert hätte, »aber wenn Adam selbst die Tore aufreißt und den Weg hinein weist, was kann die brave Schlange anderes tun, als ihren Rücken zum Zeichen der Dankbarkeit zu krümmen und freudig durch die Öffnung zu gleiten. Aber – keine Angst, Sie sind sicher vor Currer Bell, sicher vor seiner Satire, sicherer noch vor seinen Lobreden.« Niemals würde sie ihre Bekanntschaft ausnutzen, um erkennbare Portraits zu skizzieren. Nun hatte sie es doch getan, und George Smith, der vorläufig keine weiteren Fragen zu *Villette* beantworten will, durfte sich in dem hübschen Dr. John und Mrs. Smith in dessen Glucken-Mutter erkennen. Am Ende verheiratet C. B. ihn mit der kleinen Paulina, einem »reinen Phantasie-Geschöpf« und nicht gerade eine ihrer denkwürdigsten Gestalten. Smith findet sie »eine eigenartige, faszinierende kleine Mieze«, aber, läßt er sie wissen, er sei »nicht eben in sie verliebt.«

War George Smith denn in Lucy Snowe verliebt? Hätte er sie lieber mit Dr. John als mit dem kleinen Nußknacker von Professor davonziehen sehen? Im wirklichen Leben wartete Charlotte vergeblich darauf, daß er sich erklärte, und nun bedeutet sie ihm, daß er zwar ein kluger großer Junge sei, aber unempfindlich für die Gefühle einer Frau aus Schnee und Feuer. »Lucy darf Dr. John nicht heiraten. Er ist viel zu jung und zu schön, zu geistreich, temperamentvoll und liebenswürdig; er ist ein Glückskind ... und muß einen Preis in der Lotterie des Lebens gewinnen. Seine Frau muß jung, reich und hübsch sein ... Wenn Lucy jemanden heiratet, muß es der Professor sein – ein Mann, dem es viel zu vergeben, der viel zu dulden aufgibt.«

Noch einmal nimmt sie für den Winter eine Einladung der Familie Smith an. Ihre Reise gleicht beinahe einer Flucht aus Haworth, wo ihr inzwischen zwei Männer das Leben schwermachen: Papa und Mr. Nicholls. Schon lange war sie von unbestimmten bösen Vorahnungen erfüllt, wenn der Kurat sie unter seinen schwarzen Augenbrauen fixierte und ihr »mit merkwürdig fiebriger Selbstbeherrschung« begegnete. Der alte Brontë hatte ihn längst durchschaut und zog hinter seinem Rücken »mit geringem Mitgefühl und einem Gutteil von leisem Sarkasmus« über ihn her. Was sich am 13. Dezember 1852 in seinem Studierzimmer abspielte, überraschte ihn jedoch nicht weniger als eine Bombe auf dem Tisch.

»Montag abend war Mr. Nicholls zum Tee hier ... Nach dem Tee zog ich mich ins Wohnzimmer zurück. Wie gewöhnlich saß Mr. Nicholls mit Papa bis acht oder neun Uhr zusammen. Dann hörte ich ihn die Tür vom Salon schließen, als ob er gehen wolle. Ich wartete auf das Zuklappen der Haustür. Er blieb im Flur stehen, er klopfte. Wie ein Blitzstrahl fuhr mir durch den Sinn, was nun kommen würde. Er trat ein, er stand vor mir. Seine Worte wirst Du erraten, sein Auftreten Dir kaum vorstellen können. Ich werde es nie vergessen. Von Kopf bis Fuß zitternd, mit totenblassem Gesicht, seine Rede leise, heftig und doch stockend, ließ er mich zum erstenmal spüren, was es einen Mann kostet, seine Liebe zu gestehen, an deren Erwiderung er zweifeln muß. Der Anblick eines sonst so statuenähnlichen Mannes, der sich mir zitternd, aufgewühlt und überwältigt zeigte, versetzte mir eine Art von sonderbarem Schock. Er sprach von Leiden, die er monatelang ertragen hätte und nicht mehr aushalten könne, und er flehte um ein Wort, das ihm ein wenig Hoffnung mache. Ich konnte nichts anderes tun, als ihn zu ersuchen, mich für den Augenblick allein zu lassen, und ihm für morgen eine Antwort zu versprechen. Ich fragte ihn, ob er mit Papa gesprochen hätte. Er sagte, er habe es nicht gewagt. Ich glaube, halb zog, halb stieß ich ihn aus dem Zimmer.

Als er fort war, ging ich zu Papa hinüber und erzählte ihm, was geschehen war. Daraus ergaben sich Ärger und Aufregung, die in keinem Verhältnis zu dem Vorgefallenen standen. Wenn ich Mr. Nicholls liebte, hätten mich die Namen, mit denen er nun belegt wurde, über alle Grenzen meiner Geduld getrieben. Aber auch so brachte seine Ungerechtigkeit mein Blut zum Sieden. Doch Papa arbeitete sich in einen Zustand hinein, mit dem nicht zu spaßen war. Seine Schläfenadern traten wie Peitschenschnüre hervor, und seine Augen waren blutunterlaufen. Ich beeilte mich, ihm zu versprechen, daß Mr. Nicholls am nächsten Tag eine eindeutige Absage erhalten werde.«

Bevor also der Reverend vom Schlag getroffen wird, schickt Charlotte ihren Verehrer in die Wüste. Mr. Nicholls kündigt seine Stelle – der alte Brontë triumphiert –, aber er geht noch nicht. Und er denkt auch nicht daran, den Schein zu wahren und sein armes Herz in Einsamkeit und Entsagung zu verzehren. Sein Gesicht kündet jedem von weitem, daß die Freude aus seinem Leben gewichen ist; der Hauswirtin läßt er das Essen zurückgehen. Was ist mit diesem Mann zu tun? Im Dorf hat er keine Freunde. Von Papa ist »so viel Mitgefühl zu erwarten wie Saft aus Brennholz«. Nun trägt er dem »unmännlichen Faselhans« nach, daß er seine Absichten so lange verborgen habe. Selbst der Küster findet ihn »zum Abschießen«, und Martha Brown spitzt aus der Küchentür, als Mr. Nicholls beim Besuch des Bischofs von Ripon, zu dessen Gesellschaft die Geistlichkeit der Umgebung ins Pfarrhaus geladen ist, Charlotte im Flur einen Blick »wie ein geschundenes Aas« hinterherschickt.

Unerwartet und unerwünscht findet sie sich in der Lage, die einzige zu sein, die Mitleid mit diesem unmöglichen Menschen walten läßt, der ihr in der Church Lane hinterherschleicht. Ist er überhaupt ein Gentleman? Was weiß man über seine Familie in Irland? Und dann – 90 Pfund im Jahr (von Papa bezahlt). Sollte das Schicksal ihr diesmal einen armen, engstirnigen, phantasielosen, bigotten Langweiler anbieten, einen Mann, dem jedes künstlerische Verständnis abgeht, dem literarisches Talent suspekt ist – besonders bei Frauen? Sie wäre so dankbar, wenn er endlich aus Haworth verschwinden wollte. Aber die »Gesellschaft zur Verbreitung des Evangeliums«, bei der Mr. Nicholls um einen Posten als Missionar in Australien nachgesucht hat, läßt nichts von sich hören. Er bleibt, und Charlotte reist nach London.

In diesem Winter 1853 hat die große Stadt ein wenig von ihrem Geprickel und den großen Erwartungen verloren. Thackeray sieht sie nur als Portrait im Atelier des Malers Samuel Lawrence. Mit Sicherheit wären sie wieder aneinandergeraten. Hier aber lehnt sein mächtiges Haupt mit hochgerecktem Kinn stumm auf der Staffelei, und sie murmelt andächtig: »Der Löwe von Juda.«

Thackeray sollte *Villette* bewundern – das Buch allerdings mehr als die Heldin. Für ihre Menage mit zwei Männern – wäre sie in seinen Werken aufgetaucht – hätte Charlotte ihn mächtig gescholten, dessen war er gewiß. Und so unverblümt und herablassend, wie er in Miss Brontë nur Jane Eyre gesehen hatte, erblickt er nun Lucy Snowe in ihr. »Die arme kleine – geniale! – Frau. Das feurige, heftige, tapfere, bebende kleine Geschöpf mit dem reizlosen Gesicht! Ich glaube, ich kann eine ganze Menge über ihr Leben aus ihrem Buch herauslesen, und ich sehe, daß sie sich mehr als jeden Ruhm, mehr als jedes irdische, vielleicht auch himmlische Gut irgendein Mannsbild wünscht, das sie liebt und das sie lieben kann. Aber, sehen Sie, sie ist von der Art, die nicht für fünf Pfennige Schönheit besitzt, um die dreißig Jahre alt, irgendwo auf dem Land vergraben, sich vor Sehnsucht verzehrend, und kein Mannsbild will des Wegs kommen. Ihr jungen Mädchen mit den hübschen Gesichtern und roten Stiefelchen (und was weiß ich, noch alles) habt Dutzende von Verehrern, die um Euch herumflattern, und andererseits ist da dieses Genie, ein edles Herz, das sich mit einem anderen verbinden will, und sie ist dazu bestimmt, als alte Jungfer zu verwelken und ohne Aussicht, die brennende Sehnsucht zu stillen.«

Das Getuschel um Currer Bell hat sich gelegt. Im Haus des Verlegers korrigiert sie die Druckfahnen ihres dritten Buches. Auch George ist häufiger im Verlag als an ihrer Seite zu finden. Geschäfte, Geschäfte! Ein Hauch von Snowe hat sich über die Beziehung gelegt. »Diesmal steht es mir offen, mein Besichtigungsprogramm selbst zu bestimmen, und ich wählte die wirkliche statt der dekorativen Seite des Lebens.« Sie besucht die Gefängnisse Pentonville und Newgate – wo sie mit einem Wärter aneinandergerät, weil sie die Hände eines jungen Mädchens ergreift, das sein Baby umgebracht hat, und ein paar Worte mit dem »armen Ding« wechselt –, das Foundlings Hospital, die Bank von England, die Redaktion der *Times* und die Irrenanstalt Bedlam. »Mrs. Smith und ihre Töchter sind wohl ein wenig erstaunt über meinen morbiden Geschmack, aber das ist mir gleich.«

Villette erscheint am 27. Januar 1853. Wollen wir hoffen, daß es George gelungen ist, rechtzeitig zum Dinner nach Hause zu kommen, um sein Glas auf das neue Buch und die Erfolgsautorin zu erheben. Es sollte das letztemal sein, daß sie einander sahen. Im November verlobt er sich mit der Tochter eines Londoner Weinhändlers, und Charlotte schließt noch einmal die Finger fest um den Skorpion in ihrer Hand. »Mein lieber Herr, im Falle eines großen Glücks oder großer Trauer sollten wenige Worte des Mitgefühls genügen. Nehmen Sie meinen Anteil an guten Wünschen entgegen, mit freundlichen Grüßen C. Brontë.« Da hatte Currer Bell sich bereits verabschiedet. »Gute Nacht, Dr. John. Sie sind gütig. Sie sind schön, doch Sie gehören mir nicht. Gute Nacht, und Gott segne Sie!«

Das neue Buch rührt das Publikum noch einmal auf. »*Villette* – *Villette* – haben Sie es gelesen?« schreibt George Eliot begeistert an eine Freundin. »Welche Leidenschaft! Welches Feuer in ihr! Es hat etwas Übernatürliches an sich.« Die Kritik spendet reichen Beifall. »Kein Buch, das man leicht vergißt«, gibt auch Mr. Lewes zu. Eine Woche nach Erscheinen meldet sich jedoch Harriet Martineau mit schweren Bedenken zu Wort. Mit der Militanz der Kaltbadenden weist sie die Autorin darauf hin, daß es im Leben vernünftiger Frauen wichtigere Belange gäbe als die (sexuelle) Liebe. Auch sie rügt die Andeutung einer doppelten Beziehung, also die Wendung Lucys von Dr. John zu ihrem Professor. Hat denn diese Person nichts Gescheiteres im Kopf als die Liebe? Martineau übersieht, daß gerade dieses Gefühl das Beste in Lucy zum Vorschein bringt: Nicht süßes Träumen, sondern Ansporn zur Eigenständigkeit.

Kate Millet charakterisierte die Heldin später in *Sexus und Herrschaft* als eine »neurotische Revolutionärin voller Konflikte, Rückfälle, Zorn, entsetzlicher Selbstzweifel und der unbesiegbaren Entschlossenheit, es zu schaffen«. Zu ihrer Zeit muß Lucy eine geradezu unheimliche Erscheinung gewesen sein – und in ihrer Direktheit wohl auch ein wenig »vulgär«. Selbst Elizabeth Gaskell wich vor diesem Zug in Charlottes Werken, »die ansonsten so edel sind«, zurück. Matthew Arnold sah nichts als »Hunger, Rebellion und Wut« in *Villette* und Martineau nur das eine. In einem Brief erklärt sie Charlotte: »Ich mag weder die Art noch das Ausmaß der Liebe, noch daß sie das ganze Buch beherrscht.« Charlotte aber, tief getroffen von soviel Beschränktheit, schlägt sich an die Brust und ruft ihr ein »nicht schuldig!« entgegen. »Ich weiß, was Liebe ist, so wie ich sie verstehe, und wenn sich Männer und Frauen schämen sollten, solche Liebe zu empfinden, dann gibt es nichts Rechtes, Edles, kein Vertrauen, nichts Wahres und Selbstloses auf dieser Erde.« Die Potenz, zu lieben und geliebt zu werden, waren für Lucy und Charlotte die Voraussetzung für ein erfülltes Leben. Auf die Frage, wie dies zu gewinnen war, ohne daß die Frau dem Geliebten ihre geistige Unabhängigkeit opferte, fanden beide keine befriedigende Antwort. Aber war es deshalb »vulgär«, diese Frage zu stellen?

Zurück in Haworth, findet sie Papa und Mr. Nicholls auf Kriegsfuß. Der Reverend hatte ihr bereits nach London über die Lage berichtet, und als würde er auf seine alten Tage wieder kindisch, oder als sträube sich seine Feder, die unchristliche Häme zu verspritzen, schrieb er im Namen von Flossy, der für seine »geliebte Herrin« einen Brief diktierte. In sonderbarer Entrüstung über Nicholls, der es aufgegeben hatte, den Hund seines übelwollenden Herrn auszuführen, meldete »Old Flossy«, »mein einstiger Gefährte hat seine trügerische Freundlichkeit verloren, schimpft mit mir und blickt mich finster an«. Unverfälscht in seiner Art fuhr Patrick dann fort, »sein Mann« sei überaus schweigsam und scheue »den Meister« wie das Kaninchen die Kobra. Er wünschte, daß ihm in Zukunft jede Frau aus dem Wege ginge, es sei denn, sie wollte ihr eigenes Unglück heraufbeschwören. Charlotte ist dabei, als Mr. Nicholls auf einer Teegesellschaft der Gemeinde den Reverend, der ihn kalt, aber höflich grüßt, schneidet; ein Vorgehen, so weiß sie, das Papa niemals vergeben kann.

Ihre Gesundheit ist stabiler als im vergangenen Winter. Von ihrem stillen Wohnzimmer richtet sie die Schritte auf das stille Moor hinaus, wo der Schnee unter ihren Füßen knirscht und die kalte Luft sie freier atmen läßt. George Smith schickt einen Stich des Bildes, das sie in London bewundert hatte. Thackeray mit seinem »etwas unchristlichen Zug« um den Mund erhält im Wohnzimmer einen Ehrenplatz neben dem Bild des Herzogs von Wellington und dem »eines unwürdigen Individuums« namens Charlotte Brontë.

Das Frühjahr geht ins Land, und Mr. Nicholls harrt noch immer aus. Charlotte fährt nach Manchester, ihre Freundin Gaskell zu besuchen. Sie hat wohl auf eine Wiederholung der traulichen Gespräche gehofft, sieht sich aber nun mit einem weiteren Gast, einer Dame, konfrontiert. Es hilft nicht, daß diese still und bescheiden ist; es hilft nicht, daß sie in London Umgang mit so vielen hatte: Ein fremdes Gesicht bringt sie noch immer aus der Fassung. Eines Abends sind zwei Schwestern geladen. Man vergnügt sich beim wechselseitigen Singen zum Piano, und diese beiden erwecken die schüchterne Miss Brontë mit einem Repertoire schottischer Balladen. Sie tritt ans Klavier und bittet um mehr. Die beiden jungen Damen laden sie für den kommenden Vormittag ein, an dem sie für sie nach Herzenslust Schottisches singen und spielen wollen. Charlotte aber schafft es am Morgen nur bis zu ihrer Tür. Am Arm von Mrs. Gaskell wandert sie die Straße auf und ab, spricht sich Mut zu, das fremde Haus zu betreten und einer dritten, unbekannten Schwester vorgestellt zu werden. Weder die Erinnerung an den heiteren Abend noch die Vorfreude können ihre Angst besiegen. Mrs. Gaskell muß schließlich hineingehen und eine Entschuldigung erfinden.

»Charlotte beklagte sich, daß der literarische Ruhm, als er endlich kam, nutzlos war«, schrieb Mary an ihre Biographin. »Ihr einsames Dasein hätte sie für das gesellschaftliche Leben untauglich gemacht. Sie war zaudernd, nervös, erregbar und entweder unfähig zu sprechen, oder sie tat es viel zu hastig ... Ihr Ruhm schien keinen Unterschied zu machen. Sie war genauso einsam, ihr Leben so uninteressant wie zuvor ... Sie besprach niemals ihre Bücher mit mir, sie sagte nur, sie sei ihrer zutiefst müde und was sie für eine Plackerei gewesen seien.«

In trüber Stimmung kehrt sie nach Haworth zurück. Mr. Nicholls hat nun endlich einen neuen Posten gefunden, allerdings nicht in Australien, sondern in Kirk Smeaton bei Pontefract unweit von Leeds. An Pfingsten feiert er seinen letzten Gottesdienst in St. Michael's. Es ist mehr, als er ertragen kann. Als er das Abendmahl austeilt und die Reihe an Charlotte kommt, »kämpfte er mit sich und stotterte, verlor dann die Beherrschung und stand vor mir im Angesicht der ganzen Gemeinde, bleich, zitternd und stumm. Papa war nicht dabei, Gott sei Dank. Joseph Redman sprach ein paar Worte zu ihm. Er riß sich zusammen, aber er konnte nur mit Schwierigkeiten, flüsternd und stammelnd, den Gottesdienst hinter sich bringen.«

Es dauert nicht lange, bis Papa von dem Zwischenfall Kenntnis erlangt, und selbstverständlich münzt er ihn in neue Sarkasmen um. Charlotte möchte weinen vor Zorn und Demütigung. Wieviel leichter wäre alles zu ertragen, wenn Papa fair und freundlich sein würde, aber Old B. will nur seine Rache genießen. Daß er damit ihren Sinn für Anstand verletzt, ist ihm offenbar gleichgültig; daß er sie pfeilgerade in eine höchst unerwünschte Richtung schickt, nämlich auf die Seite des Geschmähten, bemerkt er nicht, sonst hätte er wohl klüglich den Mund gehalten.

Am Abend nach dem Pfingstgottesdienst kommt Mr. Nicholls, um sich von seinem Pfarrherrn zu verabschieden. Charlotte meidet den Flur. »Er ging in dem Glauben fort, daß er mich nicht sehen werde; tatsächlich hielt ich das bis zum letzten Augenblick für das Beste. Als ich jedoch gewahrte, daß er vor dem Fortgehen lange draußen am Tor verweilte, und eingedenk seines langen Kummers, faßte ich mir ein Herz und ging hinaus, zitternd und elend. Ich fand ihn von Schmerz überwältigt an das Gartentor gelehnt, schluchzend, wie keine Frau jemals schluchzt. Natürlich ging ich sogleich zu ihm. Wir wechselten nur sehr wenige Worte, und diese waren kaum verständlich. Viele Dinge, nach denen ich ihn gern gefragt hätte, waren mir gänzlich aus dem Gedächtnis entschwunden. Armer Kerl! Doch die Hoffnung und die Ermutigung, die er suchte, konnte ich ihm nicht geben.«

Dennoch, war das nicht die Art von Liebe, mit der Charlotte geliebt werden wollte? So leidenschaftlich, so beständig? Und als dieses Billett aus Kirk Smeaton eintrifft – ist es nicht das gleiche Flehen, das sie einst nach Brüssel schickte? Sie kann ihm die Krumen eines kleinen Trostes nicht versagen; sie schreibt, rät ihm, sein Schicksal, so wie es nun einmal sei, auf sich zu nehmen. Dann taucht Mr. Nicholls plötzlich in der Nachbarschaft auf, besucht den Vikar von Oxenhope. Es kommt zu einem Treffen, einem Spaziergang über die Heide. Charlotte findet es vernünftiger, Papa nichts davon zu erzählen, aber die Konspiration belastet ihr Gewissen.

Sie nimmt sich in die Pflicht. Seit einem halben Jahr hat sie nicht mehr ans Schreiben gedacht. Nun experimentiert sie ein wenig mit Personen und Szenen. Es ist die alte Konstellation, die sie interessiert – das feindliche Brüderpaar: Wellesley – Percy – Ashworth – Crimsworth – *The Moores*, ein Versuch, den sie nach *Jane Eyre* begonnen und wieder aus der Hand gelegt hatte. Ihre neue Figur heißt Willie Ellin, ein kleiner Junge, der von seinem älteren Halbbruder mit einer Grausamkeit traktiert wird, die an die Verhältnisse in der *Sturmhöhe* erinnert – »Die Türe schlug zu, das dünne Kind saß auf seinem Hocker, der riesige Mann stand über ihm. ›Nun hab' ich dich endlich, und jetzt mach ich dich fertig!‹ waren seine ersten Worte in tiefem, rauhen Ton. Niemand sollte kultivierte Sprache oder maßvolles Handeln von Herrn Edward Ellin erwarten. Da stand er, stark, brutal und unbeherrscht, und als unbeherrschter Rohling gedachte er zu handeln. Der Junge bat nur ein einziges Mal. ›Warten Sie bis morgen‹, sagte er, ›prügeln Sie mich nicht hier und in der Nacht. Machen Sie es morgen im Kontor.‹ Aber sein Stiefbruder antwortete nur, indem er die Manschette seines Mantels hochschlug und sein dickes Handgelenk zeigte, das nicht schnell müde werden würde. Er hatte die Reitpeitsche mitgebracht. Er hob und schwang sie durch die Luft. Dies war die Antwort.«

Doch auch Willie Ellins Schicksal gedeiht nicht über einige vielversprechende Kapitel hinaus. Sein Unbehaustsein klingt wie das von Jane Eyre, Caroline Helstone und Lucy Snowe als Grundthema durch Charlottes Werk. Alle haben etwas Schutzloses, Verwaistes, Verlassenes – ein Gefühl, das in ihre Kindheit zurückreicht, als sie mit fünf Jahren ihre Mutter verlor und als Neunjährige aufgerufen worden war, die große verantwortungsvolle Schwester zu spielen. Auch *Emma*, das Manuskript, das sie im Spätherbst 1853 beginnt, handelt von einem kleinen Mädchen, das von seinem Vater, der offenbar ein Hochstapler ist, in einer Internatsschule abgegeben und vergessen wird. Und da Charlotte ihren Figuren gerne treu bleibt, heißt der Mann, der sich ihrer erbarmt, Mr. Ellin.

Im Sommer verreist sie mit der Familie Taylor – Joe, seine Frau Amelia und das Baby Emily. (Über Amelia, als sie noch Ringrose hieß, gab es mit Ellen viel zu klatschen. Sie war mit George Nussey verlobt, ehe dieser in eine Irrenanstalt eingewiesen wurde. Charlotte findet an der jungen Frau, die sich nach diesem Desaster Marys Bruder zuwendet, viel auszusetzen. Im Manuskript von *Villette* hatte sie erst im nachhinein aus der dummen Gans Amelia Fanshawe eine Ginevra Fanshawe gemacht. Die Worte, die sie mit Ellen zum Thema Amelia und ihr verzogenes Balg wechselt, zeigen, daß auch die Tochter des alten Brontë einen schönen Vorrat an Sarkasmen gebrauchsfertig bei der Hand hatte.) Sie begleitet die Taylors nach Schottland, aber dem Baby bekommt die Gegend nicht; es schreit unaufhörlich, und die besorgten Eltern kehren schon nach einem Tag um. Charlotte schickt sich in das Unvermeidliche und schmiedet daraus die Lehre, daß manchen Menschen kein Glück zugemessen sei und sie sich nicht wieder zu irgendeiner Vorfreude erkühnen sollte.

Wie zum Trost nimmt Elizabeth Gaskell im September eine Einladung nach Haworth an. Sie solle gewärtig sein, aus der Zivilisation in eine Art Wilden Westen zu geraten, warnt Charlotte. Tatsächlich ist Mrs. Gaskell von dem Kontrast zu dem betriebsamen Manchester und ihrem großen, möglicherweise nicht immer tadellos aufgeräumten Haushalt beeindruckt. Sie kommt in Keighley unter einem bleifarbenen Himmel an. Charlotte hat ihr aus Haworth einen Wagen entgegengeschickt, und die Freundin muß nicht im Devonshire Arms vorsprechen, um irgendeine Mitfahrgelegenheit zu heuern. Die Straße durch die Hügel ist von grauen Steinhäuschen und armseligen, hungrigen Feldern gesäumt. »Überall Mauern und nirgendwo Bäume.« Pferd, Wagen, Kutscher und Mrs. Gaskell erklimmen die Hauptstraße, die so steil ist, daß, sollte das Zugtier einmal aus dem Tritt geraten, die ganze

Fuhre die vier Meilen bis nach Keighley zurückrollte, mutmaßt sie.

Charlotte hat die Räder sicher schon in der Church Lane vernommen, und auch der alte Brontë tritt aus seiner Studierstube, um sie angemessen zu begrüßen. »Ich glaube nicht, daß ich jemals ein so ausgezeichnet sauberes Plätzchen sah. Das Leben verläuft mit der Regelmäßigkeit eines Uhrwerks. Niemand kommt vorbei, nichts unterbricht die Stille, kaum eine Stimme ist zu hören. Das Ticken der Uhr in der Küche, das Summen einer Fliege im Wohnzimmer ist im ganzen Haus zu hören. Miss Brontë sitzt allein in ihrem Wohnzimmer. Um neun Uhr frühstückt sie mit ihrem Vater in dessen Studierstube ... Ich begleite sie auf ihren Spaziergängen über das weite Moorland. Die Heideblüte war zwei, drei Tage zuvor von einem Gewitter vernichtet worden, und alles war fahlbraun statt der erwarteten feurig-violetten Herrlichkeit ... Das Wohnzimmer ist offenbar im Laufe der letzten Jahre neu möbliert worden, seit Miss Brontës Erfolg sie in den Stand gesetzt hat, ein wenig mehr Geld auszugeben ... Die vorherrschende Farbe ist Karmesinrot als warmer Kontrast zu der kalten grauen Landschaft draußen ... Zwei Nischen neben dem hohen, schmalen, altmodischen Kaminsims sind mit Büchern gefüllt ... Gegen neun Uhr geht der ganze Haushalt schlafen, bis auf uns beide. Wir sitzen zusammen auf bis zehn oder später.« Charlottes Augen sind so schlecht, daß sie nicht viel mehr als Stricken kann, aber sie achtet auf peinlichste Ordnung. Sollte der Besuch einmal einen Stuhl aus der Reihe gerückt haben, findet sie keine Ruhe, bis das Möbel wieder am rechten Platz steht.

In diesen Abendstunden wird Charlotte nicht müde, von ihren Schwestern, besonders von Emily zu sprechen: »Sie muß eine Enkelin der Titanen gewesen sein.« Für ihren Gast entfaltet sie die steife Leinwand, auf die Branwell vor über zwanzig Jahren das Bild seiner Schwestern gemalt hat. Mrs. Gaskell findet es dilettantisch, aber dem Gesicht, das über den oberen Rand schaut, bewundernswert ähnlich. »Emilys Gesichtsausdruck beeindruckte mich durch seine gesammelte Kraft, Charlottes durch Bekümmertheit und Annes durch Sanftheit.«

Der Reverend in seiner gravitätischen Höflichkeit jagt Mrs. Gaskell dennoch einen Schrecken ein. Obwohl fast blind, hatte er ihren Brief aus der Post gefischt und geöffnet, da er Mr. Nicholls als den Absender wähnte. Die Art, wie er »zu« seiner Tochter spricht und sie über die Brille hinweg anstarrt, mißfällt der Besucherin. »Ich bemerkte, daß sie eine große Last mit sich herumtrug« – ihre heimliche Korrespondenz mit Mr. Nicholls – »und da ich um ihre Ursachen wußte, konnte ich nicht umhin, die geduldige Sanftheit, die sie im Umgang mit ihrem Vater zeigte, zu bewundern.« Mrs. Gaskell ist offenbar eine vorurteilslosere und weniger besitzergreifende Beraterin als Ellen Nussey. Im Briefwechsel der beiden, den sie manchmal täglich führten, klafft eine bemerkenswerte Lücke zwischen Juni 1853 und dem folgenden März. Entweder hat Ellen besonders »heiße« Schreiben vernichtet, oder Charlotte hatte geschwiegen, weil sie das Lamento, sie werfe sich an diesen schrecklichen Mann weg, von Herzen leid war. Die beste Freundin, die das rastlos herumpütschernde Leben einer unbeschäftigten, unverheirateten Frau jenseits der 30 führte, hatte den Abglanz von Currer Bells Ruhm durchaus genossen, und, da von eher ungnädiger Disposition, war sie nicht geneigt, einen anderen in Charlottes Gunst an sich vorbeiziehen zu sehen. Miss Nussey blieb bis an ihr Lebensende mit Mr. Nicholls Existenz unversöhnt. Nun, da Charlotte ihr offenbar nicht mehr zuhören will, teilt sie ihre Entrüstung Mary Taylor mit – wiederum die falsche Adresse. »Du redest wunderbaren Unsinn über Charlotte Brontë«, versetzte Mary. »Was soll das heißen, ›ihre Lage so lange ertragen und bis zum Ende erdulden‹, oder besser noch ›unser Schicksal ertragen, was immer es birgt‹. Wenn es Charlottes Schicksal sein sollte, zu heiraten, wäre das so schwer zu ertragen, oder sagt Dir Deine seltsame Moral, daß sie ihr Los nicht verbes-

75. Ellen Nussey in mittleren Jahren

sern sollte, wenn das in ihrer Macht steht? Warum sollte sie sich nicht treu bleiben, wenn sie heiratet? Weil sie einmal an ihre eigenen Freuden denkt? Wenn das so neu für sie ist, wird es höchste Zeit, daß sie sich daran gewöhnt. Es ist scheußlich, von ihr zu erwarten, daß sie ihren Entschluß in einer so wichtigen Angelegenheit ändert, und ich glaube, es ist ihre eigene Schuld, bisher so nachgiebig gewesen zu sein, daß ihre Freundinnen glauben, sie könnten so eine unverschämte Forderung an sie richten.«

Wenn Mrs. Gaskell zu Bett gegangen ist, hört sie Charlotte wieder ins Wohnzimmer hinuntergehen und dort ruhelos auf und ab schreiten. So war sie einst mit Emily und Anne um den Tisch gewandert, und so war Jane Eyre durch die stillen Korridore von Thornfield gelaufen und hatte sich ihren Träumen hingegeben: » . . .es gab deren viele, die mein Herz erregten; die es ängstigten und es doch belebten, und die meinem inneren Gehör eine nie endende Geschichte erzählten. Eine Geschichte, die meiner Phantasie entsprang, sich stürmisch weiterentwickelte und mir Leben, Feuer, Leidenschaft spendete, nach denen ich mich sehnte, die aber meiner jetzigen Existenz verwehrt waren.«

Doch die Zeiten der Traumgesichte waren lange verflogen. Kein Zamorna und kein Mr. Rochester streckten die Arme nach ihr aus, sondern das personifizierte Realitätsprinzip. War sie dabei, »das reinste Juwel«, das Beste, was sie sich vom Leben wünschen konnte, »wahre Zuneigung«, zu verlieren, oder entging sie »dem Joch eines mürrischen Naturells«? Hatte Elizabeth Gaskell ihr geraten, lieber einen Mann zu heiraten, der viel zu dulden aufgab, der ihr vielleicht den Umgang mit Freunden wie den »ketzerischen« Gaskells verbot, als die Jahre einsam und traurig verfließen zu lassen, bis Papa starb, bis sie sich irgendwo eine neue Bleibe suchen mußte? Sie ist jetzt siebenunddreißig Jahre alt. Weiterzuleben wie bisher hieße auch, jedes Jahr ein neues Buch zu schreiben. Würde sie diese Plackerei durchhalten mit ihren Kopfschmerzen, ihrem Seitenstechen, ihren Depressionen? Irgendwann auf diesen Gängen um den Wohnzimmertisch fällt wohl die Entscheidung, »daß sie ihn glücklich machen konnte und daß seine Liebe zu gut war, um von einer, die so einsam war wie sie, verworfen zu werden.«

Nun heißt es, Papa zu befrieden. Ihrer Freundin Gaskell berichtet sie über die Unterredung: »Vater, ich bin kein junges Mädchen mehr, nicht einmal mehr eine junge Frau. Ich war nie hübsch; jetzt bin ich häßlich. Glaubst du, es gäbe noch viele Männer, die sieben Jahre für mich dienen werden?« Und als er fragt, ob sie einen Kuraten heiraten wolle, antwortet sie: »Ja, ich muß einen Kuraten heiraten, wenn überhaupt, und nicht nur einen Kuraten, sondern deinen Kuraten – und nicht nur deinen Kuraten, er muß auch im selben Haus wohnen, denn ich kann dich nicht verlassen.« Der alte Brontë steht daraufhin auf und erwidert: »Niemals! Niemals werde ich einen anderen Mann in diesem Haus dulden!«, und stolziert hinaus. Eine Woche lang straft er sie mit Schweigen, bis Tabby ihn fragt, ob er seine Tochter umbringen wolle. Der Reverend ist schließlich bereit, seinen künftigen Schwiegersohn zu empfangen, aber er ist noch immer »sehr, sehr feindselig, bitter ungerecht«. Und die Braut? »Gewiß, ich muß ihn achten, und ich kann ihm auch nicht versagen, mehr als bloße Achtung zu empfinden. Kurzum, liebe Ellen, ich bin verlobt ... Ich bin noch immer ruhig und ohne große Erwartungen. Was mir an Glück zu schmecken vergönnt sein wird, ist von der nüchternsten Sorte. Ich erwarte zuversichtlich, meinen Mann lieben zu können, und ich bin dankbar für seine zärtliche Zuneigung. Ich schätze ihn als einen gütigen, gewissenhaften Mann mit festen Grundsätzen. Und wenn ich darüber hinaus einem Bedauern nachgeben wollte, daß ihm höhere Talente fehlen, sowie Gedanken und Neigungen, die den meinen gleichen, so wäre ich höchst anmaßend und undankbar.«

An Miss Wooler schreibt sie am 12. April 1854: »Das Schicksal, das die Vorsehung mir in ihrer Güte und Weisheit zu bieten scheint, gilt allgemein sicher nicht als glänzend, aber ich glaube, ich sehe darin einige Ansätze echten Glücks.«

Papa hatte sie versprechen müssen, daß die Änderung des Familienstands in keiner Form mit seiner Oberhoheit kollidieren werde. Und da der Reverend einzusehen beginnt, daß in seinem Alter ein zweiter Mann in der Pfarre und im Haus durchaus eine

Stütze darstellte, kann er schließlich zur großen Erleichterung seiner Tochter, »die Angelegenheit vernünftig besprechen«, sich »ruhig und freundlich« bei Themen verhalten, »an die zu rühren ich früher nicht gewagt habe.« So beginnt sie, das Haus zu renovieren, und den Raum hinter dem Wohnzimmer, wo bisher der Torf lagerte, in eine Studierstube für Mr. Nicholls – Arthur – zu verwandeln. Ein Kamin wird eingebaut. Weiße Tapeten mit einem grünen Blättermuster und Vorhänge, die genau dazu passen, lassen die dunkle Klause »hübsch und ordentlich« aussehen. An die Friedhofsmauer vor dem Fenster und die dahinter aufragenden Grabsteine wird sich der Gatte erst gewöhnen müssen.

Einen Monat vor der Hochzeit schließen die beiden einen ungewöhnlichen Vertrag. Nach geltendem Recht fiele Charlottes gesamtes Vermögen bei der Eheschließung an ihren Mann. Dies wünscht sie zu verhindern; und Nicholls, der, arm, aber stolz, nicht den Erfolg von Currer Bell mitheiraten will, ist einverstanden. Die Buchhonorare waren bisher auf den Rat ihres Verlegers in Wertpapieren angelegt. Georges Meinung ist nun nicht mehr gefragt; Charlotte fordert ziemlich barsch ihr Geld zurück: 500 Pfund für *Shirley*, 500 für *Villette*, dazu noch knapp 200 für Auslandsrechte und eine neue Ausgabe von *Jane Eyre*. Zusammen mit den Eisenbahn-Aktien sind es 1680 Pfund, die sie in ein Treuhand-Vermögen überschreibt, das Joe Taylor für sie verwaltet. Im Falle ihres Todes wird nicht ihr Mann, sondern ihr Vater sie beerben – wenn es keine überlebenden Kinder geben sollte. Es spricht für einen bemerkenswerten Wandel der Sinne und der Qualität der Beziehung, daß Charlotte, als sie im Februar darauf ihr Testament macht, ihr gesamtes Vermögen Arthur Bell Nicholls hinterläßt.

Ihre Hochzeit soll im kleinsten Rahmen gefeiert werden; als Gäste sind nur Ellen und Miss Wooler geladen. Am Vorabend, dem 28. Juni, teilt der Reverend – besiegt, aber ungebrochen – seinen letzten Streich aus. Als die Kiste für die Hochzeitsreise gepackt, die Vorbereitungen für das Frühstück getroffen, die guten Sachen für den Kirchgang rausgelegt sind, eben als man gerade dabei ist, sich ins Bett zu begeben, verkündet der Brautvater, daß er am nächsten Morgen nicht mit zur Feier gehen wird. Er fühle sich nicht recht. (Erst zum Hochzeitsfrühstück ist er wieder präsent.) Wer soll nun die Braut vor dem Altar »fortgeben«? Miss Wooler zieht das Gebetbuch zu Rate. Auch ein »Freund« ohne geschlechtsspezifische Einordnung ist dazu autorisiert; und so führt denn die würdige alte Dame ihre ehemalige Schülerin in St. Michael's dem Gatten zu. Man hat die Zeremonie auf acht Uhr morgens verlegt, aber die Neuigkeit ist doch schnell nach außen gedrungen, und ehe die Gesellschaft aus der Kirche tritt, haben sich schon Bekannte und Neugierige vor dem Portal versammelt, »um einen Blick auf sie zu werfen, die, nach ihren Worten, ›wie ein Schneeglöckchen‹ aussah. Ihr Kleid war aus weiß besticktem Musselin mit einem Spitzenumhang, und ihre weiße Haube war mit grünen Blättern besetzt, was die Ähnlichkeit mit der kleinen Winterblume nahelegte.«

Gerührt fährt Mrs. Gaskell fort: »Und nun schließen sich die geheiligten Türen eines Heims hinter ihrem Ehestand. Wir, ihre lieben Freunde, stehen draußen und erhaschen manchmal einen hellen Schein und ein freundliches, friedvolles Murmeln, die von dem Glück dort drinnen künden.«

Wir, die wir Arthur Bell Nicholls' Unmut nicht mehr zu fürchten haben, hören wohl auch Gemurmel – allein, täuscht uns nicht das Ohr? »Während der letzten sechs Wochen hat sich die Farbe meiner Gedanken doch sehr verändert: Ich weiß nun mehr über die Realitäten des Lebens als früher. Ich glaube, es werden viele falsche Vorstellungen darüber verbreitet, vielleicht ohne Absicht. Ich glaube, jene verheirateten Frauen, welche ihre Bekannten unterschiedslos zur Heirat drängen, tragen viel Schuld daran. Ich für meinen Teil kann nur mit tieferem Ernst und größerem Nachdruck wiederholen, was ich, in der Theorie, schon immer gesagt habe: Gottes Wille geschehe! Wahrlich, wahrlich, Nell, es ist eine ernste und seltsame und gefährliche Sache für eine Frau, Ehefrau zu werden.«

Die Hochzeitsreise nach Irland, zu Arthurs Verwandten, ist jedoch ein Erfolg. Charlotte, die »schon viel über irische Schlamperei gehört hat«, ist angenehm überrascht von den Gentlemen der Familie und dem stattlichen Besitz in Banagher, auf dem »englische Ordnung und Würde« herrschen. Vor dem Hintergrund des großen Hauses erscheint ihr lieber Mann gleich in einem anderen Licht. (Bezeichnenderweise wird Papas Familie in Drumballyroney, die droht, ungleich irischer zu sein, auf ihrer Reise nicht gestreift.) Und Arthur enttäuscht sie auch fürderhin nicht. Sie fahren weiter nach Killarney an der Westküste. »Sein Schutz und seine Aufmerksamkeit machen das Reisen zu einer Angelegenheit, wie ich sie bisher nicht erlebt habe.« Da ist nun ein Mann, der die Billette besorgt und die Kiste ins Abteil hebt, der ihr in der Schlucht von Dunloe aufs Pferd hilft und sie, wenn sie allein auf den Klippen über dem Atlantik sitzen will, in ihr Plaid hüllt. Der Ehestand hat ganz offenbar auch seine Vorzüge.

Doch da ist noch ein Mann, dem sie Aufmerksamkeit schuldet: Papa. Die Sorge um ihn treibt sie bald wieder nach Hause. Arthur, der in Irland beträchtlich an Gewicht (12 englische Pfund) und Selbstbewußtsein gewonnen hat, übernimmt in Haworth die Pflichten des Pfarrers, die ihm der Reverend umgehend und komplett auflädt. Charlotte dankt ein ums andere Mal ihrem Schöpfer für das häusliche Arrangement. Papa darf nicht zu kurz kommen.

Aber auch Arthur sieht darauf, daß nichts sie von ihren neuen Pflichten ablenkt. »Ich schreibe in großer Eile« – an Ellen – »es ist mir fast unerklärlich, daß meine Zeit oft so knapp scheint, aber es ist tatsächlich so, daß ich, wenn Arthur zu Hause ist, mir Beschäftigungen suchen muß, an denen er teilhaben kann, oder die zumindest nicht meine Aufmerksamkeit von ihm abziehen.« Am Schreiben kann ihr »lieber Junge« leider keinen Anteil haben –

oder doch? Im Oktober teilt sie Ellen mit, Arthur wünsche, daß sie ihre Briefe verbrenne; andernfalls gäbe es keine weitere Korrespondenz mehr. Charlotte lacht über seine kleinliche Tyrannei. (Hatte Mrs. Gaskell nicht recht, als sie voraussagte, Miss Brontë könne nur mit einem strikten, Gehorsam fordernden Mann glücklich werden? Nun hat sie ihn.) Ellen aber findet Grund, diesen Eindringling noch gründlicher zu verabscheuen. Zwei Wochen später läßt er ausrichten, entweder verbrenne sie die Briefe seiner Frau oder er werde sie in Zukunft zensieren. Ellen, aufsässig wie selten, unterschreibt sein Ultimatum und bewahrt dennoch ihre kostbare Korrespondenz auf.

»Nicht daß ich müde oder niedergeschlagen wäre«, versichert Charlotte Miss Wooler, »aber meine Zeit gehört mir nicht mehr. Jemand anderes beansprucht ein gutes Stück davon und sagt: Wir müssen dieses und jenes tun.« Die französischen Zeitungen gehen ungelesen an Ellen zurück. 500 Gemeindemitglieder versammeln sich auf ihre Einladung in der Sonntagsschule zum Tee. Die Kay Shuttleworths kommen zu Besuch und bleiben über Nacht. Und wenn sie sich zum Schreiben hinsetzt, steht Arthur neben ihr und drängt auf einen Spaziergang. Dennoch: Seit sie aus Irland zurück ist, sind alle ihre Malaisen verflogen: keine Kopfschmerzen mehr; keine Übelkeit, kein nervöser Tick. »Ich habe einen guten, freundlichen, liebevollen Mann, und jeder Tag macht meine Bindung an ihn stärker.« Ein halbes Jahr nach der Hochzeit fühlt sie sich schwanger.

»Mein Leben ist ausgefüllter als zuvor. Ich habe nicht mehr so viel Zeit zum Nachdenken; ich muß ein bißchen praktischer sein, denn mein lieber Arthur ist ein sehr praktischer, pünktlicher und systematischer Mann ... Natürlich findet er allerlei kleine Arbeiten für seine Frau, und ich hoffe, daß es ihr nicht lästig ist, ihm zu helfen. Ich glaube, es tut mir ganz gut, daß seine Neigungen so ganz zu den praktischen und nützlichen Dingen des Lebens gehen und so wenig zum Literarischen und Kontemplativen.«

76. Die einzige verbürgte Photographie von Charlotte Brontë, vermutlich um 1855

Wie lange Charlotte Nicholls diesem Drang zum Praktischen nachgegeben hätte, ohne die Abwesenheit des Kontemplativen zu vermissen, steht in einer Zukunft, die sie nicht erlebt. Ist es das Murmeln häuslichen Glücks oder erwachender Ungeduld, das aus den Erinnerungen ihres Gatten klingt? »Eines Abends gegen Ende des Jahres 1854, als wir am Kamin saßen und auf den

Wind lauschten, der ums Haus heulte, sagte meine arme Frau plötzlich: ›Wenn du jetzt nicht bei mir wärst, würde ich schreiben.‹ Sie lief dann nach oben und brachte den Anfang ihrer neuen Geschichte – *Emma* –, den sie mir vorlas. Als sie fertig war, sagte ich: ›Die Kritiker werden dir vorwerfen, daß du dich wiederholst, da du wieder über eine Schule schreibst.‹ Sie antwortete: ›Ach, das werde ich ändern – ich fange immer zwei-, dreimal an, ehe ich zufrieden bin . . .‹«

Aber Charlotte hatte keine Zeit mehr, etwas zu ändern. Am 28. November spaziert sie mit Arthur über das Moor zu einem der Lieblingsplätze der Schwestern: dem Wasserfall, der von der Schneeschmelze mächtig angeschwollen ist. Sie trägt wohl, wie üblich, die zierlichen Stiefel aus Stoff und Leder, Haube und Umschlagtuch. Auf dem Heimweg werden sie vom Regen überrascht. Vier Meilen geht es zurück gegen den Wind und heftige Schauer. Zu Hause angekommen, trifft Charlotte sogleich Vorsichtsmaßnahmen, aber sie kann die Erkältung nicht mehr abschütteln. Schmerzen in der Brust und dauernde Übelkeit begleiten sie durch den Winter. Im Januar diagnostiziert der Arzt eine »natürliche Ursache« für ihr dauerndes Erbrechen. Das werde sich bald legen. Aber es legt sich nicht. Die Schwindsucht, die Maria, Elizabeth, Branwell, Emily und Anne umgebracht hat, greift auch nach ihr, als sie sich endlich sicher vor ihr wähnt.

Im Februar stirbt vierundachtzigjährig Tabitha Aykroyd – Tabby –, die fast dreißig Jahre lang das Haus und »ihre Kinder« versorgt hat. Charlotte ist zu schwach, um mit zur Beerdigung zu gehen. Martha versucht, sie mit dem Gedanken an das Baby aufzuheitern. Miss Wooler schickt ein Spitzenhäubchen, so klein und fein wie für ein Elfenkind, aber für Charlotte ist es schon zu spät: »Vielleicht werde ich mich eines Tages freuen – aber ich bin so krank, so müde.« Sie kann nur mit Mühe sprechen. Das bißchen, das sie zu sich nimmt, würgt sie wieder heraus, bis sie Blut spuckt. »Ein Zaunkönig wäre bei den Portionen verhungert, die sie in den letzten sechs Wochen aß«, sagt Martha Brown. Am 21. Februar schreibt Charlotte mit dünnem Bleistift ihren letzten Brief an die »liebe Nell: Ich muß Dir eine Zeile von meinem öden Lager aus schreiben ... Ich werde nicht von meinem Kranksein sprechen – es ist sinnlos und quälend. Ich will Dir von etwas schreiben, von dem ich weiß, daß es Dich tröstet – nämlich, daß ich in meinem Mann den liebevollsten Pfleger, die freundlichste Stütze, den besten Trost auf Erden, den je eine Frau hatte, gefunden habe. Seine Geduld ist unerschöpflich, und sie wird hart geprüft in schlimmen Tagen und schlaflosen Nächten ... Möge Gott Dir helfen und Dich trösten. C. B. Nicholls.«

In der dritten Märzwoche fällt sie ins Delirium. In einem wachen Moment hört sie Arthur an ihrem Bett um ihr Leben beten, und sie flüstert: »Oh, ich werde doch nicht sterben? Er wird uns doch nicht trennen? Wir waren so glücklich zusammen.« Sie stirbt am 31. März, dem Ostersamstag 1855, drei Wochen vor ihrem 39. Geburtstag. Im Gemeinderegister ist als Todesursache »Schwindsucht – drei Monate bezeugt« eingetragen. In der Sparte »Stellung oder Beruf« bleibt als Summe dieses Lebens stehen: »Ehefrau des Arthur Bell Nicholls, Kurat in Haworth.«

Als die Nachricht vom Tod Currer Bells nach London dringt, ist es ausgerechnet Harriet Martineau, die – obwohl sie seit Jahren mit Charlotte verkracht war, keinen Fuß je nach Haworth gesetzt hatte und keine Quelle erster Hand heranzog – sich zu einem Nachruf in der *Daily News* autorisiert fühlt; ein tränenblindes Stückchen Boulevard-Journalismus, von dem andere noch lernen sollten. Here she comes: »Sie verfügte neben der tiefen Intuition der begabten Frau über die Stärke eines Mannes, die Geduld eines Helden und das Gewissen einer Heiligen ... In ihrem Trauerkleid (so adrett wie eine Quäkerin), mit ihrem hübschen glatten braunen Haar, ihren schönen Augen, die innig strahlten, und ihrem intelligenten Gesicht, das von ihrer Gewohnheit der Selbstkontrolle, wenn nicht des Schweigens kündete, schien sie das Bild vollendeter Häuslichkeit ... Sie war mit der Nadel ebenso tüchtig wie mit der Schreibfeder. Ihre Familie wußte um die Vorzüglichkeit ihrer Kochkunst, ehe sie von der ihrer Bücher hörte.« (Zitat Charlotte: »Ich hasse kochen!«) In welch vollständiger Abgeschiedenheit sie lebte! In dieser düsteren Wildnis; nicht kräftig genug, um über die Hügel zu wandern; in dieser Einsamkeit, in der ihr gelehrsamer Vater nur selten das Schweigen brach – und kein anderer zur Stelle war, es zu brechen; in diesem verlorenen Haus, das aus der Scholle des Kirchhofs hervorwuchs, mit den Gräbern ihrer Schwestern vor dem Fenster; in solch einer bewohnten Gruft konnte sich ihr Sinn nur von der eigenen Substanz nähren, und wie sehr sie litt, lesen wir aus den schmerzlicheren Teilen ihres letzten Romans.«

Der Zeitungsklatsch, der sich in der Folge vorwiegend aus diesem Nachruf nährt, bekümmert und verdrießt die beiden Überlebenden in Haworth. Schließlich ist es Ellen Nussey, die den Reverend überzeugt, bei Mrs. Gaskell eine autorisierte Biographie seiner Tochter in Auftrag zu geben. Mr. Nicholls widerstrebt der Gedanke, seine Frau mit der übrigen Welt zu teilen, aber der Reverend setzt sich durch. Mrs. Gaskells Besuch im Juli 1855 rührt in beiden Männern die Trauer wieder auf – Tränen auf allen Seiten –, und die Biographin flüchtet, offenbar entschlossen, das heikle Experiment nicht zu wiederholen. In Zukunft sollte sie sich an Ellen Nussey als Informantin halten. Die Freundin, die Charlotte neben ihren Schwestern 25 Jahre lang die Nächste war, fühlte sich von Witwer und Vater zurückgestoßen (»schurkischer Mr. Brontë«, nannte sie ihn später). Ihr Angebot, Charlotte zu pflegen, war von Mr. Nicholls abgelehnt worden, und sie stand nicht zurück, deren Tod »seiner Eigensucht und seinem Mangel an Wahrnehmungsvermögen« zur Last zu legen. Im Gegenzug wußte Mr. Nicholls es sein Lebtag zu verhindern, daß Miss Nussey ihre Briefe von Charlotte veröffentlichte. Der letzte Versuch wurde 1895 eingestampft. Ellen war mehr als bereit, Mrs. Gaskell aus ihren Quellen zu speisen und ihr die Briefe, die sie eigentlich hätte verbrennen sollen, zur Einsicht zu überlassen. Das größte Problem der Biographin war denn auch, Charlotte Brontës Leben zu schildern, ohne »allzuviel von der persönlichen Geschichte ihrer Nächsten und Liebsten zur Sprache zu bringen«. »Kein Zurückschrecken!« hatte der Reverend sie ermutigt, und so schrieb sie schließlich von seinen bösen Launen, von Branwells Schande und Mr. Nicholls heißem, aber auch ein wenig peinlichem Werben.

1857 erscheint *The Life of Charlotte Brontë.* Und während Patricks Stolz am Ende seinen Verdruß über Mrs. Gaskells Darstellung seiner Person als Haustyrann überglänzt, bleibt ihr Witwer unversöhnt mit einem Vorhaben, »das für mich vom Anfang bis zum Ende eine Quelle des Schmerzes und des Ärgers war«. Mary Taylor, die sich auch in Zukunft aus dem Treiben der Brontë-Biographen heraushielt, wunderte sich, daß Gaskell freiwillig den Kopf »in ein solches Wespennest« gesteckt hatte.

Noch sechs Jahre sollten der Reverend Brontë und Mr. Nicholls in ihrer Notgemeinschaft unter einem Dach leben – »stets zusammen und immer geschieden« (John Brown). Der Kurat weigert sich, das Baby aus der Familie des Schreibwarenhändlers auf den Namen Brontë Greenwood zu taufen; der Pfarrer erledigt die Zeremonie aus dem Waschkrug in seinem Zimmer. 1857 erscheint *Der Professor* bei Smith & Elder. Mr. Nicholls hat sich bereit erklärt, die von der Autorin geliebte, vom Verleger immer unerwünschte Geschichte herauszugeben, nachdem Mrs. Gaskell die Aufgabe zu heikel war. (Sie ist schockiert, wie darin mit Bibelworten herumgeflucht wird, und beklagte noch nachträglich die korrekte editorische Praxis: »Oh, ich wünschte, er hätte mehr gestrichen!«) Im April 1860 rückt George Smith das Fragment *Emma* in die Spalten seines neugegründeten *Cornhill Magazine* ein, das von William M. Thackeray herausgegeben wird. Mr. Nicholls hat das Manuskript transkribiert. Er bietet auch weiterhin Gedichte von Charlotte und Emily an, die er in aller Unschuld ein wenig »verbessert«.

Patrick Brontë stirbt am 7. Juni 1861, vierundachtzig Jahre alt, und Mr. Nicholls kehrt nach Irland zurück. Dorthin nimmt er alle Erinnerungsstücke an Charlotte mit. Branwells Ölbild »Gruppe mit Gewehr« zerstört er bis auf Emilys Profil, das heute in der National Portrait Gallery hängt. Alles übrige wird versteigert, ehe der neue Pfarrer, Mr. Wade, in Haworth einzieht: Geschirr und Matratzen, Vorhänge und Möbel, Bilder (Die Sintflut), Bücher und ein »Brausebad«, in das Charlotte einst die Spenderin Ellen Nussey »gründlich einweichen« wollte; Emilys Feldbett, Annes Schaukelstuhl, Kohleneimer, Toastgabeln, zwei seidene Regenschirme, Hegers deutsches Testament, eine Wäschemangel – alles findet Abnehmer unter den Leuten von Haworth. Die ersten Souvenirjäger treffen zu spät ein. Ein junger Amerikaner sichert sich immerhin beim Umbau des Pfarrhauses das halbe Fenster von Charlottes Schlafzimmer und trägt es bis nach Hause.

1863 stirbt Thackeray, zwei Jahre später Elizabeth Gaskell. 1890 beginnt der Sammler T. J. Wise durch seinen Agenten Clement Shorter Briefe und Manuskripte der Brontës zu kaufen. Er beschwindelt Ellen Nussey, der er verspricht, Charlottes Briefe an sie einem Museum zu übergeben, und kauft Arthur Bell Nicholls für ein Butterbrot das Copyright an ihren Jugendschriften, Briefen und dem gesamten literarischen Nachlaß ab. (Mr. Nicholls erzielt 150 Pfund, Miss Nussey 125 für hundert Schreiben, die heute einen Wert von rund zwei Millionen Pfund hätten.)

Charlottes Witwer erlebt den ersten Kraftwagen und den ersten Kinematographen. Er erlebt die erste Olympiade der Neuzeit, den Start des ersten Zeppelins und die Gründung der Brontë Society. Er überlebt alle Freunde: Harriet Martineau (1876), Mary Taylor (1893), Monsieur Heger (1896), Ellen Nussey (1897) und George Smith (1901). Er überlebt sogar die Königin Victoria; stirbt 1906 mit neunzig Jahren. Am Ende ist er wieder bei ihr, mit der alles begann, was im Leben zählte: »Charlotte – Charlotte.«

NACHWORT

Die Biographie steht feist und angesehen-bürgerlich im Regal; protzig und gesetzt: Ein Leben für einen Shilling liefert Ihnen alle Tatsachen; eines für zehn Pfund noch alle Mutmaßungen dazu. Aber bedenken Sie mal, was alles durch die Lappen gegangen, was mit dem letzten Atemzug des Verbiographierten entwichen ist.

Julian Barnes
Flauberts Papagei

Im Magazin der *Frankfurter Allgemeinen Zeitung* war der Woody-Allen-Film *Radio Days* besprochen. In diesem Film, man erinnere sich, tritt ein kleiner Junge auf, der Woody Allen als Kind verkörpert. Die FAZ-Rezensentin beschrieb diesen Knaben als rothaarig und bebrillt. Rothaarig ist er – bebrillt keineswegs; das ist nur der erwachsene Woody Allen, der in diesem Film gar nicht mitspielt. Es handelt sich um einen klassischen Fall von Projektion: Der Mensch kann sehen, was er will, wenn er nur eine Vorstellung von dem hat, was er sehen will.

Bei Biographen und dem Gegenstand ihres Interesses oder ihrer Verehrung ist die Sache ähnlich gelagert. Der Biograph sieht, was er zu sehen wünscht, und in der Regel hat das, was er erblickt, erstaunliche Ähnlichkeit mit seinen eigenen Ansichten zu den großen Fragen des Lebens. Der Dichter Julian Barnes verglich den Biographen mit dem Fischer und seinem Schleppnetz: Es »füllt sich, dann holt der Biograph ein, sortiert, wirft zurück, lagert, filetiert und verkauft. Doch bedenken Sie, was er nicht fängt: das überwiegt immer.«

Die erste, die das Leben der Brontës filetiert hat, war Charlotte selbst. In der *Biographical Notice* zur *Sturmhöhe* und *Agnes Grey* umgibt sie Emily mit dem Mythos eines romantischen Genies, das die schwarzsteinernen Findlinge auf der Heide mit dem Meißel der Kunst bearbeitete, und bestimmte damit die Perspektive für die künftige Betrachtung von Emilys Person und Literatur. Sie war es auch, die das Bild ihrer Schwester Anne als dem unzulänglichen Zwilling der Titanide prägte. »Die Kritiker folgen einer Spur wie Jagdhunde; und ich bin nicht sicher, ob es nicht Charlotte war, die sie als erste zu Annes Herabsetzung ermutigt hat«, sagte der Schriftsteller George Moore in den dreißiger Jahren des 20. Jahrhunderts.

Doch schließlich war es Mrs. Gaskell (die einzige Mrs. ehren-

77. Charlottes Schreibpult

halber in der englischen Literatur, auf deren Schultern alle künftigen Biographen stehen sollten), die mit ihrer Sicht der Dinge den Grundstein für die Vermengung von Leben, Werk und Legende setzte. »Sie ist Romanschriftstellerin«, keine Wissenschaftlerin, erkannte schon Patrick Brontë, »wir wollen ihr ein wenig Ausschmückung zugestehen.«

Das erklärte Ziel von Mrs. Gaskell war, der Welt zu beweisen, welch edle, selbstlose, aufopferungsvolle Schwester und Tochter Charlotte Brontë war, und alle Anwürfe von Derbheit und Irreligiosität in ihrem Werk mit den harten, wilden, nur halb zivilisierten Umständen ihres Lebens zu entschuldigen. Wie aufgeschlossen auch immer, grauste der Biographin vor gewissen Verstößen gegen den guten Geschmack, und sie war außerstande, sie als bewußt gewählte literarische Mittel zu erkennen. Miss Brontë »entledigt sich einer Menge krankhafter Dinge aus ihrem Leben durch ihre und in ihren Büchern«. Charlottes Aufbegehren gegen ihr Eingeschlossensein und ihre überaus unschicklichen Gefühle für Monsieur Heger beschloß Mrs. Gaskell ebenso zu übersehen wie Anzeichen von Säure und Kleinlichkeit in ihrem Charakter. (Für Ellen Nussey kam jede kritische Haltung in Sachen C. Brontë einer Majestätsbeleidigung gleich. Der Biograph/die Biographin war ihrer Ansicht nach dazu bestellt, den guten Ruf des Sujets zu verteidigen.) Die Viktorianer mit ihrer Vorliebe für den Engel im Haus folgten Mrs. Gaskell widerstandslos. Charles Kingsley sprach von »einer Frau, die durch Leiden vollkommen wurde«. Nur ein Rezensent wunderte sich: »Wie konnte eine derart schüchterne Frau eine derart kühne Autorin sein?«

Mit einer Frau und Autorin wie Emily Brontë war das viktorianische England leicht überfordert. Interpreten im 20. Jahrhundert ist diese autarke, unkonventionelle Person verständlicher und möglicherweise sympathischer als die strenge Charlotte oder die fromme Anne, und sie bietet, da sie kaum eine persönliche Zeile hinterlassen hat, der Phantasie eine besonders breite Angriffsfläche. Die verdienstvolle Fannie E. Ratchford, die in den dreißiger Jahren zum erstenmal die Bedeutung der Brontë-Jugendschriften erkannte, wurde von ihrer Entdeckerfreude so weit getragen, daß sie alle losen Schnüre in Emilys Leben mit Gondal verknüpfte. Pikanter noch ist der Fall der Virginia Moore, die eine handschriftliche Zeile Charlottes, *Love's Farewell*, über einem Gedicht ihrer Schwester als »Louis Parensell« las und ganz Yorkshire nach diesem heimlichen Liebhaber Emilys absuchte.

Die Biographie wird dem (Stück-)Werk einverleibt. Wie verhält es sich im umgekehrten Fall? Hilft die Kenntnis der Lebensumstände beim Erschließen des Werks, oder ist die einzige wahre Begegnung zwischen Dichter und Leser die Lektüre selbst? Der Blick durch die Brille des Biographen Unrecht, Verfälschung, Verrat, Verkitschung?

Im Fall der Familie Brontë ist die Reliquiensicherung als Zugang zu Leben und Werk besonders heftig ausgeprägt. Schon Virginia Woolf empfand, daß die Brontës sich durch Haworth und Haworth durch die Brontës definierten. Ihr Heim – ein Museum – wird mit fortschreitender Akkuratesse in den Zustand zurückverwandelt, in dem sie es sahen; so weit, daß auf dem Küchentisch Emilys aufgeschlagene deutsche Grammatik liegt. Befördert ein solcher Schrein die Nähe zum Werk? Die Nähe zu dem Geist, der in diesem Haus webte? Der Gedanke, daß ihre Socken und Nachthauben einmal den Blicken gerührter Tanten ausgeliefert sein sollten, hätte die Schwestern Brontë sicher schon zu Lebzeiten versteinern lassen. Man muß sie nicht gesehen haben, um ihre Bücher zu lieben. Die *Sturmhöhe* erschließt sich auch ohne eine Pilgerreise über das Moor. Es handelt sich um Literatur, nicht um Heimatkunde.

Auch ihre Persönlichkeiten werden im Anblick dieser Nähkästchen und Teetassen diffuser statt deutlicher. Was war das für ein Geist, der solche Dinge entstehen ließ wie die Armbänder aus dem Haar der toten Schwestern? Wir werden es wohl nicht verstehen. Wie die Briefe, Zeugnisse, Anekdoten, aus denen Biographen das Leben der Brontës gewebt haben, sind auch die Artikel ihres Alltags nicht mehr als Strandgut im Netz. Wer wollte sich erkühnen, den ganzen Menschen gefangen zu haben?

E. M.

Literaturverzeichnis

Joan Aiken: *Das Mädchen aus Paris.* Deutsch von Nikolaus Stingl. Zürich: Diogenes 1985

Christine Alexander: *The Early Writings of Charlotte Brontë.* Oxford: Basil Blackwell 1983

Christine Alexander and Jane Sellars: *The Art of the Brontës.* Cambridge University Press 1995

Miriam Allott (Hrsg.): *The Brontës – The critical Heritage.* London und Boston: Routledge and Kegan Paul o. J.

Miriam Allott (Hrsg.): *Emily Brontë: Wuthering Heights. A Casebook.* Basingstoke and London, Macmillan 1970

Matthew Arnold: *Haworth Churchyard.* April 1855. In: Brontës Society Transactions No. 2 of Vol. 15, 1967

Lynn Reid Banks: *Dark Quartet.* Harmondsworth: Penguin Books 1986

Robert Barnard: *Emilys Erbe.* Deutsch von Hans J. Schütz. Frankfurt: Schöffling & Co. 1996

Julian Barnes: *Flauberts Papagei.* Deutsch von Michael Walter. Zürich: Haffmans 1987

Juliet Barker: *Sixty Treasures – The Brontë Parsonage Museum.* Haworth: The Brontë Society 1988

Juliet Barker: *The Brontës.* London: Weidenfeld and Nicolson 1994

Juliet Barker: *The Brontës – A Life in Letters.* Harmondsworth: Penguin Books 1997

Patricia Beer: *Reader, I married him.* London and Basingstoke: Macmillan Press 1974

Phyllis Bentley: *The Brontës and their World.* London: Thames and Hudson 1969

Anne Brontë: *Agnes Grey.* London: Oxford University Press 1974

Anne Brontë: *Agnes Grey.* Deutsch von Sabine Kipp. Zürich: Manesse 1987

Anne Brontë: *The Poems of Anne Brontë.* ed. by Edward Chitham. London and Basingstoke: Macmillan Press 1979

Anne Brontë: *The Tenant of Wildfell Hall.* Panther Books 1977

Anne Brontë: *Die Herrin von Wildfell Hall.* Deutsch von Sabine Kipp, Zürich: Manesse 1990

Charlotte Brontë: *A Leaf from an Unopened Volume.* ed. by Charles Lemon. Haworth: The Brontë Society 1986

Charlotte Brontë: *An Edition of the Early Writings of Charlotte Brontë.* ed. by Christine Alexander. Oxford: Basil Blackwell 1987

Charlotte Brontë: *Five Novelettes – Passing Events, Julia, Mina Laury, Captain Henry Hastings.* ed. by Winifred Gérin. London: The Folio Press 1971

Charlotte Brontë: *Jane Eyre.* London: Penguin 1966

Charlotte Brontë: *Jane Eyre.* Deutsch von Helmut Kossodo. Frankfurt: Insel 1986

Charlotte Brontë: *Legends of Angria.* ed. by Fannie E. Ratchford. Port Washington, New York, London: Kennikat Press 1973

Charlotte Brontë: *Shirley.* London and Glasgow: Collins 1953

Charlotte Brontë: *Shirley.* Deutsch von Johannes Reiher und Horst Wolf. Weimar: Gustav Kiepenheuer Verlag 1967

Charlotte Brontë: *The complete Poems.* ed. by Clement Shorter and C. W. Hatfield. London: Hodder and Stoughton 1923

Charlotte Brontë: *The Professor – Tales from Angria – Emma.* ed. by Phyllis Bentley. London and Glasgow: Collins 1954

Charlotte Brontë: *Der Professor.* Deutsch von Gottfried Röcklein, Cadolzburg: ars vivendi 1990

Charlotte Brontë: *The Twelve Adventurers and other Stories.* ed. by Clement Shorter and C. W. Hatfield. London: Hodder and Stoughton 1925

Charlotte Brontë: *The Juvenilia of Jane Austen and Charlotte Brontë.* ed. by Patricia Beer. Harmondsworth: Penguin 1986

Charlotte Brontë: *Two Tales – The Secret, Lily Hart.* ed. by William Holtz. Columbia and London: University of Missouri Press 1978

Charlotte Brontë: *Über die Liebe.* Hrsg. von Elsemarie Maletzke. Deutsch von Eva Groepler und Hans J. Schütz. Frankfurt: Frankfurter Verlagsanstalt 1988

Charlotte Brontë: *Unfinished Novels.* Phoenix Mill, Stroud: Alan Sutton Pub. 1993

Charlotte Brontë: *Verdopolis – Glanz und Herrlichkeit.* Deutsch von Gudrun Weithaler. Wien: Milena Verlag 1997

Charlotte Brontë: *Villette.* London: Pan 1953

Charlotte Brontë: *Villette.* Deutsch von Chr. Agricola. München: List 1972

Charlotte, Branwell, Emily, Anne Brontë: *Angria & Gondal.* Hrsg. von Elsemarie Maletzke. Deutsch von Hans J. Schütz. Frankfurt: Frankfurter Verlagsanstalt 1987

Charlotte Brontë and Patrick Branwell: *The Miscellaneous and Unpublished Writings.* ed. by Thomas James Wise and John Alexander Symington. Oxford: Basil Blackwell 1936

Emily Brontë: *Gondal Poems.* ed. by Helen Brown and Joan Mott. Oxford: Basil Blackwell 1938

Emily Brontë: *The complete Poems.* ed. by C. W. Hatfield. New York: Columbia University Press 1941

Emily Brontë: *Sturmhöhe.* Deutsch von Ingrid Rein. Stuttgart: Reclam 1986

Emily Brontë: *Wuthering Heights.* New York: The New American Library 1959

Patrick Branwell Brontë: *The Poems of Patrick Branwell Brontë.* ed. by Tom Winnifrith. Oxford: Basil Blackwell 1983

Brontë Sisters: *Poems.* Rowman and Littlefield: EP Publishing 1978

The Brontës: *Selected Poems.* ed. by Juliet Barker. London: J. M. Dent, 1985

Brontë Society: *Transactions 1950 bis 1997*

Helen Brown and Joan Mott: *The Gondal Saga.* Sonderdruck der Brontë Society, Transactions 1937

Kate Bush: *Wuthering Heights.* Auf: *The Kick Inside*, Emi Electrola, 1978

Raymond Chandler: *Das hohe Fenster.* Deutsch von Urs Widmer. Zürich: Diogenes 1975

Edward Chitham: *A Life of Emily Brontë.* Oxford: Basil Blackwell 1987

Edward Chitham and Tom Winnifrith: *Brontë Facts and Brontë Problems.* London and Basingstoke: Macmillan Press 1983

Pauline Clarke: *Die Zwölf vom Dachboden.* Deutsch von Sybil Gräfin Schönfeld. Hamburg: Oetinger 1975

Rebecca W. Crumb: *Charlotte and Emily Brontë 1916-1954. A Reference Guide*. Boston: G.K. Hall 1982

E. M. Delafield: *The Brontës, their Lives recorded by their Contemporaries*. Ian Hodgins 1979

Enid L. Duthie: *The foreign Vision of Charlotte Brontë*. London and Basingstoke: Macmillan 1974

Ines Egg: *Die Bestimmung des Frauenbildes im viktorianischen Roman durch Charlotte Brontë und George Eliot*. Zürich: Juris 1949

Inga-Stina Ewbank: *Their proper Sphere*. London: Edward Arnold 1966

Rachel Ferguson: *The Brontës went to Woolworth's*. Harmondsworth: Penguin Books 1940

Elizabeth Gaskell: *The Life of Charlotte Brontë*. London: Penguin 1975

Winifred Gérin: *Anne Brontë*. London: Allen Lane 1976

Winifred Gérin: *Branwell Brontë*. London: Hutchinson 1961

Winifred Gérin: *Charlotte Brontë, the Evolution of Genius*. Oxford University Press 1967

Winifred Gérin: *Emily Brontë*. Oxford University Press 1979

Lyndall Gordon: *Charlotte Brontë – A passionate Life*. London: Chatto & Windus 1994

Ian Gregor (Ed.): *The Brontës, a Collection of critical Essays*. Englewood Cliffs: N.J. Prentice Hall 1970

Elizabeth Hardwick: *Verführung und Betrug – Frauen und Literatur*. Frankfurt: S. Fischer 1986

Elsie G. Harrison: *The Clue to the Brontës*. London: Methuen 1948

James Hilton: *Der verlorene Horizont*. Deutsch von Herberth E. Herlitschka, Frankfurt: Fischer Taschenbuch Verlag 1979

James Kavanagh: *Emily Brontë*. Oxford: Basil Blackwell 1985

Ruth Krawschak: *Traum und Tagtraum in den Romanen Charlotte und Emily Brontës*. Berlin 1966.

Margaret Lane: *The Brontë Story.* Glasgow: Fontana/Collins 1979

Barbara and Gareth Lloyd Evans: *Everyman's Companion to the Brontës.* Melbourne and Toronto: J. M. Dent 1982

John Lock and W. T. Dixon: *A Man of Sorrow.* London: Thomas Nelson and Sons 1965

Elizabeth Longford: *Eminent Victorian Women.* London: Weidenfeld and Nicolson 1981

Klaus Mann: *Die Schwestern Brontë.* In: Forum, Jahrgang 3, Heft 8, August 1934

Harriet Martineau: *Autobiography,* Vol. II. London: Smith, Elder & Co. 1877

Charlotte Maurat: *The Brontës Secret.* London: Constable 1969

Daphne du Maurier: *Doch mich verschlang das wild're Meer. Der Lebensroman des dämonischen Branwell Brontë.* Deutsch von N. O. Scarpi. München: Droemer o. J.

Daphne du Maurier: *The infernal World of Branwell Brontë.* New York: Avon 1960

John Maynard: *Charlotte Brontë and Sexuality.* Cambridge University Press 1984

Kate Millet: *Sexus und Herrschaft.* Deutsch von Ernestine Schlant, Köln: Kiepenheuer & Witsch 1982

Helene Moglen: *Charlotte Brontë the self Conceived.* New York: Norton Library 1978

George Moore: *Conversations in Ebury Street.* London: William Heineman 1937

Valerie Grosvenor Myer: *Charlotte Brontë – Truculent Spirit.* London: Barnes & Noble, 1987

Pauline Nestor: *Female Friendships and Communities (Charlotte Brontë, George Eliot, Elizabeth Gaskell).* Oxford: Clarendon Press 1985

Ellen Nussey: *Reminiscences of Charlotte Brontë.* Scribner's Magazine, May 1871

Thomas de Quincey: *Bekenntnisse eines englischen Opiumessers.* Deutsch von Walter Schmiele. Stuttgart: Goverts 1962

Fannie E. Ratchford: *The Brontë's Web of Childhood.* New York: Columbia University Press 1941

Gerlind Reinshagen: *Die Clownin.* Frankfurt: Suhrkamp 1985.

Sr. M. Celesta Rudolph: *Annette von Droste-Hülshoff und Emily Brontë.* Freiburg 1967

Dianne F. Sadoff: *Monsters of Affection.* Baltimore and London: Johns Hopkins University Press, 1982

Dorothy Sayers: *Hochzeit kommt vor dem Fall.* Deutsch von Otto Bayer. Reinbek: Rowohlt 1985

Arno Schmidt: *Angria & Gondal. Der Traum der taubengrauen Schwestern.* In: *Nachrichten aus dem Leben eines Lords.* Frankfurt: Fischer Taschenbuch Verlag 1975

Arno Schmidt: *Die Gelehrtenrepublik.* Frankfurt: Fischer Taschenbuch Verlag 1965

Peter James M. Scott: *Anne Brontë; a new critical Assessment.* London: Vision and Barnes 1983

Die Schwestern Brontë. Leben und Werk in Texten und Bildern. Herausgegeben von Elsemarie Maletzke und Christel Schütz. Frankfurt: Insel 1986

Clement Shorter: *The Brontës. Life and Letters.* London 1908, Reprint in New York 1969

Clement Shorter: *The Brontës and their Circle.* New York: E. P. Dutton, Kraus Reprint 1970

Edith Sitwell: *Englische Exzentriker.* Deutsch von Kyra Stromberg. Berlin: Klaus Wagenbach Verlag 1987

Anne Smith: *The Art of Emily Brontë.* London: Vision Press 1976

Muriel Spark (Ed.): *The Brontë Letters.* London and Basingstoke: Macmillan 1966

Muriel Spark and Derek Stanford: *Emily Brontë. Her Life and Work.* London: Peter Owen 1960

M. A. Stockart: *Female Writers. Thoughts on their proper Sphere and their Power of Usefulness.* In: Ewbank, Inga-Stina: *Their proper Sphere.* London: Edward Arnold 1966

Mary Taylor: *Miss Miles*. Oxford University Press 1990

Alfred Lord Tennyson: *The poetical Works of Lord Tennyson*. London and Glasgow: Collins 1924

William Makepeace Thackeray: *The History of Pendennis*. The Works, Ipswich 1961

Georg Weerth: *Skizzen aus dem sozialen und politischen Leben der Briten*. Berlin: Aufbau 1957

Jean Webster: *Daddy Langbein*. Frankfurt: Fischer Taschenbuch Verlag 1978

Walt Whitman: *Leaves of Grass*. London/New York: J. M. Dent 1950

Brian Wilks: *The Brontës*. London, New York, Sydney, Toronto: Hamlyn 1975

Tom Winnifrith: *The Brontës*. London and Basingstoke: Macmillan 1977

Tom Winnifrith: *The Brontës and their Background*. London and Basingstoke: Macmillan 1937

Thomas James Wise and John Alexander Symington : *The Brontës, their Lives, Friendships and Correspondence*. Oxford: Basil Blackwell 1932

Karl Heinz Wocker: *Königin Victoria – Die Geschichte eines Zeitalters*. Düsseldorf: Claassen 1978

Virginia Woolf: *Haworth, November 1904*. In: *Frauen und Literatur. Essays*. Hrsg. von Klaus Reichart. Deutsch von Hannelore Faden und Helmut Viebrock. Frankfurt: S. Fischer 1989

Nachweise

Die Übersetzungen aus *The Professor, The Tenant of Wildfell Hall, Agnes Grey, Jane Eyre, Shirley, Villette* und *Sturmhöhe, Bekenntnisse eines englischen Opiumessers, Sexus und Herrschaft* sind im Literaturverzeichnis vermerkt. Astrid Arz übersetzte *Erinnerung* von Anne Brontë, Hans J. Schütz elf Briefe Charlottes, die Passagen aus den Jugendschriften und die Tagebucheintragungen von Emily und Anne sowie die Strophen *Ich komme, wenn die Trauer am tiefsten …, König Julius verließ das südliche Land …, Er kommt mit westlichen Winden …* und *In kalter Erd'…* von Emily. Eva Groepler übersetzte Charlottes Briefe an Constantin Heger. Alle übrigen Übersetzungen stammen von der Autorin.

Personenverzeichnis

von einer Rente, die sein Vater – der ebenso weltfremd und unpraktisch war – für ihn ausgesetzt hatte, führte er dort das Leben eines Dichters, Philosophen und ewigen Kindes. Er schrieb für *Blackwood's Magazine*, Biographien und Sonette. S. 251 f.

Coleridge, Samuel Taylor (1772-1834), einer der »Lake Poets« und Begründer der englischen Romantik. Die jungen Brontës waren von seinem berühmten Schauergedicht *The Rime of the Ancient Mariner* begeistert. Die Bedenkenlosigkeit, mit der Coleridge Opium und Brandy zu sich nahm, dürfte Branwell beeindruckt haben. S. 111, 230, 251, 311, 418.

Cowper, William (1731-1800), englischer Dichter, der trotz innewohnender Melancholie ein erfolgreicher – und auch heiterer – Autor, Hilfsgeistlicher, Briefschreiber, Homer-Übersetzer und Gärtner war. Anne bewunderte seine Hymnen. S. 54, 111, 311.

Crabbe, George (1755-1832), Dichter, Arzt, Landpfarrer, Botaniker. Seine klassischen Couplets sind dem georgianischen Zeitalter und seinen Idealen von Maß und Vernunft verpflichtet. Byron nannte ihn »den strengsten Maler der Natur doch ihren besten«. S. 111.

De Quincey, Thomas (1785-1859), Autor von *Bekenntnisse eines englischen Opiumessers*, Mitarbeiter von *Blackwood's Magazine*. S. 95, 228ff, 350, 418.

Dixon, Familie, S. 297.

Dobell, Sydney (1824-1874), gehörte als Dichter einer spätromantischen Bewegung von »Spasmodikern« an, die ein hochgezwirbeltes Verständnis ihrer selbst und ihrer Kunst hatten. Danach war der Dichter eher gott- als menschengleich; sein Werk, getragen von »sublimem Egoismus«, genialisch, schweifend, eruptiv und keiner Logik verpflichtet. D. sah in der *Sturmhöhe* einen verwandten Geist am Werk, glaubte allerdings unbeirrt, daß es sich um ein Frühwerk von Currer Bell handelte. S. 370.

Edgeworth, Maria (1767-1849), Schriftstellerin (*Castle Rackrent*), die vorwiegend in Irland lebte. S. 111.

Eliot, George (Mary Ann Evans) (1819-1880), Englands große Realistin und Moralistin (*Middlemarch*). S. 348, 366, 454.

nerin der Sklaverei war, entkam sie einige Male nur knapp einem Lynchkommando. 1839 erschien ihr Roman *Deerbrook*. Sie plante und baute ein Haus für sich in Ambleside. Begraben wurde sie auf eigenen Wunsch ohne christlichen Ritus. S. 24, 372 f, 413, 415-419, 436 f, 449, 455, 472, 475.

Martyn, Henry (1781-1812), anglikanischer Priester und Missionar in Indien und Persien. S. 26 f.

Milton, John (1608-1674), streng religiöser Puritaner auf seiten der Republik, der die Hinrichtung Charles' I. begrüßte. Nach der Wiedereinsetzung des Königshauses gestaltete sich das Leben des erblindenden Dichters verfolgungsreich. Sein bekanntestes Werk ist das Versepos *Das verlorene Paradies*. Die Figur des schönen gefallenen Engels, der gegen die Tyrannei des Himmels rebelliert, löste eine wahre Satans-Begeisterung aus. S. 54, 145, 155.

Moncktown-Milnes, Richard (Lord Houghton) (1809-1885), Literat, Mäzen, Abgeordneter für Yorkshire. S. 322.

More, Hannah (1745-1833), religiöse Schriftstellerin. S. 54, 67.

Morgan, William, S. 32, 34, 37, 228.

Napoleon I. Bonaparte (1769-1821), die Niederlage des französischen Kaisers 1815 bei Waterloo wurde zu Lebzeiten der Brontës jährlich am 18. Juni gefeiert. Als Spielfigur ihrer Phantasie wirkte er fort bis in Charlottes Schultage in Brüssel. In ihrem Aufsatz *The Death of Napoleon* verteidigte sie sein »Genie«, das nur noch von dem seines Widersachers, des Herzogs von Wellington, übertroffen wurde. S. 67, 87, 90 f, 94, 222, 302.

Nelson, Horatio Viscount (1758-1805), englischer Seeheld. 1799 wurde er von König Ferdinand VI. von Neapel und Sizilien zum Herzog von Bronte ernannt, einem kleinen Ort auf Sizilien. Der Titel ist übertragbar. Der 7. Duca di Bronte verkaufte sein Herzogtum in den achtziger Jahren an die Gemeinde Bronte. S. 26.

Newby, Thomas Cautley (?-1882), S. 357, 364, 382 f, 387 f.

Nicholls, Arthur Bell (1818-1906), der Bauernsohn aus Killead in der irischen Grafschaft Antrim wurde als Siebenjähriger von seinem Onkel Alan Bell aufgenommen, der Direktor einer Schule in Cuba House in

veränität« der Imagination sich mit der Natur und durch sie mit einem pantheistischen Gott verbunden fühlte. S. 111, 145 f, 182, 184, 252, 311, 350, 418.

Bildnachweise

Abb. 6, 7, 9, 12, 20, 30, 32, 34, 39, 43, 45, 48, 54, 64, 73, 75, 76: Archiv des Insel Verlags. Alle weiteren Abbildungen: Brontë Society Haworth. Umschlagabbildung: Branwell Brontë: Porträt seiner Schwestern, um 1834. National Portrait Gallery, London

Zu dieser Ausgabe

insel taschenbuch 3401: Der Text folgt der Ausgabe: Elsemarie Maletzke, *Das Leben der Brontës. Eine Biographie.* Mit zahlreichen Abbildungen.
© Schöffling & Co. Verlagsbuchhandlung GmbH, Frankfurt am Main 1998.

»Geschichten von der Liebe« im insel taschenbuch Eine Auswahl

Charlotte Brontë. Über die Liebe. Ausgewählt von Elsemarie Maletzke. it 1249. 80 Seiten

Für immer und ewig. Das Buch für Paare. Ausgewählt von Günter Stolzenberger. it 2819. 288 Seiten

Geschichten von der Liebe. Ausgewählt von Heike Ochs. it 2891. 224 Seiten

Ist es Liebe? Die schönsten Geschichten über die Liebe. Ausgewählt von Hans Sarkowicz. it 3265. 185 Seiten

Johann Wolfgang Goethe
- Liebesgeschichten. Ausgewählt von Hans-Joachim Simm. it 2892. 144 Seiten
- Über die Liebe. it 3225. 174 Seiten

Hermann Hesse
- Liebesgeschichten. Ausgewählt von Volker Michels. it 2896.192 Seiten
- Nur wer liebt, ist lebendig. Frühe Liebesgeschichten. it 3227. 124 Seiten
- Wer lieben kann, ist glücklich. Über die Liebe. Ausgewählt von Volker Michels. it 2855. 224 Seiten

Marie Luise Kaschnitz. Liebesgeschichten. Ausgewählt von Elisabeth Borchers. it 2536. 155 Seiten. it 2895. 144 Seiten

Heinrich von Kleist. Liebesgeschichten. Ausgewählt von Klaus Müller-Salget. it 2893. 176 Seiten

NF 97/1/6.07

D. H. Lawrence. Liebesgeschichten. Übersetzt von Heide Steiner. it 1678. 308 Seiten

Novalis. Über die Liebe. Ausgewählt von Gerhard Schulz. it 2703. 216 Seiten

Rainer Maria Rilke.
- Liebesgeschichten. Ausgewählt von Vera Hauschild. it 2894. 112 Seiten
- Über die Liebe. Ausgewählt von Vera Hauschild. Gebundene Ausgabe. it 3061. 111 Seiten

Die schönsten Liebesgeschichten. Ausgewählt von Elisabeth Borchers. it 2213. 375 Seiten

Stendhal. Über die Liebe. it 3262. 425 Seiten

Robert Walser. Liebesgeschichten. Ausgewählt von Volker Michels. it 2897. 156 Seiten

NF 97/2/6.07